동아시아 문화교류와 한반도 서남해지역 해양문화

지은이 | 문 안 식

한국고대사 전공(문학박사)
현 전남문화재연구소 소장

논 저 | 『백제의 흥망과 전쟁』(2006), 『백제의 왕권』(2008),
『호남인의 기원과 문화원형』(2010), 『요하문명과 예맥』(2012) 외 다수

동아시아 문화교류와 한반도 서남해지역 해양문화
문 안 식 지음

초판 1쇄 발행 2016년 6월 10일

펴낸이 오일주
펴낸곳 도서출판 혜안

등록번호 제22-471호
등록일자 1993년 7월 30일

주소 ㉾ 04052 서울시 마포구 와우산로 35길 3(서교동) 102호
전화 3141-3711~2 / 팩스 3141-3710
E-Mail hyeanpub@hanmail.net

ISBN 978-89-8494-556-2 93910

값 28,000 원

동아시아 문화교류와 한반도
서남해지역 해양문화

문 안 식 지음

혜안

책머리에

호남의 위상과 역할이 날로 약화되고 있다. 인구는 급감하고, 소득 수준과 산업 여건은 다른 지역에 비해 현저한 열세를 보이고 있다. 도시화와 산업화 여파 속에 문향(文鄕), 예향(藝鄕), 의향(義鄕)으로 불리던 자존심마저 무너져 내리고 있다.

우리 역사에서 호남의 위상과 역할이 지금처럼 추락한 적은 없었다. 호남에 대한 부정적이고 뒤틀려진 왜곡된 인식마저 방송 및 언론 매체 등을 통해 공공연하게 횡행하고 있다. 특정 인터넷 사이트는 호남 비하를 드러내놓고 표현하기도 한다. 대한민국 속의 3류 국민을 대하는 듯하다.

호남인 스스로도 지역에 대한 자부심과 애정이 훼손된 채 자학과 비관을 일삼고 있다. 어둠은 길지 않고 찬란한 태양은 다시 떠오른다. 절망과 좌절에 매몰되지 않으면 다시 시작할 수 있다. 그래서 호남의 부활과 자존 회복을 역사전통에서 찾고자 하는 움직임이 소중하다.

사실 호남의 맑고 고운 사상과 좋은 생태환경은 포용과 소통의 역사를 잉태하였고, 독점과 독패를 대신하여 공존과 공생하는 세상을 지향하였다. 호남의 정신과 문화전통은 아시아 여러 나라와 소통하고 교류할 때 더욱 빛을 발하였으며, 그 중심은 서남해지역이었다.

서남해(西南海)의 바닷길은 사람과 물자의 이동 통로였고, 동아시아 남방 계통의 새로운 문화가 한반도로 유입되는 관문이었다. 서남해 일대는 시대적 전환기와 국가의 위기 때에 더욱 빛을 발하면서 우리 역사 발전의 선도적인 역할을 담당하였다.

서남해지역은 선진문화 수용과 재창조의 발신지였을 뿐만 아니라 해양을 통해 넓은 세계와 접촉하는 무대였다. 서남해지역은 북방 및 내륙과 다른 문화를 유지한 채 넓은 세계와 접촉하면서 소통과 교류가 중심이 되는 역사전통이 배양되는 터전이었다.

한반도의 지도를 뒤집어 놓고 보면 동북아시아 대륙 끝에 조그맣게 붙어 있는 반도국가가 아니라, 드넓은 대양(大洋)으로 뻗어 나가는 출발지이며 그 입구에 서남해지역이 위치한 사실을 발견할 수 있다. 서남해지역은 서해와 남해가 만나고 합해지는 전남의 신안과 진도·해남을 비롯하여 함평과 무안 및 강진과 완도 등의 도서와 연안이 해당된다. 그 외에 바닷물이 강을 타고 영산강 중류까지 흘러들어 내해(內海)를 형성한 영암과 나주 등의 옛 해안지역을 망라한다.

서남해지역은 말을 달려 대륙으로 진출하는 북방의 관문이 아니라, 배를 띄워 드넓은 대양으로 나가는 출구에 해당된다. 아시아 여러 나라와 접촉하는 교류와 소통의 공간이었고, 서남해 연안과 도서지역은 평화와 우의를 갈망하는 사람들이 모여드는 화합의 무대였다.

서남해 사람들은 선사시대 이래 해양문화의 전통과 정체성을 유지하면서 국내외를 넘나들며 광범위한 교류활동을 도모했다. 내륙국가가 추진하던 국경 폐쇄와 성곽 축조를 통한 대립·갈등이 아니라, 해양을 통해 협력과 우의 그리고 상생과 소통을 이루어 나갔다.

서남해지역은 선사시대 이래 동아시아 여러 나라의 사절과 상인 등이 왕래하였다. 서남해는 동중국해 항로와 남북 연해항로, 서해 횡단항로와 사단항로, 일본항로가 교차하는 동아시아 해양교통의 로터리에 해당된다.

서남해지역을 무대로 하여 마한 사람들은 해양활동과 대외교류 등을 통해 동아시아의 베니스를 이루었고, 백제는 대양(大洋)으로 나가는 거점으로 활용했으며, 장보고는 해상왕국의 터전으로 삼았다. 서남해의 바닷물이 깊숙이 흘러들어 내해(內海)를 이룬 옛 남해만과 접한 나주 일원에서는 팔관회 개최를 통해 국제적인 문화축전이 열리기도 했다. 고려의 삼별초는 몽골에 굴복하여 자주성을 상실한 개경정부에 맞서 진도와 주변지역을 무대로 해양황국(海洋皇國)을 세우기도 했다.

그러나 서남해지역은 고려 중기에 이르러 바닷길이 막히고 여러 나라와 교류활동이 어렵게 되면서 위상이 추락하고 역할도 줄어들기 시작하였다. 대몽항쟁과 왜구의 침입 등으로 말미암아 섬을 비우는 '공도(空島)'와 바다를 닫는 '해금(海禁)' 정책이 실시되면서 상황은 더욱 악화되었다.

이 책은 서남해지역이 동아시아의 문화교류에서 핵심적인 역할을 담당하며 전성기를 구가하던 시기를 연구 대상으로 하였다. 뷔름빙 하기가 끝나면서 현재와 같은 동아시아 지형이 만들어진 12,000년 전 무렵부터 해양활동의 정점을 이룬 후삼국시대까지가 해당된다.

지금까지 서남해지역의 대외교류 활동과 해양문화에 대한 연구는 내륙 중심의 관점에서 벗어나지 못하고 있다. 중앙정부의 통제와 간섭 너머에 다국적이며 개방적인 성격을 유지한 해상세력의 자율공 간이 열려 있었고, 여러 나라와 교류하면서 독자적인 문화전통을 오랜 동안에 걸쳐 유지한 또 다른 역사가 펼쳐진 사실을 간과하고 있다.

서남해지역의 지형(地形)과 수로(水路) 등 지리적 여건과 문화 환경 역시 오랜 기간에 걸쳐 점진적인 변화가 일어났다. 서남해지역의 지형 변화야말로 뽕나무 밭이 푸른 바다로 변한다는 의미의 상전벽 해(桑田碧海)라는 단어와 잘 부합된다.

필자가 전남 목포에 직장을 마련한 후 문헌 사료를 뒤지고 관련 유적을 답사하면서 곳곳을 헤집고 다닌 지 5년 남짓 흘렀다. 이 책에서 언급한 내용과 유적을 눈으로 직접 확인하기 위해 수십 차례에 걸쳐 국내외 역사 현장을 넘나들었다.

인문학 전공자 외에 여러 분야의 문화예술인들과 함께하는 화첩기행도 여러 차례 이루어졌다. 필자는 주로 유적을 안내하고 소개하는 가이드 역할을 담당하였다. 현장강좌 내용이 화가의 붓을 통해 화폭에 그려지고, 조각가의 손을 통해 작품으로 제작되는 과정을 지켜보았다.

사진작가의 앵글에 담긴 작품 한 장 한 장을 통해 역사 무대가 현실 공간으로 다가서곤 했다. 현장답사와 작품 활동 중에서도 백미는 무등공부방 여러 선생님들과 함께하는 일정이었다. 필자가 공부하는 역사학을 비롯하여 민속학, 국문학, 고고학, 지리학 등 여러 분야 전문가들과의 현장 토론은 상호 배움을 통해 한 단계 성장할 수 있는 계기가 되었다.

필자는 문헌 연구와 현장답사를 하면서 동아시아 문화교류와 서남해지역 해양문화의 실체를 밝히는 10여 편의 논문을 작성하였다. 이들 논문이 본서 간행의 토대가 되었다. 여러 작가님들의 그림과 사진 등의 빼어난 작품들이 보잘 것 없는 본서의 약섬을 보완해 주는 역할을 해줄 것으로 믿는다.

　필자는 간난신고(艱難辛苦)를 겪으면서도 책과 펜을 늘 가까이 했다고 자부한다. 존경하고 흠모하는 이기동 교수님과 이종범 교수님, 전지용·최진규 교수님을 비롯한 여러 은사님의 큰 가르침에 비해 본서의 성과가 미미해 죄송할 뿐이다. 이 책이 나올 수 있도록 항상 곁에서 도와주신 오영상 처장님을 비롯한 전남문화관광재단의 여러 선생님께도 감사와 고마움을 표하고 싶다.

　본서를 비롯하여 지금까지 여러 권의 졸저(拙著) 간행을 맡아주신 혜안 출판사 오일주 사장님과 편집부 여러분께도 감사 말씀을 드린다. 선학과 동학 여러분의 아낌없는 비판과 가르침을 바란다. 끝으로 답사와 공부를 핑계 삼아 늘 같이 있어주지 못한 가족들에게 미안한 마음을 지면을 통해 전하고자 한다.

2016년 초여름
흑산도 상라산성 정상에 올라
서남해 푸른바다를 바라보며
문 안 식

목 차

책머리에 5

제1장 선사시대의 대외교류와 서남해지역 문화원형 · 15

  1. 구석기사회의 발전과 문화교류 양상 17

    1) 원시 인류의 이주와 서남해지역의 첫 사람 17
    2) 현생 인류의 등장과 호남인의 기원 26

  2. 신석기사회의 발전과 내재적 성장 34

    1) 신석기문화의 전파와 도서지역의 역할 34
    2) 신석기사회의 발전과 생활공간의 확대 42

  3. 청동기사회의 발전과 국가 형성 48

    1) 청동문화의 수용과 토착사회의 성장 48
    2) 청동문화의 발전과 진국(辰國)의 성립 57

제2장 서남해 연안지역 해상세력의 성장과 대외교류의 확대 · 69

  1. 해남 백포만 해상세력의 성장과 연맹체사회 형성 71

    1) 마한사회의 발전과 신운신국(臣雲新國)의 대두 71
    2) 대외교역의 확대와 신미국(新彌國)의 역할 증대 83
    3) 연맹체사회 형성과 침미다례(忱彌多禮)의 주도 92

  2. 해남 북일지역 해상세력의 성쇠와 백제의 영향력 확대 106

    1) 해상세력의 재기(再起)와 남해 사단항로의 활용 106
    2) 백제의 서남해지역 진출과 해양활동의 확대 140

제3장 남해만 연안지역 해륙세력의 성장과 제·라의 토착사회 재편 · 179

  1. 남해만 연안지역 해륙세력의 성장과 발전 181

    1) 영암 시종집단의 성장과 발전 181
    2) 나주 반남집단의 성장과 발전 193
    3) 나주 다시집단의 성장과 발전 200

  2. 백제의 방군성제 실시와 토착사회 재편 208

    1) 발라군과 물아혜군의 설치 208
    2) 월나군의 설치 217

  3. 신라의 무진주 설치와 군현 통폐합 225

제4장 서남해 사람들, 새로운 천년 역사를 열다 · 233

  1. 장보고의 청해진 설치와 해상왕국 건설 235

    1) 장보고의 세력 확장과 청해진 설치 235
    2) 청해진 해상왕국의 건설과 그 흥망 258

  2. 고대적 사유체계의 해체와 새로운 사상의 태동 275

    1) 신라사회의 선종(禪宗) 수용과 사상계의 변화 275
    2) 산문(山門) 개창과 서남해지역 토착집단의 역할 292
    3) 신라 중심의 세계관 붕괴와 지리도참설의 영향 308

3. 후삼국의 정립과 궁예정권의 서남해지역 경략 316

1) 후고구려시기(後高句麗時期)의 진출과 토착세력의 내응 316
2) 마진시기(摩震時期)의 진출과 서남해지역 교두보 확보 327
3) 태봉시기(泰封時期)의 서남해지역 경략과 궁예의 친정(親征) 342

참고문헌 351

찾아보기 371

제1장

선사시대의 대외교류와 서남해지역 문화원형

1. 구석기사회의 발전과 문화교류 양상

1) 원시 인류의 이주와 서남해지역의 첫 사람

한반도를 비롯하여 동아시아 일대의 구석기시대 사람들은 오랜 기간에 걸쳐 동일한 갈래가 존속한 것이 아니라, 아프리카에 살던 초기 인류들이 몇 차례에 걸쳐 이주한 것으로 이해한다. 황인종이든 백인종이든 인종의 구별 없이 지구상에 살고 있는 모든 사람들의 첫 조상이 탄생하여 성장한 장소가 '아프리카'라는 점은 부인할 수 없는 사실이다.

인류의 출현은 지구 45억년 역사 중에서 끝자락에 이루어졌다. 지구 역사는 보통 시생대(始生代), 원생대(原生代), 고생대(古生代), 중생대(中生代) 및 신생대(新生代) 5기로 구분한다. 인류가 지구상에 처음 등장한 것은 신생대 말기에 이르러서였다.

신생대는 '포유류와 꽃피는 식물' 또는 '속씨식물의 시대'라고 불리며, 대략 6,500만년 전에 시작되었다. 신생대는 제3기와 제4기의 2기로 구분한다. 제3기는 팔레오세·에오세·올리고세·마이오세·플라이오세로 세분된다. 제4기는 250만~170만년 전에 시작된 홍적세의 플라이토세와 최후 1만년에 해당하는 충적세로 구분된다.

인류는 신생대 제3기의 플라이오세(520만~160만년 전)에 등장하여 제4기를 거치면서 눈부신 발전을 하였다. 인류의 진화 과정을 밝혀주는 가장 오래된 화석 자료는 카이로의 서남쪽에 위치한 사하라사막 주변에서 조사된 이집트 원인(猿人)을 들 수 있다.

이집트 원인은 드리오피테쿠스와 라마피테쿠스로 진화되었는데, 각각 유인원과 인류의 조상에 해당된다. 전자는 몸길이가 대략 60cm 정도이며, 현생 유인원보다는 오히려 원숭이에 가까웠다. 그 반면에 후자는 원숭이에서 사람으로 진화하는 최초 단계에 해당된다.

인류가 공동의 조상에서 유인원과 다른 진화 과정을 밟기 시작한 것은 700만년 전 무렵이다. 인류의 발전 과정에서 믿을 만한 가장 큰 변혁은 '오스트랄로피테쿠스 아파렌시스(일명 루시)'의 등장이다. 인류학자들은 오스트랄로피테쿠스가 대략 400만년 전에 아프리카에서 처음 등장한 것으로 이해한다.[1]

인류의 아프리카 기원설은 검은 대륙의 여러 장소에서 '오스트랄로피테쿠스 로보스누스', '오스트랄로피테쿠스 로보스투스', '오스트랄로피테쿠스 보이세이', '오스트랄로피테쿠스 에디오피쿠스' 등 다양한 유형의 화석들이 추가로 조사되면서 설득력을 얻게 되었다.[2] 오스트랄로피테쿠스는 원시 인류가 유인원 단계를 벗어나 현생 인류로 진화하는 과정에서 출현하였다.

오스트랄로피테쿠스는 대략 100만년 전까지 생존했는데, '남쪽의 민꼬리 원숭이'라는 뜻을 가지고 있다. 이들은 지구의 기후가 건조하

---

[1] 인류의 진화 과정 및 오스트랄로피테쿠스의 기원에 대해서는 다음의 글을 참조하기 바란다. 피터 왓슨, 2009, 『생각의 역사1』, 들녘, 48쪽.

[2] Jones, S. Martin; &R. Pilbeam (ed.), 2004, *The Cambridge Encyclopedia of Human Evolution* (8th ed.), Cambridge University Press.

게 변할 무렵 출현하여 과일류·
장과(漿果)·괴경(塊莖) 등 여러
식물들을 주로 먹고 살았다.

오스트랄로피테쿠스는 두 발
로 걸어 다녔을 뿐만 아니라 기
어오르기에도 능해 상당한 시간
을 나무 위에서 생활했다. 손에
의한 조작기술과 다양한 석기
(石器)를 변형할 수 있는 인식능
력도 일정한 수준에 이르렀다.
경제활동은 수렵과 채집이 중심
이었고, 간단한 도구를 사용하
기도 했다.

아프리카에서 초기 인류의 화석이 발견된 유적

이들은 초기에는 나무나 뿔·뼈 등을 사용하였고, 점차 찍개나
긁개 등 단순한 석기도 활용하게 되었다. 석기는 직접떼기나 대고떼
기에 의해 만든 원시적인 대형의 석기를 사용하였다. 사냥 도구는
나무나 뿔, 뼈로 만들었다.

초기 인류가 사용한 돌로 만든 도구 중에서 지금까지 확인된 가장
오래된 유물은 메리 리키(Mary Leakey, 1913~1996)가 탄자니아 올두
바이 계곡에서 조사한 약 250만년 전의 것이다. 처음 발견된 지역의
이름을 따서 '올도완 석기'라고 부른다. 투르카나 호수 북동쪽의
유직에서도 1/5만년 전의 도구가 발견되었다.[3]

올도완 석기는 아주 단순한 자갈돌 형태이며, 170만년 전을 전후하

---

3) Richard G. Klein, *The Dawn of Human Culture*, New York: John Wiley, 2002,
   p.5.

탄자니아 세렝게티 국립공원 내에 위치한 올두바이 협곡 전경(그림 | 김병택)

연천 전곡리 출토 아슐리안 석기(주먹도끼)

여 아슐리안 양식의 석기가 등장했다. 아슐리안 석기는 양쪽 날을 모두 떼어내 만든 도구이며, 양쪽 날을 잘라 만든 주먹도끼가 중심을 이룬다. 양날석기로 부르기도 하는데, 크고 거칠었지만 올도완 유형의 양날석기보다는 더 정교한 형태를 띠었다.

아슐리안 석기는 170만~25만년 전에 이르는 오랜 동안 거의 변하지 않았다. 구석기문화를 '서구의 발달된 아슐리안 주먹도끼문화와 낙후된 동아시아의 찍개문화로 구분'하기도 한다. 그러나 우리나라의 연천 전곡리4)를 비롯하여 동아시아의 여러 유적에서 아슐

---

4) 전곡리에서는 동아시아 최초로 아슐리안 계통의 주먹도끼가 조사되었다. 1970년에 주한 미군 병사의 신고로 알려졌다. 현재까지 여러 차례에 걸쳐

리안 계통의 주먹도끼들이 조사되면서 학설로서 가치를 상실하게
되었다.

한편 아프리카에 살던 초기 인류(호모 에렉투스)는 약 150만년
전 무렵 아시아와 유럽 대륙으로 퍼져 나갔다. 아프리카에서 다른
지역으로 이주해 간 과정을 성경을 이용하여 '인류의 모세'라고
부르기도 한다. 아시아 방면으로 이주하여 정착한 호모 에렉투스의
갈래에 유명한 자바원인과 북경원인 등이 해당된다.

이들은 약 100만년 전부터 50만년 전 무렵까지 살았으며, 문화적
특징은 쪼개진 자갈로 만든 '역기(礫器)' 사용을 들 수 있다. 호모
에렉투스는 오스트랄로피테쿠스나 호모 하빌리스보다 신체적(또한
지적) 능력과 도구 사용 등의 측면에서 훨씬 뛰어났다. 사냥을 비롯하
여 식량 획득 기술 역시 훌륭했다.

이들의 진화 과정에서 큰 변화는 동굴 속에 살게 된 점을 들 수
있다. 북경의 주구점 동굴 내에서 호모 에렉투스 화석이 발견된
것으로 볼 때 사람들이 동굴에서 살았음을 알 수 있다.

한편 호모 에렉투스의 이주 물결은 인도네시아를 비롯한 동남아와
중국을 거쳐 한반도 일대로 이어졌다. 한반도에서 확인된 호모 에렉
투스가 남긴 가장 오래된 유적은 70만~60만년 전의 평남 상원군
검은모루 동굴을 비롯하여 단양 도담리 금굴과 공주 석장리 등이
해당된다.

검은모루 동굴은 평양에서 동남쪽으로 약 30km 떨어진 상원군
상원읍 흑우리의 석회암지대에 위치한다.[5] 검은모루 유적과 가까운

발굴조사를 하였는데, 주먹도끼를 비롯하여 사냥돌·주먹찌르개·긁개·홈
날·찌르개 등 다양한 종류의 석기가 조사되었다(한양대학교 문화인류학과
·경기도 연천군, 1996, 『전곡리 구석기 유적 1994-95년도 발굴조사보고서』).

단양 금굴 유적 전경(그림 | 김병택)

곳에 위치한 상원 용곡동굴에서는 한반도에서 가장 오래된 화석이 조사되기도 했다. 여러 가지 석기와 함께 열 사람 분량의 뼈 화석이 발견되어 '용곡사람'이라는 이름이 붙여졌다. 대략 전기 구석기시대의 호모 에렉투스 단계의 인류로 보고 있다.

남한지역의 경우 남한강변에 위치한 단양 도담리 금굴 유적이 대표적이다. 당시 사람들은 금굴 유적을 통해 볼 때 휜 안팎날주먹도끼·찍개·긁개 등을 만들어 썼으며, 따뜻한 아열대성 기후에 살면서

---

5) 검은모루 유적은 상원강의 제방공사를 위한 채토작업을 하던 중 석회암 언덕의 비탈에서 발견되었다. 1966년부터 1970년까지 발굴 조사를 실시하여 쥐와 토끼를 비롯하여 쌍코뿔소와 뿔사슴 등 29종 동물화석과 다양한 도구 등이 조사되었다. 여기서 발견된 동물 중에 코뿔소 등은 덥고 삼림이 우거진 습한 지대에서 사는 짐승이다. 당시의 기후가 지금보다 훨씬 덥고 삼림이 무성했던 사실을 반영한다(고고학연구소, 1969, 「상원 검은모루유적 발굴중간보고」, 『고고민속론문집』 1).

쌍코뿔소·불곰·젖소·꽃사슴·말 등을 사냥하였음을 알 수 있다.[6]

이들은 제1빙하기(100만년~85만년 전)의 혹한을 이겨내면서 하천의 기슭에 있는 개방된 야영지나 호수 주변에서 살았다. 이들이 거주한 장소에서 수많은 석기와 가공을 거친 돌조각, 부분적으로 불에 탄 동물의 뼛조각, 원시적인 화로의 흔적이 발견되기도 한다. 점차 불을 능숙하게 사용하게 되면서 추위를 피해 동굴 내에 살게 되었다. 불에 더욱 의존하게 되었고, 몸을 따뜻하게 할 수 있게 되자 추운 곳으로 이주하면서 거주지역이 확대되기에 이르렀다.

호모 에렉투스는 50만~40만년 전 사이의 제2빙하기(민델빙하기)와 35만년 전의 제3빙하기(리스빙하기)를 맞이하면서 시련을 겪게 되었다. 인류는 지난 1백만년 동안 귄츠빙기 – 민델빙기 – 리스빙기 – 뷔름빙기로 이어지는 4차례에 걸친 빙하기를 겪으면서 멸종에 이르는 위기를 여러 차례 경험하였다.

인류나 동식물은 빙하기가 되면 거의 전멸 상태에 이르렀고, 간빙기에 다시 적극적인 활동을 재개하는 현상을 보였다. 원시 인류는 제3빙하기의 시련을 이겨내면서 손도끼(핵석기)를 비롯한 여러 도구를 사용하는 등 큰 발전을 이루었다.

인류는 20만년 전을 전후하여 전기 구석기시대에 벗어나 중기 구석기시대로 접어들었다. 당시 사람들은 직접 도구를 들고 동물을 찌르던 예전의 사냥 방식을 대신하여, 영국 클락톤 유적에서 발견된 것처럼 효율성이 높은 창을 만들어 사용하게 되었다. 제작에 오랜

---

6) 금굴 유적은 길이 80m·너비 6m·높이 9m의 동굴 내에 위치하며, 구석기시대 전기와 중기 및 후기를 포함하여 신석기시대와 청동기시대의 문화층으로 이루어져 있다. 전기 구석기시대에 살았던 사람들의 흔적은 제일 밑바닥 층에서 조사되었다(손보기, 1983, 『단양 도담리 지구 유적 발굴 약보고』, 충북대학교박물관).

평남 덕천 승리산 동굴 유적 원경(그림 | 김병택)

시일이 걸리는 석기가 등장하고, 무덤 쓰기도 시작되었다.

또한 각종 요리와 나무자르기에 편한 날카로운 톱날석기 등을 만들어 사용하게 되었다. 일부에서는 집을 짓고 살기도 했는데, 프랑스 니스의 테라 아마타(Tera Amata) 유적에서 조사된 다수의 타원형 집자리를 통해 유추된다. 집의 골조를 세웠던 기둥구멍과 화덕자리 외에 도구를 제작하던 작업공간도 존재하였다.

그 외에 본격적인 언어 구사와 함께 예술행위가 시작되었고, 사람들은 집단과 집단 사이에서 고도로 구조화·조직화 된 양식의 사회적 행위를 하였다. 연령 혹은 개인적 능력에 따른 사회적 상하질서가 존재했을 가능성도 없지 않다.

한반도의 중기 구석기시대를 대표하는 유적은 공주 석장리·상원 검은모루 동굴·청원 두루봉 동굴·덕천 승리산 동굴·연천 전곡리 등을 들 수 있다. 서남해지역의 경우 전기 구석기시대의 유적은 아직까지 조사되지 않았지만, 최근 화순 모산리 도산과 순천 죽내리 등에서 중기 구석기시대 유적이 조사되었다.

화순 도산 유적은 영산강의 지류인 지석천변에 자리한 모산리 도산마을 뒤편에 위치한다. 유적의 규모는 약 2만㎡ 이상으로 추정되며, 인근에 13개의 구석기 유적이 분포한다. 도담 유적은 4개의 구석기 문화층으로 이루어졌다. 맨 아래 층에서 불땐자리와 석기제작터를 비롯하여 초대형의 몸돌과 격지, 망치와 모룻돌, 주먹찌르개(pick), 다양한 찍개, 버금공모양석기(spheroid), 밀개, 긁개 등 중기 구석기시대 유물이 조사되었다.[7]

순천 죽내리 유적은 서남해지역과 인접한 전남 동부지역에 자리한다. 죽내리 유적은 구석기시대, 중석기시대, 청동기시대, 삼국시대 문화층이 차례로 층위를 이루고 있다. 구석기시대 문화층은 4개의 층을 이루는데, 중기 구석기시대 유물은 맨 아래의 1층에서 확인되었다.[8]

제1문화층은 마지막 간빙기(12만 5,000년 전) 이후부터 6만 5천년 전 사이에 해당되며, 층위와 석기 갖춤새로 볼 때, 전남지역에서 최근까지 조사된 유적의 문화층들 중 가장 오래된 중기 구석기시대에 속한다. 제1문화층에서 596점의 유물이 출토되었으며, 양면찍개를 비롯하여 주먹도끼와 주먹자르개 및 긁개 등이 조사되었다.[9]

7) 조선대 박물관, 2002, 『화순 도산 유적』.
8) 조선대 박물관, 2000, 『순천 죽내리 유적』.
9) 이기길, 1998, 「한국 전남 순천 죽내리 구석기 유적」, 『호남고고학보』 8.

2) 현생 인류의 등장과 호남인의 기원

한반도를 비롯하여 동아시아 일대는 4만년 전을 전후하여 중기 구석기시대를 벗어나 후기 구석기시대로 접어들었다. 인류의 진보 과정에서 후기 구석기시대로의 전환은 큰 변화를 수반하였다. 후기 구석기시대에 이르러 오퍼 바 요세프(Ofer Bar-Yosef)가 지적했듯이 "빠른 기술의 진보, 집단 간의 정체성 확립, 사회구조 성립, 원거리 교역 시작, 상징적인 정보 저장 등이 생겨난 역동적인 변화"가 일어났다.

후기 구석기시대에 살았던 사람들을 호모 사피엔스 사피엔스라고 부르는데, 이들의 등장은 형질 인류학에서 '대전이(大轉移)'로 불릴 만한 진보였다. 호모 사피엔스 사피엔스의 기원에 대해서는 아프리카 기원설과 다지역 기원설이 있다.

아프리카 기원설은 20만~15만년 전 사이의 화석이 아프리카에서만 발견된다는 점을 근거로 들고 있다. 아프리카에서 기원하여 10만~5만년 전 무렵에 중동과 아시아 및 유럽 등으로 이주한 것으로 이해한다. 호모 사피엔스는 이주 과정에서 해당 지역에 살고 있던 기존의 집단을 대체하여 오늘날 현생 인류의 조상이 된 것으로 보고 있다.

그 반면에 다지역 기원설은 호모 사피엔스가 여러 지역에 살고 있던 호모 에렉투스에서 진화한 것으로 추정한다. 근래에 DNA분석법이 고인류학에 동원되면서 아프리카 기원설에 좀 더 많은 힘이 실리게 되었다. 세계 여러 지역의 인종을 조사해 본 결과 호모 에렉투스와 네안데르탈인이 현생 인류와 별다른 연관이 없다는 사실이 밝혀졌다.[10]

유전학자 앨런 윌슨(Alan Wilson)은 "현생 인류의 직계 조상은 약 16만년 전에 아프리카 동부에 살았던 한 여성이다"고 주장했다. 구약성경에 나오는 아담과 이브를 이용하여 '미토콘드리아 이브' 혹은 '아프리카 이브'로 부르기도 한다. 현생 인류의 직계 조상에 해당되는 호모 사피엔스에 해당된다.

이들은 호모 에렉투스와 유사한 특징을 많이 지니고 있지만, 몇몇 형질적 측면에서 현대인에 보다 가까이 접근하였다. 호모 사피엔스는 40만~25만년 전 사이에 출현하여 호모 에렉투스와 상당한 기간 동안 공존하였다. 아프리카에 살던 호모 에렉투스의 일부가 약 40만년 전에 호모 사피엔스로 진화하여 현생 인류의 조상이 되었고, 유럽으로 건너간 집단은 약 30만년 전에 네안데르탈인으로 진화하였다.

사실 호모 에렉투스와 호모 사피엔스는 화석 형태나 문화 내용 등에 있어서 그리 뚜렷한 차이가 있는 것은 아니라고 한다. 그러나 호모 사피엔스가 호모 에렉투스의 진화 과정을 계승했음에도 불구하고, 다른 방향으로 진화한 측면도 무시할 수 없기 때문에 새로운 종으로 볼 수 있다. 원시 인류는 현대인의 직접 조상이 될 수 없다는 것이 학계의 일반적인 견해이다.

아프리카 이브는 호모 에렉투스에서 진화한 호모 사피엔스의 후손이다. 이들의 일부는 10만년 전에 아프리카를 벗어나 세계 각지로 퍼져 나갔다. 미토콘드리아 이브 학설에 뒤이어 나온 견해가 '아웃 오브 아프리카(Out of Africa)' 하설이다.

한반도를 비롯하여 동아시아 일대는 Y염색체 연구를 통해 6만~2

---

10) Krings, M., A. Stone, R.W. Schmitz, H. Krainitzki and S. paabo, 1997, Neandertal DNA sequences and the origin of modern humans. Cell 90.

만 5천 년 전 사이에 현생 인류가 등장한 것으로 밝혀졌다. 한반도 방면으로 이주한 호모 사피엔스 사피엔스는 오랜 동안에 걸쳐 점진적으로 중기 구석기문화를 영위하던 호모 에렉투스를 멸종시키거나 흡수·동화해 나갔다.[11] 서남해지역을 비롯하여 현재 한반도에 살고 있는 사람들의 직접 조상에 해당된다.

이들이 남긴 유적은 서남해지역의 곳곳에서 조사되고 있다. 장흥 신북을 비롯하여 화순 대전·함평 장년리 당하산 등에서 조사되었고, 전남 동부지역의 순천 신평리 금평·순천 우산리 곡천·보성 죽산·곡성 주산·곡산 송전리 및 광주광역시 광산구 산월동 등에서도 확인되었다.

신북 유적의 경우 국내의 후기 구석기시대 유적 중 가장 규모가 크고 유물이 밀집 분포한 상태로 확인되었다. 유적의 규모는 약 12만㎡이고, 유물이 있는 지층의 분포 범위로 보면 약 30만㎡로 추정된다. 중심 연대는 방사성탄소연대 측정결과 22,000년 전에 해당되는 후기 구석기시대이며 좀돌날 몸돌·새기개·밀개·슴베찌르개·창끝찌르개 등 13,000여 점의 유물이 출토되었다.[12]

신북 유적 발굴의 가장 큰 성과는 구석기시대에 간석기(마제석기)를 사용한 사실이 확인된 점을 들 수 있다. 그리하여 '구석기=타제석기'라는 기존의 인식을 바꿀 수 있는 계기를 마련하였다. 구석기시대

---

11) 배기동, 1990, 「구석기시대 연구사」, 『국사관논총』 19.
12) 장흥군 장동면 신북마을을 중심으로 반경 12km 내에는 약 20여 곳에 이르는 구석기시대 유적들이 흩어져 있다. 이들 유적은 신북마을 검은둥이 언덕의 남쪽에 자리한 신북유적이 중심을 이룬다. 2002년 8월 국도 2호선 장흥-장동간 도로 확포장 공사 중 발견되었으며, 조선대 박물관에서 발굴조사를 하여 약 3만 점의 유물을 수습하였다(이기길, 2004, 「장흥 신북유적의 발굴 성과와 앞날의 과제」, 『동북아시아의 후기구석기문화와 장흥 신북유적』, 장흥 신북 구석기유적 국제학술회의).

의 유적에서 간석기가 출토된 사례는 일본 칸노키 유적과 유럽의
피리카 유적 등 소수의 사례만 알려져 있다. 신북 유적에서 조사된
20여 점의 간석기는 기존의 학설과 달리 교과서를 다시 써야 할
성과로 평가되고 있다.

그렇다면 서남해지역 일원에서 후기 구석기문화를 영위했던 사람
들은 어떤 집단이며, 어느 경로를 통해 한반도 일대로 이주했는지
살펴볼 필요가 있다. 이들 역시 아프리카에 살던 초기 인류에 뿌리를
두고 있다. 아프리카를 벗어난 초기 인류는 오랜 시기에 걸쳐 여러
경로를 통해 동아시아 방면으로 이주했다.

이들 중에는 중앙아시아를 거쳐 알타이산맥을 넘어 시베리아의
레나강과 아무르강 유역으로 진출한 무리도 없지 않았다. 또한 중앙
아시아에서 중국 방면으로 이주한 집단도 존재했다. 이와는 달리
동남아시아의 해안을 거쳐 중국과 한국 및 일본 등으로 이주한 집단
이 존재한 것으로 보기도 한다. 동남아시아에서 북쪽으로 이동하여
한반도 일대로 이주한 시기를 4만년 전후로 좁혀 보기도 한다.

이와 같이 한반도를 비롯하여 동아시아 일대에서 후기 구석기문화
를 영위한 사람들은 아프리카에서 벗어나 여러 경로를 거쳐 이주한
집단이 포함되었다. 중앙아시아를 거쳐 북쪽 루트를 통해 이주한
집단은 북방 계열에 속하고, 동남아시아 해안을 경유하여 이주한
사람들은 남방 계열에 해당된다.

당시의 한반도 일대의 지형(地形)은 오늘날과 매우 달라 사람들이
남쪽과 북쪽을 통해 자유롭게 이주할 수 있었다. 뷔름빙하기가 맹위
를 떨치고 있는 동안 지구의 북반구 중에서 육지의 30% 정도가
두꺼운 얼음으로 뒤덮인 상태였다. 빙하기 동안 바다에서 증발한
수분은 눈과 얼음이 돼 육지에 쌓여 해수면이 지금보다 100m 이상

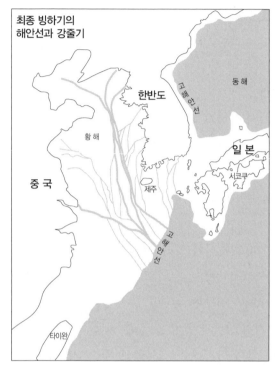

1만 2천년 전의 동북아 지형
(박용안, 2001)

낮았다.

한반도는 유라시아 대륙의 일부를 이루었고, 일본과도 육지로 연결된 상태였다. 이와 관련하여 서해 해저를 시추하여 조사한 결과 제주도 서쪽과 남쪽, 평안도 앞, 발해만, 양쯔강 하구 등에서 1만 8천년 전 무렵의 사막이 확인된 사실이 참조된다.[13]

후기 구석기시대에 서해는 표고 20~30m 정도의 완만한 평원지대 였으며, 요동반도에서 흘러오는 여러 개의 강줄기가 주변 대지를 관통하고 있었다고 한다. 중국 대륙과 한반도 및 일본이 육지로

---

13) 윤순옥·황상일, 2009, 「한반도와 주변 지역의 최종빙기 최성기 자연환경」, 『한국지형학회지』 제16권 제3호.

연결되어 있었으며, 해수면은 지금보다 150m 아래에 자리한 것으로 보는 견해도 있다.[14)]

이와 같이 서해와 동중국해는 바다가 후퇴해 곳곳에 사막이 펼쳐진 육지였고, 차고 건조한 날씨 때문에 넓게 펼쳐진 초원 위를 매머드를 비롯한 동물들이 무리지어 돌아다닐 수 있었다. 사람들도 사냥감을 좇아 여러 지역을 자유롭게 왕래하였고, 그 과정에서 한반도 방면으로 남방계와 북방계 주민들이 이주해 온 것으로 짐작된다.

북방계 주민의 이동은 한반도를 거쳐 일본 열도로 이어졌는데,[15)] Gm유전자 분석을 통해 몽골인종이 1만년 이전에 한반도 일대에 정착한 사실이 밝혀지기도 했다.[16)] 북방계 외에 남방계통의 주민들도 한반도로 이주했다. 한국인에 대한 유전자 분석 결과 남방계통과 북방계통이 각각 40%와 60% 비율로 확인되었는데, 인종 구성이 단일 계통이 아니라 다기원적인 사실을 반영한다.[17)]

서남해지역을 비롯하여 한반도 남부지역에 거주한 집단은 남방계통이 중심을 이루었을 가능성이 높다. 남방계 주민은 빙하가 물러나고 해수면이 상승하며 현재와 같은 한반도의 지형이 만들어지기 전에 사냥감을 따라 북상하지 않았을까 한다.

이들은 한반도로 이주한 후 해수면이 상승하여 자유로운 이동이 어렵게 되면서 정착한 것으로 짐작된다. 이들이 후기 구석기시대

---

14) 박용안, 2001, 『한국의 제4기 환경』, 서울대출판부.
15) 북방 몽고계 주민의 이동과 관련하여 한국인과 일본인의 기원 및 형성에 대해서는 다음의 글을 참조하기 바란다(加藤晋平, 1986, 「日本とSiberia文化」, 『日本人の起源』, 小學館, 67~73쪽).
16) 한영희, 1996, 『한국민족의 기원과 형성』(上), 小花.
17) 한국인은 만주족 및 일본인과 가장 가까우며, 중국의 한족이나 베트남 등과는 차이를 보인다(김욱, 2004, 「미토콘드리아 DNA변이와 한국인의 기원」, 『연구총서』 13, 고구려 연구재단).

32

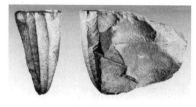

좀돌날몸돌(화천 화하계리 출토)

이래 신석기시대까지 한반도 서남해지역에 살던 주인공으로 짐작된다. 후기 구석기시대와 신석기시대 사이의 계승관계는 순천 월평 유적에서 출토된 좀돌날몸돌(細石刃) 등을 통해 유추된다.[18] 그 외에 슴베 찌르개와 유견식 찌르개 등의 유물도 내재적 발전 과정을 입증하는 자료에 해당된다.[19]

한편 한반도에 정착한 남방계통 주민의 갈래와 관련하여 경남 통영시 산양면 연곡리 연대도의 신석기시대 조개더미 유적에서 발굴된 2구의 인골을 주목하기도 한다. 연대도패총은 B.C.4000년 무렵에 살았던 사람들이 남긴 유적인데,[20] 출토된 인골의 복원 결과 피부색과 얼굴 모습이 짱구머리에 큰 눈과 낮고 퍼진 코 등 오늘날의 동남아시아인과 비슷한 것으로 밝혀졌다.[21]

---

18) 월평 유적은 보성강의 지류인 송광천을 따라 분포하는 10개의 구석기유적 중 최상류에 위치하며, 전라남도 순천시 외서면 월암리 월평마을 뒤편에 자리한다. 4차례에 걸쳐 발굴이 이루어졌으며, 약 2m의 퇴적 속에 5개의 구석기시대 문화층이 확인되었다. 월평 유적에서 14,000여 점의 석기가 조사되었는데, 4~5문화층에서 유문암과 수정으로 만들어진 슴베찌르개와 좀돌날몸돌 등이 출토되었다(조선대학교 박물관, 2004, 『순천 월평유적』).

19) 홍천 하화계리와 제주 고산리 유적에서는 후기 구석기시대의 좀돌날 제작방식이 신석기시대로 이어진 사실이 확인되었다. 몸돌에서 좀돌날떼기 수법으로 떼어내어 떨어져 나간 조각을 좀돌날(세석인, 細石刃)이라 한다. 좀돌날은 너비가 12㎜를 넘지 않고, 길이와 너비의 비율이 3 : 1 이상 정도이다. 좀돌날몸돌은 월평 외에 충북 단양 수양개, 강원 홍천 하화계리 유적 등에서 조사되었는데, 후기 구석기시대에서 신석기시대로 넘어가는 문화의 연속성을 보여준다. 좀돌날몸돌 외에 후기 구석기시대부터 제작된 슴베찌르개, 유견식찌르개 등이 함께 출토되었다(김은정, 2005, 「동북아시아의 좀돌날 몸돌 연구동향」, 『한국구석기학보』 12).

20) 국립진주박물관, 1994, 『연대도 1』.

연대도패총을 남긴 집단은 신석기시대에 이르러 동남아시아 방면에서 이주한 집단이 아니라, 후기 구석기시대 이래 한반도 일대에 살던 토착집단으로 짐작된다. 이들은 폴리네시아 계통에 속한 일본 신석기시대의 조몬인과 비슷한 갈래에 해당되며, 키가 작고 얼굴이 네모지며 광대뼈가 나오고 눈에 쌍꺼풀이 있는 특징을 보인다.

조몬인 역시 빙하의 쇠퇴를 전후하여 일본 열도가 대륙에서 떨어져 나와 섬으로 되면서 고립된 집단에 해당된다. 당시 한반도와 일본 열도에 거주한 사람들 사이에는 빈번한 교류가 이루어지기도 했다. 한반도 남부지역과 일본 열도가 육지로 연결되어 자유로운 왕래가 가능했기 때문이다. 양국 사이의 교류는 장흥 제암산 유적에서 출토된 구주산(九州産) 흑요석 등을 통해 입증된다.[22)

양국은 빙하기가 끝나고 신석기시대로 접어들면서 일본 열도가 대륙에서 떨어져 나간 후 각각 독자적인 발전의 길을 걷게 되었다. 빙하가 물러가면서 오늘날과 비슷한 동아시아의 지형이 만들어졌고, 서남해지역을 비롯하여 호남 일대를 무대로 토착문화 전통을 이룩한 집단의 문화원형이 형성되기 시작했다.

---

21) KBS역사스페셜, 2002, 「7천 년 전의 타임캡슐, 패총」(1월 19일 방송).
22) 일본의 규슈에서 생산된 흑요석이 보성강 상류에 위치한 장흥 신북 제암산유적 등에서 조사된 사실을 통해 볼 때 당시 사람들이 수백km 떨어진 지역과 교류하였음을 알 수 있다(조선대학교박물관, 2003, 「장흥 신북 구석기유적」, 현장설명회자료).

2. 신석기사회의 발전과 내재적 성장

1) 신석기문화의 전파와 도서지역의 역할

서남해지역을 비롯하여 한반도 일대의 신석기문화는 B.C. 4000년 무렵 시베리아의 빗살무늬토기문화가 전파되어 형성된 것으로 이해한다. 후기 구석기시대 사람들은 빙하기가 끝나고 간빙기로 접어들면서 새로운 환경에 적응하지 못하고, 한대(寒帶) 동물들을 따라 북쪽 방면으로 이동하였으며 오랜 세월이 지난 후 고아시아족이 들어온 것으로 보고 있다.[23]

후기 구석기시대의 문화 전통이 신석기시대로 연결되지 않고, 중석기시대 역시 존재하지 않았다는 부재론(不在論)에 해당된다. 이들의 견해는 빗살무늬토기를 사용한 사람들이 후기 구석기인과 다른 계통의 사람이며, 시베리아 혹은 알타이 등에서 이동해 온 것으로 이해할 수 있다. 동북아지역 빗살무늬토기의 생김새나 무늬를 베푸는 양식이 시베리아의 바이칼지역과 유사한 점을 근거로 들고 있다.[24]

사실 구석기시대에서 신석기시대로의 전환이 생활환경의 개선과 삶의 질 향상으로 곧바로 이어진 것은 아니었다. 사람들이 마을을 이루며 농사를 짓고, 토기를 제작하여 사용하는 등 정착생활 단계에 이르기까지는 많은 시간이 필요했다. 기온이 상승하고 자유로운 활동이 가능해지면서 원시 농경과 목축에 의해 식량생산이 가능해졌

---

23) 김정배, 1973, 『한국민족문화의 기원』, 고려대학교 출판부, 161~179쪽.
24) 최몽룡·이헌종 편저, 1994, 「러시아 고고학 : 연구현황과 과제 − 시베리아 극동지역」, 『러시아고고학』, 학연문화사, 16~23쪽.

지만, 생활환경이 변화되면서 문화적 마비상태로 빠져들기도 했다.[25]

동북아시아 일대의 경우 신석기시대의 시작이 곧바로 농업혁명으로 연결된 것은 아니었다. 그러나 한반도 일대가 후기 구석기시대가 끝난 후 6000년 동안 사람들이 살지 않는 불모지였던 것으로 보기는 어렵다. 후기 구석기시대의 문화전통이 빙하기의 소멸을 전후하여 끝나지 않고, 충적세 초기까지 일부 지속된 중석기시대의 흔적이 동북아시아의 여러 유적에서 확인되고 있다.[26]

한반도의 경우 함북 웅기 부포리와 평양 만달리, 통영 상노대도의 조개더미 최하층, 거창 임불리, 홍천 화화계리 유적 등을 중석기시대와 관련하여 생각하기도 한다. 사람들은 중석기시대에 이르러 구석기시대와 같은 상시적인 이주 생활에서 벗어나 정착 생활을 시작하였다.

그런데 중석기시대를 거치지 않고 원시 혹은 조기 신석기시대로 전환된 증거들이 동북아시아의 여러 지역에서 확인되고 있다.[27] 빙하기의 소멸을 전후하여 만들어진 원시 고토기와 덧무늬토기 등이

---

25) 북유럽의 경우 인구가 감소하고, 집단의 규모가 더욱 작아졌다. 집단 사이의 거리 역시 더 멀어졌다. 도구들은 단순해지고, 다양성이 떨어졌으며, 정교하지 못하였다(Paul Mellars, "The Upper Palaeolithic Revolution," The Oxford Illustrated Prehistory of Europe).

26) 중석기시대는 모든 지역에 걸쳐 균일하게 존속한 것은 아니었다. 그 문화 내용 역시 후기 구석기시대와 구분하기 어려운 점이 많아 구석기시대에 포함시키거나 後舊石器時代로 부르기도 한다. 동북아시아의 내표석인 중석기시대 유적은 하북성 泥河灣盆地의 유적(記者, 1998, 「泥河灣盆地考古發掘獲重大成果」, 『中國文物報』第一版)과 대흥안령의 북쪽에 위치한 呼倫貝爾 평원의 海拉爾 松山 유적 등을 들 수 있다(安志敏, 1978, 「海拉爾的中石器遺存」, 『考古學報』第三期).

27) 최몽룡·이헌종 편저, 1994, 앞의 책, 30쪽.

주목된다.28) 원시 고토기는 연해주의 가샤(Gasya)를 비롯하여 환동해 지역의 여러 유적에서 확인되며 13,000년 전에 제작된 원시적인 토기에 해당된다.29)

우리나라의 제주도 고산리에서도 비슷한 시기에 만들어진 무늬 없는 갈색 토기편이 조사되었다.30) 그 외에 부산 동삼동 최하층·양양 오산리·청도 오진리 등에서도 비슷한 유물이 확인되었다.31)

한편 덧무늬토기는 송화강의 북쪽 지류인 눈강(嫩江) 유역과 조아 하(洮兒河) 유역, 흑룡강 중류지역, 우수리강 상류지역 등에서 주로 조사되었다.32) 이들 유적 중에서 노보페드로브까 2호주거지에서 출 토된 덧무늬토기는 B.P.11,000~B.P.9,000년까지 연대가 올라간다.33)

---

28) 원시고토기가 출현한 시기에 대해 후기 구석기시대, 중석기시대, 원시 신석기시대 등으로 보고 있다. 그러나 신석기시대의 개시를 보통 농경 및 정착과 직조의 시작, 토기의 출현 등을 기준으로 삼고 있기 때문에 원시 고토기가 제작된 시기를 원시 신석기시대 혹은 古新石器 단계로 파악 하기도 한다(임효재, 1994, 「한일 문화교류사의 새로운 발굴자료」, 『東亞文 化』 32).

29) Derev'anko·Medvedev, 1993, E.Issledovanie pocelenia Gacya, Novosibirk.

30) 고산리에서는 6,500여 점의 석기와 토기편들이 출토되었는데, 무늬가 없는 갈색토기편 50여 점이 포함되어 있다. 이 유적은 B.C.6,800~B.C.6,300년 전에 폭발한 것으로 알려진 아카호야 화산재층 아래에서 출토되었다. 일본 愛媛縣 上黑岩 6층에서도 고산리와 흡사한 돌화살촉과 갈색토기편이 다수 출토되었는데, 방사성탄소 측정연대는 B.P.10,085±320년으로 나왔다(고재 원, 1994, 「제주도 고산리 세석기문화유적」, 제4기학회 학술대회발표회 요지). 따라서 고산리에서 출토된 토기편은 우리나라에서 가장 오래된 6,000년 전의 신석기유적으로 알려진 강원도 양양 오산리 유적(임효재·권 학수, 1984, 『오산리유적』, 서울대학교 박물관)을 약 4,000년 이상 상회할 가능성이 높다.

31) 강인욱, 2008, 앞의 책, 229쪽.

32) 중부 흑룡강 유역을 포함하여 동북아시아에서 조사되는 덧무늬토기는 조기 신석기시대 혹은 원시 신석기시대와 관련이 있는 것으로 보고 있다(정 징원, 1991, 「중국 동북지방의 덧무늬토기」, 『한국고고학보』 26).

33) 최몽룡·이헌종, 1994, 앞의 책, 48쪽.

한반도의 경우 1만년 전 무렵에 제작된 덧무늬토기는 아직 확인되지 못한 실정이다. 다만 양양 오산리와 거창 임불리에서 조사된 덧무늬토기를 1만년 전 무렵으로 소급할 수 있는 여지가 있다고 한다.

이와 같이 한반도 일대에서는 빗살무늬토기의 등장에 앞서 동해안과 동남해안을 중심으로 시기가 훨씬 올라가는 원시고토기와 덧무늬토기가 조사되고 있다. 또한 원시고토기와 덧무늬토기는 바다를 건너 일본의 규슈 일대에서도 조사되었다.

하도(夏島) 패총과 복정(福井) 동굴³⁴⁾에서 조사된 원시고토기는 연해주 가샤(Gasya)와 제주도 고산리 유적 등에서 조사된 원시고토기와 시기 및 제작 양식 등이 유사한 것으로 밝혀졌다. 연해주와 한반도 및 일본 열도는 수천km 이상 떨어져 있지만 거친 태토에 풀 등을 섞어서 만든 고토기의 제작 방식이 놀라울 정도로 닮았다고 한다.³⁵⁾

덧무늬토기 역시 홋카이도를 제외한 혼슈와 시코쿠 및 규슈의 해안가와 내륙지방 등에서 조사되었다. 규슈의 경우 나가사키의 천복사(天福寺)와 복정 동굴(福井洞窟), 애원현(愛媛縣)의 상흑암암음(上黑岩岩陰) 유적에서 B.P.10,000년 전후의 덧무늬토기가 확인되었다.

---

34) 일본에서 확인된 원시 고토기는 1953년에 발굴된 동경만 근처의 나가시마(夏島) 패총에서 B.P.9,240±450년의 연대가 나왔으며, 1960년대에 조사된 北九州 長崎 부근의 후쿠이(福井)동굴 유적에서 조사된 고토기는 B.P.12,400±350년으로 확인되었다.

35) 가샤 유적에서 출토된 고토기에 보이는 표면을 쓸어내리는 듯한 조흔무우 제주도 고산리 토기의 특징과 유사하다. 또한 번개무늬 토기 등도 두만강 유역에서 조사된 신석기시대 유물과 매우 유사한 것으로 밝혀졌다(국립문화재연구소, 2008, 『흑룡강·연해주의 신비 특별전』 ; 이성주, 2008, 「물질문화를 통해 본 고대 영동의 문화적 정체성과 그 변천」, 『고대 영동지역의 문화적 정체성의 탐구』, 제16회 영동문화 창달을 위한 전국학술대회, 강릉대 인문학연구소).

그 외에 규슈 남부의 가고시마(鹿兒島) 부여산(婦餘山) 유적 등에서 조사된 무문토기와 덧무늬토기도 화산재층의 연대에 의해 B.P.11,000년 무렵에 제작된 것으로 밝혀졌다. 일본의 여러 유적에서 조사된 덧무늬토기는 흑룡강 중류지역에서 출현하여 송화강→ 우수리강→ 연해주를 경유하여 한반도 동해안지역을 거쳐 일본 열도로 퍼져 나간 것으로 이해한다.[36]

이와 같이 원시고토기와 덧무늬토기는 환동해지역을 중심으로 큰 시간적 격차 없이 출현했을 가능성이 높다. 원시 고토기와 덧무늬 토기를 사용한 사람들은 시베리아를 비롯하여 북방지역에서 이주한 집단이 아니라, 동북아 일대에서 후기 구석기문화를 영위하던 집단의 후손에 해당된다.[37]

따라서 한반도의 신석기문화의 기원은 빗살무늬토기를 갖고 외부에서 이주한 집단에 의해서가 아니라, 후기 구석기시대 말기부터 살았던 사람들의 내재적 발전을 통해 이루어졌을 가능성이 높다.[38] 그러나 현재까지 확인된 고고 자료를 통해 볼 때 동해안과 남동해안 및 제주도 등에 원시고토기와 덧무늬토기가 등장한 시기는 확연한 차이가 나타난다.

제주도의 경우 고산리식 토기(원시 고토기)를 사용하던 사람들이 사라진 후 B.C.6,000년을 전후한 시기에 덧무늬토기를 사용하는 집단

36) 한영희, 1997, 「주변지역 신석기문화와의 비교」, 『한국사』 2, 국사편찬위원회, 539쪽.

37) Dale Guthrie, "The Mammoth Steppe and the Origin of Mongoloids and Their Dispersal," Prebis-toric Mongoloid Dispersal, edited by Takeru Akazawa, New York: Oxford University Press, 1996.

38) 이선복, 1991, 「신석기·청동기시대 주민 교체설에 대한 비판적 검토」, 『한국고대사논총』 1 ; 최정필, 1991, 「인류학 상으로 본 한민족 기원문제에 대한 비판적 검토」, 『한국상고사학보』 8.

이 등장한 것으로 보고 있다.[39)]
연해주 일대에서 시작되어 한반
도 동해안 방면으로 원시고토기
문화가 파급되었고, 그 다음으
로 송화강과 흑룡강 유역에서
기원한 덧무늬토기문화가 남쪽
으로 전파되었음을 알 수 있다.

무늬 없는 갈색 토기(제주 고산리 출토)

한편 덧무늬토기는 한반도 동해안과 남동해안을 거쳐 서남해지역
으로 확산되었다. 서남해지역 일대에서는 조기 신석기시대의 덧무
늬토기는 조사되지 않고, 전기 신석기시대(B.C.4,500~B.C.3,500)에
이르러 덧무늬토기가 등장했다.

덧무늬토기는 완도 여서도[40)]와 신안 가거도(소흑산도)[41)] 등에서
조사되었다. 그 외에 여수 거문도를 비롯하여 낭도·대경도·대횡간
도·안도·개도·백야도, 고흥 외나로도 등 전남 동부의 도서지역에서
도 조사되었다.

서남해지역의 경우 덧무늬토기는 도서를 중심으로 조사되며, 연

39) 제주 삼양동 유적에서도 가는 선으로 만든 덧무늬토기가 어로용 도구
   등과 함께 출토되었는데, 고성 문암리와 양양 오산리와 동일한 시기에
   속한 것으로 보고 있다(강창화 외, 2001, 『제주 삼양동 유적』, 제주시·제주대
   학교박물관).
40) 목포대학교 박물관, 2007, 『완도 여서도 패총』.
41) 가거도 패총은 길이 20m, 너비 10m, 두께 2m 내외의 규모이다. 빗살무늬토기
   편을 비롯한 돌도끼, 뼈바늘 등 상당량의 유물들이 출토되어 신석기시대
   말기에 해당하는 유적으로 추정했으나, 그 뒤 다시 덧무늬토기의 존재가
   확인되면서 전기 신석기시대까지 올라가며 남해안지역의 신석기문화와
   관련된 것으로 파악하게 되었다(김원룡·임효재, 1968, 『남해도서고고학』,
   서울대학교 동아문화연구소 ; 전라남도, 1992, 『전라남도문화재도록－도
   지정문화재편』).

안이나 내륙에서는 아직까지 확인되지 않고 있다. 그러나 영남지역은 청도 오진리나 거창 임불리 유적과 같이 내륙에서 조사된 경우도 없지 않다.[42] 서남해지역을 비롯하여 전남 일대는 덧무늬토기가 도서지역의 패총에서 주로 조사된 것으로 볼 때 사람들이 어로활동을 통해 생계를 유지했음을 알 수 있다.

또한 덧무늬토기가 목포에서 직선거리로 145km 떨어진 가거도의 패총에서 조사된 사실을 참조할 필요가 있다. 전기 신석기시대에 내륙에서 멀리 떨어진 원도(遠島)까지 문화교류가 활발하게 이루어진 사실을 반영한다. 당시 사람들이 넓은 바다와 높은 파도를 장애물로 여기지 않고, 여서도 등 연안 내륙과 인접한 섬은 물론이고 가거도 등 멀리 떨어진 도서지역까지 삶의 무대로 삼아 활동한 사실을 보여준다. 또한 여서도 패총에서 조사된 현무암제 태토는 해양을 활용하여 제주도와 교류한 사실을 알려준다.

한편 가거도 패총에서 덧무늬토기와 함께 조사된 납작밑 빗살무늬토기(평저토기, 平底土器)에 대해서도 주목할 필요가 있다. 납작밑 빗살무늬토기는 내몽골 일대에서 흥륭와문화와 사해문화 등을 영위한 집단의 일부가 요동을 거쳐 한반도 방면으로 이주하면서 전파되었다. 납작밑토기는 한반도 동해안을 따라 남해안 지방으로 전파되었는데, 통영 상노대도[43]와 김해 수가리[44] 유적 등에서도 조사된 바가 있다.

이들 유적에서 확인된 납작밑토기의 제작 방식과 문양 등은 흥륭

---

42) 이상균, 2003, 「호남 해안지역의 유적과 문화」, 『우리나라의 신석기문화』, 연세대학교 박물관.

43) 신숙정, 1984, 「상노대도 조갯더미 유적의 토기 연구」, 『백산학보』 28.

44) 정징원, 1981, 『김해수가리패총』, 부산대학교박물관유적조사보고 제4집.

와문화의 수법과 동일한 것으로
밝혀졌다.45) 남해안 일대에서
확인된 둥근 모양의 납작밑토기
를 영선동식으로 부르는데, 자
돌·압인·압날문 토기가 해당된
다.46) 서남해지역의 신안의 대
흑산도 예리·소흑산도 가거도·
하태도 및 완도의 평일도·고금
도 등에서 조사되었다. 전북의
군산 노래섬과 가도 및 부안 계
화도 등에서도 확인되었는데,

임서(林西)의 백음장한(白音長汗) 유적에서
출토된 납작밑 빗살무늬토기

덧무늬토기와 마찬가지로 경남 해안지역을 경유해 전파되었다.

이와 같이 서남해지역의 전기 신석기문화의 요소를 이룬 덧무늬토
기와 납작밑토기 등은 동해안 및 남동해안을 통해 전파되었으며,
가거도와 여서도를 비롯한 도서지역까지 확산되었다. 그렇다면 서
남해의 도서지역에서 조사된 덧무늬토기와 납작밑토기 등을 제작하
여 사용한 집단은 누구였을까 살펴볼 필요가 있다.

이들은 경남 통영 상노대도 패총에서 확인된 인골의 주인공과
동일 갈래였을 가능성이 높다. 이들은 동해안을 통해 유입된 덧무늬
토기와 납작밑 빗살무늬토기 등의 발전된 북방계통의 신석기문화를
가지고 남하한 이주민이 아니라, 후기 구석기시대 이래 오랜 기간에

---

45) 백홍기, 1997, 「주변지역 신석기문화와의 비교」, 『한국사』 2, 국사편찬위원
    회, 146쪽.
46) 이상균, 2005, 「호남 해안지역의 유적과 문화」, 『한반도 신석기문화의 신동
    향』, 학연문화사.

걸쳐 전통문화를 유지한 토착집단으로 짐작된다.

서남해지역과 남해안 일대에 거주한 채 패총을 남긴 집단은 북방 계통의 토기문화를 받아들였지만, 그들과는 종족 갈래가 다르지 않았을까 한다. 한반도 일대는 빗살무늬토기가 출현한 이후에도 이질적 내용을 갖는 4~5개의 문화영역이 나타나며, 이는 상호간에 다른 문화와 종족의 분포를 반영하는 것으로 보고 있다.[47]

2) 신석기사회의 발전과 생활공간의 확대

한반도의 신석기문화는 연해주와 송화강·흑룡강 유역에서 기원한 원시 고토기와 납작밑토기가 동해안 방면을 거쳐 전파되고, B.C.6,000년 무렵을 전후해서는 내몽골과 요서 방면의 요하 상류지역에서 기원한 납작밑 빗살무늬토기가 출현하였다.

서남해지역은 도서를 중심으로 영선동식 덧무늬토기문화가 전기 신석기시대를 거쳐 중기 신석기시대(B.C.3,500~B.C.2,000)까지 지속되었다. 그런데 중기 신석기시대에 이르러 끝이 뾰족한 빗살무늬토기가 등장하면서 변화가 일어나게 되었다.

한반도 일대는 B.C.4,000년을 전후하여 뾰족한 빗살무늬토기가 대동강 유역을 거쳐 여러 지역으로 확산되면서 본격적인 신석기시대로 접어들었다. 서남해지역의 빗살무늬토기의 수용 과정에 대해서는 중서부지역에서 내륙을 통해 전파된 것으로 이해하는 견해,[48]

---

47) 한국 민족의 기원과 관련하여 신석기시대의 문화 영역과 그 차이에 대해서는 다음의 글을 참조하기 바란다(임효재, 1997, 「신석기문화」, 『한국사』 2, 국사편찬위원회, 308쪽 ; 한영희, 1996, 『한국민족의 기원과 형성』(上), 小花).

48) 하인수·안성희, 2009, 「서해남부 해안지역의 신석기문화」, 『한반도 신석기

중서부지역에서 동해안지역과 동남해 연안 및 남해안을 거쳐 전파된 것으로 이해하는 견해 등이 있다.[49]

또한 뾰족한 빗살무늬토기는 중서부지방에서 전파되는 양식과 서남해안을 통해 전파된 양식이 복합되는 양상을 보이기도 한다. 전북의 노래섬과 가도 및 계화도 패총 등에서 확인된 삼각집선문(三角集線文)이 참조된다.[50]

한편 서남해지역 일대는 중기 신석기시대(B.C.3,500~B.C.2,000)의 문화 양상이 확연히 드러나지 않고 있다.[51] 그러나 한반도의 다른 지역과 마찬가지로 서남해지역 역시 뾰족한 빗살무늬토기가 전파되었을 가능성이 높다.

서남해지역은 중기 신석기시대를 거쳐 후기에 이르면 유적의 조사 사례가 늘고, 다른 지역과 교류를 반영하는 여러 유물도 확인된다. 또한 서남해지역에 살던 사람들은 후기 신석기시대에 이르러 도서와 연안을 벗어나 내륙 방면으로 본격 진출하기 시작했다.[52] 광주광역시 효천 택지 2지구와 나주 다시면 가흥리 유적 등이 해당된다.

시대 지역문화론』, 동삼동패총전시관.

49) 송은숙, 2010, 「한국 빗살무늬토기의 확산과정」, 『移住의 고고학』 제34회 한국고고학전국대회, 한국고고학회, 49쪽.

50) 이상균, 2005, 앞의 책, 101쪽.

51) 이와 관련하여 해수면의 변동에 따라 서남해지역의 당시 유적이 바다 속으로 가라앉은 지점에 자리했을 가능성이 없지 않다. 최종 빙하기에 해당하는 15,000년 전 해수면은 현재보다 대략 150~160m 낮았으며, 이후 9,000년 이전까지 해수면이 60m로 급격히 상승하였다. 5,000~4,000년 전에 이르면 수심이 50~60m에서 안정적이었으며, 4,000~3,000년 사이에 다시 해수면 상승으로 수심이 현재보다 10~20m 낮아졌으며, 이후 현재 상태에 도달한 것으로 보고 있다(이연규, 2005, 「한국 남해해역 패류군집에서 나타나는 시간평균화 현상과 최종 빙하기 이후 해수면 변동」, 『jour, Korean Earth Science Society』 V.26, no.6.

52) 이기길, 1996, 「전남의 신석기문화」, 『선사와 고대』 7.

44

보성강 유역의 보성 죽산리와 순천 대곡리 유적에서도 동일한 시기의 유물이 확인되었다. 그러나 당시 사람들이 모두 섬을 떠나 내륙지역으로 이동한 것은 아니었다. 도서지역은 여전히 중요한 삶의 무대였고, 섬과 섬을 연결하는 방식으로 문화교류가 지속되었다.

서남해지역과 경상 해안지역의 교류도 끊이지 않고 지속되었다. 신안 흑산도 패총에서 출토된 겹입술토기(겹아가리토기)와 부산 동삼동, 김해 수가리 유적 등에서 조사된 동일 양식 토기는 밀접한 교류관계를 반영한다.[53]

서남해의 도서지역과 일본 열도 사이의 교류도 활발하게 이루어졌다. 신석기시대 사람들은 해안과 강변에 살면서 배를 타고 어로활동에 종사했다. 창녕 비봉리와 울진 죽변리 유적에서 조사된 선박을 통해 유추된다.[54] 울주 반구대의 암각화도 후기 신석기시대 혹은 청동기시대의 해상활동 모습을 생생하게 보여주고 있다.

이와 같이 선사시대에 항해술이 발달하지 못하고 배를 만드는 조선술이 뛰어나지 못했을지라도 바다는 문화교류의 장애가 되지 못했다. 해양은 소통과 교류의 무대였고, 사람과 물자의 이동통로였다. 선박을 활용한 해양교섭이 국내를 넘어 일본 및 중국과 이루어지

---

53) 신안 대흑산도 패총에서 출토된 토기는 태토에 따라 사질과 점토질 그리고 골석입토기로 크게 구분되지만, 그 형태는 원저를 기본으로 하는 중서부지방의 토기와 비슷한 모양을 하고 있다. 그러나 겹입술토기(겹아가리토기)는 남동해안지역의 부산 동삼동, 김해 수가리 유적의 신석기시대 후기의 문화층에서 발견된 것으로 볼 때 전남지역의 신석기문화는 이른 시기부터 늦은 시기까지 남동해안지역과 밀접한 관계가 있었음을 시사한다.

54) 창녕 비봉리와 울진 죽변리 유적에서 발견된 B.C.6,000년 무렵의 신석기시대 선박을 통해 유추할 수 있다. 창녕 비봉리 유적에서는 통나무 가운데를 불로 태운 뒤 자귀 등으로 깎아 만든 丸木船(둥근 형태의 통나무 배) 2척이 조사되었다. 또한 죽변리 유적에서도 어로에 활용된 목제 선박 조각과 배를 젓던 櫓, 결합식 낚시의 부품을 비롯한 각종 어로 관련 도구가 출토됐다.

기도 했다.

한일 사이의 문화교류는 어로
중심의 생업환경과 해난 사고로
인한 표류 등에 의해 이루어졌
다.[55] 양국의 어로문화 교류는
여수 송도 패총에서 조사된 이
음돌 낚시를 통해 입증된다.[56]

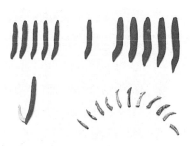

부산 동삼동에서 출토된 이음돌 낚시

이음돌 낚시는 동해안 및 남해안과 일본의 규슈의 여러 유적에서
출토되는데, 양국 사이에 이루어진 문화교류의 실증 자료로 평가된
다. 송도 유적에서 확인된 집자리, 묶음낚시의 존재 등을 근거로
하여 전남지역과 한반도 동·남해안 그리고 서북 규슈지역을 묶는
거대한 해상문화권을 상정하기도 한다.[57]

사람들의 이주에 의한 직접적인 문화전파도 이루어졌다. 처음에
는 한반도에서 일본 열도 방향으로 사람이 건너가고 문화가 전파되
는 양상으로 전개되었지만 역방향의 흐름도 일어났다. 안도패총에
서 출토된 덧무늬토기의 문양과 일본 전기 조몬시대의 도도로끼(轟)
식 토기의 문양이 비슷한 사실이 참조된다.[58]

---

55) 이상균, 1997, 『신석기시대 한일문화교류』, 학연문화사 ; 이동주, 2013, 「구
석기시대와 신석기시대의 해양활동」, 『한국해양사』Ⅰ, 한국해양재단,
91~112쪽.

56) 여수 돌산읍 松島 패총은 밀개·찍개·자르개·돌도끼·갈돌·숫돌 등의 石器가
조사되었으며, 방사성탄소연대 측정결과 중기 신석기시대(B.C.3500
~B.C.2000)에 해당하는 B.C.2300년 무렵에 조성된 유적으로 밝혀졌나. 남해
안지역 신석기문화의 전파 경로와 시기 외에 대외교류의 양상을 알려주는
측면에서도 중요한 유적에 해당된다(국립광주박물관, 1989, 『突山松島 Ⅰ』).

57) 조현종, 1993, 「신석기시대의 유적·유물」, 『전라남도지』 2, 71~91쪽.

58) 예컨대 안도패총에서 출토된 덧무늬토기는 패각조흔문이 시문되고 종
방향의 융기대에 각목이 된 점, 횡방향의 융기선에 각목이 시문된 점 등에서

주산군도 신라초 전경(그림 | 김병택)

　한일 사이의 해양을 통한 문화교류의 흔적이 서남해의 원거리 도서지역에서도 일부 확인된다. 서남해 연안에서 멀리 떨어진 신안 흑산도 패총에서 빗살무늬토기를 비롯하여 간돌도끼(磨製石斧), 뗀돌도끼(打製石斧), 숫돌(砥石) 등과 함께 조사된 흑요석편(黑曜石片)이 참조된다.[59]

　흑요석은 한반도 남부지방에서는 생산되지 않고, 백두산·연해주 시호테-알린산맥 근처·일본의 규슈 등이 주요 생산지였다. 규슈의 흑요석이 바다를 건너 한반도 남부지역으로 전해지면서 흑산도까지

　볼 때 일본 규슈의 조몬시대 전기에 해당되는 도도로끼(轟)식과 연관이 있다. 또한 여수 송도패총과 안도 패총 및 완도 여서도 패총 등 남해안에서 출토된 유물들은 제주도 삼양동 유적·고산리 유적에서 출토된 동시대의 유물과 비슷한 양상이 확인된다.

59) 국립박물관, 1957,『西海島嶼調査報告』; 김원룡·임효재, 1968,『南海島嶼考古學』, 서울대학교 동아문화연구소.

흘러들어 가지 않았을까 짐작된다.

가거도(소흑산도) 패총의 Ⅱ문화층에서 확인된 '자돌문+침선문의 복합문'이 새겨진 토기 조각도 일본 열도와 교류가 이루어진 사실을 반영한다. 자돌문+침선문의 복합문이 일본 구주의 서당진식(西唐津式) 토기와 거의 같은 형태를 띠고 있기 때문이다.[60]

한편 서남해지역은 신석기시대 이래 남방 계통의 해양문화를 받아들인 창구 역할을 담당했다. 한반도와 남중국의 해상교류는 신석기시대부터 활발하게 이루어졌다.[61] 양국 사이를 잇는 바닷길은 여러 차례의 실패와 성공적인 항해를 거듭한 후에 만들어졌다. 두 지역을 연결하는 바닷길은 주산군도(舟山群島)와 흑산도가 징검다리 역할을 하였다.[62]

서남해의 흑산도와 가거도 등의 신석기시대 패총, 절강의 주산군도의 백천십자로(白泉十字路) 및 승사도(嵊泗島) 등 50여 곳에서 조사된 관련 유적이 참조된다.[63] 백천십자로(白泉十字路) 등의 유적을 남긴 집단이 바다를 건너 한반도 방향으로 이주하면서 남방 해양문화가 전파되었을 가능성이 있다. 그러나 한반도 서남해지역과 남중국·동남아시아·일본 사이의 문화교류가 쌍방을 왕래하는 단계까지 이른 것은 아니었다.[64]

---

60) 이상균, 1998, 「호남지역 신석기문화의 양상과 대외교류」, 『호남고고학보』 7, 53쪽.
61) 최몽룡, 1988, 「고고학 자료를 통해 본 서해교섭사연구 서설」, 『진단학보』 66, 176쪽 ; 정진술, 2009, 『한국의 고대 해상교통로』, 한국해양전략연구소, 199~208쪽.
62) 고대 중국 강남지역과 한반도 사이의 해상교류는 다음의 글을 참조하기 바란다. 毛昭晰(박양진·김형진 역), 2000, 「古代 中國 江南地域과 韓半島」, 『지방사와 지방문화』 3, 역사문화학회.
63) 毛昭晰, 「舟山群島新石器時代-商周遺存調査」, 特刊.

3. 청동기사회의 발전과 국가 형성

1) 청동문화의 수용과 토착사회의 성장

한반도 일대는 B.C.10세기를 전후하여 신석기시대가 종식되고 청동기시대로 접어든 것으로 보고 있다. 청동문화의 기원에 대해서는 B.C.12세기~B.C.8세기 무렵 시베리아 방면의 카라스크문화, 예니세이강 상류의 미누신스크문화, 그 서쪽에서 퍼져오는 스키타이문화의 확산에서 구하고 있다. 북방문화와 오르도스문화가 조우하여 미누신스크-스키타이-오르도스 복합문화를 잉태한 후 요동 및 한반도 방면으로 확산된 것으로 이해하는 견해도 없지 않다.[65)

또한 청동문화를 소유한 북방계통의 주민이 한반도 방면으로 남하하여 신석기문화 단계의 빗살무늬토기를 사용하던 집단을 소멸 내지 병합한 것으로 이해하는 것이 일반적이다.[66] 청동문화를 소유한 이주민들이 한반도 방면으로 남하하여 선주민에게 많은 영향을 끼친 사실을 부인할 수 없다.

신석기시대 주민들은 선진적인 청동문화 주민들이 남하하면서 흡수, 동화되거나 산간오지로 밀려났을 가능성이 있다. 사실 청동문화 단계의 무문토기를 사용한 사람들과 그 이전에 빗살무늬토기를 사용한 집단은 여러 측면에서 차이를 보인다.

예컨대 무문토기를 사용한 사람들은 낮은 구릉지대에 거주하였

64) 최성락, 2014, 「전남 서남해지역의 해상교류와 고대문화」, 『전남 서남해지역의 해상교류와 고대문화』, 전남문화재연구소 개소기념 국제학술대회.
65) 김원룡, 1973, 『한국고고학개설』, 일지사, 97쪽 ; 김정배, 1973, 『한국민족문화의 기원』, 고려대학교 출판부, 154~155쪽.
66) 이건무·조현종, 2003, 『선사유물과 유적』 한국미의 재발견1, 30쪽.

고, 빗살무늬토기를 사용한 집단은 강가나 바닷가에서 생활하였다.
두 문화는 생업·무덤·토기 등에서 많은 차이를 보이기 때문에 종족
갈래가 달랐던 것으로 이해한다.

그러나 한반도 청동문화의 전파와 확산은 북방에서 내려온 이주민
집단이 단기간에 걸쳐 신석기문화를 영위하던 선주민을 복속하면서
이루어진 것은 아니었다. 신석기시대의 주민을 복속하고 토착문화
를 해체할 만한 제반 여건을 구비한 집단이 이주하여 비약적 발전을
이룬 흔적을 찾기 어려운 실정이다.

신석기시대의 전통을 유지하고 있던 토착집단이 선진문화를 주체
적으로 받아들여 청동기사회로 진입했을 가능성도 없지 않다. 한반
도의 청동문화가 신석기시대의 전통을 계승한 사실은 진주 남강
옥방 유적 등에서 확인되고 있다.

옥방 5지구는 신석기시대에서 청동기시대로 넘어가는 과도기의
유적인데, 빗살무늬토기의 경우 끝이 뾰족한 첨저형에서 바닥이
편평한 평저형 무문토기로 변화해 가는 양상이 나타난다. 또한 빗살
무늬 계통의 단사선문(短斜線文)이 무문토기의 구연부로 전승된 사실
도 확인된다.[67)

남강 유역 외에 강원도 영동지역에서도 비슷한 양상이 조사되었
다. 청동기시대의 위석식노지(圍石式爐址)와 이중구연토기(二重口緣
土器) 및 대형 장방형 주거지들이 신석기시대 말기의 전통을 일정
정도 물려받은 사실이 드러나고 있다.[68)

또한 신식기문화와 청농문화가 공존한 500여 년 동안의 과도기
혹은 조기 청동기시대의 문화 양상도 참조할 필요가 있다. 이와

---

67) 이형구, 2000, 『진주대평리 옥방5지구 선사유적』, 선문대학교 박물관.
68) 이성주, 2008, 앞의 글.

관련하여 덧띠새김무늬토기(突帶文 혹은 刻目突帶文土器)의 출현을
들 수 있다.[69] 덧띠새김무늬토기의 기원에 대해서는 압록강 유역
혹은 요동반도의 농경문화가 남하하여 남한지역의 빗살무늬토기와
결합하여 형성된 것으로 보고 있다.[70] 빗살무늬토기가 민무늬토기
로 이행하는 과도기의 형태로 보는 견해도 없지 않다.[71]

그러나 덧띠새김무늬토기는 신석기시대의 납작밑 빗살무늬토기
와 마찬가지로 내몽고 동남부와 요서 일대에서 기원하여 요동을
경유하여 한반도와 주변지역으로 전파되었을 가능성이 높다. 덧띠
새김무늬토기가 성행한 시기에 대해서는 B.C.15세기 무렵으로 보고
있다. 강원도 홍천군 외삼포리 유적에서 조사된 토기에 대한 AMS(질
량가속분석기) 측정결과 B.C.14세기 전후로 확인된 사실이 참조된
다.[72] 한반도의 청동문화는 요하문명을 영위한 일부 집단이 요동을
경유하여 이주하면서 파급되었을 가능성이 높다. 한반도 일대는
신석기시대와 구별되는 조기 청동문화 단계로 접어들게 되었다.

조기 청동기시대는 덧띠새김무늬토기를 비롯하여 청동 화살촉,
청동 단추, 청동 고리, 청동 낚시바늘 등 소형 청동기와 장신구 등을

---

69) 덧띠새김무늬토기는 신석기시대와 청동기시대를 연결하는 고리 역할을
   하였다. 아가리 부분 바깥쪽에 점토 띠를 붙이고, 그 위에 빗금무늬나
   눌러 찍은 무늬를 새기거나 두 손 가락으로 점토 띠를 서로 어긋나게
   비틀어 붙여 무늬 효과를 냈는데, 주로 아가리 부분에 장식하였다. 덧띠새김
   무늬토기를 사용한 집단은 세장방형 혹은 장방형 평면의 바닥에 판돌을
   깔고 주위에 돌을 돌려 화덕을 만든 板石附圍石式爐址를 가진 집자리를
   만들었다. 이를 가장 이른 시기의 청동문화에 속하는 미사리유형으로 부르
   기도 한다(박순발, 2003, 「渼沙里類型 形成考」, 『湖西考古學』 9).

70) 안재호, 2000, 「한국농경사회의 성립」, 『한국고고학보』 43.

71) 이상길, 1999, 「진주 대평 어은 1지구 발굴조사개요」, 『남강선사문화세미나
   요지』, 동아대학교 박물관.

72) 이희준, 2007, 「홍천 외삼포리유적 조사개보」, 2007년 춘계학술대회(강원고
   고학회).

사용하였다.[73] 조기 청동문화
단계에 이르러 1~3개의 노지를
가진 방형과 장방형 주거지, 장
방형에 가까운 형태에 한쪽만
날이 달린 돌칼 등도 함께 나타
났다.[74]

정선 아우라지에서 출토된 덧띠새김무늬토기

덧띠새김무늬토기의 경우 한
반도 북부지역은 신의주 신암
리, 영변 세죽리, 강계 공귀리 등
에서 조사되었다. 중부지역은
서울 미사리와 제천 황석리 및 정선 아우라지·홍천 외삼포리 등에서
조사되었다. 남부지역에서도 경주 충효동, 진주 대평리, 산청 소남리
등 여러 곳에서 확인되었다.[75]

호남지역의 경우에도 담양 태목리 주거지[76]에서 덧띠새김무늬토
기가 조사되었다. 서남해지역 역시 태목리 유적을 통해 볼 때 신석기
시대에서 조기 청동기시대를 거쳐 청동문화 단계로 발전하였을 가능

73) 요동반도 于家村 적석총에서는 청동 화살촉, 청동 단추, 청동 고리, 청동
낚시 바늘 등 소형 청동기가 출토되었다. 우가촌유적의 C^{14} 측정 연대는
B.C.1500~B.C.1300년으로 추정된다(許明綱·劉俊勇, 1981, 「旅順于家村遺址
發掘簡報」, 『考古學集刊(1)』, 中國社會科學出版社). 요동반도 남단 羊頭窪遺蹟
에서도 B.C.15세기 무렵에 제작된 것으로 추정되는 청동제 장식이 출토되었
다. 북한의 평북 용천군 신암리 청동기시대 유적에서 출토된 청동 刀子와
청동 난추 역시 B.C.15세기 무렵에 제작된 것으로 보고 있다(리순진, 1965,
「신암리 유적 발굴 중간보고」, 『고고민속』 3기).
74) 이영문, 2014, 「호남지역 청동기시대의 조사성과와 연구과제」, 『호남고고학
보』 47.
75) 국립김해박물관, 2005, 『전환기의 선사토기』, 김해박물관, 74쪽.
76) 호남문화재연구원, 2010, 『담양 태목리유적 II』.

내몽골 적봉시 중심부에 위치한 홍산(紅山) 전경(그림 | 김병택)

성이 높다.

이와 같이 내몽골과 요서 방면에서 요하문명을 이룬 집단이 조기 청동문화를 소유한 채 요동을 거쳐 한반도 일대로 이주한 사실은 여러 유적과 유물을 통해 확인되고 있다. 그러나 조기 청동문화를 가지고 이주한 집단이 신석기문화 단계의 선주민을 흡수·동화한 것으로 보기는 어렵다. 두 문화의 차이를 주민교체로 파악하던 기존의 인식에 오류가 있을 가능성이 높고,[77] 신석기문화 단계의 토착주민이 북방계통의 선진문화를 받아들여 한 차원 높은 성장을 이룬

77) 예컨대 평안도와 서해도 일대의 팽이형토기, 동북지방의 공열문토기는 형태나 무늬 그리고 바탕흙 등에서 빗살무늬토기의 전통을 강하게 엿볼 수 있다. 또한 도끼·끌·대패날 등의 공구류와 반달칼·갈돌과 갈판·곰배괭이 등의 농공류 그리고 화살촉·창끝 등의 武具類 등 각종 석기의 형태에 있어서도 신석기시대의 말기의 요소가 많다(이건무, 2000, 『청동기문화』, 대원사, 17쪽).

것으로 추정된다.

한편 조기 청동문화는 B.C.10세기를 전후하여 민무늬토기의 사용이 일반화되면서 사라져갔다.[78] 한반도 북부지역 일대는 압록강중·상류의 공귀리형토기문화,[79] 서북지역의 팽이형문화,[80] 동북지역의 공열문토기문화 등이 출현했다.

중남부지역은 공열문토기와 팽이형토기 등의 영향을 받아 서울의 가락동·역삼동유형, 경기도 여주 흔암리유형 등의 청동문화가 등장하였다. 중남부지역의 청동문화의 기원에 대해서는 B.C.7세기 무렵에 시작된 것으로 추정했는데,[81] 최근에 이르러 그 상한을 대폭올려 보는 견해가 제시되고 있다. 역삼동유형의 경우 상한과 하한을 B.C.11세기~B.C.9세기,[82] B.C.13세기~B.C.9세기 등으로 보고 있다.[83]

---

78) 토기에서 무늬가 사라진 이유는 시간 절감과 단단한 토기를 얻기 위한 제작 방식의 차이를 들 수 있다. 민무늬토기는 '모래' 성분이 첨가되었는데, 모래를 섞으면 온도를 800℃까지 올릴 수 있지만 조그마한 상처에도 금이 가거나 찌그러지기 쉽기 때문에 빗금이 사라졌다. 민무늬토기는 노천의 窯에서 구워져 질이 대체로 무르고 흡수성이 강하며 주로 황적색을 띠고 있다. 민무늬토기는 청동기시대를 대표하는 토기로 무늬가 다양한 빗살무늬토기와는 달리 무늬가 없거나 간단한 孔列文 혹은 單斜線文 등 단순한 것이 특색이다.

79) 혼강 유역과 압록강 중류지역의 청동문화는 강계시의 공귀리 유적이 알려져 있는데, 그 연대는 BP2,715±95년이다. 그 외에 공귀리유형과 비슷한 문화가 압록강 상류의 長白縣 民主 유적에서도 확인되었다(丁貴民, 1995, 「吉林省長白縣民主遺址的調査與淸理」, 『考古』第8期).

80) 팽이형토기에 대해서는 다음의 글을 참조하기 바란다. 최종모 외, 2006, 「각형토기문화 유형의 연구」, 『야외고고학』제1호, 한국문화재조사연구기관협회.

81) 서울대학교 박물관, 1972~1977, 『欣岩里住居址1~5』.

82) 나건주, 2006, 「전·중기 무문토기 문화의 변천과정에 대한 고찰」, 충남대학교 대학원 석사학위논문, 67쪽.

83) 이형원, 2002, 「한국 청동기시대 전기 중부지역 무문토기 편년연구」, 충남대

한반도 중남부지역은 청동문화가 발전하면서 농경이 성행하고 정착생활 단계로 접어들었다. 당시 사람들은 장방형(세장방형)의 위석식과 혹은 무시설식 노지를 갖춘 주거지에 살았다. 서남해지역의 여러 유적에서도 청동문화가 전파되는 과정의 양상이 확인되었다. 함평 신흥동과 광주 용두동 및 나주 랑동 유적 등이 대표적이다.

한반도 청동문화의 수용과 관련하여 북방계통 외에 남방계통 해양문화의 유입을 거론하기도 한다. 남방문화는 인도 - 남중국 - 서남해를 거쳐 한반도 혹은 일본 방면으로 전파된 해양계통을 말한다.[84] 동남아시아와 중국 동남연안, 한반도 남부, 일본 규슈지역 등에서 공통으로 확인되는 벼농사와 난생설화 등이 해당된다.

벼농사의 경우 양자강 하류 또는 하구에서 동중국해를 건너 한반도 남부를 거쳐 규슈로, 혹은 두 지역으로 동시에 전파된 것으로 이해하고 있다.[85] 벼농사의 전파와 관련하여 나주 다시면 가흥리 유적에서 출토된 벼 꽃가루가 참조된다. 가흥리에서 발견된 벼 화분의 연대는 B.C.10세기 이전으로 추정되며,[86] 기존에 알려진 여주 흔암리 제12호 주거지에서 출토된 볍씨의 연대를 300년 이상 상회한다.

동아시아 도작(稻作)의 역사는 중국 남부의 절강성(浙江省) 일대에서 B.C.5,000년 이전에 시작되었고, 한반도의 경우 가흥리 화분을

학교 석사학위논문, 63~64쪽.

84) 남아시아 원주민들의 벼농사 문화가 확산되는 과정에서 고인돌 등의 매장문화가 한반도와 일본으로 전파되었다. 인도네시아에서 우리나라, 일본을 거쳐 알래스카 쪽으로 흐르는 黑潮를 따라 사람들과 문화가 이동한 것으로 이해한다(김병모, 2006, 『김병모의 고고학 여행1』, 고래실).

85) 시아루빙, 2009, 「중국 벼농사 기술의 한국과 일본으로의 확산」, 『쌀삶문명 연구』 3.

86) 安田喜憲 外, 1980, 「韓國における環境變化史と農耕の起源」, 『韓國における環境變遷史』.

중국 절강성 하모도유지(河姆渡遺址) 전경(그림 | 김병택)

통해 볼 때 늦어도 신석기시대 후기에 전파되었을 가능성이 높다. 일본은 규슈 북부의 이타쯔케(板付) 유적에서 B.C.500년을 전후하여 쌀 재배가 시작된 흔적이 확인되었다.

이와 같이 서남해지역을 비롯하여 한반도 일대는 도작 농경이 시작되면서 생활 경제에 많은 변화가 일어났다. 황해도 지탑리[87]와 궁산리[88] 유적 등에서 확인된 돌가래(石嵩)와 뿔가래(骨嵩) 및 산돼지 이빨로 만든 낫과 같은 농경 도구는 초보 단계의 전작농경(田作農耕)이 시작된 사실을 반영한다. 당시 사람들은 한반도 서북지역과 동북

87) 시탑리유석에서는 탄화된 피 혹은 조의 실물과 함께 돌로 만든 쟁기, 가래, 호미 등의 농경 도구가 조사되었는데, 이는 개간-경작-수확-조리 과정을 보여주는 것으로 신석기시대 후기의 농경의 존재를 보여주는 실례에 해당된다(고고민속학연구소, 1961, 『지탑리원시유적발굴보고』; 西谷正, 1969, 「朝鮮半島における初期稻作」, 『考古學研究』 16-2).

88) 고고민속학연구소, 1957, 『궁산원시유적발굴보고』.

지역의 선진문화 및 남방의 해양문화 등을 받아들여 한층 발전된 문화를 일구어 나갔다.

한편 한반도의 신화를 천손(天孫)과 난생(卵生)의 두 갈래로 파악하여, 몽고·만주·산동의 북방계통 천손신화와 인도·자바·태국·해남도·대만을 잇는 남방계통의 난생신화가 중첩된 것으로 보기도 한다.89) 남방계통의 해양문화 유입을 문신과 편두 등의 풍습이 서남해 지역에서 성행한 사실과 관련된 것으로 보는 견해도 없지 않다.90)

벼농사의 재배와 난생설화, 문신 등의 풍습은 남중국과 한반도 남부를 비롯하여 동남아시아 및 일본 규슈지역 등에서도 공통으로 확인된다. 이들 지역 사이에 일찍부터 해양을 통한 문화 교류와 접촉이 이루어진 사실을 반영한다.

또한 한반도 도처에 산재해 있는 고인돌과 솟대 등을 남방에서 전해진 문화 요소로 보기도 한다.91) 남방계통의 해양문화는 주민이 직접 바다를 건너오면서 전파되기도 했다. 정선 아우라지와 제천 황석리 고인돌 유적에서 출토된 B.C.8세기 무렵의 사람 두개골과 대퇴부 뼈가 참조된다. 이들을 히타이트족의 정복으로 흑해지역에 살고 있던 아리안족이 인도 방면으로 이주하였다가, 벼농사 전파경로를 따라 고인돌문화를 가지고 동남아시아를 거쳐 한반도 방면으로 이주한 갈래로 보고 있다.92)

---

89) 김병모, 2006,「한국 속의 남방문화 인자」,『김병모의 고고학 여행1』, 고래실.

90) 『三國志』권30, 魏志 東夷傳 韓.

91) 고인돌의 기원과 전파 경로에 대해서는 자생설(황기덕, 1965,「무덤을 통하여 본 우리나라 청동기시대의 사회관계」,『고고민속』4)과 북방설(석광준, 1979,「우리나라 서북지방 고인돌에 관한 연구」,『고고민속논집』7 ; 김원룡, 1985,『한국고고학개설』, 일지사) 외에 남방설(도유호, 1959,「朝鮮巨石文化研究」,『文化遺産』2 ; 김병모, 1981,「한국 거석문화의 원류에 관한 연구(Ⅰ)」,『한국고고학보』10·11合) 등이 있다.

2) 청동문화의 발전과 진국(辰國)의 성립

서남해지역을 비롯한 한반도 남부지역은 송국리유형의 청동문화
가 발전하면서 국가형성 단계로 접어들게 되었다. 송국리형 청동문
화는 한반도 남부지역을 공간적 범위로 하며, 토기와 집자리 등에서
특징적인 면모를 보인다. 주거지는 소형의 방형과 원형으로 그 가운
데 타원형 구덩이가 자리하고, 가장자리에 중심 기둥구멍이 배치되
어 있다. 출토 유물은 외반구연호형토기(소위 송국리식토기)를 비롯
하여 삼각형석도, 유구석부, 유경식 단검 등이 대표적이다.[93]

송국리형 청동문화의 형성 시기는 B.C.6세기 무렵으로 추정하였
다.[94] 그러나 최근에 이르러 B.C.900~B.C.850년,[95] 혹은 B.C.800년[96]
으로 상향하는 등 종래의 견해보다 올려보는 추세이다. 송국리유형
의 기원에 대해서는 역삼동-흔암리유형과 선후관계로 보는 입장,
역삼동-흔암리유형의 후기 단계가 송국리유형의 초기 단계로 계승
되는 것으로 이해하는 견해 등으로 구분된다.

---

92) 아우라지 유적에서 출토된 인골의 분석 결과 현재의 영국인과 비슷한
DNA 염기서열이 확인되었다. 황석리의 인골 역시 두개골과 쇄골 및 상완골
모두가 오늘날의 한국인보다 크다는 결론이 도출되었다. 이에 대해서는
다음의 글을 참조하기 바란다. 이기환, 2004, 『고고학자 조유전의 한국사
미스터리』, 황금부엉이.

93) 조현종, 1989, 「송국리형 토기에 대한 일고찰」, 홍익대학교대학원 석사학위
논문.

94) 송국리유형의 연대는 부여 송국리 54시+의 집자리에서 나온 숯을 방사성탄
소 측정한 결과 B.P. 2,665±60년과 B.P 2,565±90년으로 추정하였다(국립중앙
박물관, 1979, 『松菊里』).

95) 이홍종, 2006, 「송국리문화의 전개과정과 실년대」, 『금강 : 송국리형 문화의
형성과 발전』, 호남·호서고고학회 합동학술대회 발표요지, 121쪽.

96) 나건주, 2006, 앞의 글, 67쪽.

항아리형 토기(부여 송국리 출토)

전자는 한반도 외부에서 발전한 벼농사 문화가 중서부지방 혹은 금강 유역으로 유입되면서 송국리유형의 청동문화가 시작된 것으로 이해한다.[97] 그 반면에 후자는 한반도 중남부지역의 무문토기문화가 점진적으로 발전한 끝에 송국리유형이 등장한 것으로 보고 있다.[98]

그러나 비파형동검이 고인돌 등에서 조사된 것으로 볼 때 송국리형 청동문화는 신석기시대의 문화전통을 계승한 토착주민이 중심이 되어 형성한 것으로 짐작된다.[99] 한반도 남부지역은 송국리유형

---

97) 김규정, 2006, 「호서·호남지역의 송국리형 주거지」, 『금강 : 송국리형 문화의 형성과 발전』, 호남·호서고고학회 합동학술대회 발표요지, 19~20쪽.

98) 나건주, 2006, 앞의 글, 46~49쪽.

99) 고인돌은 부장품으로 출토된 무문토기 등의 토기류, 비파형동검 등의 청동기류, 곡옥 등의 장신구 등을 통해 볼 때 청동기시대의 묘제였음을 알수 있다. 그러나 옥천 안터 유적의 고인돌에서 빗살무늬토기가 출토되고,

청동문화의 시작과 더불어 B.C.8세기를 전후하여 비파형동검이 전파되면서 본격적인 청동기시대로 진입하게 되었다.[100]

그러나 비파형동검을 가지고 남으로 내려온 집단이 토착 선주민을 제압하고 새로운 시대의 주인공으로 부상한 것은 아니었다. 비파형동검이 신석기시대 이래 오랜 기간에 걸쳐 무덤 양식으로 활용된 지석묘에서 출토된 사실이 참조된다.[101]

송국리형 청동문화는 비파형동검을 가지고 이주한 집단과 남방식 고인돌 등을 축조한 토착민이 서로 밀접한 관계를 유지한 사실을 반영한다.[102] 송국리형 청동문화는 금강 유역 일대에서 무문토기문화를 영위하던 집단이 역삼동-흔암리유형의 문화요소를 받아들여 형성되었을 가능성이 높다.[103]

송국리형 청동문화가 발전하면서 사람들의 활동공간은 해안과

양평 앙덕리 고인돌에서도 신석기시대의 타제석부가 조사된 것으로 볼 때 청동기시대 이전부터 축조되었을 가능성이 없지 않다. 또한 양평 양수리 고인돌은 절대연대 측정결과 3900±200B.P.가 나와 신석기시대에 축조된 사실을 보여준다(박희현, 1984, 「한국의 고인돌문화에 대한 한 고찰」, 『한국사연구』 46). 북한학계의 경우 고인돌의 축조 상한을 기원전 3천년기 전반이나 4천년기 말까지 올려 보고 있다(석광준, 1998, 『조선의 고인돌 무덤 연구』, 사회과학출판사).

100) 비파형동검이 전래된 시기에 대해서는 異論이 많지만, 경북 청도 예전동 유적에서 출토된 비파형동검은 요서지역의 십이대영자 유형 및 요동의 쌍방유형의 동검과 가깝기 때문에 B.C.8세기 무렵으로 볼 수 있다. 또한 여수시 적량동 상적 고인돌에서도 비파형동검이 출토되었는데, 그 상한은 B.C.8세기, 하한은 B.C.3세기, 중심연대는 B.C.6세기~B.C.4세기 무렵으로 보고 있다(이영문·정기진, 1993, 『여천 적량동 상적 지석묘』, 전남대학교 박물관, 145쪽)

101) 비파형동검은 한반도에서 60여 곳에서 조사되었는데, 석관묘와 지석묘 및 토광묘 등에서 출토되었다. 그 외에 돌무지 속에 청동기를 넣어둔 제사 유적 또는 退藏 유적, 주거지·패총과 같은 생활 유적 등에서 확인되었다.

102) 이건무, 200, 앞의 책, 90쪽.

103) 나건주, 2006, 앞의 글, 46~49쪽.

부여 송국리유적 전경

도서를 벗어나 내륙의 강변 혹은 큰 하천 유역으로 옮겨졌다. 사람들은 농경의 발전과 경작지의 확대 과정에서 수자원의 이용이 편리한 강변과 하천 유역으로 이주하여 살게 되었다.

이와 관련하여 해안과 도서지역에 조성된 신석기시대 패총 유적이 청동기시대에 이르러 극단적으로 감소한 사례가 주목된다.[104] 신석기시대 사람들이 해안 및 도서지역에 살던 양상과는 달리, 청동기시대 사람들은 해발 40~60m 정도 되는 현재의 자연마을과 가까운 구릉의 사면이나 저지대에 취락을 형성하였다.

집적도가 높은 벼농사를 짓게 되면서 인구가 증가하고 거주 면적이 확대되기에 이르렀다.[105] 인구가 늘면서 사람이 살 수 있는 곳은 대부분 점유되어 취락의 평면적 확대가 포화상태에 이르렀다.[106] 조사된 유적의 숫자가 대폭 늘어나며, 대규모 취락이 등장하고 있는 점도 특징이라 할 수 있다.

또한 농기구의 개량으로 농경기술이 발전하여 생산력이 증대되었다. 울산 옥현 유적과 진주 남강댐 수몰지구에서 조사된 당시의 논과 밭을 통해 청동기시대 농경활동의 실상을 알 수 있다.[107] 농업기

---

104) 하인수, 2010, 「종합고찰」, 『한국의 조개더미유적Ⅰ』, 한국문화재조사연구기관협회, 120쪽.

105) 김범철, 2006, 「충남지역 송국리문화의 생계경제와 정치경제」, 『금강 : 송국리형 문화의 형성과 발전』, 호남·호서고고학회 합동학술대회 발표요지, 95쪽.

106) 이강승, 2007, 「마한사회의 형성과 문화기반」, 『백제의 기원과 건국』, 충청남도 역사문화연구원, 214쪽.

107) 청동기시대의 농경발전과 사회경제의 변모에 대해서는 다음의 글을 참조하

술의 발달로 생산물의 수확이
늘어났으며, 생산물을 놓고 분
쟁이 잦아졌다.

여수 오림동 고인돌 암각화

청동기의 제작에 따른 특수기
술을 보유한 집단의 발생, 교역
의 확대 등은 사회경제의 발전
을 크게 촉진했다. 여러 집단 사
이에 갈등이 시작되어 전쟁이 본격화 되었다. 창을 든 사람과 칼을
숭배하는 듯한 두 사람의 모습이 그려진 여수 오림동의 고인돌 암각
화가 참조된다.[108]

또한 촌락과 마을을 지키기 위한 방어 시설이 만들어졌다. 사람들
이 살았던 주거는 여전히 움집이 이용되었으나, 면적이 넓고 공간
활용이 보다 편리한 방형 혹은 장방형으로 바뀌게 되었다. 많은
집들이 한 곳에 모여 취락을 형성하였고, 취락의 경계 구분과 방어를
위해 주위에 환호나 목책이 설치되기도 하였다.

울주 검단리 유적은 완전한 형태로 조사된 청동기시대 마을 가운
데 대표적인 것으로 평가된다.[109] 검단리 유적은 해발 104~123m
높이의 구릉 중심부에 위치하는데, 마을 전체가 방어용 도랑(環壕)으
로 둘러싸여 있음이 확인되었다.

기 바란다. 김권구, 2005, 『청동기시대의 영남지역의 농경사회』, 학연문화
사 ; 이성주, 2007, 『청동기 칠기시내 사회변동론』, 학연분화사.

108) 이영문·정기진, 1992, 『여수시 오림동 지석묘』, 전남대학교 박물관.

109) 환호와 목책렬, 망루 등의 방어시설과 함께 전쟁에 의한 화재로 폐기된
주거지들이 확인된 충남 부여 송국리 유적은 전쟁 관련 상황을 잘 보여주는
사례로 볼 수 있다. 이 환호에서는 부족간의 전쟁 때 쓰인 돌을 던지는
투석전용 깬돌들이 많이 발견되었고 화살촉도 조사되었다.

농경의 발전, 무덤의 규모와 껴묻거리의 차이, 청동기와 옥을 제작한 전문 장인의 출현 등을 거치며 지배자가 등장하게 되었다. 이러한 움직임은 곧이어 국가 형성의 태동을 가져왔고, 유력한 세력을 중심으로 이합집산이 거듭되면서 수장권의 강화가 이루어졌다.

한반도 남부지역에서 우월한 집단이 주변의 약한 집단을 통제하며 발전하는 모습은 고인돌의 분포상태를 통해서도 유추된다. 서남해 지역의 경우 고인돌이 소규모의 산간 분지마다 분포하며, 소규모 고인돌군의 중심에 대규모 군락이 자리한다. 중심부에 위치한 채 대규모의 군락을 지배한 집단이 주변의 약한 세력을 통제하면서 국가 단계로 발전한 사실을 반영한다.[110]

한편 고인돌은 마한 성립 이전의 중국(衆國) 혹은 진국(辰國)의 기층문화에 해당된 것으로 이해하고 있다.[111] 진국의 실체에 대해서는 요동(遼東)의 북진한(北辰韓)이 남하하여 경상도 방면에 최종 정착지를 얻는 과정에서 일시적으로 한반도 중부지역에 세운 정치집단으로 보는 견해가 있다.[112] 또한 위만(衛滿)에게 쫓겨나 전북 익산 일대에 자리 잡은 고조선 준왕(準王)의 치소(治所)를 진국으로 보기도 하며,[113] 준왕을 따르던 집단이 경상도 방면으로 이동해 진한의 일부를 구성한 것으로 해석하는 견해도 없지 않다.[114]

그러나 진국의 실체와 관련하여『후한서(後漢書)』동이전(東夷傳)의 '삼한은 모두 옛 진국(三韓皆古之辰國)이다'라는 내용을 고려할

---

110) 이영문, 1993,「전남지방 지석묘사회의 구조와 영역권문제」,『한국 선사고고학의 제문제』, 한국고대학회 제4회 학술발표요지, 25쪽.
111) 최성락, 1993,『한국 원삼국문화의 연구-전남지방을 중심으로』, 학연문화사.
112) 이병도, 1935,「三韓問題의 新考察」,『震檀學報』.
113) 김정배, 1976,「準王 및 辰國과 三韓正統論의 諸問題」,『韓國史研究』13.
114) 정중환, 1956,「辰國·三韓及加羅의 名稱考」,『釜山大學校十周年紀念論文集』.

송국리형문화 단계의 청동기시대 취락 전경(부여박물관)

필요가 있다. 진국은 마한과 진한 및 변한이 자리한 한반도 남부지역
을 망라한 것으로 짐작된다. 진국은 국왕과 관료집단이 생겨나고,
수도와 지방이 구분되고, 상비군과 징세체계가 확립된 단계에 이른
것은 아니었다. 고인돌을 묘제로 활용하면서 청동문화를 영위하던
한반도 남부지역의 토착사회를 망라하여 진국으로 부르지 않았을까
한다.

서남해지역 역시 송국리유형의 청동문화가 영위된 다른 곳과 비슷
한 발전 과정을 거치게 되었다. 송국리형문화는 충청지역에서 기원
하여 해안을 따라 서남해지역을 거쳐 탐진강과 보성강 유역으로
확산된 것으로 보고 있다.[115]

그런데 전남 일대의 경우 진국(辰國) 단계의 사회경제 발전은 섬진
강 유역을 비롯한 동부지역이 주도하였다. 비파형동검과 비파형동
모가 전남 동부지역에서 주로 조사된 사실이 참조된다.[116] 또한

---

115) 김경주, 2009, 「유구와 유물로 본 제주도 송국리문화의 수용과 전개」 제3회
    한국청동기학회 학술대회.

전남 동부지역에 고인돌이 밀집 분포한 사실이 확인된 바 있다.[117]

전남 동부지역은 공열토기와 구순각목토기 등 한반도 동북지역의 문화요소가 동해안과 남해안을 통해 유입되기도 하였다. 이들 유형의 청동문화는 순천 대곡리·우산리·구산리 등의 주거지 유적에서 확인되었다. 그 외에 섬진강 중·하류지역 일대는 경남 서부지방에서 주로 확인되는 채문토기와 삼각형 석도가 출토되기도 한다.[118]

이와 같이 전남지역은 송국리유형의 청동문화가 영위되던 기간 동안 동부지역이 사회발전의 중심을 이루었다. 이주민이 토착집단을 해체하거나 흡수·동화하며 사회발전을 주도한 것이 아니라, 토착집단이 북쪽에서 유입되는 선진문화를 주체적으로 수용하여 한 차원 높은 사회단계로 진입하였다. 이들은 비파형동검 등의 선진문화를 받아들이면서 토착사회의 발전을 이루어 나갔다.

서남해지역 역시 여러 유적에서 확인된 중심취락과 고인돌의 분포 상태를 통해 볼 때 국가형성 단계에 이른 것으로 추정된다. 대형 취락은 주로 영산강 유역에서 조사되었다. 나주 운곡동 58기, 광주 평동 42기, 광주 수문 28기, 장흥 신풍 51기, 장흥 갈두 32기 등이

---

116) 비파형동검은 여수 적량동·월내동·평여동·봉계동·오림동·화장동 등에서 17점, 고흥 운대리와 순천 우산리에서 각각 2점, 보성 덕치리 신기 1점 등 22점이 조사되었다. 비파형동모는 여수 적량동과 보성 봉릉리에서 각각 1점씩 2점이 확인되었다. 비파형동검과 비파형동모는 12개 지석묘군에서 24점이 조사되었다. 대부분 여수반도 일대에서 출토되었고, 보성강 유역과 고흥에서 각각 3점과 2점이 조사되었다.

117) 보성강 유역은 보성 죽산리(39기)·순천 우산리(58기), 남해안지역은 광양 용강리 기두(38기)·고흥 한천리(71기)·여수 적량동 상적(40기)·여수 월내동 (30기)·여수 화동리 안골(70기)·여수 월내동 상촌 Ⅱ(49기)·여수 월내동 상촌(149기) 등에 집중 분포한다.

118) 전북대학교 전라문화연구소, 1997, 『남원 고죽동유적』 ; 이상균, 1997, 「섬진강유역의 문화유적」, 『섬진강유역사연구』, 한국향토사연구전국협의회.

대형 취락에 해당된다. 10기에서 20기에 이르는 중형 취락은 전 지역에서 확인되지만, 30기 이상의 대형취락은 영산강 유역과 남해 안 연안지역에 주로 위치한다.[119)

취락 주변에서는 지석묘, 석관묘, 토광묘 등 다양한 무덤 형식이 조사되고 있다. 장흥 신풍 유적과 갈두 유적의 주변에서는 각각 34기와 61기에 이르는 지석묘가 조사되었다. 화순 대신리(35기)와 영암 엄길리(40기) 등에서도 많은 숫자의 지석묘가 확인되었다. 주거 지와 지석묘의 분포 상태를 통해 거점 취락의 성장과 사회의 발전 모습을 그려볼 수 있다.[120)

한편 서남해지역의 연안 및 내륙과 도서 사이에는 사회발전 과정 에서 격차가 발생하기 시작했다. 서남해지역의 토착사회의 발전은 큰 하천 유역에 위치한 대형 취락에 거주하던 집단들이 주도해 나갔 다.

그러나 서남해 연안 및 내륙지역과 도서지역 사이의 교류도 끊이 지 않고 이루어졌다. 하의도와 압해도 등 연안 도서를 비롯해 내륙에 서 멀리 떨어진 흑산도 등 원도(遠島)에 축조된 고인돌 등을 통해 유추된다. 도서지역에 축조된 고인돌은 내륙연안과 섬 사이에 긴밀 한 정보 교환과 물자의 이동이 이루어진 사실을 반영한다.

또한 송국리유형 청동문화는 바다를 건너 제주도와 일본 구주지역 으로 확산되었다. 제주시 삼양동과 용담동 일대에서 송국리형 주거 지가 조사되었으며, 규슈의 후쿠오카현(福岡縣) 이타쯔케(板付) 유적

---

119) 이영문, 2014, 앞의 글, 14쪽.
120) 김규정, 2013, 「호남지역 청동기시대 취락 연구」, 경상대학교 대학원 박사학 위논문 ; 박수현, 2004, 「장흥 신풍리 청동기시대 취락연구」, 조선대학교 대학원 석사학위논문.

후쿠오카 이따쯔케(板付) 유적 전경(그림 | 김병택)

은 송국리형 청동문화와 함께 벼농사가 전파된 사실을 알려준다.[121] 북부 규슈를 비롯한 여러 지역에 분포한 고인돌을 통해서도 송국리형 청동문화가 일본으로 전파된 사실을 알 수 있다.

그러나 청동기시대에 한일 양국 사이에 활발한 문화교류가 이루어진 것은 아니었다. 송국리형 청동문화가 일본 구주지역으로 전파되어 야요이문화 형성에 영향을 끼친 것은 사실이지만, 서남해지역에서 구주와의 교류를 반영하는 유적과 유물은 아직까지 조사되지 못한 실정이다.[122]

---

121) 일본 농경문화의 성립은 한반도 남부지역(남강~낙동강 하류지역)에서 건너간 사람들의 영향을 받아 이루어졌다(안재호, 2001, 「무문토기시대의 대외교류 – 부산·경남과 北九州를 통하여」, 『항도부산』 17, 부산광역시사편찬위원회).

122) 한편 서남해지역과는 달리 마산을 비롯한 함안·창원·김해 등의 경남 남부 해안지역과 일본 구주지역 사이에 교류관계는 확인되고 있다. 마산 진북

절강성 서안시(瑞安市) 고인돌 전경

서남해지역과 남중국 사이에도 해상을 통한 접촉이 신석기시대
이래 중단되지 않고 지속되었다. 양국 사이의 교류관계는 남방식
고인돌과 도씨검(桃氏劍) 등을 통해 확인된다.

고인돌의 경우 남아시아 원주민들의 벼농사 문화가 전파되는 과정
에서 한반도에 출현한 것으로 보는 견해가 있다.[123] 그 반대로 한반도
남부지역에서 중국 절강성 방면으로 고인돌의 축조 양식이 전파된
것으로 이해하기도 한다. 중국 절강성 서안시(瑞安市), 평양시(平陽
市), 창남현(蒼南縣) 일대에 분포한 50여 기 이상의 고인돌이 참조된
다.[124]

망고리에서 조사된 초기 야요이시대의 각목돌대문토기 등이 참조된다(경
남발전연구원 역사문화센터, 2009, 『마산 진북 망고리유적Ⅰ』).

123) 김병모, 2006, 『김병모의 고고학 여행1』, 고래실.

124) 毛昭晳, 1997, 「浙江支石墓的形制與朝鮮半島支石墓的比較」, 『中國江南社會與
中漢文化交流』, 杭州出版社.

　전북 완주 상림리에서 출토된 도씨검도 한중 사이의 해상을 통한 문화교류를 입증하는 근거 자료로 거론되고 있다. 도씨검은 산동반도 이남지역에 주로 분포하며, 자루에 둥근 돌기가 돌려진 형태를 띠며 B.C.6세기 무렵부터 후한(後漢) 때까지 사용되었다.

　도씨검이 완주 상림리 외에 함평 초포리 유적 등에서 조사된 것으로 볼 때 남중국에서 해상을 통해 서남해지역 일대로 유입되었을 가능성이 있다. 서남해지역의 주민들이 서해를 직항해서 중국 강남지방과 교역활동을 전개하면서 도씨검이 유입된 것으로 보기도 한다.[125]

---

125) 권오영, 1988, 「고고자료를 중심으로 본 백제와 중국의 문물교류」, 『진단학보』 66.

제2장

서남해 연안지역 해상세력의 성장과
대외교류의 확대

1. 해남 백포만 해상세력의 성장과 연맹체사회 형성

1) 마한사회의 발전과 신운신국(臣雲新國)의 대두

마한을 비롯한 삼한사회는 문헌을 통해 볼 때 늦어도 B.C.3세기 이전에 형성되었다. 『후한서(後漢書)』 동이전(東夷傳)에 고조선의 준왕(準王)이 위만(衛滿)에게 나라를 빼앗긴 후 무리를 거느리고 마한으로 이주한 기록이 남아 있다. 『삼국지(三國志)』 동이전(東夷傳) 한전(韓傳)에도 동일한 기록이 전한다. 위만이 고조선의 왕위를 차지한 시기가 B.C.193년 무렵임을 고려하면,[1] 그 이전에 이미 마한사회가 형성되었을 가능성을 시사한다.

마한의 성립 기반에 대해서는 B.C.4세기를 전후하여 중국 요령 방면에서 전파된 세형동검과 점토대토기 등 초기 철기문화가 거론된다.[2] 이주민의 경로는 대릉하-심양지구에서 바닷길을 이용해 한반도 중서부 해안 방면으로 남하한 것으로 보고 있다.[3] 요령에서 초기

---

1) 국사편찬위원회, 1989, 『譯註 中國正史朝鮮傳』, 91쪽.
2) 오강원, 2006, 『비파형동검문화와 요령지역의 청동기문화』, 청계, 333쪽.
3) 박순발, 1993, 「우리나라 초기철기문화의 전개과정에 대한 약간의 고찰」, 『고고미술사론』 3, 충남대 고고미술사학과.

원형 점토대토기

철기문화를 가지고 바닷길을 통해 남하한 사람들은 처음에는 충남 해안지역과 금강 유역 일대에 정착하였다.[4]

초기 철기문화는 B.C.3세기를 전후하여 금강 유역 등 중서부지역을 벗어나 전라지역과 경상지역을 거쳐 일본 열도로 확산되었다. 노령 이남지역의 경우 세형동검 관련 청동 유물들이 등장하는 시기가 충청지역에 비해 별로 늦지 않았고,[5] 초기 철기문화 중심지는 영산강 중류지역과 하류지역 일대였다. 적석목관묘(積石木棺墓)에서 세형동검과 팔주령 등이 조사된 함평 초포리와[6] 화순 대곡리[7] 및 백암리[8] 유적이 주목된다.

대곡리와 초포리 등에서 조사된 세형동검 등은 영암 구림에서 제작된 것으로 밝혀졌다.[9] 또한 대곡리 유적 등에 묻힌 피장자는 당대의 최고 높은 신분에 있던 수장층에 해당된다. 마한의 중심지역이 충청 방면에 국한되지 않고, 노령을 넘어 그 이남지역으로 확대된 사실을 반영한다.

영산강 유역 역시 B.C.2세기 후반에 이르면 금강 유역에 뒤지지

---

4) 충청지역은 호남지역보다 시기적으로 앞선 청동기시대 유적이 집중되어 있어 세형동검문화가 처음 유입된 지역으로 보고 있다(이건무·서성훈, 1988, 『함평 초포리유적』, 34쪽).

5) 이건무, 1992, 「한국 청동의기의 연구」, 『한국고고학보』 23, 196쪽 ; 조진선, 2005, 『세형동검문화의 연구』, 학연문화사, 202~203쪽.

6) 국립광주박물관, 1988, 『함평 초포리 유적』.

7) 국립광주박물관, 2013, 『화순 대곡리 유적』.

8) 국립광주박물관, 2003, 『화순 백암리 유적 긴급수습조사보고서』.

9) 숭실대 한국기독교박물관, 2001, 『거푸집과 청동기』.

화순 대곡리 유적 전경(그림 | 장복수)

않는 삼한사회의 선진지대로 부상하였다. 현지에서 청동기가 대량으로 생산되고, 교역망을 통해 유포되는 등 청동문화가 발전하였다. 당시 사람들은 수레를 타고 현악기를 연주하는 등 수준 높은 문화생활을 영위하기도 했다.10)

최상의 위세품이 출토된 함평 초포리와 화순 대곡리 및 백암리, 영암 구림리 등은 영산강 본류가 아니라 지석천과 나산천 및 영암천 등 지류에 위치한다. 그러나 노령 이남지역의 마한사회는 B.C.108년에 낙랑 등 중국 군현이 설치되고, 철기문화가 확산되면서 서남해 연안지역으로 중심무대가 옮겨지게 되었다.

철기문화의 확산과 발전에 따른 수거 환경과 토기제작 방식의 개선, 묘제의 변화 등 여러 분야에 걸쳐 혁신이 이루어진 면모가

---

10) 국립광주박물관, 2003, 『光州 新昌洞 低濕地 遺蹟 V－土器를 中心으로』.

함평 초포리유적 출토 각종 유물(국립광주박물관)

확인되고 있다. 주거지는 청동기시대와 마찬가지로 수혈주거지(움집)가 대부분이었으나, 수혈의 깊이가 얕은 지상가옥이 나타났다. 노천의 가마에서 토기를 제작하던 단계에서 벗어나 지하식의 등요(登窯, 굴가마)가 사용되었고, 회전판을 이용하여 다양한 기종의 대량 생산이 가능해졌다. 또한 섭씨 1000℃ 이상의 고열로 구운 단단한 경질무문토기와 타날문토기 등이 생산되기 시작하였다. 무덤의 축조 형태도 지석묘가 사라지면서 토광묘로 일반화 되었다.

또한 서남해 연안지역은 낙랑군이 설치된 이후 한·중·일을 연결하는 연안항로가 활용되면서 동아시아 대외교역의 중심무대로 떠오르게 되었다. 중국과 한반도 남부지역을 연결하는 해로(海路)는 낙랑 등의 군현 설치 이전부터 열려 있었다. 진시황이 B.C.3세기 중엽 불로초를 구하기 위해 서복(徐福, B.C.255~?)을 파견한 사실,[11] 경남 사천시 늑도 패총에서 한(漢) 초기의 반량전(半兩錢)이 출토된 사례[12] 등은 서해 북부 연안항로를 경유하여 서남해-남해안으로 연결된 바닷길의 이용 사례를 반영한다.[13]

---

11) 서복 일행의 이동 항로 등에 대해서는 다음의 글을 참조하기 바란다. 홍순만, 1992, 「徐福集團의 濟州道來說」, 『제주도사연구』 2 ; 정진술, 2009, 『한국의 고대 해상교통로』, 한국해양전략연구소, 222~240쪽.

12) 신용민, 2000, 「중국 西漢代의 銅鏡, 銅錢 연구」, 『科技考古研究』 6, 아주대학교 박물관, 110쪽.

고대의 한·일을 잇는 바닷길

　중국과 한반도를 연결하는 바닷길은 낙랑군이 설치된 이후 일본
열도까지 확장 운영되기에 이르렀다. 중국 화폐가 출토된 지역과
패총이 조사된 장소를 연결하면 낙랑에서 한반도 남부의 해안을
거쳐 일본까지 연결된 고대 바닷길을 파악할 수 있다.[14] 동아시아
삼국을 연결하는 연안항로가 널리 이용되면서 서남해 연안지역에

---

13) 한반도 묵무의 서해 연안을 거쳐 요동반도, 산동반도 연안으로 이어지는
　　바닷길의 활용은 발해만 연안에 위치한 산동성 烟台市 龍口에서 조사된
　　세형동모를 통해 볼 때 늦어도 B.C. 3세기 3/4분기에는 이루어졌다(박순발,
　　2012, 「고고자료로 본 山東과 한반도의 고대 해상교통」, 『백제와 주변세계』,
　　진인진).
14) 최성락·이해준, 1986, 「해남지방의 문화적 배경」, 『해남군의 문화유적』.

해남 군곡리패총 전경(그림 | 김병택)

위치한 해남반도의 중요성이 부각되었다.

해남반도는 서해와 남해를 'L자'로 연결하는 요충지에 자리하며, 울돌목으로 불리는 해남과 진도를 잇는 명량해협은 동아시아 일대에서 가장 물길이 험난한 장소이기도 하다. 해남반도의 여러 포구는 항해에 필요한 중간 기항지 역할을 하였으며, 바닷길을 통한 사람의 이동이 빈번해지고 물적 교류가 활성화되면서 서남해지역의 해상활동 거점지역이 되었다. 당시의 시대적 상황을 알려주는 유적으로 해남 송지면 군곡리패총 등이 참조된다. 이곳에서 조사된 화천(貨泉), 복골(卜骨) 등 낙랑 계통의 유물[15]은 군곡리 일대가 연안항로의 기항지로서 무역시장이 개설된 대외교류의 중심 무대였음을 반영한다.

서남해지역의 대외교섭 활동은 서력기원을 전후한 양한(兩漢) 교

---

15) 목포대학교 박물관, 1989, 『해남 군곡리패총』III.

체기에 이르러 변화가 일어났다. 낙랑군은 전한(前漢) 말기부터 약화
되는 조짐을 보였으며, 왕망(王莽)의 신(新, A.D.8~24) 건국을 전후하
여 크게 쇠퇴하였다. 낙랑군은 후한(後漢)의 건국과 군현 재편 노력에
도 불구하고 영향력의 쇠퇴는 막을 수 없었다. 후한은 토착민의
수장들을 읍군(邑郡)과 읍장(邑長) 등에 책봉하여 자치를 허락하는
방향으로 정책 변화를 꾀하였다.[16]

『삼국지(三國志)』동이전(東夷傳) 한전(韓傳)에 인용된 『위략(魏略)』
에 전해지는 염사치(廉斯鑡) 설화가 참조된다. 염사치가 왕망(王莽)의
치세 때에 낙랑군에 귀화한 내용, 낙랑과 삼한 사이의 교섭을 중재한
내용 등이 중심을 이룬다.[17] 염사치는 후한의 낙랑 평정 이후 한족(韓
族) 사이의 이해를 조정하는 역할을 수행하였다. 염사치 외에 군현과
한족 사이의 이해관계를 조정하는 인물로 목지국 진왕(辰王)이 존재
하였다.

진왕은 삼한의 여러 소국과 종주·부용 관계를 맺고, 군현과의
대외교섭에 있어서 주도적인 역할을 담당한 존재로 보고 있다.[18]
진왕은 늦어도 B.C.1세기 무렵에는 출현하여 낙랑과의 교섭에서
중심 역할을 수행한 것으로 보는 견해도 있다.[19] 그러나 목지국
진왕이 삼한의 여러 소국에 대해 시종일관 일정한 영향력을 행사한
것은 아니었다.

진왕은 낙랑과 한족(韓族) 사이의 이해를 조정하는 역할을 하였기
때문에 군현의 지배력에 따라 영향을 받을 수밖에 없었다. 낙랑의

---

16) 『後漢書』 권85, 東夷列傳75, 濊.
17) 『三國志』 권30, 魏書30, 烏丸鮮卑東夷傳, 馬韓.
18) 이병도, 1976, 『한국고대사연구』, 박영사, 240~241쪽.
19) 문창로, 2005, 「마한의 세력범위와 백제」, 『한성백제총서』, 94쪽.

삼한사회에 대한 영향력은 후한(後漢) 광무제(光武帝)의 낙랑 평정, 공손씨(公孫氏)의 대방군 설치, 위(魏)의 낙랑과 대방 2군 장악 등과 같은 재편기에는 강화되는 경향을 띠었다. 그러나 낙랑의 영향력은 재편기를 지나면 점차 약화되는 추세를 보였다.

후한은 화제(和帝, A.D.88~105) 이후 정권이 외척과 환관에 의해 좌우되면서 약화되어 갔다. 환제(桓帝, 132~168)의 치세를 거쳐 영제(靈帝, 156~189) 때에 이르러 사실상 국가기능이 무너진 상태에 직면하였다. 후한의 붕괴는 낙랑 등 변군(邊郡)의 약화를 초래하여 한족사회(韓族社會)에 대한 통제를 어렵게 하였다.『삼국지』 한전에는 환제와 영제 말기에 한예(韓濊)가 강성하여 군현의 통제가 불가능했으며, 낙랑지역의 많은 백성들이 한국(韓國)으로 이주한 사실이 기록되어 있다.[20]

낙랑군의 약화와 더불어 목지국 진왕의 영향력도 쇠퇴하였다. 진왕의 영향력이 발휘된 시기는 2세기 중반 무렵까지였고, 삼한은 철기문화의 성장과 발전에 따라 지역별로 새로운 교역의 대상과 중심지가 대두하기 시작하였다.[21]

목지국 진왕의 영향력이 쇠퇴하면서 백제를 비롯한 여러 집단의 위상이 강화되었다.[22] 가야와 신라 역시 주변집단을 망라한 연맹체 사회 형성을 주도하였다. 그러나 노령 이남의 마한사회는 철기문화 확산과 국가발전 과정에서 다른 지역에 비해 뒤쳐진 면모가 확인된다. 또한 전남의 내륙지역보다는 서남해 연안지역을 중심으로 발전을 이루어 나갔다.

---

20)『三國志』 권30, 魏書30, 烏丸鮮卑東夷, 韓.
21) 이현혜, 1984,『삼한사회 형성과정 연구』, 일조각, 171쪽.
22) 문창로, 2005, 앞의 글, 87쪽.

서남해지역을 비롯하여 한반도 일대가 A.D.100~250년 사이에 한랭기가 초래되면서 냉해가 발생하고 곡물 생산이 급감하는 등 위기에 직면한 사실이 참조된다. 당시 사람들은 해안지역으로 터전을 옮겨 해양자원의 이용 등을 통해 위기 극복에 나섰다.[23] 또한 철제 도구의 발전과 도작농경의 확대 및 수리시설의 확충 등을 추진하였다. 서남해 연안지역은 많은 사람들이 이주하여 인구 밀도가 높아졌고, 해양자원의 활용과 더불어 바닷길을 이용한 교역도 활발하게 추진되었다. 서남해지역의 경우 아산만권, 한강 하류지역 및 금강 유역 등과 마찬가지로 연맹체사회 형성을 향한 조짐이 나타났다.[24]

그러나 서남해지역 마한사회는 3세기로 접어들어 후한(後漢)을 대신하여 공손씨(公孫氏)가 낙랑군을 관할하게 되면서 새로운 국면으로 접어들었다. 공손씨는 낙랑 남부도위 관할의 7현을 분리하여 대방군을 신설하였다. 공손씨는 대방군을 신설하여 한족사회(韓族社會)에 대한 영향력을 강화하려고 하였다.[25]

공손씨(公孫氏)의 대방군 설치를 산동반도와 한반도 중부지역을 연결하는 횡단항로를 개척하기 위한 목적으로 보기도 한다.[26] 공손

23) 서현주, 2010, 「호남지역 원삼국시대 패총의 현황과 형성배경」, 『호남고고학보』 11.
24) 박찬규, 1995, 「백제의 마한정복과정 연구」, 단국대 대학원 박사학위논문, 146~150쪽.
25) 池內宏, 1976, 「公孫氏の帶方郡設置と曹魏の樂浪·帶方2郡」, 『滿鮮史硏究』上世第一篇, 239쪽 ; 李基白, 1976, 『韓國史新論(개정판)』, 일조각, 31쪽.
26) 서해 연안에서 산동으로 직항할 때 항해 여건이 좋은 장소는 서해도 장산곶(현재의 서해남도 용연군) 일대로 알려져 있다(윤명철, 2003, 『고구려 해양사 연구』, 사계절, 106쪽). 또한 公孫氏가 대방군을 설치한 목적이 산동반도와 한반도 중부지역을 연결하는 횡단항로를 개척하는 데 있었던 것으로 보기도 한다(윤명철, 1993, 「고구려 해양교섭사 연구」, 성균관대 박사학위논문,

씨는 낙랑군을 분할하여 자비령 이남지역에 대방군을 설치한 후 삼한의 여러 나라와 관계를 맺게 되었다.

삼한사회는 대방군을 통해 선진물자 등을 받아들이면서 토착사회의 발전을 추진하였다. 공손씨의 대방군 설치 이후 목지국 진왕의 위상이 일시 강화되었다. 진왕을 후한(後漢) 이후 혹은 3세기 초 대방군 설치와 더불어 삼한사회 수장층 사이의 이해를 조정하면서 대외교섭권을 장악한 인물로 보기도 한다.27)

진왕은 대방군의 설치 이후 위축된 상태에서 벗어나 삼한사회에 대한 영향력을 일부 회복했다. 목지국의 진왕은

A. 진왕(辰王)은 월지국(月支國)을 통치한다. 신지(臣智)에게는 간혹 우대하는 호칭인 신운견지보(臣雲遣支報) 안야축지(安邪踧支) 분신 리아불례(瀆臣離兒不例) 구야진지렴(拘邪秦支廉)의 칭호를 더하기도 한다. 그들의 관직에는 위솔선(魏率善)·읍군(邑君)·귀의후(歸義

46~55쪽 ; 임기환, 2000, 「3세기~4세기 초 魏晋의 동방 정책」, 『역사와 현실』 36, 5쪽). 이와는 달리 서해를 직항하는 항로가 5세기 초 이후부터 이용된 것으로 보는 견해도 있다(박순발, 2012, 「고고자료로 본 山東과 한반도의 고대 해상교통」, 『백제와 주변세계』, 진인진). 한편 서해 횡단항로의 활용은 한무제의 고조선 침략 때부터 활용된 것으로 보는 견해도 없지 않다. 漢은 고조선을 침공하기 이전에 중국 남부 해안지대의 東越을 친 뒤 현지의 수군을 징발하여 B.C.109년 남중국에서 해안을 따라 북상한 뒤 산동반도 앞바다에 이르러 대동강 입구로 방향을 틀어 육군과 합류시킨 것으로 이해한다. 또한 238년 魏나라 대장군 司馬懿가 요동지방의 공손씨 정권을 원정할 때 군대의 일부를 서해상으로 몰래 보내 낙랑과 대방을 접수하였는데, 공손연이 눈치채지 못하도록 비밀리에 서해 중부 횡단항로를 이용한 것으로 보고 있다(이기동, 2015, 「신라하대 및 고려시대 한·중 해상교류와 흑산도」, 『신안 흑산도 고대문화조명』신안 흑산도 문화유적 국가사적 지정을 위한 국제학술대회, 전남문화재연구소, 9~10쪽).

27) 武田幸男, 1994, 「魏志東夷傳における馬韓」, 『文山金三龍博士古稀紀念論叢』, 355쪽.

侯)·중랑장(中郞將)·도위(都尉)·백장(伯長)이 있다.[28]

라고 하였듯이, 신운국(臣雲國)·안야국(安邪國)·분신리아국(濆臣離兒國)·구야국(拘邪國) 등 4국의 군호(君號)를 겸한 사실을 통해 삼한을 대표하는 수장이었음을 알 수 있다.[29] 진왕은 목지국을 다스린 통치자였으며,[30] 삼한사회를 대표하는 위상을 가진 인물이었다.[31] 사료 A에 보이는 마한사회의 모습은 조위(曺魏)가 낙랑과 대방을 관할하던 시기에 해당되지만,[32] 공손씨가 대방군을 통치할 때의 모습과 큰 차이가 없었던 것으로 추정된다.

한편 목지국 진왕 외에 안야국과 구야국 등의 수장이 신지(臣智)에 책봉되기도 하였다. 진왕이 삼한사회를 대표하는 위상을 갖고 있었지만, 한반도 중남부지역은 지역별로 연맹체사회 형성을 향한 움직임이 가속화되었다. 한강 하류지역은 백제국(伯濟國)이 연맹체 형성

28) 『三國志』 권30, 魏書30, 烏丸鮮卑東夷傳, 韓.

29) 이기백·이기동, 1982, 『한국사강좌-고대편』, 일조각, 94쪽.

30) 『三國志』 東夷傳에는 月支國으로 되어 있으나, 『翰苑』에 引用된 『魏略』이나 『後漢書』 등에는 目支國으로 기록되어 있다. 따라서 '月'은 '目'의 誤字일 가능성이 높다.

31) 목지국 진왕의 위상에 대해서는 史書에 따라 차이를 보인다. 『三國志』의 史料를 따르게 될 경우 目支國을 다스리며 주위를 제어하는 정도의 統治者로 辰王이 해석되지만, 『後漢書』 「東夷列傳」에서는 辰王이 三韓 全體를 다스리는 王으로 기술되어 있다. 진왕의 성격과 위상 등에 대해서는 다음의 글을 참조하기 바란다. 김정배, 1968, 「三韓位置에 對한 從來說과 文化性格의 檢討」, 『史學硏究』 20 ; 이병도, 1976, 「三韓問題의 硏究」, 『韓國 古代史硏究』, 박영사 ; 천관우, 1976, 「三韓의 國家形成(上·下)」, 『韓國學報』 2·3合 ; 이현혜, 1981, 「馬韓 小國의 形成에 대하여」, 『歷史學報』 92.

32) 『三國志』 東夷傳 韓傳은 韓·魏間의 갈등이 적극적으로 표출된 正始 5년부터 正始 7년(244~246)까지에 걸쳐 魏의 幽州刺史 毌丘儉의 동방침입 때에 채취한 자료에 근거하여 편찬된 것으로 보고 있다(이병도, 1962, 「首露王考」, 『歷史學報』 17·18합).

의 주도권을 장악하였고, 아산만 일대는 목지국(目支國)이 그 중심에
자리하였다. 금강 유역은 건마국(乾馬國)이 주도권을 행사했고, 변진
(弁辰)은 안야국과 구야국이 두드러진 역할을 수행하였다.

변진(弁辰)의 경우 12국으로 구성되었는데, 작은 별읍(別邑)에 거수
(渠帥)들이 존재하였다. 그 중에서 세력이 가장 큰 사람을 신지(臣智)
라 하였고, 그 하위에 험측(險側)과 번예(樊濊) 및 살해(殺奚)·읍차(邑
借) 등의 서열이 존재하였다. 마한지역도 비슷한 양상을 보였다.
목지국과 백제국 등의 수장은 신지, 신운신국과 분신리아국의 수장
은 각각 견지(遣支=險側)와 불례에 책봉되었다. 사료 A에 보이는
마한의 여러 소국들 중에서 신운신국이 해남의 백포만 일대에 자리
한 채 서남해 연안지역 해상활동을 주도하였다.[33]

한편 서남해지역은 신운신국의 수장이 견지에 책봉된 사례를 통해
볼 때 발전 양상이 다른 지역에 비해 다소 뒤쳐진 사실이 확인된다.
신지와 견지 및 부례 등의 책봉 서열은 국력 차이를 반영한다. 『삼국
지』 한전에 의하면 마한의 소국들은 규모가 큰 것이 1만 가(家),
작은 것이 수천 가로 총 호수가 10만 호(戶)이었다. 또한 진·변한의
대국은 4~5천, 소국은 6~7백 가(家)로 전체 호수가 4~5만 호(戶)에
이르렀다.[34]

목지국은 호구가 1만에 이르는 대국이었고, 서남해지역의 신운신
국은 수 천호 혹은 수 백호에 불과했던 것으로 짐작된다. 신운신국은
소국에 해당되었지만, 서남해지역을 대표하는 위상을 갖고 있었다.
신운신국의 견지는 서남해지역의 마한집단과 군현 사이의 대외교섭

---

33) 이도학, 1995, 『백제고대국가연구』, 일지사, 350쪽 ; 문안식·이대석, 2004,
   『한국고대의 지방사회』, 혜안, 46쪽.
34) 『三國志』 권30, 東夷傳30, 韓.

을 중재하는 역할을 담당한 것으로 짐작된다.

서남해지역 마한사회는 취락구조와 주거지 등을 통해 볼 때에도 사회경제적 측면에서 장족의 발전을 이룬 사실이 확인된다.[35] 서남해지역 마한사회는 사회경제 발전을 토대로 연맹체사회 형성을 향한 발걸음을 내딛기 시작했다. 서남해지역을 비롯한 전남 일원에는 신운신국을 비롯하여 다수의 소국이 존재하였다. 마한 54소국 중에서 전남 일원에 13국[36] 혹은 13~15의 소국[37]이 자리한 것으로 보고 있다. 무덤과 주거지 등의 고고 자료와 문헌 사료를 비교해 10국이 위치한 것으로 추정하는 견해도 없지 않다.[38] 서남해지역 마한사회를 대표하는 집단이 『삼국지』 한전에 보이는 신운신국이었다.[39]

2) 대외교역의 확대와 신미국(新彌國)의 역할 증대

서남해지역의 마한사회는 공손씨를 대신하여 조위(曹魏)가 238년 낙랑과 대방을 관할하면서 변화를 겪게 되었다. 위(魏)는 대방태수와 낙랑태수로 유흔(劉昕)과 선우사(鮮于嗣)를 파견하였다. 그러나 위(魏)의 2군(郡) 평정과 태수 파견은 고구려의 견제를 피해 바닷길을 이용

35) 김승옥, 2013, 「취락으로 본 전남지역 마한 사회의 구조와 성격」, 『전남지역 馬韓 諸國의 사회 성격과 百濟』, 백제학회 국제학술대회, 72~73쪽.
36) 박찬규, 2013, 「문헌자료로 본 전남지역 馬韓小國의 위치」, 『百濟學報』 9, 65쪽.
37) 김승옥, 2013, 위의 글, 72~73쪽.
38) 임영진, 2013, 「전남지역 마한 제국의 사회 성격과 백제」, 『전남지역 馬韓諸國의 사회성격과 百濟』, 백제학회 국제학술대회, 184쪽.
39) 문안식, 2015, 「서남해지역 마한사회의 발전과 연맹체 형성」, 『동국사학』 58, 15쪽.

하여 몰래 이루어져 많은 어려움이 뒤따랐다. 낙랑과 대방이 약화된 상태에 있었기 때문에 한반도 남부지역 토착세력에 대한 영향력 행사마저 어려웠다.

위(魏)는 고구려가 옥저와 동예를 복속하는 등 남진정책을 추진하여 그 방면에도 신경을 기울여야 했다. 위(魏)는 군현을 평정한 직후 강압적인 정책을 펼치지 않고 토착세력을 회유하는 온건한 방식을 구사하였다. 위(魏)는 한족(韓族)의 여러 수장을 세력 정도에 따라 읍군(邑君)과 읍장(邑長) 등에 책봉했으며, 동인(銅印)과 인수(印綬)를 보내주면서 환심을 사는 방식을 택하였다.

또한 군현은 분열통치 공작을 펼치기도 하였다. 위(魏)의 분열공작은 성과를 거두어 군현을 방문한 무리가 1천 명에 이를 정도였다.[40] 위(魏)는 관구검이 주도한 동방침입 작전이 추진되면서 강경책으로 선회하였다. 위(魏)가 강경책을 구사하면서 진한(辰韓) 8국의 영유권을 놓고 한인동맹군(韓人同盟軍)과 무력 충돌이 일어났다.

위(魏)의 진한(辰韓) 8국 분할 의도는 백제 고이왕이 이끈 한인동맹군에 의해 좌절되었다.[41] 백제는 군현과의 충돌을 통해 연맹왕국 형성을 위한 전기를 마련하였고, 낙랑과 교섭하던 단계에서 벗어나 서해 북부 연안항로를 이용해 하북성 대흥현(河北城 大興縣)에 위치한 유주자사부(幽州刺史府)를 방문하게 되었다. 낙랑의 외이(外夷)에 속한 한(韓)과 예맥(穢貊)이 261년 유주자사를 방문한 기록이 참조된다.[42]

---

40) 『三國志』 권30, 魏書30, 烏丸鮮卑東夷傳 30, 韓.
41) 한인동맹군과 魏 군현 사이의 무력 충돌 배경과 경과에 대해서는 다음의 글을 참조하기 바란다. 문안식, 2006, 『백제의 흥망과 전쟁』, 혜안, 50~65쪽.
42) 『三國志』 권4, 魏書4, 陳留王奐紀.

위(魏)의 동방정책을 낙랑과 대방을 대신하여 유주자사부가 책임을 맡게 되면서 일어난 변화였다. 한(韓)은 마한사회를 대표하는 강국으로 부상한 백제 혹은 목지국, 예맥은 동예를 지칭하는 것으로 추정된다. 그러나 신운신국은 서남해지역을 대표하여 낙랑과 대방을 경유하여 유주자사부까지 사절을 파견할 만한 단계에 이르지는 못하였다.

서남해지역 마한집단은 위(魏)를 거쳐 서진(西晉, 265~316) 때에 이르러 중원왕조와 교섭하게 되었다. 『진서(晉書)』 마한전(馬韓傳)과 무제기(武帝紀)에는 276년부터 291년까지 15회에 걸쳐 마한집단이 조공한 기록이 남아 있다.[43] 마한의 여러 집단이 진(晉)과 활발한 대외교류를 펼친 사실을 반영한다. 서남해지역 마한집단도 요령성 요양시(遼陽市)에 치소를 둔 유주자사부를 방문하는 등 진(晉)과 접촉하였다. 『진서(晉書)』 장화전(張華傳)에 보이는 신미국(新彌國)이 20여 소국을 이끌고 유주(幽州)를 방문한 기록이 참조된다.[44]

신미국은 전대의 신운신국과 동일한 집단이며, '의산대해(依山帶海)'의 지형과 유주(幽州)에서 4천여 리 떨어진 사실을 고려하여 서남해안을 끼고 노령산맥과 소백산맥으로 둘러싸여 있는 전남지역에 자리한 것으로 이해한다.[45] 신미국의 위치를 강진[46] 혹은 해남[47]

---

43) 한편 『晉書』 마한전에는 사절을 파견해 조공한 주체가 백제왕이 아니라 마한왕으로 기록되어 있다. 西晉에 사절을 파견한 마한세력은 한강 하류지역의 백제를 비롯하여 각 지역의 소국들이 포함되었다. 太康 연간(280~289)에 이루어진 대외교섭 중에 277~281년까지의 마한은 백제국 중심의 마한, 282년의 마한은 신미국 등 20여 국으로 이해한다(노중국, 1990, 「목지국에 대한 일고찰」, 『백제논총』 2, 88쪽).

44) 『晉書』 권36, 列傳6, 張華.

45) 노중국, 1988, 『백제정치사연구』, 일조각, 119~120쪽.

46) 이병도, 1976, 『한국고대사연구』, 박영사, 512쪽.

등으로 추정하는 견해도 있다. 목지국이 한(韓)·위(魏) 사이의 충돌 여파로 약화된 후 백제와 신미국 중심의 2개의 마한 연맹체로 재편된 것으로 보기도 한다.[48]

한편 유주자사(幽州刺史)는 274년 이후 마한(馬韓)을 비롯한 동이제족(東夷諸族)에 대한 관할권을 동이교위(東夷校尉)에게 넘겨준 상태였다.[49] 동이교위부가 낙랑군의 역할을 이관 받은 후 동이제족(東夷諸族) 등과 대외교섭을 담당하게 되었다. 낙랑군과 대방군은 동이교위부에 대부분의 기능을 이관했고, 삼한사회의 여러 집단은 낙랑을 경유하여 요동을 왕래하였다.

이와 관련하여 위진(魏晉)의 왕조교체에 따른 대외교섭 환경의 변화가 참조된다. 위(魏)는 촉(蜀)·오(吳)와 대치한 상황에서 남방물자 확보에 많은 관심을 가지고 있었다. 그 반면에 진(晉)은 280년 대륙 통일 이후 중국 내에서 물자를 자급할 수 있게 되어 대외교섭의 필요성이 감소되었다.[50] 마한을 비롯한 삼한사회의 여러 수장들은 낙랑의 약화와 대외교역 환경의 변화에 직면하여, 외래 물품에 대한 수요를 충족시키기 위해 한반도를 벗어나 원거리 교역에 나서게 되었다.

---

47) 노중국, 1988, 위의 책, 118쪽 ; 이도학, 1995, 『백제 고대국가 연구』, 일지사, 350쪽 ; 강봉룡, 1998, 「5~6세기 영산강유역 옹관고분사회의 해체」, 『백제의 지방통치』, 학연문화사, 242쪽 ; 문안식·이대석, 2004, 『한국고대의 지방사회 - 영산강유역의 역사와 문화를 중심으로』, 혜안, 46쪽.

48) 노중국, 2011, 「문헌 기록 속의 영산강 유역」, 『백제학보』 6, 13~15쪽.

49) 晉은 274년에 幽州를 분할하여 平州를 설치하면서 東夷校尉를 두었다. 동이교위는 요동방면으로 선비 모용씨의 진출이 두드러지면서, 과거 선비를 감호하던 오환교위의 역할까지 겸직하는 등 활동 영역이 확대되었다(권오중, 1997, 「낙랑군을 통해 본 古代中國 內屬郡의 性格」, 서강대 박사학위논문, 114~118쪽).

50) 선석열, 2001, 『新羅國家成立過程研究』, 혜안, 104쪽.

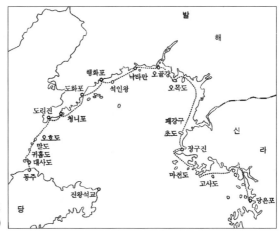

도리기에 기록된 서해북부
연안항로(권덕영, 2012)

백제와 목지국 등 대국(大國) 외에 서남해지역의 신미국도 주변
소국을 이끌고 그 행렬에 참여하였다. 신미국은 서남해지역에 자리
한 마한 소국들의 대외교역 활동의 구심체 역할을 담당하였다. 신미
국이 위치한 해남 백포만 일대의 해상세력은 3세기 이전부터 교류의
파트너로 중국사회에 알려져 있었다.[51] 이들은 3세기 후반에 이르러
신미국을 중심으로 요동을 왕래하는 원거리 국제교역에 참여하였
다.[52]

신미국 사절단의 동이교위부 방문은 서남해지역에 살던 사람들이
한반도를 벗어나 요동지역에 도달한 첫 사례에 해당된다. 신미국의
사절이 이끈 대표단은 바닷길을 이용해 요동을 왕래하였다. 이들은
육지와 가까운 곳을 지나는 연안항로를 택해 육지의 지형을 이용해
자기 위치를 확인하면서 항해하였다. 신미국의 사절단은 해남을

51) 강봉룡, 1999, 「3~5세기 영산강유역 '甕棺古墳社會'와 그 성격」, 『역사교육』
   69, 1999.
52) 이현혜, 1998, 『한국고대의 생산과 교역』, 일조각, 290쪽.

출발하여 영산강 하구를 거쳐 금강 하구 – 한강 하구 – 대동강 하구 – 압록강 하구를 경유하여 요동반도 연안에 이르는 장기간 노정 끝에 동이교위부에 이르렀다.

해남반도를 출발하여 동이교위부에 이르는 노정은 멀고도 험한 길이었다. 또한 원거리 국제교역은 다량의 물품을 수집하고 관리할 수 있는 내부조직의 발달과 항해에 필요한 교통수단 확보 및 기술 축적이 필요하였다. 신미국은 원거리 교역을 위한 조직과 기술을 갖추면서 서남해지역 마한사회의 연맹체 형성을 주도하였다. 신미 국을 비롯한 서남해지역 토착집단의 요동 왕래는 낙랑군의 안내 외에 토착사회의 내적인 성장이 이루어졌기 때문에 가능하였다.

신미국은 원거리 국제교역을 위한 조직화된 전문적인 교역체계를 운용하였을 가능성이 있다. 역내교역을 위한 조직의 정비가 이루어 졌고, 이를 토대로 원거리 교역과 장거리 노정의 소화가 가능해졌다. 신미국의 사절이 교통수단이 발달하지 못한 때에 장거리 여행의 위험을 무릅쓰고 요동지역을 방문한 까닭은 상응하는 대가가 있었기 때문이다.

조공(朝貢)과 하사(下賜)라는 형식을 통해 물자교역과 경제적 이익 이 보장되었다. 서남해지역의 해상세력이 서진(西晉)과 접촉한 사례 는 보성 금평 유적에서 출토된 인문도(印文陶)를 통해서 입증된다.[53] 신미국은 원거리 교역을 위한 조직과 역량을 바탕으로 서남해지역의 마한사회에 대한 영향력을 확대하였다.

한편 신미국의 성장을 한반도 중부지역에 자리했던 마한의 중심세 력이 3세기 후반 남하 이동하면서 생겨난 현상으로 추정하는 견해도

---

53) 전남대학교 박물관, 1998, 『보성 금평 유적』.

있다.54) 그러나 신미국의 부상을 마한이 백제에 밀려 중심세력이
남하하면서 이루어진 것으로 보기에는 무리가 따른다. 신미국의
성장은 목지국 등 마한 중심세력의 남하 이동에 의해 촉발된 것이
아니었다.

신미국은 2세기 중엽 이후 점진적인 발전 과정을 거친 신운신국(臣
雲新國)의 성장과 발전 추세를 계승했다. 신미국은 서남해지역 토착
사회가 위(魏)·진(晉)을 거치면서 사회경제가 발전하고, 대외교역이
활기를 띠게 되면서 연맹체 형성 단계에 접어들었다. 그런데『진서
(晉書)』무제기(武帝紀) 태강(太康) 3년(282) 정월에 장화(張華)를 도독
제군사로 삼았고, 9월에 이르러 동이(東夷) 29국이 방물을 바친 기록
이 남아 있다.55)『진서(晉書)』장화전(張華傳)에 기록된 신미제국 20여
국의 정확한 숫자는 29국이었을 가능성이 높다.

서남해지역을 비롯하여 전남 일원에 29국에 이르는 마한 소국이
존재했을까 의구심이 드는 것도 사실이다.『삼국지』한전에는 마한
54국이 열거되어 있는데, 그 순위는 임진강 방면에서 전남 해안까지
일정한 순서에 따른 것으로 보고 있다.56) 마한 54국은 경기와 충청
및 전라 일대를 공간적 범위로 하였는데, 전남 일원에 29국이 자리했
을 가능성은 희박하다.

전남지역에 분포한 마한 소국의 숫자는 문헌 연구와 고고 자료를
통해 15국 안팎으로 이해한다.57) 마한 소국은 백제에 복속된 후
담로를 설치하거나 군현을 편제할 때 토대가 되기도 했다.58) 백제는

---

54) 최성락, 1993,『한국 원삼국문화의 연구-전남지방을 중심으로』, 학연문화사,
    247쪽.
55)『晉書』권3, 帝紀3, 武帝 太康 3年.
56) 천관우, 1989,『古朝鮮史·三韓史硏究』, 일조각, 375쪽.
57) 임영진, 2013, 앞의 글.

전국에 걸쳐 37군을 설치하였는데, 그 중에서 전남 일원에 15군을 두었다.[59] 따라서 전남 일대에 15국 정도 존재했을 가능성이 높다. 전남 일대의 마한 소국은 문헌과 고고 자료를 통해 15국 남짓 자리했던 것으로 추정되지만, 『진서』 무제기에 보이는 29국과는 차이가 있다.

조위(曹魏) 때에 15국 정도에 불과하던 마한 소국이 불과 수십 년 사이에 2배 이상 늘어났을 개연성은 거의 없다. 『삼국지』 한전과 『진서』 마한전에 기록된 소국의 숫자 차이는 국읍(國邑)과 별읍(別邑)을 바라보는 관점이 다르기 때문에 발생하지 않았을까 짐작된다.

신미국을 비롯한 마한의 소국들은 중심지에 해당되는 국읍과 그 외곽에 자리한 별읍으로 구성되었다. 마한사회는 소국의 중심지에 해당되는 54곳의 국읍이 존재했고, 그 외에 복수의 별읍이 산재하였다. 신미국의 중심지는 해남 백포만 일대였고, 별읍은 백제 때에 해남과 강진을 관할하던 도무군(道武郡)의 영역 내에 분포된 것으로 추정된다.

도무군은 강진의 병영면에 치소를 두고, 고서이현(古西伊縣)을 비롯하여 색금현(塞琴縣)과 황술현(黃述縣) 및 동음현(冬音縣)을 관할하였다. 고서이현은 영암호 주변의 마산면과 옥천면 및 계곡면 일대, 색금현은 해남읍을 비롯하여 삼산면과 현산면·화산면 일대, 황술현은 화원면을 비롯하여 황산면·산이면·문내면 등 화원반도 일대, 동음현은 강진읍과 군동면 일대를 관할하였다. 색금현의 관할지역이 신미국의 중심지였는데, 신라의 통일 이후 침명현으로 개명되었다.[60]

---

58) 노중국, 1995, 「지방·군사제도」, 『한국사』 6, 국사편찬위원회, 181쪽.
59) 『三國史記』 권37, 地理4, 百濟.
60) 이도학, 1995, 앞의 책, 350쪽.

따라서 신미국은 백포만 일대에 거주하던 집단이 중심이 되어 국읍을 형성하고, 강진과 해남 방면에 존재하던 4곳 정도의 별읍을 관할하였을 가능성이 높다. 신미국 내부에 4곳 정도의 별읍이 존재했 듯이, 신미국 주변의 다른 마한 소국들도 비슷한 양상을 띠었을 가능성이 높다. 따라서『진서』무제기의 29국은 마한 소국의 국읍과 별읍을 합한 숫자로 추정된다.[61]

서남해지역 외에 영산강 유역에 자리한 마한 소국들도 신미국과 함께 사절단을 구성하는 등 일정한 영향력을 받았다. 그러나 신미국 의 주변 소국에 대한 영향력 행사는 대외교역 등을 조정하고 통제하 는 수준에 머물렀다. 신미국의 수장은『진서』등에 주(主), 왕(王)으로 지칭된 백제의 국왕과는 권력의 성장 측면에서 차이를 보였다.[62] 신미국은 백제 및 신라와 같이 왕권이 강화되고 관등체계가 마련된 연맹왕국으로 성장하지 못하였다.

서남해지역의 마한사회가 다른 지역에 비해 국가발전 단계에서 뒤쳐진 사실을 반영한다. 또한 백제의 사절단이 여러 차례에 걸쳐 동이교위부를 왕래한 것과는 달리, 신미국을 비롯한 서남해지역 마한소국의 사절단이 요동을 방문한 사례는 단 1회에 불과했다. 백제의 왕도 풍납토성과 몽촌토성을 비롯하여 용인·홍성·보령 등 백제 영역에서 서진(西晉)의 전문도기(錢文陶器)와 시유도기(施釉陶器)가 널리 조사된 것과는 달리,[63] 해남을 비롯한 서남해지역 일대에

---

61) 문안식, 2015, 앞의 글, 21쪽.
62)『晉書』에 보이는 3세기 후반 마한의 朝貢 史料에 대해서는 백제 관련 사항을 기록한 것으로 추정한다(이기동, 1987,「마한영역에서의 백제의 성장」, 『마한·백제문화』10, 62쪽). 그 기록을 백제가 아닌 마한에 관한 사실로 파악하는 견해도 있다(유원재, 1994,「晉書의 馬韓과 百濟」,『한국상고사학보』17).

서 조사 사례가 드문 점도 참조된다.

3) 연맹체사회 형성과 침미다례(忱彌多禮)의 주도

신미국은 서진(西晉)이 '8왕의 난(亂)' 여파로 말미암아 양자강 남쪽
으로 천도함에 따라 동이교위부(東夷校尉府)가 붕괴되면서 대외교섭
이 어렵게 되었다. 신미국은 서남해 바닷길을 경유하여 이루어지던
대외교류와 해상활동이 줄어들면서 연맹체사회를 유지하는 데 필요
한 외적인 동력을 상실하였다.

또한 신미국은 313년 고구려에 의해 낙랑과 대방이 축출되는 등
새로운 국제환경에 직면했다. 낙랑과 대방은 토착세력에 대한 분열
정책을 구사하거나 조공관계 등을 총괄하던 역할을 상실하고, 중국
계 주민들의 반독립적인 거주지로 변모되었다.[64]

금관가야 계통의 원저 광구소호(圓低
廣口小壺, 함평 성남 유적 출토)

신미국은 군현이 축출된 후 가야 및 왜
국 등과의 대외교섭 추진을 통해 위기 극
복에 나섰다. 서남해지역과 가야 사이의
교류는 금관가야가 주도하였다.[65] 함평
성남 1호 토광묘에서 금관가야 계통의 원
저 광구소호(圓低 廣口小壺) 1점이 출토[66]
된 사실이 주목된다. 나주 용호 12호분에

---

63) 권오영, 2010, 「마한의 종족구성과 공간적 분포에 대한 검토」, 『한국고대사
   연구』 60, 24쪽.
64) 공석구, 1990, 「德興里 壁畵古墳의 主人公과 그 性格」, 『백제연구』 21.
65) 하승철, 2014, 「전남 서남해지역과 가야지역의 교류양상」, 『전남 서남해지역
   의 해상교류와 고대문화』, 전남문화재연구소 개소기념 국제학술대회.
66) 목포대학교 박물관, 2001, 『함평 성남·국산 유적』.

서 출토된 판상철부[67]도 서남해지역과 금관가야 사이에 이루어진 대외교류를 반영한다. 가야 계통의 철정(鐵鋌)과 철모(鐵鉾)가 확인된 화산면의 부길리 유적과[68] 삼산면 원진리 유적[69] 등도 참조된다.

왜국 계통의 유물도 서남해지역의 여러 유적에서 조사되고 있다. 해남 신금,[70] 장흥 지천리,[71] 함평 소명 17호 주거지,[72] 광주 금곡 유적의 1호 주거지[73]에서 연질옹과 고배 등이 출토되었다. 서남해지역과 일본 구주지역 사이의 문화교류는 가야지역을 매개로 하던 단계에서 벗어나 직접 접촉이 이루어졌다. 서남해지역의 토착집단이 낙동강 하류지역에서 생산된 철소재와 일본 열도의 특산물을 수입하고,[74] 자신들의 생산물과 낙랑·대방 등에서 중국 물품을 입수하여 낙동강 하류지역에 공급하였을 가능성이 높다.[75] 서남해지역의 마한 사람들이 왜국으로 건너가서 구주(九州) 일대에 정착한 상황도 복강 서신정(福岡 西新町) 유적 등을 통해 입증된다.[76]

서남해지역과 영산강 유역 및 전북 서남부지역 사이에 동일 문화권을 형성한 측면도 엿보인다. 고창의 송룡리와 예지리 및 신덕리,

---

67) 호남문화재연구원, 2003, 『나주 용호고분군』.
68) 성낙준, 1993, 「해남 부길리 甕棺遺構」, 『호남고고학보』 1.
69) 성낙준 외, 1989, 「해남 원진리 옹관묘」, 『영암 와우리 옹관묘』, 국립광주박물관.
70) 호남문화재연구원, 2005, 『해남 신금유적』.
71) 목포대학교 박물관, 2000, 『장흥 지천리유적』.
72) 전남대학교 박물관, 2003, 『咸平 昭明 住居址』.
73) 호남문화재연구원, 2009, 『광주 용강·용곡·금곡유적』.
74) 영산강 유역에서 출토되는 철기의 성격과 분포 현황에 대해서는 다음의 글을 참조하기 바란다(이범기, 2015, 「영산강유역 고분 출토 철기연구」, 목포대학교 대학원 박사학위논문).
75) 홍보식, 2006, 「한반도 남부지역의 왜계 요소」, 『한국고대사연구』 44, 32쪽.
76) 福岡縣敎育委員會, 1985, 『西新町遺跡』, 福岡縣文化財調査報告書第72集.

부안의 당하리 등에서 조사된 대형 옹관은 영산강 유역과의 밀접한 관계를 보여준다. 서남해지역을 중심으로 가야 및 왜국을 연결하는 교역체계는 죽막동 제사유적에서 출토된 유물 등으로 볼 때 6세기 초엽까지 유지되었다.[77]

한편 낙랑과 대방이 축출된 이후 서남해지역 해상활동의 주도권을 장악한 집단은 『일본서기(日本書紀)』 신공기(神功紀)에 보이는 침미다례(忱彌多禮)였다.[78] 침미다례는 신운신국과 신미국의 전통을 계승한 채 서남해지역의 역내교역, 가야·탐라 및 왜국 등과 연결되는 대외교역을 주도하면서 성장하였다. 그 위치에 대해서는 해남[79]과 강진[80] 등 서남해 연안지역 일대로 보고 있지만, 제주[81] 및 고흥[82] 등으로 보는 입장도 없지 않다.

침미다례를 하나의 정치체로 파악하지 않고, 침미와 다례라는 두 지역으로 구분하여 각각 강진과 보성으로 비정하는 견해도 있다.[83] 그러나 침미다례는 해남 백포만의 지정학적 조건을 활용하여 동아시아 삼국의 해양활동을 중개하던 집단으로 추정된다.[84]

---

77) 한영희 외, 1992, 「부안 죽막동 제사유적 발굴조사 진전보고」, 『고고학지』 4, 157쪽.

78) 필자는 종래 신미국과 침미다례를 별개 집단으로 이해하였다. 또한 해남 북일 일대의 해상세력을 침미다례로 파악하였는데(문안식, 2002, 「榮山江流域 土着社會의 成長과 聯盟體 形成」, 『史學研究』 68), 최근 침미다례를 신미국의 전통을 직접 계승한 후계집단으로 수정한 바 있다(문안식, 2013, 「고대 강진과 그 주변지역 토착세력의 활동과 추이」, 『역사학연구』 52).

79) 노중국, 1988, 앞의 책, 1988, 118쪽. 신미국의 위치를 구체적으로 백포만의 군곡리 패총과 연결하는 견해도 있다(강봉룡, 1998, 앞의 글, 242쪽).

80) 이병도, 1976, 앞의 책, 512쪽.

81) 三品彰英, 1962, 『日本書紀朝鮮關係記事考證』上, 吉川弘文館, 154~155쪽.

82) 임영진, 2010, 「침미다례의 위치에 대한 고고학적 고찰」, 『백제문화』 43, 12~24쪽.

83) 전영래, 1985, 「백제 남방경역의 변천」, 『천관우선생환력기념한국사학논총』.

또한 침미다례는 서남해지역을 넘어 전북 서해안 일대까지 영향력
을 확대하였다. 신공기(神功紀)에 기록된 근초고왕 때 마한 잔여세력
에 대한 공략 사료가 참조된다. 근초고왕이 보낸 남정군(南征軍)이

> B. 춘삼월에 황전별(荒田別)과 녹아별(鹿我別)을 장군으로 삼았다. …
> 그래서 비자발(比自㶱)·남가라(南加羅)·탁국(㖨國)·안라(安羅)·다
> 라(多羅)·탁순(卓淳)·가라(加羅)의 7국을 평정하였다. 이에 병사를
> 서쪽으로 이동시켜 고해진(古奚津)에 이르러 남만(南蠻) 침미다례
> (忱彌多禮)를 도륙하여 백제에 주었다. 이 때 왕 초고(肖古)와 왕자
> 귀수(貴須)가 역시 군사를 이끌고 나아가 맞으니 비리(比利)·벽중
> (辟中)·포미(布彌)·지반(支半)·고사(古四)의 읍(邑)이 스스로 항복하
> 여 왔다.[85]

라고 하였듯이, 남만(南蠻)의 침미다례를 도륙하였다는 내용이 주목
된다. 남만은 중국에서 남쪽에 사는 오랑캐(이민족)를 일컬어 부르는
말이었다. 만이(蠻夷)는 오랑캐를 통칭하는 표현으로 사용되기도
하였으나, 동서남북의 각 방위에 따라 동이(東夷)·서융(西戎)·남만(南
蠻)·북적(北狄)으로 구분하였다.

백제가 서남해지역 마한사회를 남만으로 칭한 사실을 통해 볼
때 독자적인 천하관이 형성되었음을 알 수 있다. 근초고왕이 수도
한성에서 군대의 열병을 거행하면서 황제를 상징하는 황색기치(黃色
旗幟)를 사용한 점도 참조된다.[86] 사료 B에서 '남만(南蠻)'으로 지칭된

---

84) 문안식, 2015, 앞의 글, 37쪽.
85) 『日本書紀』 권10, 神功紀 49年.
86) 『三國史記』 권24, 百濟本紀2, 近肖古王 24年.

대상은 당시까지 백제에 복속되지 않고 있던 마한 잔여세력이 해당
된다. 남만의 중심 집단은 침미다례이었고, 부안·김제에 위치한 것으
로 추정되는 비리(比利)·벽중(辟中)[87] 등도 포함된 것으로 추정된
다.[88]

백제는 313년 낙랑 등이 축출된 후 건국 이래 숙적이었던 영서지역
의 말갈세력(靺鞨勢力)을 복속하였으며, 차령산맥과 금강을 넘어 호
남평야 일대까지 석권하였다.[89] 백제가 천안 일대의 목지국과 익산
지역의 건마국 등 마한의 중심세력을 복속한 시기는 차이가 거의
없었다.[90] 백제는 낙랑의 축출 이후 남쪽 방면으로 세력을 확대하여
마한의 영역을 잠식하면서 아산만 일원의 대두산성과 탕정성, 전북
정읍의 고사부리성, 위치 미상의 원산성과 금현성 등을 축조하였다.

또한 백제는 종래 낙랑과 대방 등 군현이 장악했던 해상교역망을
재건하려는 의도를 갖고 서해안의 교역거점인 아산만과 태안반도의
해상세력을 복속하였다.[91] 백제의 지배력이 노령 이북까지 미치게
되었지만, 김제와 부안 및 고창 등 서해안 일대의 재지세력을 완전하
게 복속한 것은 아니었다. 이는 지방에 독자적인 기반을 유지한
토착세력이 존재한 사실을 통해 입증된다. 4세기 전·중반에 축조된
여러 지역의 고분에서 환두대도와 중국제 도자기 및 금동대구 등
다양한 위신재가 출토되었는데, 재지세력들이 왕권 밑으로 편제되

---

87) 천관우, 1979, 앞의 글, 216쪽.
88) 문안식, 2004, 앞의 책, 104쪽.
89) 문안식, 2002, 앞의 책, 230쪽.
90) 이는 백제가 전북 김제지역에 진출하여 벽골제를 320~350년 무렵에 축조한
　　사례(윤무병, 1992, 「김제벽골제 발굴보고」, 『백제고고학연구』, 학연문화
　　사, 362쪽) 등을 통해 유추된다.
91) 양기석, 2012, 「홍성지역의 고대사회」, 『백제문화』 47, 25~30쪽.

지 않은 사실을 반영한다.[92]

김제와 부안 등 전북 서남부 해안지역의 토착집단 역시 독자적인 세력을 유지한 채 침미다례와 밀접한 관계를 맺었다. 침미다례는 백제의 남진 압박이 가속화되자 김제와 부안 등의 서해안 해상세력과 공동 대응을 모색하지 않았을까 추정된다. 침미다례는 백제의 남진 압박에 맞서면서 노령 이남지역 외에 전북 서남부지역 일대까지 영향력 하에 두게 되었다.

한편 침미다례는 군곡리 등 백포만의 해안가를 벗어나 내륙지역으로 옮겨 옥녀봉토성을 축조하는 등 방어망을 구축하였다. 백제의 영역 확대가 육로뿐만 아니라 해상을 통하여 포구에 교두보를 설치하면서 이루어진 사실을 고려하면,[93] 서남해지역 마한사회의 맹주 역할을 하고 있던 침미다례도 성곽을 축조하는 등 대책 마련에 나섰을 가능성이 높다.

『삼국지(三國志)』한전(韓傳)에 따르면 마한 사람들은 성곽을 축조하지 않았고, 진한과 변한 만이 성곽을 활용한 사실이 전해진다. 그러나 한반도 일대에 기원을 전후하여 축조된 토성이 여러 곳에서 조사된 사실을 고려하면, 서남해지역 일대도 4세기 전반에 이르러 성곽이 축조되었을 가능성이 없지 않다. 이와 관련하여 마한의 주근(周勤)이 우곡성에서 반란을 일으킨 사실 등이 참조된다.[94] 또한 백제가 마한을 복속한 후 탕정성을 쌓고 대두성의 민가를 나누어 살게 한 사실, 원산과 금현의 2성을 수리한 내용[95] 등도 마한 사람들

---

92) 강종원, 2002, 『4세기 백제사연구』, 서경문화사, 127쪽.
93) 성정용, 1994, 「홍성 신금성지 출토 백제토기에 대한 고찰」, 『한국상고사학보』15, 93쪽.
94) 『三國史記』권23, 百濟本紀1, 溫祚王 34年.
95) 『三國史記』권23, 百濟本紀1, 溫祚王 36年.

옥녀봉토성 원경

의 축성과 활용을 반영하는 사료에 해당된다.

따라서 침미다례도 백포만과 인접한 옥녀봉토성과 고현리 일평리
성, 읍호리 고다산성, 초호리 백방산성 등을 축조하여 활용하였을
가능성이 없지 않다.[96] 이들 성곽에 대한 발굴조사가 이루어지지
못한 상태에서 초축 시기와 활용 방식을 논하기 어려운 실정이지만,
지표조사와 축조 방식 등을 통해 볼 때 옥녀봉토성 등이 침미다례의
거점으로 활용되었을 가능성이 있다.[97]

옥녀봉토성은 해남읍 남연리와 삼산면 창리의 접경지역에 자리한
표고 200m 정상에 자리한다. 옥녀봉 정상에서 시작하여 북편의 성뫼
봉(황산)과 서편의 매봉을 연결한 포곡식산성에 해당된다. 축조 당시
에는 흙으로 성을 쌓아 활용했고, 그 다음 시기에 석축(石築)으로
보강했다. 토축(土築)의 흔적은 옥녀봉 정상에서 수리재에 이르는

---

96) 백포만 부근의 고대 산성과 침미다례의 관계에 대해서는 다음의 글을
참조하기 바란다. 강봉룡, 2008, 「고대 동아시아 해상교류와 영산강유역」,
『고대 영산강유역과 일본의 문물교류』, (사)왕인박사현장협의회.

97) 문안식, 2015, 앞의 글, 27쪽.

구간(현고 18m, 폭 3.5m, 길이 166m)에서 확인된다. 그 외에 수리재 정상의 붕괴된 계단식 성벽 단면에서 패각층과 함께 토축이 확인되며, 그 하단의 계단식 성벽은 석심토축의 형식을 보이고 있다.

옥녀봉토성은 테뫼식과 포곡식이 혼합된 복합식의 성격을 띠며, 삼산천을 통해 바다로 연결되는 해창만 일대를 방어하는 역할을 담당했다. 해창만이 전망되는 옥녀봉의 서쪽 부분은 험한 지형을 이용하여 성벽을 축조하였다. 정상에서 서쪽으로 내려오는 능선 구간은 급경사를 이용하여 축조된 5단 정도의 계단식 성벽이 자리하는데, 암반을 이용하여 곳곳에 보강한 흔적이 남아 있다.

옥녀봉토성은 침미다례가 백제의 압박에 맞서 축조된 것으로 단언하기 어렵지만 그 가능성마저 부정할 수는 없다. 옥녀봉토성에서 4~5세기 무렵으로 편년되는 대형 옹형토기편과 적갈색 경질토기편(격자문 타날) 및 회청색 경질토기편(파상문, 격자문 타날) 등이 수습된 사실이 참조된다.[98] 옥녀봉토성은 침미다례가 백제의 남진 압박에 맞서기 위한 거점으로 축조되지 않았을까 추정된다. 또한 옥녀봉토성 부근의 패총과 옥녀봉 서쪽 서당산의 고개 정상부 북쪽 경사면에 자리한 연동리 남송패총 등은 성곽 내에 많은 사람들이 거주하면서 생활 폐기물을 퇴적한 유적에 해당된다.

현산면 고현리 일평리성도 침미다례의 주요 거점으로 활용되었을 가능성이 있다. 일평리성은 현산초등학교 뒤편에 위치하며 일평리산성 혹은 죽금성(竹禁城)으로 불리기도 한다. 일평리성은 3개의 낮은 구릉 상에 자리하는데, 성축은 중간 봉우리를 중심으로 5단 성노의 성벽을 동심원상으로 구축하면서 남쪽 봉우리와 동쪽 봉우리를 연결

---

98) 배종무, 1986, 「해남지방의 관방유적」, 『해남군의 문화유적』, 목포대학교 박물관, 308쪽.

현산면 일평리산성에서 수습된 승문계 타날토기편

하고 있다.

중간 봉우리의 정상에는 잡석으로 축조한 길이 5.4m, 높이 1.1m, 둘레 2.5m정도의 석축이 남아 있다. 여타의 노출된 성벽의 단면에서도 석심토축(石心土築)이 확인된다. 중봉 남벽(南壁)에서 옹관편과 경질토기편 및 기와편 등이 수습되었고, 현산초등학교 뒤편의 고분군에서도 고배(高杯)와 개(蓋) 등 가야 계통의 토기가 조사되었다.[99] 중봉 남벽에서 수습된 토기편은 격자문 타날토기와 집선문 토기 및 호형토기 등 삼국시대의 유물이 중심을 이루지만, 3세기 무렵까지 소급 가능한 승문계 타날문토기도 확인된다.[100]

99) 이도학, 1995, 앞의 책, 340쪽.

100) 일평리성과 옥녀봉토성 및 현산고성 등에 대한 답사와 지표조사는 필자를 비롯하여 전남문화재연구소 이범기, 곽명숙, 문종명, 임동중, 송장선, 최권호 씨 등이 참여하여 2114년 겨울과 2015년 봄 2차례에 걸쳐 이루어졌다.

승문계 타날문토기는 영산강 유역은 5~6세기로 편년되지만, 해남 삼산면 신금유적에서 출토된 토기편의 경우 3세기대의 유구에서 출토된 바 있다.101) 따라서 신금 유적과 인접한 일평리성 중봉 남벽에서 수습된 승문계 타날문토기도 3세기까지 소급될 수 있다. 또한 일평리성을 가운데 두고 백방산성과 고다산성 및 읍호리산성이 외호(外護)하는 형태를 이루는 점도 주목된다.

영암 성틀봉토성을 제외하고 마한시대 성곽이 확인되지 않는 사실을 고려하면, 옥녀봉토성과 일평리성에 거주한 집단의 위상이 높지 않았을까 한다. 이들 성곽은 침미다례의 거점으로 활용되었고, 현산면과 삼산면 일대에 산재한 여러 유적을 남긴 집단이 축조한 것으로 추정된다. 현산면 일대에서는 덕흥리 봉림 유물산포지, 일평리 신평 유물산포지, 일평리 탑동 유물산포지, 읍호리 고담 유물산포지, 황산리 분토 유적, 구산리 구산 유물산포지, 백포리 장등 유물산포지 등 다수의 유적이 조사되었다.

삼산면 일대에서도 원진리와 부길리 및 봉학리 일대에서 옹관묘를 비롯한 여러 유적이 확인되었다. 원진리 유적의 조성 시기는 컵형토기, 유리소옥, 철정과 철부, 환두대도, 소호, 원저호, 단경호 등의 출토 유물을 통해 볼 때 4세기 전반으로 편년된다.102) 특히 원진리와 부길리 유적에서 조사된 가야 계통의 철정(鐵鋌)103)이 주목된다.104)

---

101) 호남문화재연구원, 2005, 『해남 신금유적』, 345쪽.
102) 성낙준·신상효, 1989, 「해남 원진리 옹관묘」, 『영암 와우리 옹관묘』, 국립광주박물관.
103) 鐵鋌은 對內外 교역에 사용된 철소재이며, 고분에서는 板狀鐵斧의 형태로 출토된다. 판상철부는 10매 단위로 부장된 사실 등을 고려할 때 화폐 대신 거래 수단으로 사용되었을 가능성이 있다(송계현, 1995, 「낙동강 하류역의 고대 철생산」, 『가야제국의 철』, 인제대학교).
104) 성낙준, 1994, 「해남부길리 옹관유구」, 『호남고고학부』 1.

철정은 화폐적 기능[105])과 위신재로서 왕자(王子)의 위엄을 나타내는 구실을 하였는데, 철소재(鐵素材)를 자체 제작하거나 수입을 독점한 집단은 주변에 대하여 일정한 영향력을 행사하였다.[106]

또한 삼산면 원진리 농암마을과 봉학리 신금마을에서 조사된 전형 옹관에 묻힌 피장자는 가야 및 왜국 등과 대외교섭을 통해 성장 기반을 마련한 해상세력으로 추정된다. 이들이 백포만을 비롯한 현산면과 삼산면 일대를 거점으로 삼은 침미다례의 지배층으로 추정된다. 침미다례는 백제의 남진 공세 앞에 무력한 존재가 아니었다. 침미다례는 서남해지역을 비롯하여 노령 이남지역의 마한사회를 영도하면서 연맹체사회의 형성과 유지를 주도하였다.

침미다례는 옥녀봉토성과 일평리성을 거점으로 삼아 가야 및 왜국과의 교섭활동을 주도하였고, 김제와 부안 등 전북 서남부지역에 대해서도 일정한 영향력을 행사하였다. 백제는 침미다례를 비롯한 마한세력을 제압하기 위해 군대를 파견해 정벌에 나섰다. 백제군은 한성을 출발하여 남으로 내려와 전북 동부지역을 석권한 후 가야지역 경락에 나섰다. 백제는 가야 외에 왜국까지 연결되는 교역체계를 장악하려고 하였다.[107]

근초고왕이 보낸 남정군의 가야 경략에 대해서 부정하는 입장도 없지 않지만,[108] 사실로 인정하는 견해도 적지 않다.[109] 백제는 탁순

---

105) 임효택, 1985, 「副葬鐵鋌考」, 『동의사학』 2.

106) 西谷正, 1995, 『加倻諸國의 鐵』, 인제대학교 가야문화연구소, 212~213쪽.

107) 이현혜, 1988, 「4세기 가야사회의 교역체계의 변천」, 『한국고대사연구』 1, 172쪽.

108) 김태식, 1984, 「廣開土王陵碑文의 任那加羅와 '安羅人戌兵'」, 『한국고대사논총』 6, 83쪽.

109) 이기동, 1990, 「백제의 발흥과 對倭國關係의 성립」, 『고대한일 문화교류 연구』, 한국정신문화연구원.

을 비롯한 가야 7국과 통교하여 동맹을 맺은 후 섬진강 하류지역을 거쳐 전남 서남부지역으로 향하였다.[110] 백제의 마한 경략은 침미다례 공격에 초점이 맞추어졌다. 백제는 침미다례가 서남해지역 일대를 중심으로 연맹체사회를 형성하였고, 가야 및 왜를 잇는 대외교섭을 주도하는 등 적극적인 해상활동을 전개하자 응징에 나섰다.

백제군은 침미다례와 인접한 강진 군동면 부근의 고해진에 병력을 집결하여 총공격을 준비하였다. 침미다례도 결사항전의 각오로 백제 남정군에 대항하였다. 왜냐하면 백제의 목표가 자신들이 장악하고 있던 서남해지역 해상교역권의 박탈, 가야 및 왜로 이어지는 대외교역로의 확보에 있음을 잘 알고 있었기 때문이다. 또한 백제군이 남정 과정에서 벌인 살인과 약탈, 방화와 파괴 등의 만행도 저항을 부채질했다.[111]

백제군이 고해진에서 병력을 재편하여 총공격을 감행하자, 침미다례는 옥녀봉토성과 일평리성 등을 버리고 현산면 구시리 금쇄동의 현산고성에 올라 최후 항전을 벌였던 것 같다. 현산고성은 금쇄동의 산 정상부에 포곡식으로 축조된 길이 1,472m의 대형 성곽이며, 고려 말 왜구의 침입에 맞서기 위해 축조된 것으로 알려져 있다. 현산고성은 주변에 산재한 석재를 활용하여 축조되었지만, 남서부의 300m 남짓한 구간을 흙을 쌓아올려 토루(土壘)를 구축한 사실이 주목된다. 백제의 수도였던 웅진성의 경우 동쪽 735m 구간에서 토성 흔적이 확인되지만, 그 나머지는 조선시대에 석재를 활용하여 축조한 사실

---

110) 문안식, 2006, 앞의 책, 136쪽.
111) 최근 조사된 강진 양유동 유적을 비롯하여 남해안 일대에서 4세기 때의 화재로 폐기된 50여 곳 취락 유적을 백제의 南征 활동과 관련시켜 생각하는 견해가 참조된다. 정일·최미숙, 2013, 「강진 양유동취락의 특징과 고대사적 의미」, 『호남고고학보』 45.

과 비교된다.[112]

현산고성 역시 토성 부분은 옥녀봉토성과 마찬가지로 마한 때에 축조되었고, 석축 구간은 후대에 보강되지 않았을까 짐작된다. 침미 다례 지배층은 평시에는 옥녀봉토성 및 일평리성과 같은 낮은 구릉에 축조된 성곽에 거주하고, 적군의 침입 등 만일의 사태를 대비하기 위해 험준한 금쇄동의 산정에 현산고성을 축조한 것으로 추정된다.

현산고성의 정상에 오르면 15km 남짓 떨어진 백포만과 고천암호 등 서남해 연안지역의 바닷길이 관찰된다. 또한 현산고성은 삼산천 유역과 현산천 유역이 잘 조망되는 등 서남해 해로를 통제할 수 있는 최적의 요충지에 해당된다.

현산고성 외에 초호리 백방산성 등도 활용하였을 가능성이 없지 않다. 백방산성의 둘레는 200m 정도인데, 산정의 여러 곳에서 수습된 경질토기편[113]이 참조된다. 그러나 침미다례는 백제군의 공격을 막아내지 못하고 무너져 내렸다. 백제의 마한 경략은 고해진(古奚津)을 거쳐 침미다례(忱彌多禮)를 도륙한 후 비리(比利)·벽중(辟中) 등의 복속을 받아 끝나게 되었다.

백제는 침미다례를 '도륙(屠戮)'으로 표현될 만큼 철저하게 파괴했지만, 서남해지역의 연안항로를 통제하고 장악하는 데 유리한 지정학적 조건을 고려하여 백포만 일대에 대한 복구사업을 펼쳤던 것 같다. 삼산면 신금 유적과 현산면 분토 유적이 참조된다.

백제 남정군의 약탈과 파괴 행위를 반영하는 화재로 폐기된 양상

---

112) 성주탁, 2002, 「백제 웅진성」, 『百濟城址硏究』, 서경문화사, 45~67쪽.
113) 백방산성 등의 축조방식과 지표조사를 통해 수습된 유물의 성격 등에 대해서는 다음의 사이트를 참조하기 바란다. 문화재청 문화재 보존관리지도(http://gis-heritage.go.kr).

도 확인되지만, 신금 유적의 주거지 등이 3세기 중반부터 5세기 전후까지 중단 없이 이어진 사실이 드러났다.[114] 분토 유적에서 출토된 다양한 형식의 호형토기 등도 3세기 후반부터 4세기 중엽을 거쳐 5세기 후반까지 문화적 단절 없이 지속된 양상을 반영한다.[115]

백제는 침미다례를 점령한 후 토착 해상세력을 내세워 가야 및 왜국으로 연결되는 해상교역로를 장악하였다. 백포만 일대에는 군곡포를 비롯하여 갈산포·어란포·남포 등의 포구에 다수의 해상세력이 존재했다. 백제는 이들의 도움을 받아 조류의 흐름이 빠르고 방향의 편차가 심한 서남해지역 연안항로를 통제하고자 하였다. 그러나 백제의 서남해지역에 대한 지배와 영향력은 오래 유지되지 못하였다. 백제는 5세기를 전후하여 서남해지역을 비롯하여 영서지역, 전북의 동부지역 등에 대한 지배력을 상실하였다.[116]

노령 이남지역의 마한 토착집단은 백제의 변방통치가 약화되면서 다시 독자적인 대외활동을 전개하였다. 서남해지역의 해상세력 역시 백제와 가야 및 왜국을 잇는 대외교섭을 재개하였다. 서남해지역 마한사회는 백제의 지배를 벗어나 대외교류를 도모하면서 발전을 이루어 나갔다.

서남해지역 토착사회의 발전 양상은 여러 유적에서 조사된 대형의 거점 취락을 통해 확인된다. 1~2개(대부분 1개)의 대형 취락을 중심으로 복수의 중형 취락이 분포하고, 이들 취락의 주변에 많은 숫자의 소형 취락이 분포한 사실이 드러나고 있다.[117] 함평 중랑 소명동과

114) 호남문화재연구원, 2005, 『해남 신금유적』, 345쪽.
115) 전남문화재연구원, 2009, 『해남 황산리 분토유적Ⅱ』, 308~317쪽.
116) 문안식, 2005, 「개로왕의 왕권강화와 국정운영의 변화에 대하여」, 『史學硏究』 78.
117) 김승옥, 2013, 앞의 글, 72~73쪽.

해남 신금 취락 유적 등에서는 기둥을 4개 세운 사주식(四住式)의 방형 주거지가 조사되기도 하였다.[118]

한편 서남해지역 마한사회는 백포만 일대의 침미다례가 약화된 후 옹관묘·석곽묘·석실묘·즙석봉토분 등이 조성된 해남 북일 방면의 해상세력이 두각을 나타내기 시작했다. 영산강 유역은 영암 시종집단을 거쳐 나주 반남집단이 토착사회의 주도권을 장악해 나갔다.

2. 해남 북일지역 해상세력의 성쇠와 백제의 영향력 확대

1) 해상세력의 재기(再起)와 남해 사단항로의 활용

(1) 서남해 연안지역 기항지의 발전

해남 북일은 영산강 유역에 자리한 영암 시종 및 나주 반남·다시와 더불어 마한사회의 중심지역에 해당된다. 북일 일대에는 마한과 백제 때에 조성된 여러 유형의 고분과 고대 성곽이 자리한다. 북일의 고분 양상은 매우 다양하지만 영산강 유역과는 차이를 보인다. 옹관고분이 비교적 적은 반면에 석곽묘와 즙석봉토분 등이 다수를 이루고, 출토유물도 외래 계통이 많은 편이다.[142]

또한 북일의 고분들은 인접한 곳에 축조된 성마산성, 거칠마토성,

---

118) 서남해지역 주거지의 변천 과정에 대해서는 다음의 글을 참조하기 바란다. 정일, 2013, 「전남 서부지역 사주식 주거지 검토」, 『주거의 고고학』 마한·백제 사주식주거지의 의미와 과제, 한국고고학회 ; 임동중, 2013, 「호남지역 사주식주거지의 변천과정」, 전남대학교 대학원 석사학위논문.

142) 최성락, 2014, 「해남지역 고대문화의 연구성과」, 『해남 만의총 1호분』, 105쪽.

수청봉토성과 유기적인 관계를 맺고 있다. 이들 유적은 북일이 서남
해 연안지역의 중심지로 부상하면서 그 형태를 갖추기 시작하였다.
북일지역에 분포한 고분의 축조 연대는 이른 시기에 해당되는 신월
리 방형즙석분의 경우 5세기 중엽 전후로 보고 있다.[143] 또한 거칠마
토성의 축조 연대도 주변지역에서 적갈색연질, 회청색경질 토기편
이 수습된 것으로 볼 때 5세기 무렵으로 추정된다.[144]

따라서 북일지역의 주요 고분과 성곽은 5세기 이후 축조되기 시작
한 것으로 볼 수 있다. 이들 유적을 축조한 집단은 해남 백포만
연안의 침미다례가 백제 근초고왕의 공격을 받아 몰락한 후 강진만
연안을 무대로 하여 새롭게 부상한 세력으로 이해된다.[145] 이들은
강진만을 무대로 성장한 해상세력이었다.[146] 강진만과 주변 해역에
서 이루어진 소금과 해산물 채취, 여러 집단과의 대외교역 등이
성장 기반이 되었다.

강진만 연안지역은 강진 군동과 신전 및 해남 북일 일대가 해상활
동의 중심지였다. 강진 군동면 파산리와 작천면 야흥리에서 각각
반월형석도(半月形石刀)와 동모(銅鉾)가 출토된 것으로 볼 때 청동문
화가 일찍부터 발전한 지역에 해당된다. 또한 탐진강 하구에 자리한

---

143) 목포대학교 박물관, 2010, 『해남 신월리 고분』.
144) 은화수, 최상종, 2001, 「해남 북일면일대 지표조사보고」, 『해남 방산리
　　장고봉고분 시굴조사보고서』, 국립광주박물관.
145) 문안식, 2002, 「낙랑·대방의 축출과 전남지역 고대사회의 추이」, 『東國史學』
　　38, 20쪽.
146) 강진만은 해남 북일에서 해상을 가로질러 완도 고금도를 통과한 후 강진
　　마량으로 연결되는 직선상의 위쪽의 海域이다. 행정구역으로 볼 때 해남군
　　북일면, 강진군 도암면·신전면·강진읍·칠량면·대구면·마량면, 완도 고금
　　면 해역이 해당된다. 동서 방향 및 남북 방향의 길이는 약 20km, 해안선의
　　길이는 80km 내외, 수심은 10m 이하이다.

해남반도 해상세력의 주도권의 변화

군동면 파산리·호계리·
나천리·풍동리·영관리
일대에도 봉분을 갖춘 소
형 옹관분이 10~20기씩
밀집 분포한다.147)

　강진만 연안지역은 마
한 54소국 중에서 구해국
(狗奚國)이 자리한 것으로
추정된다. 그 위치를 해남
마산면 방면으로 보기도
하지만,148)『일본서기(日本書紀)』신공기(神功紀) 49년 조에 보이는
고해진(古奚津)과 관련하여 볼 때 신전면과 북일면 일대였을 가능성
이 높다.149)

　구해국 혹은 고해진 해상세력은 강진만을 무대로 이루어진 해상활
동, 한중일 삼국을 연결하는 고대 해상교통로의 기항지로서의 이점
을 활용해 발전을 구가하였다. 사실 강진만은 해상세력이 성장하기
에 좋은 입지 조건을 갖추었다. 강진만의 전면에 위치한 고금도가
방파제 구실을 하여 포구가 여러 곳에 자리하는 등 해상세력이 활동

---

147) 남도문화재연구원, 2004,『문화유적분포지도-전남 강진군』.

148) 신채호, 1925,「前後三韓考」,『朝鮮史硏究草』, 조선도서 주식회사 ; 천관우,
　　 1989,『古朝鮮史·三韓史硏究』, 일조각, 423쪽.

149) 古奚津의 위치와 관련하여『新增東國輿地勝覽』康津縣의 古蹟 條에 보이는
　　 舊溪所를 狗奚 혹은 古奚와 연관시켜 생각하는 견해가 있다(이병도, 1970,
　　 『韓國史(고대편)』, 을유문화사 ; 이현혜, 1984,『三韓社會形成過程硏究』, 일
　　 조각). 또한 舊溪所의 위치는 강진현의 남쪽 37리로 기록된 것으로 볼 때
　　 신전면과 북일면 일대에 해당된다(문안식, 2013,「고대 강진과 그 주변지역
　　 토착세력의 활동과 추이」,『역사학연구』52, 136쪽).

하기에 유리하였다.

강진 마량의 원포(垣浦), 대구의 구강포(九江浦), 칠량의 장포(長浦), 군동의 군령포(軍令浦)와 백금포(白金浦), 강진읍의 남포(南浦), 도암의 율포(栗浦), 해남 북일의 내동포(內洞浦) 등이 대표적이다. 이들 중에서 일부는 낙랑과 대방 등에서 서해와 남해를 경유하여 가야 및 왜국으로 연결되는 고대 해상교통로의 기항지 역할을 담당하였을 가능성이 있다.

한편 강진만 연안의 해상세력은 백제의 침미다례 정벌 이후 서남해지역을 대표하는 구심체로 떠올랐다. 백제가 서남해 연안을 경유하여 가야와 왜국으로 이어지는 해상교통로를 활발하게 이용한 것이 계기가 되었다. 백제가 가야의 탁순(卓淳)을 매개로 왜국과 수교[150]한 이후 서남해 연안지역의 기항지는 더욱 활기를 띠었다.

서남해의 바닷길은 백제와 가야 및 왜국을 연결하는 교량이 되었다. 백제가 처음 접촉한 집단은 구주(九州)의 축자세력(築紫勢力)이었으며,[151] 낙동강 하구에서 남해를 종단하여 대마도를 경유한 후 구주(九州) 방면으로 향하였다.

김해 지내동[152]과 부산 다대포[153] 등이 낙동강 하구에서 왜국으로 건너가는 기항지였다. 대마도 북안에도 대포(大浦)·악포(鰐浦)·풍포(豊浦) 등의 기항지가 자리했고, 이곳에서 충승(沖島)과 대도(大島)를 경유하는 소위 '해북도중(海北道中)'을 통해 축전(筑前)의 종상(宗像) 해안에 상륙한 것으로 보고 있다.

150) 『日本書紀』 권9, 神功紀 46년 春 3月 乙亥.

151) 水野祐, 1967, 『日本古代の國家形成』, 講談社, 157쪽 ; 井上秀雄, 1973, 『任那日本府と倭』, 東出版, 336쪽.

152) 윤석효, 1990, 『伽倻史』, 민족문화사, 144~147쪽.

153) 정진술, 2009, 『한국의 고대 해상교통로』, 한국해양전략연구소, 384쪽.

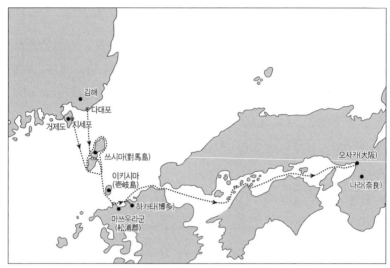

백제 한성기의 남해 종단항로

이와는 달리 낙동강 하구에서 출발하여 대마도 북안에 상륙한
후 천해만(淺海灣) - 소선월(小船越) - 삼포만(三浦灣)을 경유하여 일
기도(壹岐島)를 거쳐 구주(九州)의 동송포반도(東松浦半島)를 향한 것
으로 이해하기도 한다. 대마도 북안의 포구에서 곧바로 남쪽 끝단의
두두만(豆酘灣)을 경유하여 일기도(壹岐島)를 거쳐 구주(九州)로 향했
을 가능성도 없지 않다.[154]

백제는 탁순의 도움을 받아 왜국과 접촉했지만, 점차 가야를 배제
한 채 직접 교섭하는 방향으로 나갔다.[155] 아신왕 6년(397)에 이르러

---

154) 백제와 왜국을 연결하는 해상교통로와 기항지에 대해서는 다음의 글을
　　참조하기 바란다. 木宮泰彦, 1926, 『日支交通史』 上卷, 金刺芳流堂.

155) 한국과 일본의 교류는 처음에는 가야·신라를 중심으로 이루어졌지만, 점차
　　백제가 주역이 되었다(박천수, 2002, 「고고자료를 통해 본 고대 한반도와
　　일본열도의 상호작용」, 『한국고대사연구』 27). 그런데 백제의 범주에 영산
　　강 유역을 포함시키기도 하며(최성락, 2014, 앞의 글, 106쪽), 양국의 교류를

서는 왜국과 우호관계를 맺은 후 전지태자(腆支太子)를 파견하였다.
백제에서 사절이 파견되었을 뿐만 아니라 왜국에서 사절을 보내기도
하였다.156)

　백제는 광개토왕의 남진경략에 밀리자 왜군을 끌어들여 함께 대방
지역 공격에 나서기도 하였다.157) 또한 왜국에 있던 전지태자는
405년 부왕이 훙서하자 호위군사 1백 명과 함께 귀국하였다.158)
이들 사례는 5세기를 전후하여 백제와 왜국이 서남해의 바닷길을
통해 접촉한 사실을 반영한다.

　백제와 왜국의 수교 이후 양
국을 왕래하는 거점으로 다사성
(多沙城)이 부각되었다.159) 그 위
치는 『삼국사기』 지리지에 보이
는 한다사군(韓多沙郡)160)과 관
련하여 하동 일대로 보고 있다.
백제와 왜국을 왕래하던 사람들

북일 내동포 전경

이 북일 내동포 등 강진만 연안의 기항지를 경유하였을 가능성도
없지 않다.161)

　　통해 영산강 유역의 삼국시대 주거지에서 발견되는 유물들이 바다를 건너
　　일본의 전역으로 확산된 것으로 보기도 한다(武末純一, 2008, 「일본출토
　　영산강유역 관련 고고학 자료의 성격」, 『고대 영산강유역과 일본의 문물교
　　류』, (사)왕인박사현창협의회).
156) 『三國史記』 권25, 百濟本紀3, 阿莘王 12年.
157) 한국고대사연구회, 1992, 「廣開土王陵碑碑」, 『譯註 韓國古代金石文』.
158) 『三國史記』 권25, 百濟本紀3, 腆支王 前文.
159) 『日本書紀』 권9, 神功紀, 50年 夏 五月.
160) 『三國史記』 권34, 雜志3, 地理1, 新羅.
161) 강진만 연안을 대표하는 기항지는 고분과 산성 등의 유적과 인접한 해남
　　북일면 내동리 내동포였을 가능성이 있다. 기항지는 바닷길을 이용해 선박

　북일의 해상세력은 내동포 등의 기항지에서 이루어진 교역활동, 강진만 연안의 뱃길 안내 등의 역할을 담당하였다. 이들은 처음에는 백제와 가야 및 왜국 선단의 항로를 안내하고, 식수와 식량 등의 생필품을 제공하였으나 점차 교역의 대상자로 성장해 나갔다.

　강진만을 비롯한 서남해지역과 가야 및 왜국 사이의 직접 교류도 늘어났다. 강진만 연안을 비롯한 서남해지역의 여러 곳에서 이들과의 교류 흔적이 조사되고 있다.

　서남해지역과 가야 여러 나라 사이의 교류는 4세기 후엽 무렵에는 함안의 아라가야가 주도하였다. 아라가야는 전남 동부지역과 교역 관계를 맺었고,[162] 보성만을 넘어 서남해 연안지역과도 접촉하였다. 서남해 연안지역에서 아라가야 계통의 유물은 북일 신월리고분[163]을 비롯하여 해남 삼산면 신금유적,[164] 장흥 대덕읍 신월리유적[165]과 유치면 대리 상방촌A[166] 등에서 조사되었다.

　서남해지역과 가야 사이의 교역은 5세기 이후에는 아라가야를 대신하여 소가야가 핵심적인 역할을 하게 되었다. 소가야는 정치적인 측면보다는 교역을 확대하기 위해 서남해지역 마한집단과 접촉하

에 탑승하여 타국으로 향하는 도중에 들린 포구를 말한다. 기항지는 항해에 유리한 순풍을 기다리는 候風處가 되기도 했는데, 여러 지역 출신의 사람들이 교역 물자와 특산물 등을 가지고 왕래하였다.

162) 지금까지 전남 동부지역에서 확인된 아라가야 계통의 토기는 여수 장도·구례 용두리·광양 용강리 등지에서 수습되었으며, 그 시기는 4세기 말에서 5세기 전반 무렵으로 보고 있다(이동희, 2006, 「전남동부지역 복합사회 형성과정의 고고학적 연구」, 성균관대 대학원 박사학위논문, 195쪽).

163) 목포대학교 박물관, 2010, 『해남 신월리 고분』.

164) 호남문화재연구원, 2005, 『해남 신금유적』.

165) 목포대학교 박물관, 2007, 『탐진다목적댐 수몰지역 문화유적Ⅶ 장흥 신월리 유적』.

166) 목포대학교 박물관, 2005, 『장흥 상방촌A유적』.

였다. 소가야 계통의 유물은 해남 신금,[167] 장흥 상방촌A,[168] 장흥 지천리,[169] 함평 노적,[170] 고창 봉덕Ⅱ[171] 등에서 조사되었다.

서남해지역과 왜국 사이의 교류도 활발하게 이루어졌다. 서남해지역과 왜국 사이의 교류는 5세기 이전에는 직접 접촉이 아니라 가야를 매개로 간접적으로 이루어졌다. 서남해 연안에서 조사된 5세기 이전 왜국 계통의 유물은 해남 신금,[172] 장흥 지천리,[173] 함평 소명 17호 주거지[174] 등에서 조사되었다. 서남해지역과 왜국 사이의 교류는 5세기 이후에도 지속적으로 이루어졌다. 서남해지역에서 확인된 5세기 이후 왜국 계통 유물은 장흥 상방촌,[175] 함평 노적,[176] 고창 봉덕[177] 유적 등에서 조사되었다.

한편 서남해지역과 가야·왜국 사이의 교류 양상은 5세기 이후 변화가 일어났다. 백제가 고구려의 남진정책에 밀려 서남해지역을 비롯하여 노령 이남의 마한사회에 대한 영향력을 상실한 것이 계기가 되었다. 가야와 왜국은 백제를 대신하여 서남해 해상세력의 도움을 받아 중국 남조(南朝)와 통교에 나서기도 하였다.[178]

---

167) 호남문화재연구연, 2005, 『해남 신금유적』.
168) 목포대학교 박물관, 2005, 『장흥 상방촌A 유적』.
169) 목포대학교 박물관, 2000, 『장흥 지천리유적』.
170) 호남문화재연구원, 2005, 『함평 노적유적』.
171) 호남문화재연구원, 2003, 『고창 봉덕유적Ⅱ』.
172) 호남문화재연구연, 2005, 『해남 신금유적』.
173) 목포대학교 박물관, 2000, 『장흥 지천리유적』
174) 전남대학교 박물관, 2003, 『咸平 昭明 住居址』.
175) 목포대학교 박물관, 2005, 『장흥 상방촌A 유적』
176) 호남문화재연구원, 2005, 『함평 노적유적』.
177) 호남문화재연구원, 2003, 『고창 봉덕유적Ⅱ』.
178) 문안식, 2014, 「백제의 해상활동과 신의도 상서고분의 축조 배경」, 『백제문화』 51, 88쪽.

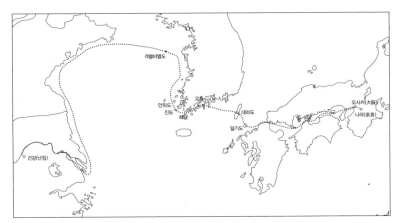

왜국과 남중국을 잇는 해상교통로

　왜국의 경우 오왕시대(五王時代, 413~478)를 맞이하여 찬(讚)·진
(珍)·제(濟)·흥(興)·무(武) 5왕이 중국 남조에 사절을 파견하였다. 이
중에서 478년 무(武)의 조공 때에 보낸 표문(表文)에 백제의 도움을
받아 조공 사절을 파견한 사실이 기록되어 있다. 또한 고구려가
백제 등 주변 국가를 공격하고 백성을 약탈하는 등 만행을 저질러
왜국의 사절 파견이 어렵게 된 사실이 전해진다.[179]

　이와 같이 왜국은 백제가 고구려의 남진정책에 밀려 허둥대자,
서남해지역 해상세력의 도움을 받아 직접 남조에 사절을 보내게
되었다.[180] 『송서(宋書)』 왜국전에 보이는 오왕(五王)을 기내(畿內)의
수장이 아니라 구주지역의 실력자로 보는 견해도 없지 않다.[181]

179) 『宋書』 권97, 倭國傳.

180) 倭五王의 遣使는 413년 東晋에 대한 사절 파견이 처음이다. 劉宋에 대한
　　遣使는 421년, 425년, 430년, 438년, 443년, 451년, 460년, 462년, 477년, 478년
　　에 걸쳐 이루어졌다. 또한 南齊와 梁에 대한 遣使는 479년과 502년에 각각
　　이루어졌다. 이에 대해서는 다음의 글을 참조하기 바란다. 小田富士雄, 1989,
　　「五世紀の北九州－對外交涉の視點から」, 『五世紀の北九州』, 5쪽.

왜국 사절은 대마도를 경유하여 김해 방면으로 향하는 종단항로를 이용하지 않고, 거제도와 통영 및 고성·사천을 경유하는 횡단항로를 활용하였다.182)

왜국 사절의 남해 횡단항로 이용은 일본열도에 철 자원을 독점 공급하던 금관가야의 몰락과 관련이 있다. 신라의 낙동강 하류지역 진출과 낙동강 교역로 장악도 영향을 미쳤다. 왜국에서 구주세력(筑後·肥後)의 신장, 왜국의 적극적인 교섭 추진도 교류 양상의 변화와 관련이 있다.183) 그리하여 서남해지역(서부 경남 포함)과 유명해(有明海) 연안지역이 한(韓)-왜(倭) 교섭의 중심적인 역할을 담당하게 되었다.184)

대가야 역시 서남해 연안항로를 통해 남중국과 접촉하였을 가능성이 높다. 대가야는 신라가 낙동강 수로를 장악하게 되면서 대외교섭 추진에 어려움을 겪게 되었다.185) 대가야는 남원을 거쳐 섬진강 하구로 내려와 하동의 대사진을 통해 바다로 나가는 루트를 활용하

---

181) 『宋書』倭國傳에 보이는 倭 5王의 실체에 대해 畿內 大和政權의 수장으로 보는 것이 일반적이지만, 九州地域의 실력자로 보는 견해도 없지 않다(古田武彦, 1973, 『失われた九州王朝』, 朝日新聞社 ; 江上波夫, 1967, 『騎馬民族國家』, 中央公論社). 또한 5王의 爵號에 보이는 慕韓을 장고분 축조집단과 연결하기도 한다(東潮, 1996, 「慕韓과 秦韓」, 『碩晤尹容鎭教授停年退任紀念論叢』, 197쪽).

182) 문안식, 2015, 「백제의 동북아 해상교통로와 기항지」, 『사학연구』 119, 130쪽.

183) 白石太一郎, 2003, 「二つの古代日韓交渉ルト」, 『熊本古墳研究』 創刊號, 熊本古墳研究會.

184) 김낙중, 2013, 「5~6세기 남해안지역 倭系古墳의 특성과 의미」, 『호남고고학보』 45, 189쪽.

185) 신라는 4세기 말엽에 창녕지역, 5세기에 접어들어 성주지역을 지배하게 되었다. 신라는 창녕과 성주를 차지한 후 낙동강 수로를 통제할 수 있게 되었다(노중국, 2004, 「대가야의 역사」, 『대가야의 유적과 유물』, 대가야박물관, 166쪽).

였다.[186)

대가야의 하지왕(荷知王)은 479년 남제(南齊)로부터 보국장군본국왕(輔國將軍本國王)에 책봉되었는데,[187) 서남해 연안을 경유하는 바닷길을 통해 남조와 접촉한 것으로 추정된다. 대가야 사절은 서남해지역 해상세력의 바닷길 안내와 생필품 보급 등의 도움을 받았던 것으로 짐작된다. 사실 대가야의 사절이 대양(大洋)을 건너 남제(南齊)의 수도 남경(南京)으로 향하는 긴 여정을 독자적으로 소화하는 것은 불가능에 가까웠다.

서남해지역의 해상세력은 백제와 가야를 왕래하는 상인들과 교류하기도 했다.[188) 북일 내동포를 비롯하여 서남해지역의 여러 포구는 동아시아의 여러 나라를 연결하는 해상교통로의 기항지 역할을 하였다.

이와 관련하여 서남해와 남해의 연안 및 도서에 위치한 수혈식 석곽묘의 존재가 참조된다. 수혈식 석곽묘는 신안 안좌도 배널리 3호분,[189) 고흥 안동고분[190)과 야막고분,[191) 무안 신기고분[192) 등이

---

186) 대가야에서 섬진강 하구에 위치한 대외교섭 통로인 대사진으로 가는 길은 고령－거창－함양－남원－섬진강－하동 루트(田中俊明, 1992, 『大加耶聯盟の興亡と'任那'』, 吉川弘文館, 77쪽)와 고령－거창－함양－운봉－섬진강－하동 루트(박천수, 1996, 「대가야의 고대국가 형성」, 『碩晤尹容鎭教授停年退任紀念論叢』, 390쪽) 등으로 보고 있다.

187) 『南齊書』 권58, 東南夷列傳, 加羅國.

188) 영산강 유역 및 서남해지역 토착집단과 가야세력의 교역관계는 왜계 스에키의 유통 경로를 통해 확인된다. 스에키는 고령 지산동 5호분 출토품을 제외하면 소가야 지역에 집중되며, 전남 동부－영산강 유역 및 백제 중앙으로 이어지는 양상을 보인다. 스에키가 영산강 유역 및 백제 중앙 등으로 전파된 배경은 그 배후에 소가야의 중계가 있었다고 한다(하승철, 2011, 「외래계 유물을 통해 본 고성 소가야의 대외교류」, 가야의 포구와 해상활동』, 제17회 가야사 학술회의).

189) 동신대학교 문화박물관, 2011, 「신안 안좌도 배널리고분 현장설명회.

서남해지역 일대에서 조사된 수혈식 석곽묘 분포 현황

해당된다. 그 외에 신안 안좌도 대리마을 뒤쪽의 구릉(밀양박씨 세장산)에 위치한 파괴된 4기의 고분, 신의도 상태서리와 자실리 사이에 위치한 구릉 위의 10여 기의 고분193) 등도 수혈식 석곽묘에 속한다.

한편 수혈식 석곽묘의 피장자 출자(出自)와 출토 유물의 성격 등을 둘러싸고 논의가 분분한 실정이다.194) 배널리 3호분의 경우 갑옷과 투구는 왜계(倭系)이며, 무덤의 축조 방식은 가야 양식을 따른 것으로

---

190) 임영진, 2011, 「고흥 길두리 안동고분의 발굴조사 성격」, 『고흥 길두리 안동고분의 역사적 성격』, 전남대학교박물관.

191) 국립나주문화재연구소, 2012, 『영암 옥야리방대형고분 제1호분 발굴조사보고서』.

192) 최성락 외, 2011, 「무안 신기고분」, 『무안 송현리유적』, 목포대학교박물관.

193) 안좌도와 신의도에 위치한 수혈식 석곽묘의 현황에 대해서는 다음의 글을 참조하기 바란다(문안식, 2014, 앞의 글, 87쪽).

194) 이에 대해서는 다음의 글을 참조하기 바란다. 김낙중, 2013, 「5~6세기 남해안지역 倭系古墳의 특성과 의미」, 『호남고고학보』 45.

보고 있다.195) 수혈식 석곽묘의 계통을 북부 구주지역의 석곽계 수혈석실 혹은 초기 횡혈석실 등과 관련이 있는 것으로 보기도 한다.196)

또한 고흥 안동고분과 야막고분에서도 왜국 계통의 투구, 갑옷 등이 출토되었다. 이들 유물은 남중국과 백제를 왕래하던 왜인들이 뱃길 안내, 식량과 식수 등의 생필품 제공에 대한 답례품으로 서남해 해상세력에게 준 것으로 짐작된다.197) 왜국 사절은 서남해 연안을 거쳐 북상하던 중에 길을 잃었다가 고구려의 도움을 받아 남중국으로 향하기도 했다.198)

신의도와 안좌도 등 도서지역에 수혈식 석곽묘가 축조된 사실은 왜국과 가야 사절이 남중국을 왕래할 때 연안항로 외에 근해항로를 이용한 사실을 암시한다. 연안항로는 육지와 가까운 곳을 운행하지만, 주변의 지형조건에 밝고 해류와 조류의 흐름을 정확히 파악해야만 안전이 보장된다.

연안항해를 가장 쉽고 안전한 항로로 오해하기 쉽지만, 토착 해양민이 아닌 다른 지역이나 바다를 건너 온 항해자들에게는 매우 어려

---

195) 동신대학교 문화박물관, 2011, 「신안 안좌도 배널리고분」 현장설명회 자료.

196) 수혈식 석곽묘는 5세기 중엽을 전후하여 축조되었으며, 그 계통은 북부 구주지역의 석곽계 수혈석실·상식석관·초기 횡혈석실 등과 관련된 것으로 이해한다(김낙중, 2013, 앞의 글).

197) 한편 수혈식 석곽묘의 피장자를 토착세력과 이주 왜인으로 구별하여 보기도 한다. 고흥 야막고분의 경우처럼 주변에 토착세력이 존재하는 경우에는 남중국을 왕래하는 왜인들이 그들의 협조를 구하고, 배널리 3호분처럼 토착세력이 존재하지 않은 장소는 직접 이주했을 가능성이 높은 것으로 추정한다. 또한 배널리고분에서 갑주를 비롯한 무기류가 출토된 까닭은 주변세력에 대한 대비가 중요했기 때문으로 이해한다(임영진, 2014, 앞의 글, 247쪽).

198) 『日本書紀』 권10, 應神紀, 37年 2月.

운 뱃길이었다. 물길을 몰라 헤맬뿐더러 암초와 뻘로 인해 좌초되기 십상이었다. 현지 사정에 밝지 못한 외지인은 육지와 일정한 거리로 떨어져 항해하는 근해항해가 훨씬 안전하였다.

근해항해는 조류의 방향이나 조석의 높이, 육지풍의 영향을 덜 받으면서 먼 거리에 있는 육지나 높은 산을 활용하여 자기 위치를 확인하면서 항해할 수 있다. 또한 상대방의 육상 감시를 피해 타국의 해역을 쉽게 통과할 수 있었다.[199]

그러나 근해항해도 식수와 땔감 등의 구입을 위해 도서지역에 접안하고 상륙할 장소가 요구되었으며, 항로 및 주변 환경을 잘 알고 있는 안내자가 필요하였다.[200] 그 과정에서 신안 안좌도 배널리 3호분의 피장자 등이 항로 안내, 식수와 식량을 제공하는 등의 편의를 베풀었을 가능성이 높다.[201]

한편 수혈식 석곽묘가 고흥반도의 끝자락에 위치한 사실을 고려하면, 왜국의 사절들이 서남해지역을 경유하여 남중국을 왕래하는 바닷길이 바뀌었을 가능성도 없지 않다. 왜인들은 구주에서 대마도를 경유하여 경남 서부 해안지역을 통과하는 기존의 루트를 대신하여, 대마도에서 여수 금오도와 연도를 경유하여 고흥 해창만에 이르

---

199) 윤명철, 2000, 「古代 東亞지중해의 海洋交流와 榮山江流域」, 『지방사와 지방문화』 3, 187쪽.

200) 고대인의 항해술에 대해서는 다음의 글을 참조하기 바란다. 윤명철, 1995, 「高句麗發展期의 海洋活動能力에 대한 檢討-5-6세기를 중심으로」, 『阜村申延澈敎授停年退任論叢』, 일월서각.

201) 힌편 백제와 왜국을 왕래하는 선단은 저음부터 끝까지 뱃길을 이용하지 않고 바닷길이 험한 서남해 연안항로를 피해 웅진과 사비에서 육로를 통해 섬진강 하구에 이르는 방식을 선택한 것으로 보는 견해도 없지 않다(濱田耕策, 2015, 「왜인 및 일본인이 항행한 전라도해역」, 『신안 흑산도고대문화조명』 신안 흑산도 문화유적 국가사적 지정을 위한 국제학술대회, 전남문화재연구소, 178쪽).

북일 외도 1호분 수혈식 석곽과 주칠 흔적

는 '남해 횡단항로'를 이용한 것으로 추정된다. 경남 서부 해안지역
과 섬진강 하류지역이 각각 소가야와 대가야의 영향력 하에 놓여
있었기 때문에 파도가 높고 바람이 거센 항로를 이용할 수밖에 없었
다.[202]

　수혈식 석곽묘는 해남 북일의 내동리 외도와 신월리에도 각각
2기와 1기가 자리한다. 외도고분은 내동리에서 동쪽으로 300m 정도
떨어져 있는 밭섬에 자리하며,[203] 남쪽 고분이 1호분 그리고 북쪽에
위치한 고분이 2호분에 해당된다. 외도 1호분에서 갑옷 조각 등이
출토되었고, 주칠(朱漆) 흔적도 확인되었다. 또한 봉분 위쪽에는 즙석
들이 흩어져 있다.[204]

202) 문안식, 2015, 앞의 글, 136쪽.
203) 外島는 간척사업으로 인해 현재는 내륙화 되었으며, 정확한 지명은 '밭섬'이
　　아니라 북일의 바깥쪽에 위치한 데서 기원한 '바깥 섬'이다.
204) 은화수·최상종, 2001, 앞의 글.

북일 신월리의 방형즙석분 역시 수혈식 석곽묘에 해당되는데, 성마산에서 북서쪽으로 길게 뻗어 내린 구릉에 위치한다. 신월리고분은 수혈식 석곽묘 구조를 따르면서도 석관형 석실로 조성되었고, 그 내부에서 적토(赤土, 뱅가라)를 안료로 이용하여 붉은 색을 칠한 흔적이 조사되었다.[205] 또한 신월리고분의 분구 전면에서도 즙석 흔적이 확인되었다.[206]

신월리고분과 외도고분에서 확인된 즙석의 흔적은 북일면 용일리 용운 2호분, 함평 월야면 신덕고분과 대동면 금산리고분, 화순 백암리고분 등에서 확인되었다. 즙석 시설은 피장자가 속한 집단이 왜인과 교류 혹은 접촉한 사실을 의미한다.[207] 그 외에 외도고분과 신월리고분에서 확인된 주칠 흔적도 피장자가 왜국 등과 교류한 사실을 반영한다.[208]

수혈식 석곽묘에 묻힌 피장자에 대해 백제·가야와의 교류에 종사한 왜인으로 보기도 한다.[209] 왜국에서 선진문물과 기술·정보를 입수하기 위해 건너온 집단[210]으로 보는 견해도 없지 않다. 그러나 안좌도와 신의도 등 궁벽한 도서지역에 왜인들이 머물면서 대외교역 혹은 선진문물 입수 등의 활동에 종사하였을 가능성은 희박하다.

205) 김규호, 2010, 「해남 신월리고분 석관내부 주칠의 특성 분석」, 『해남 신월리고분』, 목포대학교 박물관.

206) 목포대학교 박물관, 2010, 『해남 신월리 고분』, 52쪽.

207) 국립광주박물관, 2004, 『해남 용일리 용운고분』, 65쪽.

208) 주칠과 왜국과의 관련성에 대해서는 다음의 글을 참조하기 바란다. 조영현, 2011, 「고흥 길두리 인동고분의 축조구조」, 『고흥 길두리 안동고분의 역사적 성격』, 전남대학교 박물관.

209) 東潮, 2002, 「倭の榮山江流域 ―倭·韓の前方後圓墳をめぐって」, 『前方後圓墳と古代日朝關係』, 同成社, 168~169쪽.

210) 조영제, 2004, 「西部慶南地域加耶古墳發見の倭系文物にいて」, 『福岡大學考古學論集』 小田富士雄先生退職記念事業會, 310~311쪽.

또한 서남해 연안과 도서지역에 외지 출신이 거주하면서 바닷길 안내 등의 어려운 임무를 맡았을 가능성도 별로 없다.

외지인들은 서남해의 복잡한 지형, 해류와 조류의 움직임을 잘 알지 못했기 때문에 현지 사람들의 도움을 받아야만 항해가 가능하였다. 일본이 동중국해를 왕래하는 해로상(海路上)의 여러 도서에 패(牌)를 설치하고 관리한 것처럼,[211] 서남해의 연안과 도서지역에도 뱃길 안내 등의 역할을 맡은 해상세력이 존재하였을 가능성이 높다.

따라서 북일 외도고분과 신월리고분 등에 묻힌 피장자는 토착 해상세력이었을 가능성이 높다. 신월리고분의 피장자를 환두대도와 철검 및 철모 등 다량의 철제 무기가 출토된 사실 등을 고려하여, 재지세력 중에서 무장(武將)의 성격을 지닌 인물로 보는 견해도 없지 않다.[212]

이와 관련하여 배널리 3호분, 야막고분, 안동고분 등에서 갑옷과 투구를 비롯하여 다량의 철제 무기가 조사된 사실이 참조된다. 배널리 3호분 등에 묻힌 피장자는 무장(武將)이 아니라 바닷길 안내 혹은 대외교역 등을 통해 왜국 계통의 무구(武具)를 입수하였을 가능성이 높다.

또한 신월리고분은 영산강 유역과 서남해지역에서 흔히 볼 수 있는 방대형의 분구 형태를 이루며, 단경호·장경호·발형토기·광구소호 등 토기류 역시 재지적 성격이 엿보인다. 이들 토기류는 영암 내동리 초분골 1호분, 무안 구산리 3호 옹관묘, 함평 예덕리 만가촌고

---

211) 일본의 경우 8세기 중엽에 이르러 九州의 筑紫를 출발하여 남하한 후 동중국해를 횡단하여 양자강 하구에 도달하는 여러 섬과 항구에 노정과 有水處를 기재한 牌를 설치하였다(『續日本記』天平勝寶 6年 2月 丙戌).

212) 목포대학교 박물관, 2010, 앞의 책, 60쪽.

분 등에서 조사된 장경소호 및 광구소호 등과 유사한 종류에 해당된
다.213)

이와 같이 볼 때 북일 신월리고분과 외도고분에 묻힌 피장자는
호형토기와 발형토기 등을 사용한 토착집단으로 추정된다. 이들은
가야와 왜국의 사절 및 상인 등에게 서남해 연안의 바닷길을 안내하
고, 식량과 음료 등 생필품을 공급하는 대가로 갑옷과 무기 등의
물품을 받았을 가능성이 높다. 북일의 내동포 등과 같은 기항지에서
국제교역이 이루어져 서남해 연안지역의 토산품과 왜국의 갑옷 등이
교환되었을 가능성도 없지 않다.214)

(2) 남해 사단항로의 활용과 탐모라의 성장

강진만 연안에 위치한 북일의 내동포 등은 동아시아의 삼국을
연결하는 남해 연안항로의 기항지로서 각광을 받았다. 내동포는
백제에서 서남해지역을 경유하여 가야와 왜국을 왕래하는 연안항
로에 위치한 여러 기항지 중의 한 곳이었다. 가야와 왜국의 사절단도
서남해 연안지역 해상세력의 도움을 받아 백제와 남중국을 왕래하
였다.

북일의 해상세력은 5세기 후엽 이후 서남해 연안지역을 대표하는
위상을 확보하게 되었다. 북일지역에 위치한 방산리 신방석실분·독

---

213) 목포대학교 박물관, 2010, 앞의 책, 56쪽.
214) 동북아시아의 해양교류는 철기시대부터 본격화 되었으며, 3세기 후반 무렵
   의 싱황을 기록한 『三國志』魏志 東夷傳 韓條에는 낙랑에서 서해안과 남해안
   을 경유하여 왜국에 이르는 연안항로가 기록되어 있다. 서해와 남해의
   연안과 도서지역에는 여러 곳에 무역 거점 혹은 무역항이 형성되었는데,
   물자의 재분배 기능보다는 중간의 경유지에 해당되는 기항지 역할을 한
   것으로 보고 있다(이청규, 2003, 「한중교류에 대한 고고학적 접근」, 『한국고
   대사연구』 32(한국고대사학회), 학연문화사 ; 최성락, 2014, 앞의 글, 101쪽).

해남 북일면 방산리장고분 상상도(그림 | 장복수)

수리봉고분·장고분, 용일리 용운고분군, 신월리 거칠마고분군 등 여러 유형의 고분들의 존재가 참조된다.

예컨대 용운 2호분의 경우 전남지역의 이른 시기의 석실분과 상통한 형태의 매장 주체부가 지상에 위치한 원형 즙석분으로 6세기 전반에 축조되었다. 용운 3호분은 매장주체시설이 기반토를 약간 판 반지하식이며, 북쪽에 입구를 둔 횡구식 석실로 6세기 3/4분기에 축조되었다.[215)

방산리장고분은 방형부가 북쪽, 원형부가 남쪽에 자리한다. 이 고분은 전남과 광주 일대에서 확인된 장고분 가운데 규모가 가장 큰 것으로 알려져 있다. 시굴결과 내부에서 갑옷 편으로 추정되는 철편(鐵片)을 비롯하여 옥(玉)과 달개(瓔珞) 장식 등이 수습되었다. 원형부 서쪽에서 횡혈식 석실 1기가 확인되었고, 다른 지역의 장고분과 마찬가지로 5세기 후엽에서 6세기 중엽 사이에 축조된 것으로 추정된다.[216)

215) 국립광주박물관, 2004, 『해남 용일리 용운고분』, 64쪽.
216) 은화수·최상종, 2001, 앞의 글.

방산리 독수리봉고분군은 방산리장고분에서 서쪽으로 1.1km 정도 떨어진 곳에 위치한다. 독수리봉(해발 57.7m) 정상에 2기가 자리한다. 1호분은 직경 14.6m의 원형으로 높이는 2m이며, 동쪽에서 얕은 도랑 흔적이 확인된다. 1호분에서 3m 정도 떨어진 곳에 2호분이 위치하며, 길이와 높이는 13m와 1.5m 정도이며 타원형에 해당된다.

방산리 신방석실분은 용운고분에서 남서쪽으로 낮고 길게 이어지는 동일 구릉 위에 분구를 갖춘 3~4기가 밀집 분포한다. 봉분의 길이 5m, 높이 1m 정도의 원형 고분들이 흩어져 있다.[217]

신월리 거칠마고분군은 거칠마토성(해발 42.3m)이 축조된 낮은 야산의 봉우리에서 남동쪽으로 흘러내린 완만한 경사면에 자리한다. 직경 10m 내외에 달하는 고분들이 산재하며, 주변에서 적갈색연질과 회청색경질 등 다량의 토기편이 수습되었다.[218]

이와 같이 북일지역의 여러 유형의 고분들은 신월리·방산리·용일리·내동리 4개 마을에 걸쳐 분포한다. 현재 신월리방조제 등의 간척사업이 이루어져 구릉 주위에 넓은 농토가 만들어졌지만, 당시에는 좁고 긴 통로를 제외하면 주위가 모두 해변을 이루었다.

또한 북일의 여러 고분들은 거칠마토성을 비롯하여 성마산성 및 수청봉토성과 관련이 있다. 거칠마토성은 신월리 방면으로 진입하는 적을 차단하는 데 유리한 야산에 축조되었고, 성마산성은 강진만 전역이 조망되는 곳에 자리하여 서남해 연안항로를 통제할 수 있는 요충지에 해당된다. 수청봉토성 역시 강진만 연안이 관찰되는 전망 좋은 곳에 자리한다.

---

217) 최성락, 1986, 「해남지방의 선사유적·고분」, 『해남군의 문화유적』, 목포대학교 박물관.
218) 은화수·최상종, 2001, 앞의 글.

해남 두륜산의 줄기에 해당되는 주작산에서 내려다본 북일면 신월리 전경(그림 | 김병택).
그림 가운데 깃발이 펄럭이는 부근에 다양한 묘제와 여러 성곽이 위치한다.

　거칠마토성의 축조 시기는 주변지역에서 수습된 적갈색 연질,
회청색 경질 등 토기편[219]으로 볼 때 5세기 전후로 추정된다. 성마산
성의 축조 시기도 남벽에서 백제 계통의 토기편과 기와편이 다수
출토된 사실이 참조된다.[220]

　수청봉토성은 용일마을의 남쪽 아래편에 있는 수청산(60m)의 정
상부에 축조되었다. 토축의 흔적이 미약하게 남아 있으나 군사적
기능(방어적 기능)을 했는지는 확실하지 않다. 두 개의 토축단이
있는 것으로 볼 때 종교적 기능을 수행했을 가능성도 없지 않다.[221]

　북일지역의 고대 성곽은 신월리, 방산리, 용일리 일대에 여러 유형

---

219) 은화수, 최상종, 2001, 앞의 글.
220) 성마산성은 신월리 성수동 남방 200m지점의 성마산(84m)에 위치한 石心土築
　　산성이다. 성벽은 토축 후에 석재를 보강하는 방식으로 축조되었다.
221) 목포대학교 박물관, 2002, 『문화유적분포지도-해남군』.

의 고분을 남긴 집단이 활용한 것으로 추정된다. 북일지역에 여러 유형의 고분과 성곽을 남긴 사람들은 강진만을 활용한 해산물 채취와 제염 등의 생산활동, 서남해 연안항로를 왕래하는 사람들의 바닷길 안내, 대외교역 등을 통해 성장 기반을 마련하였다.

북일의 해상세력은 5세기 중엽을 전후하여 축조된 신월리 방형즙석분과 내동리 외도고분군 등의 수혈식 석곽묘 단계를 거쳐 5세기 후엽에 이르러 서남해 연안지역의 중심세력으로 부상하게 되었다. 북일집단의 대두와 관련하여 동아시아의 국제정세 변화를 살펴볼 필요가 있다. 백제의 한성 함락과 웅진 천도, 왜국에서 반정(磐井)의 난(亂)으로 이어지는 격동기의 도래,222) 가야의 독자적인 남조 외교 추진 등이 참조된다.

백제는 개로왕 21년(475) 고구려의 공격을 받아 국왕이 전사하고, 수도마저 함락되어 잿더미로 변하는 참상을 겪었다. 개로왕의 전사 후 왕위에 오른 문주왕은 재위 4년에 해구(解仇)에게 살해되었고,210) 문주왕을 계승한 삼근왕도 재위 3년 만에 사망211)하는 등 국정이 혼란하였다.

백제가 고구려의 공세를 견디지 못하고 한성에서 웅진으로 천도한 후 지방에 대한 통제력이 약화되었듯이, 왜국 역시 비슷한 시기에 대화정권(大化政權)의 구주지역(九州地域) 통치가 흔들렸다.212)

---

222) 磐井勢力의 成長과 叛亂 등에 대해서는 다음의 글을 참조하기 바란다. 水谷千秋, 2001,『謎の人王継体天皇』, 文藝春秋 ; 吉村武彦, 2005,「継体·欽明朝と內亂」,『古代史の基礎知識』, 角川選書.

210)『三國史記』권26, 百濟本紀4, 文周王 4年.

211)『三國史記』권26, 百濟本紀4, 三斤王 3年.

212) 山尾幸久 著, 김기섭 역, 1994,「일본 고대왕권의 형성과 조선」,『고대한일관계사의 이해-倭』, 이론과 실천, 213~225쪽.

백제와 왜국의 정세 변화는 한반도와 일본 열도 사이의 관계에도 영향을 미쳤다. 서남해 연안지역은 동아시아 대외정세가 급변하면서 격동의 한 가운데에 놓이게 되었다. 백제는 고구려의 남진정책에 맞서기 위하여 가야 및 신라와 연대를 강화하고, 왜국으로 이주한 집단을 매개로 대화정권(大和政權)을 반고구려전선(反高句麗戰線)에 끌어들였다.213)

백제가 기내(畿內)의 대화정권(大和政權)과 유대를 강화한 결과, 구주세력(九州勢力)은 국제 외교무대의 핵심 위치에서 배제되었다. 대화정권(大和政權)은 웅략(雄略, 456~479) 때에 이르러 전국에 걸친 지배권을 장악하였고, 복강(福岡) 박다만(博多灣)의 나진(那津)에 관가(官家)를 설치하는 등 구주 토착집단의 독자적 교섭권을 박탈하였다.214)

한편 구주의 중서부에 위치한 유명해(有明海) 연안(沿岸)의 해상세력은 대화정권과 결탁한 반정(磐井)의 압박에 위협을 느꼈으며, 서남해 연안지역 해상세력과 접촉을 통해 활로를 모색하였다. 또한 좌하(佐賀)와 웅본(熊本) 등을 벗어나 서남해 연안과 영산강 유역으로 이주한 집단도 생겨났다.

서남해 연안지역에서 오도열도를 경유하여 구주의 서부지역으로 향하는 바닷길이 5세기 후엽부터 이용되기 시작했고, 6세기 이후에는 오도열도(五島列島)를 거쳐 유명해 연안지역으로 이어지는 남해 사단항로도 활용되었다.215) 고흥과 여수 등 전남 동부 해안지역에서

---

213) 양기석, 1987, 「백제의 해외진출」, 『계간경향』 여름호, 80쪽.

214) 山尾幸久 著, 김기섭 역, 앞의 책, 213~225쪽.

215) 한반도 서남해 연안지역에서 오도열도를 경유하여 구주 서북부 혹은 유명해 연안지역으로 연결되는 사단항로의 활용 시기와 관련하여 영산강식 석실분의 계통이 참조된다. 월계동 1호분을 비롯한 北九州型은 5세기 4/4분기부

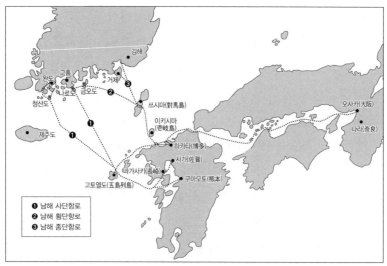

백제와 왜국을 연결하는 3대 해상교통로

오도열도를 경유하여 구주 서북지역을 왕래하는 해상교통로가 이용
된 것으로 보기도 한다.216)

남해 사단항로는 전남지역 마한세력과 구주지역 토착집단 사이의
교류 과정에서 개척되었다.217) 남해 사단항로가 활용되면서 양국

터 6세기 1/4분기 사이에 축조되었고, 6세기 2/4분기에 유명해 연안과 관련
이 있는 肥後型 석실이 등장한 점을 주목할 필요가 있다(임영진, 2007,
「장고분(전방후원형고분)」, 『백제의 건축과 토목』, 충청역사문화연구원).

216) 이 견해는 五島列島에 속한 中小通島에서 출토된 유공광구소호와 장경소호,
직구소호 등을 근거로 들고 있다(임영진, 2013, 「전남지역 마한 제국의
사회 성격과 백제」, 『전남지역 馬韓諸國의 사회성격과 百濟』 2013년 백제학
회 국제학술회의, 18~19쪽). 그러나 中小通島에서 출토된 유공광구소호
등이 한반도에서 직접 유입되지 않고, 구주를 경유하여 전파된 것으로
보는 견해도 없지 않다(김낙중, 2015, 「서남해 일대의 백제의 해상교역
기항지」, 『백제의 동북아 해상교통로와 기항지』 제20회 백제학회 정기학술
회의, 36쪽).

217) 6세기 초까지는 '백제-야마토' 교류망과 구분되는 '영산강유역-북규슈'
교류망이 별도로 운영되었고(임영진, 2014, 앞의 글, 244쪽), 그 이전에 해당

130

사이의 문화교류도 변화가 일어났다. 왜국에서 장고분과 지상식
석실분 등의 축조방식이 한반도 서남해지역으로 전파되었다.[218]
장고분이 광주와 전남 일대에 한정하여 축조된 사실은 경남 해안지
역을 경유하지 않고, 구주지역에서 남해 사단항로를 통해 서남해
연안과 영산강 유역으로 직접 전파된 사실을 반영한다.[219]

왜국의 좌하(佐賀)와 웅본(熊本) 등에서 출발하여 청산도와 완도를
경유하는 남해 사단항로의 종착지에 강진만의 북일지역도 포함되었
다.[220] 북일의 방산리 장고분 등에서 확인된 왜계(倭系)의 문화 요소
는 남해 사단항로를 활용하여 서남해 연안과 구주 중북부 사이에
교류가 활발하게 이루어진 사실을 반영한다.[221]

되는 3~5세기에는 영산강 유역과 북부 규슈 사이에 문화적·사회적·정치적
관계가 밀접하였던 것으로 이해한다(吉井秀夫, 2002,「토기자료를 통해
본 3-5세기 백제와 왜의 교류관계」,『한성기백제의 물류 시스템과 대외교
류』, 한신대학교). 영산강 유역의 토착집단과 구주집단 사이의 활발한 교류
는 대마도를 거쳐 경남 해안지역을 경유하는 항로를 대신하여 사단항로를
통해 이루어졌을 가능성이 높다.
218) 구주 북부지역에서 조사된 석실분과 영산강 유역에서 확인된 지상식 석실분
(영산강식 석실분)의 관계에 대해서는 다음의 글을 참조하기 바란다. 柳澤一
男, 2002,「全南地域の榮山江横穴式石室の系譜と前方後圓墳」,『前方後圓墳と
古代日韓關係』, 同成社. 또한 영산강식 석실분과 구주지역 석실묘의 관계를
직접 연관형, 발전형으로 세분하기도 한다(임영진, 2014, 앞의 글, 232쪽).
219) 한반도 서남해 연안지역에서 다도해를 지나 제주도 연안을 경유하여 먼
바다를 항해하여 五島列島와 九州 서쪽지역으로 연결되는 항로는 일찍부터
활용되었다(해군본부, 1954, 앞의 책, 56쪽 ; 윤명철, 1995, 앞의 글, 67~105
쪽). 이 항로는 해류의 방향을 잘 몰랐고, 지형지물의 활용도 어려워 항해에
적합하지 못한 측면도 없지 않았다. 그러나 남해 사단항로는 백제와 대화정
권의 압박을 받게 된 마한집단과 구주집단이 중앙권력의 방해를 받지
않고 교류할 수 있는 장점이 있었다(문안식, 2014, 앞의 글, 86쪽).
220) 한반도의 서남해 연안에서 출발하여 五島列島에 이른 후 북으로 東進하면
구주 북부의 唐津에 닿고, 남쪽으로 東進하면 有明海에 도달한다. 그 연안으
로 진입하여 여러 강을 역류하면 長崎와 熊本 및 佐賀의 서부지역에 이른다.
221) 한편 서남해지역 토착집단의 對倭關係가 九州에 국한된 것은 아니었다.

함평 손불면 죽암리장고분 전경(그림 | 박득규)

북일지역에 일본의 전방후원분과 유사한 방산리장고분이 자리하
고, 용운리 용운 2호분이 상면에 즙석을 한 채 매장주체부를 지상에
둔 수혈식 석실 구조를 한 사실 등이 참조된다. 장고분 등의 문화
요소는 강진만 연안 외에 서남해지역의 여러 곳과 영산강 유역 일대
에서도 조사되고 있다.

장고분은 광주 광산구 명화동과 월계동(2기), 광산구 요기동, 영암
시종면 태간리, 영광 법성면 월산리 월계, 고창 공음면 칠암리, 함평
손불면 죽암리, 함평 월야면 예덕리, 함평 학교면 마산리 표산, 해남

서남해지역에서 주로 출토되고 있는 有孔廣口小壺가 구주뿐만 아니라 畿內
에서도 적지 않게 조사된 사례가 참조된다. 圓筒形土器 역시 畿內·關東과
접촉이 이루어졌던 사실을 반영한다(太田博之, 1996, 「韓國出土の圓筒形土
器と埴輪型土製品」, 『韓國の前方後圓墳』, 雄山閣 ; 小栗明彦, 1997, 「光州月桂
洞1號墳出土埴輪の評價」, 『考古學研究』137, 古代學研究會 ; 大竹弘之, 2000,
「韓國全羅南道の圓筒形土器」, 朝鮮學會 第51回 大會要綱).

북일면 방산리, 해남 삼산면 창리 용두, 담양 수북면 성월리 및 고성리 등에 14기 정도가 자리한다.

이들 중에서 북일의 방산리장고분이 가장 먼저 축조된 것으로 단언하기 어렵지만, 남해 사단항로의 기항지에 해당되는 강진만의 포구를 경유하여 주변 지역으로 전파되었을 가능성은 남아 있다. 또한 장고분이 광주와 전남 일대(고창 칠암리 제외)에 한정하여 분포한 것으로 볼 때 경남 해안지역을 경유하지 않고, 청산도-오도(五島) 루트를 통해 왜국과 접촉한 사실을 반영한다.[222]

한편 서남해지역 일대는 장고분과 비슷한 시기에 지상에 매장시설을 둔 전기 석실분(영산강식 석실분)이 등장하였다. 영산강식 석실분의 축조는 5세기 후엽에 시작되어 6세기 중엽 무렵까지 지속된 것으로 보고 있다.[223] 영산강식 석실분은 구주(九州) 중북부(후쿠오카, 사가, 구마모토)에 보이는 횡혈식 석실분과 유사하며, 영산강

---

222) 한반도 서남해와 일본 구주 서북부를 연결하는 바닷길은 조선 후기에 발생한 양국 사이의 표류민 분석을 통해서도 드러난다. 1692~1840년 사이에 제주·영암·강진·해남·순천·여수 일대에 거주하던 海民들이 표류했을 때 거의 대부분이 구주 서북부 혹은 오키나와 방면으로 밀려갔다. 그 반면에 경상지역에서 표류했을 경우에는 후쿠오카 등의 구주 북부 혹은 本州 서북부에 이르렀다(정성일, 2013, 『전라도와 일본』, 경인문화사). 표류기로 유명한 네덜란드 출신 하멜이 조선을 탈출 할 때 여수에서 五島列島로 향한 사실도 잘 알려져 있다.

223) 영산강식 석실분은 강이나 대하천을 끼고 있는 낮은 구릉 위에 대부분 단독으로 분포하며, 석실이 중간에 위치하면서 작은 할석으로 쌓았다. 또한 분구의 규모가 백제의 초기 형식의 석실분보다 크고, 각종 토기와 마구류 및 금동 신발 등 풍부한 유물이 부장되는 특징을 보인다(임영진, 1997, 「전남지역 석실봉토분의 백제계통론 재고」, 『호남고고학보』 6). 또한 영산강식 석실의 편년은 가장 이른 시기의 복암리 96석실이 5세기 4/4분기, 가장 늦은 시기의 광주 명화동 고분의 석실이 6세기 2/4분기에 해당되는 것으로 보고 있다(임영진, 2006, 「榮山江流域の橫穴式石室の編年」, 『日韓古墳時代の年代觀』, 國立歷史民俗博物館·釜山大學校博物館).

유역과 서남해지역을 비롯하여 경남 서남부 연안지역에서도 확인
되고 있다.

북일의 용운 2호분은 지상에 석실을 배치한 유형에 해당되며,
인접한 삼산면 월송리 조산고분의 경우 영산강식 석실분에 속한
다.[224] 또한 나주 복암리 96석실·장성 영천리고분·광주 쌍암동고분·
광주 각화동 2호분·나주 영동리 1호분 1호석실과 3호분 등이 영산강
식 석실분에 해당된다. 경남지역의 거제 장목고분·사천 선진리고분
·고성 송학동 1B-1·의령 운곡리 1호분·의령 경산리 1호분 등도 영산
강식 석실분에 해당된다.

그런데 영산강식 석실분의 전파 경로는 왜국에서 경남 해안을
경유하여 전남지역으로 확산된 것은 아니었다. 영산강식 석실분과
비슷한 유형의 석실분이 구주의 중북부에 분포한 사실을 고려하면,
남해 사단항로를 통해 서남해지역으로 먼저 전파되었을 가능성이
높다.[225]

따라서 거제와 고성 등 경상 남해 연안지역에 분포하는 영산강식
석실분은 서남해 연안을 경유하여 전파된 것으로 짐작된다. 고성
송학동고분 등에서 출토된 유공광구소호와 개배 등 영산강식 토기의
존재가 참조된다.[226] 이와 같이 볼 때 장고분과 영산강식 석실분의

---

224) 한반도 남부지역에서 조사된 왜국에서 성행한 고분과 비슷한 유형의 성격에
 대해서는 다음의 글을 참조하기 바란다. 白石太一郎, 2003, 「二つの古代日韓
 交渉ルト」, 『熊本古墳研究』創刊號, 熊本古墳研究會 ; 김낙중, 2013, 「5~6세
 기 남해안지역 倭系古墳의 특성과 의미」, 『호남고고학보』 45).

225) 남해 사단항로는 有明海 沿岸에 거주하던 집단 만이 이용한 것이 아니라,
 서남해 연안에서 출발하여 熊本 방면으로 왕래하기도 했다. 구주 서부지역
 에 江田 船山古墳 등과 같은 백제계 유적들이 조성된 사실이 참조된다(윤명
 철, 2003, 『한국 해양사』, 학연문화사, 134쪽).

226) 최영주, 2011, 「三國·古墳時代における韓日交流の考古學的研究」, 立命館大大

축조 방식은 구주에서 서남해 연안지역을 경유하여 경남지역으로
전파되었을 가능성이 높다.

장고분과 영산강식 석실분에 묻힌 피장자의 성격에 대해서도 여러
견해가 제시되었다. 영산강식 석실분과 장고분에 묻힌 피장자를
왜국에서 이주하여 정착한 왜인으로 보는 견해가 있다. 그 외에
왜계 백제관료[227] 혹은 전사집단,[228] 백제 및 가야와의 교류에 종사
한 상인,[229] 선진문물과 기술·정보를 입수하기 위해 한반도에 건너
온 집단[230] 등으로 추정하기도 한다.

왜계고분의 피장자를 재지의 수장으로 보는 입장도 없지 않다.
백제의 남하에 대항하기 위해 재지수장이 왜국 계통의 고분을 모방
한 것으로 이해하는 견해,[231] 반남세력이 와해되는 틈을 타 대두한
중소 재지수장층이 왜계 고분을 수용하였다는 설,[232] 왜계 집단을

學院 博士學位論文, 208~210쪽. 또한 고성 송학동 1호분과 거제 장목고분에
서 조사된 통형의 분주토기가 나주 신촌리 9호분 출토 원통A형과 기형
및 투창 등에서 상통한 점이 참조된다. 송학동 통형의 분주토기가 영산강유
역권 통A형 분주토기의 영향을 받아 간략화 된 것으로 이해한다(임영진,
2014, 앞의 글, 234쪽).

227) 주보돈, 2000, 「百濟의 榮山江流域 支配方式과 前方後圓墳 被葬者의 性格」,
『韓國의 前方後圓墳』, 충남대학교 백제연구소, 93쪽.

228) 박천수, 2002, 「考古資料를 통해 본 古代 韓半島와 日本列島의 相互作用」,
『韓國古代史硏究』 27, 53쪽.

229) 岡內三眞, 1996, 「前方後圓墳のモデル」, 『韓國の前方後圓墳』, 雄山閣 ; 東潮,
2002, 「倭の榮山江流域-倭·韓の前方後圓墳をめぐって-」, 『前方後圓墳と
古代日朝關係』, 朝鮮學會編, 同成社, 168~169쪽.

230) 조영제, 2004, 「西部慶南地域加耶古墳發見の倭系文物にいて」, 『福岡大學考古
學論集』, 小田夫士雄先生退職記念事業會, 310~311쪽.

231) 土生田純之, 2000, 「韓·日 前方後圓墳의 比較檢討-石室構造와 葬送儀禮를
中心으로-」, 『韓國의 前方後圓墳』, 충남대학교 백제연구소, 20~21쪽

232) 김낙중, 2000, 「5~6世紀 榮山江流域 政治體의 性格-羅州 伏岩里 3號墳 出土
威勢品分析-」, 『百濟硏究』 32, 충남대학교 백제연구소, 73쪽.

거느린 재지수장설,[233] 일본열도로 이주하였다가 귀향한 마한계 이주민[234] 등으로 보고 있다.

장고분과 영산강식 석실분에 묻힌 피장자의 성격과 출자(出自) 문제 등을 논외로 하고, 서남해지역 토착세력이 왜국과 교류하면서 나타난 산물로 보는 견해도 있다.[235] 또한 일본의 전방후원분의 기원을 서남해지역의 장고분으로 보고, 장고분에 묻힌 피장자를 토착전통에 기반한 재지세력으로 추정하기도 한다.[236]

장고분 등에 묻힌 피장자를 왜인으로 보지만, 토착화 된 양상을 강조하는 견해도 있다. 광주 월계동 1호분의 출토 유물을 통해 왜인이 서남해지역에 정착한 후 토착화 되어 가는 과정을 반영하는 것으로 이해한다.[237] 또한 함평 노적 유적에서 출토된 원통형토기와 스에키 계통의 토기를 왜인의 이주와 정착을 반영하는 유물로 추정하는 견해도 없지 않다.[238]

한편 전남 동부지역에는 분구가 크고 세장(細長)하면서 판석으로 구성된 소위 남해안식 석실분이 자리한다. 고흥 도화면 신호리 동호 덕고분 등이 해당되는데, 중국 양자강 하류에 위치한 태호(太湖) 동남부 일대에 밀집 분포한 석실토돈묘(石室土墩墓)와 관련이 있는

233) 안재호, 2005, 「韓半島에서 출토된 倭관련 文物」, 『한일관계사연구논집』 2, 한일관계사연구논집 편찬위원회, 359쪽.
234) 임영진, 1997, 「전남지역 석실봉토분의 백제계통론 재고」, 『호남고고학보』 6, 53쪽.
235) 吉井秀夫, 1996, 「백제 지방통치에 대한 제문제」, 『백제의 중앙과 지방』백제 연구논총5, 191~193쪽.
236) 강인구, 1984, 『三國時代 墳丘墓研究』, 일지사, 299~300쪽.
237) 최영주, 2011, 「三國・古墳時代における韓日交流の考古學的研究」立命館大大學院 博士學位論文, 153~157쪽.
238) 高田貫太, 2012b, 「榮山江における前方後圓墳築造の歷史的意義」, 『古墳時代の考古學内外の交流と時代の潮流』.

것으로 이해한다.[239]

이와 같이 서남해지역 마한사회는 왜국과 접촉을 통해 장고분과 영산강식 석실분 등의 문화요소를 받아들였다. 또한 남중국과 교류를 통해 토돈묘의 축조 방식이 전파되었을 가능성도 없지 않다. 그러나 마한사회가 왜인에 의한 지배가 이루어졌거나, 토착문화의 전통이 단절되고 왜계(倭系) 문화 일색으로 변화된 것은 아니었다.

영산강식 석실분에서 출토된 유물 중에 백제 및 왜계 요소도 확인되지만, 토착성이 강하게 나타난 점을 주목할 필요가 있다.[240] 서남해지역 마한사회는 문화전통을 유지한 채 백제와 가야 및 왜국 등과 교류를 확대하면서 독자적인 발전을 이루어 나갔다. 신라의 영향도 북일지역의 해남 용운고분에서 출토된 장경호[241]를 비롯하여 해남 만의총 3호분,[242] 나주 영동리고분,[243] 나주 복암리 3호분[244] 등에서 확인되고 있다.

북일을 비롯한 강진만 연안지역은 한반도 서남해지역과 일본의 구주 중북부지역을 연결하는 남해 사단항로가 널리 활용되면서 양국을 연결하는 문화교류의 거점으로 부각되었다. 또한 북일지역은 백제에서 가야 여러 나라 및 왜국의 기내(畿內) 방면으로 연결되는 국제항로의 기항지 역할을 하였다. 그리하여 북일은 해상을 통한 동아시아 문화교류의 십자로 상에 위치한 결절지역(結節地域)으로

---

239) 임영진, 1997, 앞의 글, 55쪽.
240) 吉井秀夫, 1996, 앞의 글.
241) 국립광주박물관, 2004, 『해남 용일리 용운고분』.
242) 국립광주박물관, 2009, 『해남 만의총3호분』.
243) 동신대학교 문화박물관, 2006, 「나주 영동리고분 발굴조사」, 지도위원회 회의자료.
244) 전남대학교 박물관, 1999, 『복암리고분군』.

부상하였다.

북일을 비롯한 서남해 연안지역은 백제의 직접지배 하에 놓이지 않았고, 해상활동에 종사한 집단이 곳곳에 독자적인 세력권을 형성하였다. 이들은 서남해 연안지역을 넘어 백제와 가야 및 신라와 접촉하였고, 왜국 및 남중국 등과 교류하였다.

서남해 연안지역의 해상세력은 백제와 가야를 연결하는 중개자 역할을 담당하기도 했다.[245] 백제와 가야·왜국 사이의 물적 및 인적 교류는 백제의 남진경략에 따른 한성 함락과 웅진 천도의 악조건 속에서도 끊이지 않고 지속되었다.

백제는 서남해 연안지역과 경남 서남부지역 해상세력의 도움 받아 왜국을 왕래하였다. 백제는 대가야가 장악한 섬진강 하구 및 소가야의 영향력 하에 놓인 거제도 연안을 경유하지 않고, 고흥 해창만에서 여수 연도와 금오도 등을 경유하여 대마도를 거쳐 구주(九州)로 연결되는 '남해 횡단항로'를 이용하기도 하였다.[246]

서남해 연안지역을 중심으로 백제와 가야 및 왜국을 연결하는 교역체계는 전북 부안 죽막동 제사유적에서 출토된 여러 유물로 볼 때 6세기 초엽까지 유지되었음을 알 수 있다.[247] 동아시아 여러

---

245) 영산강 유역을 비롯한 서남해 일대 토착집단과 가야세력의 교역관계에 대해서는 왜계 스에키의 유통 경로를 통해서도 확인된다. 스에키는 고령 지산동5호분에서 출토된 유물을 제외하면 소가야 지역에 집중되며, 전남 동부-영산강 유역 및 백제 중앙으로 이어지는 양상을 보인다. 스에키가 영산강 유역 및 백제 중앙 등으로 전파된 배경은 그 배후에 소가야의 중계가 있었다(하승철, 2011, 「외래계 유물을 통해 본 고성 소가야의 대외교류」, 가야의 포구와 해상활동』, 제17회 가야사 학술회의).

246) 문안식, 2015, 앞의 글, 136쪽.

247) 한영희 외, 1992, 「부안 죽막동 제사유적 발굴조사 진전보고」, 『고고학지』 4, 157쪽.

나라의 해상을 통한 문화교류에 북일의 해상세력도 참여하였을 가능
성이 높다.

그러나 백제가 한성 함락과 웅진천도를 전후하여 국력이 쇠퇴해지
면서 서남해 연안지역의 해상활동은 변화가 일어났다. 강진만의
북일 해상세력이 두각을 나타내며 강진과 해남을 비롯하여 진도와
함평 등 서남해 연안지역에 대한 영향력을 확대하였다. 이들은 고창·
부안·김제 등 전북 해안지역에 자리한 집단과도 관계를 맺게 되었
다.248)

이들의 실체와 관련하여

A. 8월에 왕은 탐라(耽羅)【탐라는 곧 탐모라(耽牟羅)이다】가 공물과
   조세를 바치지 아니하자 친히 정벌하려고 무진주에 이르렀다.
   탐라가 이를 듣고 사신을 보내 죄를 빌었으므로 그만 두었다.249)

라고 하였듯이, 백제가 국력을 회복한 후 경략 대상으로 지목할
만큼 유력한 집단으로 부상한 탐라 혹은 탐모라가 주목된다. 탐모라
를 제주도로 보는 것이 일반적이지만, 해남과 강진 일대의 해상집단
으로 보는 견해도 적지 않다.250)

사료 A에는 동성왕이 무진주까지 친히 정벌에 나서자 탐모라가

---

248) 서남해 연안, 영산강 유역, 고창·부안 등 전북 서해안지역은 청동기시대
   이래 마한 때까지 밀접한 관계를 유지하였다. 고창의 송룡리·예지리 및
   신덕리, 부안의 당하리 등에서 대형의 전용옹관이 출토된 사실이 참조된다.
   정읍·부안지역과 영산강 유역은 거대한 墳丘 위쪽에 옹관과 석실을 쓰는
   독자적인 세력이 자리 잡고 있었다(임영진, 2003,「백제의 성장과 마한세력,
   그리고 倭」,『古代の河內と百濟』, 枚方歷史フォーラム實行委員會, 60쪽).
249) 『三國史記』권26, 百濟本紀4, 東城王 20年.
250) 이근우, 1997, 앞의 글, 53쪽 ; 문안식, 2006, 앞의 책, 142쪽.

소식을 듣고 498년에 항복한 것으로 되어 있다.[251] 그러나『일본서기
(日本書紀)』계체기(繼體紀)에는 10여 년이 더 지난 508년이 되어서야
탐라가 백제와 통한 사실이 전한다.[252] 백제와 접촉한 탐라가 동일한
집단이 아니라 서로 다른 대상이었기 때문에 연대 차이가 나타난
것으로 추정된다.[253]

또한 사료 A에 보이는 무진주 친정과 탐라 정벌은 수군이 아닌
육군이 주체가 되어 추진된 느낌이 든다. 동성왕이 정벌의 대상으로
삼은 탐모라는 바다 건너 자리한 집단이 아니고, 무진주에 속한
내륙지역 혹은 서남해 연안에 위치한 것으로 추정된다.

이와 관련하여『고려사』지리지에

B. 고을나(高乙那)의 15대손 고후(高厚)와 고청(高淸) 등 형제 3인이
   바다를 건너 탐진(耽津)에 이르니 때는 신라의 성시였다. … 읍호를
   탐라(耽羅)라고 하였는데, 이것은 올 때 처음으로 탐진에 상륙하였
   기 때문이다.[254]

라고 하였듯이, 강진 탐진현을 '탐라'로 부른 사실이 주목된다. 탐진
혹은 탐라의 기원에 대해서는 사료 B와 같이 제주를 왕래하던 포구의
명칭에서 비롯되었을 가능성이 있다. 그러나 탐라의 기원을 제주를
왕래하던 포구의 명칭, 즉 탐진에서 찾는 견해는 서남해 연안지역과
제주도의 교섭이 활발하게 이루어진 후대의 상황을 반영한다.

---

251)『三國史記』권20, 百濟本紀4, 東城王 20年.
252)『日本書紀』권17, 繼體 2年 12月.
253) 문안식, 2006, 앞의 책, 299쪽.
254)『高麗史』권57, 地理志 耽羅縣.

140

나주 복암리에서 출토된 다양한 목간

이와는 달리 신라가 백제 고토를 차지하기 이전부터 강진을 비롯한 서남해 연안지역에 탐모라(耽牟羅) 혹은 하침라(下枕羅) 등으로 불린 집단이 존재하였다. 최근 나주 복암리에서 출토된 목간에 보이는 '모라(毛羅)' 역시 탐모라(耽牟羅)와 관련이 있는 것으로 추정된다.[255]

고대사회 때에 '모라(牟羅)'는 성(城) 혹은 촌(村)을 가리키는 말로 사용되었다. 『양서(梁書)』 신라전에는 왕성(王城)을 '건모라(健牟羅)' 라고 하였고, 『신당서(新唐書)』 신라전에도 성(城)을 '침모라(枕牟羅)' 로 칭한 내용이 남아 있다. 따라서 탐모라는 탐라 일대에 거주하던 집단 혹은 그 근거지를 가리키는 의미로 해석된다.

2) 백제의 서남해지역 진출과 해양활동의 확대

(1) 백제의 군현 설치와 해양활동의 변화

북일의 해상세력(탐모라)은 백제가 동성왕 때에 노령 이남지역으로 영향력을 확대하면서 압박을 받았다. 백제의 남진(南進) 과정은 490년과 495년에 추진된 면중왕(面中王) 등의 왕후 책봉 사례를 통해 살펴 볼 수 있다.[256]

255) 나주 복암리에서 출토된 목간에 대해서는 다음의 글을 참조하기 바란다. 김성범, 2009, 「나주 복암리 유적 출토 백제 목간과 기타 문자 관련 유물」, 『백제학보』 창간호 ; 김창석, 2011, 「나주 복암리 출토 목간 연구의 쟁점과 과제」, 『백제문화』 45.
256) 백제가 왕후제를 시행한 목적을 지방통치와는 무관하고 중국과의 의례적인

『남제서(南齊書)』 백제전에는

C-1. 엎드려 바라옵건대, 은혜를 베푸시어 임시로 내린 관직을 정식으로 인정하여 주십시오. 영삭장군 면중왕 저근(姐瑾)은 정치를 두루 잘 보좌하였고 무공 또한 뛰어났으니, 이제 임시로 관군장군 도한왕이라 하였고, 건위장군 팔중후 여고(餘古)는 젊었을 때부터 임금을 도와 충성과 공로가 진작 드러났으므로, 이제 임시로 영삭장군 아착왕이라 하였고, 건위장군 여력(餘歷)은 천성이 충성되고 정성스러워 문무가 함께 두드러졌으므로, 이제 임시로 용양장군 매로왕이라 하였으며, 광무장군 여고(餘固)는 정치에 공로가 있고 국정을 빛내고 드날렸으므로, 이제 임시로 건위장군 불사후라 하였습니다.

2. 지금 천하가 조용해진 것은 실상 [사법(沙法)] 명(名) 등의 꾀이오니 그 공훈을 찾아 마땅히 표창해 주어야 할 것입니다. 이제 사법명을 가행정노장군 매라왕으로, 찬수류(贊首流)를 가행안국장군 벽중왕으로, 해례곤(解禮昆)을 가행무위장군 불중후로 삼고, 목간나(木干那)는 과거에 군공이 있는 데다, 또 성문(城門)과 선박을 때려 부수었으므로 행광위장군 면중후로 삼았습니다. 엎드려 바라옵

관계(양기석, 1984, 「五世紀 百濟의 王·侯·太守制에 대하여」, 『사학연구』 38) 혹은 요서지역 경략을 위한 수단으로 보는 견해(김상기, 1967, 「백제의 요서경략에 대하여」, 『백산학보』 3 ; 방선주, 1971, 「백제군의 화북진출과 그 배경」, 『백산학보』 3)노 있다. 그런데 동성왕대에 해당하는 490년과 495년 南齊에 책봉을 요청한 사례를 보면 왕·후의 임기가 정해졌고, 任地를 옮기는 사실 등이 확인된다. 또한 왕후가 책봉된 地名群이 치우쳐 있고, 동일한 시기에 책봉된 왕후의 封地가 겹치지 않고 있다. 따라서 왕·후제는 儀禮的인 외교관계나 有功者를 격려하고 포상하려는 목적 외에도 지방통치를 위한 수단으로 활용되었을 가능성이 높다(문안식, 2006, 앞의 책, 228쪽).

건대 천은을 베푸시어 특별히 관작을 제수하여 주십시오"라고
하였다.257)

라고 하였듯이, 동성왕이 저근(姐瑾) 등을 왕후에 책봉해 주도록
요청한 사료가 남아 있다.258) 동성왕이 저근 등의 책봉을 요청한
대상 지역은 전북 서남부와 전남 서남해 연안 일대로 보고 있다.259)

한편 서남해 연안지역의 해상집단은 백제의 왕후제 시행과 영향력
확대에 맞서 저항을 꾀하였던 것 같다. 탐모라를 비롯한 해상세력은
독자적인 대외교섭을 차단하려는 백제의 간섭을 쉽게 받아들일 수
없었다. 백제 역시 이들이 독자적으로 대외교섭을 추진하는 것을
용납하지 않았다. 왜냐하면 외교와 대외교역 등의 권한은 중앙정부
의 전유물이었기 때문이다.

동성왕은 이러한 상황을 타개하기 위하여 무진주 친정(親征)에
나선 것으로 추정된다. 무진주 친정은 서남해 연안지역에서 큰 영향
력을 행사하고 있던 탐모라가 경략의 주요 대상이었다.260) 탐모라는
동성왕이 군사를 이끌고 무진주까지 내려오자 저항을 포기하고 굴복
하였다.

---

257) 『南齊書』 권58, 列傳39, 東南夷, 百濟.

258) 姐瑾이 490년의 왕후 책봉 때에 寧朔將軍 面中王에서 冠軍將軍 都將軍 都漢王
으로 작위가 승급된 사실은 그 이전에도 여러 王侯가 존재하였을 가능성을
시사한다. 이들은 개로왕 집권 후기 혹은 문주왕과 삼근왕 때에 책봉 되었거
나 아니면 동성왕 재위 초반에 책봉되었을 가능성이 있다.

259) 末松保和, 1961, 『任那興亡史』, 吉川弘文館, 110~113쪽.

260) 동성왕대에 추진된 무진주 친정에 관한 사료를 토대로 '옹관고분사회'를
이루고 있던 영산강 유역의 토착집단이 6세기를 전후하여 백제의 지배에
들어간 것으로 보는 견해도 있다(강봉룡, 1998, 「5~6세기 영산강유역 '옹관
고분사회'의 해체」, 『백제의 지방통치』, 학연문화사).

동성왕은 무력 충돌 없이 탐모라를 복속하여 중앙정부의 권위를 확보하고 해상세력의 독자적인 대외교섭을 차단하는 데 성공하였다. 백제는 지방관을 파견하여 직접 지배하지 않고, 토착 해상세력의 기득권을 인정하며 공존하는 방향을 택하였다.261) 이로 말미암아 서남해지역의 해상세력은 중앙정부의 통제와 왕후제의 시행에도 불구하고 재지사회의 실력자로 남을 수 있었다.

백제는 독자적인 문화전통을 유지한 채 일정한 영향력을 행사한 탐모라 등에 대해 외방(外方)의 부용국으로 인식하였다. 520년대 무렵의 상황을 전하는『양직공도(梁職貢圖)』의 마한 관련 내용이 참조된다. 여기에는 백제 사신의 초상과 함께 주변의 상황을 전하면서

D. 주변의 소국으로서 반파
　(叛波)·탁(卓)·다라(多羅)·
　전라(前羅)·사라(斯羅)·지
　미(止迷)·마련(麻連)·상기
　문(上己文)·하침라(下枕羅)

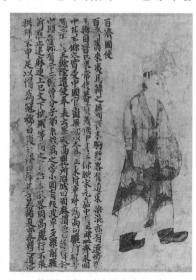

양직공도에 그려진 백제 사절 모습

261) 백제가 서남해지역을 장악한 후에 해당되는 6세기 초반 무렵에 축조된 해남 현산면 월송리 조산고분에서 출토된 다양한 유물을 통해 유추된다. 조산고분에서는 백제와 倭를 비롯한 여러 국가와 교류관계를 반영하는 유물들이 출토되었다(서성훈·성낙준, 1984,『해남 월송리조산고분』, 국립광주박물관·백제문화개발연구원). 이는 동성왕이 서남해지역을 장악하여 왕후제를 실시하였음에도 불구하고, 서남해 연안지역 해상세력이 일정 기간 동안 독자적인 대외교섭을 지속한 사실을 시사한다.

등이 있어 부용한다.

라고 하였듯이, 반파 등의 가야제국과 사라로 기록된 신라 외에 지미와 마련 등의 마한 소국과 관련된 내용이 서술되어 있다.

지미는 침미다례의 전통을 계승한 해남 현산면 일대의 토착집단,[262) 하침라는 탐라·탐모라 등과 관련이 있는 북일 일대의 해상세력으로 추정된다.[263) 또한 마련은 마로산성에서 수습된 '마로관(馬老官)' 명문기와를 통해 볼 때 광양[264) 방면에 위치하였을 가능성이 높다.

백제는 지미(止迷)와 하침라(下枕羅) 등 서남해 연안지역의 해상세력을 내지(內地) 주민이 아니라 외방(外方)에 위치한 차별적인 존재로 인식하였다. 그러나 『양직공도(梁職貢圖)』와 『양서(梁書)』에 전하는 마한 소국 관련 내용이 강진을 비롯한 서남해 연안지역의 정확한 상황을 반영하는 것으로 보기는 어렵다.

강진을 비롯한 서남해 연안지역이 6세기를 전후하여 백제의 지배하에 편입된 사실을 고려하면,[265) 지미(止迷)와 하침라(下枕羅) 등의 마한 소국이 가야제국(加耶諸國) 및 신라와 함께 부용집단으로 기록된 것은 모순이라 할 수 있다. 이는 백제가 서남해 연안지역으로 진출한 후 30년 이상의 시간이 흘렀음에도 불구하고, 토착집단이 장고분과 영산강식 석실분을 축조하는 등 독자적인 문화전통을 유지

---

262) 김태식, 2007, 「가야와의 관계」, 『백제의 대외교섭』 백제문화사대계연구총서9, 충청남도역사문화연구원, 141~144쪽.
263) 이근우, 1997, 「웅진시대 백제의 남방경역에 대하여」, 『백제연구』 27, 53쪽.
264) 최인선·이순엽, 2005, 『광양 마로산성 I』, 광양시·순천대박물관.
265) 백제는 동성왕의 집권 후반기에 서남해 연안지역 및 전남 내륙지역의 대부분을 장악하였고, 길두리고분이 위치한 고흥반도까지 진출하여 전남 동부지역 장악을 목전에 두고 있었다(문안식, 2007, 「고흥 길두리 출토 金銅冠과 백제의 王·侯制」, 『한국상고사학보』 55).

한 사실과 일정한 관련이 있다. 이들이 백제와 다른 문화전통을 유지한 채 가야와 신라를 비롯하여 왜국 등 여러 집단과 교류관계를 맺고 있던 사실을 반영한다.

한편 북일을 비롯한 서남해 연안지역은 백제가 6세기 중엽에 이르러 방군성제(方郡城制)를 실시하면서 변화가 일어나게 되었다.[266] 백제는 전국에 걸쳐 5방(方) 37군(郡) 200성(城)을 두었는데, 서남해 연안을 비롯하여 전남의 여러 지역에도 군(郡)과 성(城)을 설치하였다.

백제는 마한의 수장층을 내세워 간접적으로 지배하던 방식에서 벗어나 지방관을 파견하여 직접지배를 도모하였다. 전남지역은 남방(南方) 소속으로 편제되어 14군과 44현이 설치되었다. 서남해 연안지역은 물아혜군(勿阿兮郡)이 함평과 무안, 인진도군(因珍島郡)이 진도, 아차산군(阿次山郡)이 신안 도서지역, 무시이군(武尸伊郡)이 영광과 고창 방면을 관할하게 되었다.

북일을 비롯한 강진만 연안 일대는 도무군(道武郡)이 관할하였다. 도무군은 해남과 강진 일대를 관할하였는데, 고서이현(古西伊縣)·색금현(塞琴縣)·황술현(黃述縣)·동음현(冬音縣) 4현을 영현(領縣)으로 두었다. 도무군의 치소는 '도강군(道康郡)의 북쪽 20리에 본래 백제 도무군(道武郡)이 있었다'[267]라고 언급한 사료가 참조되며, 강진 성전·작천·병영 방면으로 추정된다.[268] 또한 고려 때 도강군의 치소가 병영면 일대에 자리한 사실을 고려하면, 도무군의 치소 역시 병영·작천을 비롯한 탐진강 상류에 위치했을 가능성이 높다.

---

266) 문안식, 2002, 「百濟의 方郡城制의 實施와 全南地域 土着社會의 變化」, 『전남사학』 19.
267) 『大東地志』 康津 古邑.
268) 목포대학교 박물관, 2004, 『강진읍성』, 15쪽.

강진 병영성의 발굴조사에서 소량의 백제시대 기와편이 출토된
사실을 고려하면,[269] 도무군의 치소가 성내에 위치하였을 가능성도
없지 않다. 그러나 병영성에서 출토된 백제 계통의 유물이 소량에
불과한 점과 백제 때의 군현 치소가 주로 산성 내에 위치한 사실을
고려하면,[270] 병영성 내에 도무군의 치소가 위치했을 가능성은 희박
하다.

도무군의 치소와 관련하여 병영면과 인접한 성전면 수양리에 위치
한 백제 계통의 석실분이 주목된다. 수암산의 등고선을 따라 석곽묘
와 석실분 16기가 조사되었는데, 6~7세기 무렵의 호리병과 발형토
기 및 소호(小壺) 등이 출토되었다.[271] 따라서 수양리고분군과 인접한
작천면 삼열리 성지(三烈里 城址)[272]가 도무군의 치소였을 가능성이
높다.[273]

---

269) 명지대학교 한국건축문화연구소, 2005, 『강진 전라병영성지 발굴조사보고
서』.

270) 백제는 주변에 넓은 뜰이나 하천을 끼고 있으며, 그곳을 향해 돌출된 장소의
맨 끝단 산봉우리에 沙帽峯形 성곽을 축조하여 군현의 치소로 활용하였다.
사모봉형은 성곽의 한쪽은 산봉우리 정상부 가까이를 지나는 데 비해,
다른 쪽은 그보다 훨씬 낮은 중턱을 통과하여, 전체적으로 한쪽이 높고
다른 쪽은 낮은 지형을 이룬다(서정석, 1992, 「忠南地域의 百濟山城에 關한
一研究」, 『백제문화』 22).

271) 전남문화재연구원, 2007, 『강진 수양리유적 발굴조사』.

272) 삼열리 성지는 마을 뒷산에 위치한 테뫼형의 산성이다. 성축은 찾을 수
없고, 동쪽을 제외한 3면에 성벽의 윤곽선이 남아 있다. 성벽 윤곽선을
따라 작은 자연석 성돌들이 산재해 있으며, 북쪽에 자연석을 이용하여
쌓은 유구가 일부 남아 있다(배종무, 1989, 「康津郡의 關防遺蹟」, 『康津郡의
文化遺蹟』, 목포대학교 박물관).

273) 필자는 삼열리 성지의 존재를 알지 못하여, 도무군의 치소를 북일면 성마산
성 혹은 거칠마토성으로 추정한 바 있다(문안식, 2013, 앞의 글, 151쪽).
여기서 도무군의 치소를 수양리 석실분과 연관하여 삼열리 성지로 수정하
고자 한다.

도무군은 삼열리 성지를 치소로 삼아 강진과 해남 일대의 고서이현 (古西伊縣)·색금현(塞琴縣)·황술현(黃述縣)·동음현(冬音縣) 4현을 관할 하였다. 그런데 도무군이 관할한 영현은『삼국사기』지리지[274]에 기록된 4현 외에 몇 곳이 더 존재하였을 가능성이 있다.

신라는 통일 이후 백제 영역 내에 설치된 200현을 147현으로 줄이 는 등 군현 통폐합을 추진하였는데,『삼국사기』지리지에 전하는 백제 관련 기록은 신라 때의 상황을 반영한다. 신라는 폐현(廢縣)된 지역을 향(鄕) 혹은 부곡(部曲)으로 편재하였다.[275] 그 과정에서 백제 때의 53현이 기록에서 누락되었는데, 도무군 역시 2~3곳의 현이 더 존재했을 가능성이 있다.

고서이현은 영암호 주변의 마산면과 옥천면 및 계곡면 일대를 관할하였고, 옥천면 만의총 유적과 관련하여 성산리 진터산성[276] 내에 현치(縣治)가 자리한 것으로 추정된다.[277]

색금현은 현산면과 송지면 일대를 관할한 것으로 짐작된다.[278]

---

274)『三國史記』권37, 雜誌6, 地理4, 百濟.

275) 향과 부곡은 종래 천민의 거주지역(백남운, 1933,『朝鮮社會經濟史』, 改造社, 350~351쪽), 군현과 동질의 행정구역(木村誠, 1983,「新羅時代の鄕」,『歷史評論』403호) 등으로 이해하였다. 근래 들어 향은 100호를 기준으로 하여 전정과 호구가 부족하여 현이 되기 어려운 곳에 설치하였으며, 그 규모는 오늘날 面 정도의 넓이로 추정하는 견해가 제기되었다(이인철, 1993,「新羅統一期의 地方統治體系」,『新羅政治制度史研究』, 일지사, 101쪽).

276) 진터산성은 해남 옥천면 성산리와 강진 동암면 지석리의 경계를 이룬 깃대봉(해발 159.4m)에 자리한다. 테뫼식 산성으로 산 정상부의 북쪽의 평탄한 산봉 지형에 축성하였고, 들레는 290m이다. 지표조사에서 회청색 경질도기 구언부 변이 조사되었다(목포대학교 박물관, 2002,『문화유적분 포지도 - 해남군』).

277) 필자는 마산면의 맹진리산성·산막리산성·죽산성지 등에 고시이현의 현치 가 자리한 것으로 파악하였으나(문안식, 2013, 앞의 글, 151쪽), 성산리 진터 산성으로 수정하고자 한다.

278) 필자는 색금현의 관할지역을 해남읍·현산면 회신면 등 해남만과 백포만

관련 유적으로 현산면 황산리 분토 유적, 현산면 월송리 조산고분과 향교고분, 송지면 군곡리 군안고분, 송지면 미야리 영평 고분군 등이 자리한다. 색금현의 치소는 현산면 일평리산성, 읍호리 고다산성, 초호리 백방산성 등에 자리한 것으로 추정된다.

색금현의 북쪽에는 해남읍과 삼산면 및 화산면 일대를 관할한 기록에서 누락된 별도의 현(縣)이 존재했을 가능성이 높다. 관련 유적으로 해남읍 연동리 남송고분, 삼산면 창리장고분(용두리고분), 삼산면 봉학리 신금고분, 삼산면 원진리 농암고분군, 화산면 부길리 옹관유적 등이 참조된다.

그 치소는 해남읍 남연리와 삼산면 창리의 접경지역에 자리한 옥녀봉토성으로 짐작된다. 신라의 통일 이후 두륜산 서쪽지역은 색금현에서 침명현(浸溟縣)으로 개명되었고, 해남읍 일대를 관할하던 백제 때의 기록에서 누락된 현은 통합되었을 가능성이 높다. 그 대신 삼산면과 해남읍 일대는 사라향(沙羅鄕)이 설치되었다.[279]

황술현은 화원면을 비롯하여 황산면·산이면·문내면 등 화원반도 일대를 관할하였다. 황술현의 치소는 조선시대 전라수영이 자리한 황원곶과 인접한 문내면 용암리 원문토성 혹은 산이면 노송리 주성산성[280] 내에 위치한 것으로 추정된다.

연안지역으로 추정하였다(문안식, 2013, 앞의 글, 151쪽). 여기서 색금현은 현산면과 송지면 일대를 관할하고, 해남읍·삼산면·화산면 일대는 기록에서 사라진 별도의 현이 관할한 것으로 수정하고자 한다.

279) 해남읍은 고려 때에 이르러 해남현이 설치되면서 해남반도의 중심지가 되었으며, 현산면 일대를 관할하던 침명현은 폐현되어 '古縣'이라는 지명으로 남게 되었다.

280) 주성산성은 주성산(해발 101.1m) 정상부를 포함한 남동쪽 사면부에 걸쳐 축조되었다. 산봉지형을 이용한 테뫼식 산성이며, 성의 둘레는 약 350m에 이른다(국립나주문화재연구소, 2013, 『영산강유역 고대산성』, 122쪽).

강진읍성에서 조사된 승석문 기와

　동음현은 강진읍과 군동면 일대를 관할하였다. 동음현의 치소는 현재의 강진군청 뒤편의 보은산 기슭에 자리한 강진읍성에 위치한 것으로 추정된다. 강진읍성은 백제시대에 축조된 후 몇 차례에 걸쳐 개축이 이루어졌다. 백제 계통의 토기와 기와 등이 성내의 곳곳에서 조사된 것으로 볼 때 동음현의 치소가 위치하였을 가능성이 높다.[281]

　한편 서남해 연안지역 해상활동의 중심지였던 강진만 연안지역도 별도의 현이 설치되었을 가능성이 있다. 해남 북일과 강진 신전 일대에서 조사된 백제 때의 성곽과 고분이 참조된다. 북일 신월리토성은 고대사회 때 축조된 후 후대에 개축하여 사용한 흔적이 확인되었고,[282] 성마산성 남벽에서도 백제 계통의 토기와 기와 조각이 여러 곳에서 조사되고 있디.[283]

281) 목포대학교 박물관, 2004, 『강진읍성』.
282) 이도학, 2012, 「삼한·삼국시대」, 『강진군지 I 』, 72쪽.
283) 은화수, 최상종, 2001, 앞의 글.

해남 북일의 성마산성 출토유물(지표조사)

북일면 홍촌리 석정고분군, 용일리 용운 3호분, 신전면 벌정리고분 등도 6세기 중엽을 전후하여 축조된 백제식 석실분에 해당된다.[284] 북일지역에 설치된 현의 치소는 성마산성 내에 위치한 것으로 추정된다. 산성의 정상에 오르면 가까이 강진만 연안이 조망되고, 멀리 완도와 고금도 부근을 왕래하는 선박들을 관찰할 수 있다.

백제는 도무군 외에 물아혜군과 인진도군 및 아차산군 등을 두어 서남해 연안과 도서지역을 관할하였다. 백제가 서남해 연안과 도서 지역에 군현을 설치한 목적은 대민지배(對民支配)와 물적자원 수취 외에, 바닷길을 장악하여 가야와 왜국의 대중외교를 견제하고 마한 해상세력의 독자적인 교섭활동을 차단하기 위해서였다.[285]

284) 백제지역 횡혈식석실분의 현황과 특징에 대해서는 다음의 글을 참조하기 바란다. 최영주, 2013, 「百濟 橫穴式石室의 型式變遷과 系統關係」, 『백제문화』 48.
285) 문안식, 2012, 「백제의 서남해 도서지역 진출과 해상교통로 장악」, 『백제연구』 55.

백제의 도서지역 관리 및 해역(海域) 통제와 관련하여

E-1. 나라의 서남쪽에 사람이 거주하는 섬이 15곳인데, 모두 성읍(城邑)
이 있다.286)

2. 나라의 남쪽의 바다 가운데에 큰 섬 15곳이 있어, 모두 성읍(城邑)을
설치하여 사람이 거주하고 있다.287)

라고 하였듯이, 바다 가운데의 '큰 섬'에 성읍(城邑)을 설치한 기록이
주목된다. 사료 E에 보이는 성읍은 도서지역에 설치된 행정구역으로
보고 있다.288) 백제가 서남해 도서지역에 설치한 군현의 숫자에
대해 사료 E에 15곳으로 기록되었지만, 『삼국사기』지리지 백제 조에
는 8곳으로 서술되어 차이가 있다.289)

사료 E를 따르면 도무군의 관할 하에 놓인 완도의 부속도서에도
기록에서 누락된 여러 현이 존재했을 가능성이 없지 않다. 백제가
서남해 도서지역에 설치한 군현은 사비식 석실분과 고대 성곽 등의
고고 자료를 통해 추정할 수 있다. 이들 유적은 부안 위도에서 신안과
진도를 거쳐 해남과 강진 및 완도 등으로 이어지는 도서지역에서
조사되고 있다.290)

---

286) 『隋書』 권81, 東夷傳 百濟.
287) 『翰苑』 百濟傳.
288) 정동준, 2011, 「백제 5方制의 지방관 구성에 대한 시론」, 『한국고대사연구』
63, 291쪽.
289) 『三國史記』 권37, 雜誌6, 地理4, 百濟.
290) 신안 도서지역에 축조된 백제계통 석실분과 성곽의 분포상태에 대해서는
다음의 글을 참조하기 바란다(최성락, 2003, 「신안군 신발견 고고유적 발표
와 문화적 성격」, 『다도해 사람들-역사와 공간』, 경인문화사 ; 최성환 편저,
2008, 『신안군의 문화유산』, 신안군·신안문화원).

백제는 갈초현과 고록지현 및 거지산현 등 도서지역에 군현을 설치하여, 근해항로(近海航路)를 통제하는 역할을 담당하게 하였다. 이들 중에서 일부 군현은 성곽이 축조되었고, 그 내부에 행정 치소를 두었다.

거지산현이 설치된 장산도의 대성산(해발 189m) 정상에 오르면 동으로 해남반도, 서쪽으로 신의도와 하의도 및 옥도 일대, 남으로 진도와 명량해협, 북으로 안좌도를 비롯한 여러 도서지역이 한 눈에 조망된다.291) 대성산성은 명량해협 방면으로 항해하는 연안항로, 진도의 쉬미항과 팽목항 방면으로 우회하는 근해항로를 통제하는 역할을 담당했다.

대성산성은 항로를 관리하고 선박을 통제하는 역할 외에 백제 거지산현의 행정 치소가 자리하였을 가능성이 있다. 장산도는 백제 때는 거지산현(居知山縣), 신라 때는 안파현(安波縣), 고려 때는 장산현(長山縣)이 설치292)되어 신의도와 하의도 등 주변 도서지역을 관할하였다. 장산도는 대성산성 외에 둘레가 8km에 이르는 장산토성(長山土城)이 평지에 축조되었다. 그러나 백제 때의 현치(縣治)는 평지에 자리하지 않고, 해발 고도가 높은 대성산성 내에 들어섰을 가능성이 높다.

최근 대성산성 정밀지표조사 과정에서 수습된 횡격자문 타날이 찍힌 백제기와가 수습된 사실 등이 참조된다.293) 타날판은 단판에

---

291) 안산성과 대성산성은 서남해지역의 여러 섬에 백제계 횡혈식석실분과 그에 짝하여 성곽시설이 남아 있는 것으로 볼 때 백제가 연안항로를 鎭守하는 거점으로 활용하였을 가능성이 있다(강봉룡, 2003, 「영산강유역 '옹관고분사회'의 형성과 전개」, 『강좌 한국고대사』 10, 가락국사적개발연구원).

292) 『世宗實錄地理志』 羅州牧.

293) 전남문화재연구소, 2015, 「신안 장산도 대성산성 정밀지표조사 보고서」.

장산도 대성산성 전경(그림 | 김병택)

가까우며, 타날이 깊게 새겨진 모습은 삼국시대 기와에서 나타나는 양상과 유사하다. 내면은 포흔이며, 분할방법은 한번 자른 후 재차 다듬은 양상이 확인된다. 삼국시대 기와에서 일반적으로 나타나는 특징으로 여수 고락산성, 광양 마로산성, 순천 검단산성 등에서 조사된 바 있다.

장산도 대산성산에서 조사된 백제 기와

대성산성은 둘레가 약 240m에 불과하여 거지산현을 관할하는 통치의 거점으로 활용하는 데 제약이 있었을 수도 있다. 그러나 장산도 내에서 대성산성이 갖추고 있는 입지조건을 최우선으로 고려하면서 좁은 면적에서 오는 불편함을 감내하지 않았을까 한다.

한편 도무군이 관할한 도서지역에서 완도 대신리·청산도 당락리·
고금도 덕동리 등에서도 백제 계통의 고분이 조사된 바 있다.[294]
백제가 완도와 청산도 등에 군현을 설치하여 해역 관리와 바닷길
안내 역할을 맡긴 사실을 반영하는 것으로 추정된다.

백제의 서남해 해역 관리는 6세기 중엽 도서지역에 여러 군현을
설치한 후 별다른 어려움을 겪지 않았다. 백제는 서남해의 연안과
도서지역에 군현을 설치하여 해역 관리와 선박 운행 등을 통제하였
다. 또한 백제 성왕 7년(529) 이후로는

  F. 백제왕이 하치리국수(下哆唎國守) 수적압산신(穗積押山臣)에게 이
    르기를 "무릇 조공하는 사자(使者)는 늘 도곡[嶋曲, 바다 가운데의
    섬의 굽은 해안을 말한다. 속칭 미좌기(美佐祁)라고 한다]을 피하느
    라 매번 풍파(風波)에 고통을 겪습니다. 이 때문에 가지고 가는
    물건이 젖어 모두 상하여 보기 흉합니다. 가라(加羅)의 다사진(多沙
    津)을 신들이 조공하는 나룻길로 삼기를 청합니다"라고 하였다.
    이에 압산신이 듣고 아뢰었다.[295]

라고 하였듯이, 왜국을 왕래하는 선박의 경우 섬진강 하구 부근으로
추정되는 다사진을 출발과 도착의 항구로 이용하게 되었다.

백제는 험준한 서남해의 바닷길을 피해 수도에서 육로를 이용해

---

294) 마한과 백제 때의 주거지와 목관묘·옹관묘·석실묘 유적 등의 분포 현황에
     대해서는 다음의 글을 참조하기 바란다. 임영진, 2012, 「고고학 자료로
     본 전남지역 마한 소국의 위치」, 『전남지역 마한 소국과 백제』 2012년
     백제학회 국제학술회의.
295) 『日本書紀』 권17, 繼體紀 23年 春三月.

하동의 다사진에 도착한 후 왜국으로 건가가는 여정을 택했던 것
같다. 왜국의 사절 역시 대한해협을 건너 다사진에 상륙한 후 육로를
이용하여 사비 도성으로 향하는 루트를 이용하게 되었다.

　(2) 동아시아 문화교류의 확대와 서남해 도서지역의 역할 증대

　중국에서 한반도를 경유하여 일본으로 연결되는 동아시아 바닷길
은 서해 북부 연안항로, 서해 중부 횡단항로, 서해 남부 사단항로가
주로 이용되었다. 이들 3대 동아시아 항로를 가장 활발하게 이용한
국가는 다름 아닌 백제였다.

　백제의 해양 진출과 교섭활동은 3세기 중엽 고이왕 때의 한(韓)·위
(魏) 간의 충돌 이후 본격화되었다. 백제는 군현과의 충돌을 통해
연맹왕국 형성을 위한 전기를 마련했고, 낙랑과 교섭하던 단계에서
벗어나 서해 연안항로를 이용해 유주자사부[幽州刺史府, 河北城 大興
縣(北京 서남쪽)]를 방문하게 되었다. 낙랑의 외이(外夷)에 속한 한(韓)
과 예맥(穢貊)이 261년 유주자사부를 방문한 기록이 참조된다.[296]

　한(韓)은 마한사회를 대표하는 강국으로 부상한 백제, 예맥은 동예
를 지칭하는 것으로 추정된다.[297] 왜국의 사절 난승미(難升米)가 239
년 낙양을 방문하기도 했다.[298] 위(魏)의 동방정책을 낙랑과 대방을
대신하여 유주자사부가 책임을 떠맡으면서 일어난 변화였다.

　고이왕이 보낸 백제 사절은 낙랑과 대방을 경유하는 한계도 없지

---

296)『三國志』권4, 魏書4, 陳留工奐紀.

297) 문안식, 2012, 앞의 책, 280쪽.

298) 魏 明帝는 왜왕 卑彌乎에게 親魏倭王이란 金印과 銅鏡 100개를 주었다. 왜국은
　　그 후에 247년까지 8년 동안 邪馬臺國의 사절이 낙양에 간 사례가 3회,
　　대방군을 방문한 것이 1회에 이르렀다. 또한 魏가 관할하는 대방군에서
　　야마대국으로 관리를 파견한 것이 2회였다.

백제의 대중교섭(對中交涉) 노정

않았지만, 서해 북부 연안항로를 이용해 요동을 거쳐 중원대륙을
방문하였다. 서해 북부 연안항로는 한반도 북쪽의 서해안을 거쳐
요동반도 남쪽 연해를 경유하는 노철산수도(老鐵山水道)와 발해만을
가로질러 산동반도에 이르는 항로를 합해 말한다.[299] 백제 사절단은
한강 하구 – 옹진반도 – 대동강 하구 – 압록강 하구를 경유하여 요동
반도에서 발해만을 돌라 천진(天津) 부근에 상륙한 후 육로를 통해
유주자사부를 방문한 것으로 짐작된다.

  백제의 대중교섭(對中交涉)은 위(魏)를 거쳐 서진(西晉, 265~316)
때에 이르면 유주자사부를 대신하여 동이교위부(東夷校尉府)가 동이
제족(東夷諸族)과의 대외관계를 맡게 되었다. 진(晉)은 274년 유주(幽

---

299) 한반도 북부의 서해 연안을 거쳐 요동반도, 산동반도로 이어지는 바닷길의
    활용은 발해만에 위치한 산동성 烟台市 龍口에서 조사된 세형동모를 통해
    볼 때 늦어도 B.C.3세기 3/4분기에는 이루어진 것으로 추정된다(박순발,
    2012, 「고고자료로 본 山東과 한반도의 고대 해상교통」, 『백제와 주변세계』,
    진인진).

州)를 분할하여 평주(平州)를 설치한 후 그 밑에 동이교위부(遼寧省 陽平)를 두었다.[300] 동방정책의 중심은 이전의 '유주-낙랑·대방·현 도'의 체제에서 동이교위가 직접 관할하는 방식으로 바뀌게 되었 다.[301]

동이교위부는 낙랑 등의 역할을 이관 받은 후 동이제족(東夷諸族) 과 활발한 대외교섭을 추진하였다. 낙랑군과 대방군은 동이교위부 에 대부분의 기능을 이관했고, 백제는 낙랑 등을 경유하여 동이교위 부와 접촉하게 되었다. 그러나 『진서(晉書)』에는 견사조공(遣使朝貢) 의 주체가 백제왕이 아니라 마한왕으로 기록되어 있다.[302]

백제의 사절이 한강을 벗어나 동이교위부를 향해 출발한 장소는 인천(미추홀) 방면에 위치했을 가능성이 높다. 문학산과 인접한 인천 항(옛 제물진) 부근의 능허대(凌虛臺)를 중국을 향한 뱃길의 출발 지점으로 추정한 견해가 참조된다.[303]

백제 사절단은 인천의 능허대 등에서 출발한 후 서해 연안과 도서

---

300) 권오중, 1987, 「樂浪郡을 통해본 古代中國 內屬郡의 性格」, 서강대 대학원 박사학위논문, 114~118쪽.
301) 오영찬, 2006, 『낙랑군 연구』, 사계절, 219쪽.
302) 『晉書』馬韓傳과 武帝紀에 삼한의 여러 집단이 17회에 걸쳐 조공한 사실이 전하는데, 2회를 제외하면 마한 관련 내용이다. 西晉과 馬韓諸國 사이의 교섭은 276년 시작되어 291년까지 이어졌다. 西晉에 사절을 파견한 집단은 한강 하류지역의 백제를 비롯하여 여러 소국들이 포함되었다. 太康 年間 (280~289)에 이루어진 對中交涉은 277~281년까지는 백제를 비롯하여 한강 하류지역에 자리한 집단, 282년의 마한은 신미국 등 노령 이남지역에 분포 한 20여 소국으로 보고 있다(노중국, 1990, 「목지국에 대한 일고찰」, 『백제논 총』 2, 88쪽).
303) 문학산 주변의 지정학적 조건과 능허대의 역할에 대해서는 다음의 글을 참조하기 바란다(윤용구, 2003, 「인천 凌虛臺와 中國使行路」, 『인하사학』 10). 또한 문학산 일대 문화유적 지표 조사에서 초기 백제시대의 토기 조각들이 수습되기도 했다(인하대학교 박물관, 2002, 「인천 문학산 주변지 역 일대 지표조사」).

지역의 여러 기항지를 거쳐 동이교위부를 왕래했다. 이들은 바닷길을 이용해 요동반도의 남단에 위치한 여순(旅順) 일대에 상륙한 후 지금의 요양과 대련·여순을 잇는 길을 통해 양평으로 향한 것으로 짐작된다.

대련에서 양평까지가 375km에 이르는 원행(遠行)임을 고려하면, 장거리의 육로를 택하지 않고, 요동반도를 돌아 요하(遼河)의 하구(河口) 부근까지 항해했을 가능성도 있다. 영구(營口) 등에 정박한 후 안산(鞍山)-수산진(首山鎭)을 경유하여 요양(遼陽)에 이르는 100km 남짓한 육로를 택하지 않았을까 한다.

백제 사절단이 서해 북부 연안항로를 이용하여 요동반도를 왕래하면서 이용한 기항지는 기록이 남아 있지 않아 정확한 장소를 알기 어려운 실정이다. 『구당서(舊唐書)』 지리지(地理志)에 인용된 가탐(賈耽)의 『도리기(道里記)』에 전하는 입사이지로(入四夷之路)가 참조된다. 여기에 등주해행입고려발해도(登州海行入高麗渤海道)를 소개하면서 여러 섬들을 기록해 놓았다.

장산도·타기도·대흠도·도리진·청니포·도화포·행화포·석성도·오목도·초도·장구진·마전도·고사도·득물도 등이 해당된다. 이들 도서가 산동반도의 등주(登州)에서 출발하여 신라의 당은포에 이르는 사행로(使行路)의 주요 기항지였을 가능성이 높다.[304] 백제 사절단이 요동교위부를 왕래하면서 들린 기항지도 『도리기(道里記)』의 장소와 별다른 차이가 없었을 것으로 짐작된다.

한편 백제는 근초고왕 때에 이르러 중국의 남조(南朝)와 직접 교섭하면서 서해 중부를 횡단하는 항로를 이용하게 되었다. 백제는 대방

---

304) 賈耽의 『道里記』에 기록된 지명 비정에 대해서는 다음의 글을 참조하기 바란다. 정진술, 2009, 앞의 책, 246~251쪽.

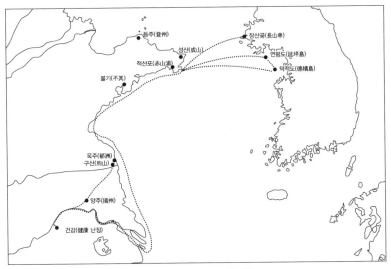

백제 한성기의 서해 중부 횡단항로

지역을 차지한 후 서해를 가로지르는 횡단항로를 이용해 동진(東晋)
과 교류하였다.305) 백제와 동진의 접촉은 군현의 옛 땅에 거주하던
중국계 상인들이 중개 역할을 담당하였다.306)

　백제와 동진을 왕래한 사절이 서해 북부 연안항로를 계속 이용한
것으로 보는 견해도 없지 않다.307) 그러나 백제에서 서해 북부 연안항
로를 통해 동진의 수도 건강(健康, 현재의 南京)으로 향하면 거리가
멀고, 고구려 해안지역을 통과해야 하는 위험이 뒤따랐다. 따라서
백제는 대방군 때부터 이용되기 시작한 황해도 장산곶에서 산동반도
로 직항하는 서해 중부 횡단항로를 이용하였을 가능성이 높다.

---

305) 『晉書』 권9, 帝紀9, 簡文帝 咸安 2년.

306) 공석구, 1990, 「德興里 壁畵古墳의 主人公과 그 性格」, 『백제연구』 21, 충남대
　　 백제연구소.

307) 정진술, 2009, 앞의 책, 269~276쪽.

백제는 장산곶을 출발하여 대청도, 소청도, 백령도 등을 경유하여 산동반도로 향하는 횡단항로를 활용하기 시작하였다. 장산곶과 인접한 옹진군 서면 읍저리의 옹진항도 주요 기항지였다.308)

백제 사절은 북조(北朝)의 전진(前秦)이 점령하고 있던 산동반도 연안에 상륙하지 않고,309) 중국 동부 연안항로를 이용하여 양자강 하구지역으로 내려간 것으로 추정된다. 이들은 연운항(連雲港) 부근의 구산(朐山)과 욱주(郁洲) 등에 정박한 후 양주(揚州)를 경유하여 육로를 통해 건강(建康)으로 향하였을 가능성이 있다. 이와는 달리 동부 연안을 계속 타고 내려와 상해(上海) 부근의 양자강 하구에 도착한 후 강(江)을 거슬러 건강(建康)으로 이동하였을 가능성도 없지 않다.310)

한편 산동반도에서 바닷길을 이용하여 양주 방면으로 항해할 때 들린 기항지에 대해서는 원인(圓仁)의 『입당구법순례행기』에 귀국 경로와 관련하여 일부 기록이 남아 있다. 이들 일행은 양주를 출발하여 초주(楚州)와 연수(蓮水)를 거쳐 밀주(密州) 대주산(大珠山)의 박마포(駁馬浦) ─ 낭야대(瑯琊臺) ─ 제당도서(齋堂島嶼) ─ 해주(海州) 동해

---

308) 정진술, 2009, 앞의 책, 249쪽.

309) 중국 南朝와 北朝의 경계는 黃河에서 淮河를 거쳐 양자강 방면으로 점차 남하하였고, 산동반도는 남조의 劉宋(420~479) 때를 제외하면 줄곧 북조의 지배하에 있었다(傅樂成 著·신승하 譯, 1998, 『중국통사(상)』, 지영사, 283~355쪽).

310) 양자강 하구에서 南通─鎭江─南京─湖口까지의 800km 구간이 양자강 하류 지역에 해당되는데, 이 구간은 강폭이 넓고 수심이 깊어 현재도 수많은 대형 선박들이 왕래하고 있다. 한편 산동반도 해안지역에서 양자강 하구에 이르는 중국 동남 해안지역의 수많은 도서와 연안 내륙의 포구 중에서 주요기항지는 산동성 不其(靑島 북부지역)·朐山(連雲港 서남지역)·郁洲(連雲港 동쪽산지) 등으로 보고 있다(張興兆, 2008,「魏晉南北朝時期的北方近海水運」,『靑島大學師範學院學報』第25卷 第2期/ 박순발, 2012, 앞의 글).

산(東海山)의 전만포(田灣浦) - 당각서(鐺脚嶼) - 회수(淮水) 앞바다 -
초주(楚州) - 래주(萊州)의　공산(崆山) - 전횡서(田橫嶼) - 유산(乳山)
장유포(長淮浦) 등을 경유하여 적산포(赤山浦)에 도착하였다.[311]

백제는 근초고왕 이래 개로왕 전반기까지 북조(北朝)와는 교섭하
지 않고, 서해 중부 횡단항로를 이용하여 동진(東晉) 및 유송(劉宋)
등 남조(南朝)와 사절을 왕래하였다. 백제는 오랜 기간에 걸쳐 남조
위주의 외교정책을 펼쳤으나, 남중국을 왕래하는 항로는 시기에
따라 일부 변화가 있었던 것 같다.

근초고왕 때에는 장산곶 등 황해도 연안에서 출발하였지만, 전지
왕 때에 이르러 출발 장소가 남쪽으로 다소 내려온 것으로 추정된다.
백제가 고구려의 남진정책에 밀리기 시작하여 임진강 이북지역을
상실했기 때문이다.[312] 전지왕이 보낸 사절단은 한성 포구를 출발하
여 강화해협을 통과한 후 연평도 등을 경유하여 산동반도 성산각
방향으로 직진한 것으로 추정된다.

백제의 해상교통로는 개로왕 18년(472)에 이르러 다시 변화가
일어났다. 개로왕은 남조 중심의 외교에서 탈피하여 북위(北魏)에
사절을 파견하였다. 개로왕은 457년부터 471년 사이에 3차례에 걸쳐
송(宋)에 사절을 파견했는데, 472년에 이르러 북위(北魏)에 대해서도
사절을 보냈다.

백제는 북위가 469년에 산동반도를 점령한 후 대외교섭에 나선
것으로 추정된다. 개로왕은 승냥이와 이리들에게 길이 막혀 조공하
지 못하고, 번신의 예의를 다하지 못했다는 핑계를 대기도 했다.[313]

---

311) 圓仁, 『入唐求法巡禮行記』 권4, 會昌 7年 2月~8月 24日.
312) 문안식, 2006, 앞의 책, 180~207쪽.
313) 『魏書』 권100, 列傳88, 百濟.

승냥이와 이리는 고구려와 산동반도를 점령하고 있었던 유송(劉宋)을 가리키는 것으로 추정된다.

백제는 북위가 산동반도 일대의 서주(徐州), 연주(兗州), 청주(靑州), 기주(冀州) 등을 장악하면서 접촉이 가능해졌다. 백제와 북위의 교섭은 덕적도를 경유하여 산동반도의 성산각(成山角) 방면으로 직항하는 횡단항로를 택한 것으로 추정된다.

『위서(魏書)』백제전(百濟傳)에 기록된 백제 사절이 항해 과정에서 직면한 "파도에 배를 던져 망망한 바닷길을 더듬게 하였고, 하늘에 운명을 맡겼다"[314]는 등의 어려움을 표현한 구절은 새로운 항로 개척의 난관을 호소한 것으로 짐작된다. 이들은 어려움을 뚫고 산동반도에 도착한 후 육로(陸路)를 통해 북위(北魏)의 수도가 위치했던 산서성(山西城) 대동(大同)의 평성(平城)을 방문하였다.

백제는 5세기 후엽에 이르러 개로왕이 전사하고, 문주왕과 삼근왕이 연이어 암살되는 등 국정이 혼란하였다. 백제의 영역은 금강 이남지역으로 줄어들었고, 한강 하류지역을 상실하여 중국을 왕래하는 서해 중부 횡단항로 운영에 어려움을 겪었다.

고구려는 백제를 금강 이남지역으로 밀어내면서 서해 중부에 위치한 덕적도와 백령도 및 연평도 등 주요 도서마저 장악하였다. 그리하여 문주왕 2년(476)에 유송(劉宋)으로 향하던 백제 사절이 고구려 수군에 의해 차단되기도 했다.[315] 동성왕 6년(484)에도 남제(南齊)에 사절을 보내고자 했으나, 서해에서 고구려의 수군(水軍)을 만나 돌아오고 말았다.[316]

---

314) 『魏書』 권100, 列傳88, 百濟.
315) 『三國史記』 권26, 百濟本紀4, 文周王 2年.
316) 『三國史記』 권26, 百濟本紀4, 東城王 6年.

백제는 고구려의 견제와 감시를 피해 태안반도에 위치한 포구를 출발하여 격렬비열도 등을 경유하여 산동반도로 건너가는 새로운 항로 개척에 나섰다. 당진시 고대면 당진포와 면천읍 대진, 서산 대산읍 평신진 등이 중국을 왕래하는 포구로 이용되었다.[317]

백제는 웅진기를 거쳐 사비천도 이후까지 남조 위주의 대중외교(對中外交)를 지속하였다. 무령왕 때에 이르러 남북조(南北朝) 모두와 교섭하는 등 변화 조짐이 나타났지만,[318] 남조의 양(梁, 502~557)을 중심으로 대중외교를 펼쳤다.

성왕 역시 사비 천도 이후 541년과 549년에 양(梁)에 사절을 파견하였다.[319] 성왕은 양(梁)과 교류하면서 모시박사(毛詩博士)와 열반경(涅槃經) 등 불교 경전, 공장(工匠)과 화사(畵師)를 초빙하여[320] 백제문화의 수준을 향상시키는 데 활용하였다.

한편 백제가 웅진으로 천도한 후 고구려와 치열하게 전쟁을 치르고 있었던 상황을 고려하면, 남조(南朝)를 왕래할 때 서해 남부 사단항로를 이용하였을 가능성도 없지 않다.[321] 서해 남부 사단항로는

---

317) 『增補文獻備考』 권35, 輿地考23, 海路1.
318) 백제와 北魏(386~534) 사이의 교섭은 사료 상으로 볼 때 472년 개로왕 때의 1회 확인된다. 이는 기록의 누락에 불과하고, 백제가 웅진으로 천도한 이후 무령왕 때부터 남조 및 북조와 모두 접촉한 것으로 보기도 한다(노중국, 2012, 『백제의 대외 교섭과 교류』, 지식산업사, 286쪽).
319) 『三國史記』 권26, 百濟本紀4, 聖王 19年·27年.
320) 『三國史記』 권26, 百濟本紀4, 聖王 19年.
321) 권덕영, 1996, 「新羅 遣唐使 硏究」, 한국정신문화연구원 한국학대학원 박사학위논문, 16쪽 ; 신형식, 2005, 『백제의 대외관계』, 주류성, 105쪽 ; 김인홍, 2011, 「해상 실크로드를 통한 한·중 해상 교류; 4~5세기 한·중간 항로변화에 대한 검토」, 『문명교류연구』 2, 한국문명교류연구소 ; 문안식, 2014, 「백제의 해상활동과 신의도 상서고분의 축조 배경」, 『백제문화』 51 ; 이기동, 2015, 「신라하대 및 고려시대 한·중 해상교류와 흑산도」, 『신안 흑산도 고대문화 조명』, 전남문화재연구소 국제학술대회」).

동중국해 사단항로로 불리기도
한다. 한반도 서남해지역과 영
파(寧波)를 비롯하여 양주(揚州)·
천주(泉州)·광주(廣州) 등 중국
동남 연안지역을 연결하였다.

백제는 서해 남부 사단항로와
서해 중부 횡단항로를 모두 활
용한 것으로 짐작된다. 백제의
사절단이 남조(南朝)를 왕래하
면서 중국 외에 동남아시아 사
람들과 접촉이 이루어졌을 가능

백제가 중국을 왕래하면서 활용한 3대 항로(정진술,
2009, 『한국의 고대 해상교통로』, 한국해양전략연
구소)

성도 없지 않다. 공주 무령왕릉에서 출토된 형형색색의 구슬은 백제
가 동남아시아, 남아시아 및 인도 등과 교류한 증거에 해당된다.[322]

백제의 겸익(謙益)은 남중국을 거쳐 중인도(中印度)를 왕래하기도
했다.[323] 그 외에 고구려 출신의 아리야발마(阿離耶跋摩)·승철(僧哲)·
현유(玄遊)가 인도를 순례한 기록이 의정(義淨, 635~713)이 쓴 『대당
서역구법고승전(大唐西域求法高僧傳)』에 전해지고 있다.[324]

322) 권오영, 2014, 「백제와 동남아시아 교섭」, 『백제와 고대 동아시아』, 제60회
   백제문화제 국제학술회의.

323) 겸익은 구도에 뜻을 두고 바닷길을 통해 인도로 가서 5년 동안 체류하여
   梵語를 익혔고 불경을 구해 인도 승려와 함께 귀국했다(『三國史記』 百濟本紀
   聖王 2年). 겸익은 인도 중부의 尙伽那大律寺에서 梵語를 배운 후 律部를
   가지고 倍達多三藏과 함께 귀국한 것으로 알려져 있다(이능화, 1918, 「彌勒佛
   光寺事蹟」, 『朝鮮佛敎通史』, 신문관). 겸익이 출발한 시기는 무령왕 21년(521)
   무렵이고, 성왕 4년(526) 무렵 귀국한 것으로 보고 있다(조경철, 1999, 「백제
   의 지배세력과 법화사상」, 『한국사상사학』 12, 15쪽).

324) 고구려 출신 승려들의 인도 순례에 대해서는 다음의 글을 참조하기 바란다.
   서길수, 2014, 「高句麗·高麗의 나라이름(國名)에 관한 연구(1)」, 『고구려발해

백제와 동남아시아 사이의 직접 교류도 빈번해졌다. 성왕이 동남아시아의 물품과 노예 2명을 일본에 보내 준 사실이 참조된다.[325] 부여에서 출토된 금동용봉대향로에 새겨진 코끼리와 악어는 동남아시아 혹은 인도에 서식하던 동물인데, 백제와 동남아시아 사이의 교류가 이루어진 사실을 암시한다.

백제와 서역 사이에도 교류가 이루어졌을 가능성이 있다. 함평군 해보면 대창리 창서마을 유물산포지에서 조사된 토기에 새겨진 서역 사람을 닮은 '사람 얼굴'이 참조된다.[326] 그 외에 부여 능산리 절터에서는 서역산(西域産)의 유리그릇 파편이 출토되기도 했다.[327]

이와 같이 백제가 웅진으로 천도한 후 서해 남부 사단항로를 이용하면서 동남아시아 및 서역제국과 직·간접적 교류가 이루어졌다. 백제가 중국 남부 연안의 복주(福州)와 인도차이나를 거쳐 인도에 이르는 동남아시아 항로 혹은 해상실크로드를 활용한 것으로 보는 견해도 없지 않다.[328]

백제의 대중외교는 성왕을 거쳐 위덕왕(재위 554~598) 때에 이르러 변화가 일어났다. 위덕왕은 동진(東晋)과의 교섭 이래 200년 남짓 유지된 남조 중심의 관례에서 벗어나 북조와도 교섭하였다. 위덕왕의 치세 45년 동안 중국 대륙은 격변의 소용돌이 속에 놓여 있었다.

북조(北朝)는 북위(北魏)에서 나뉜 동위(東魏)와 서위(西魏)가 북제(北齊, 550~577)와 북주(北周, 557~581)로 이어졌고, 이들 국가는

연구』 50 ; 서길수, 2014, 「6세기 인도의 천하관(天竺=中國)과 高(句)麗의 위상에 관한 연구」, 『백산학보』 100.

325) 『日本書紀』 권19, 欽明紀 4年, 秋九月.

326) 호남문화재연구원, 2003, 『함평 창서유적』.

327) 국립부여박물관, 2010, 『백제 중흥을 꿈꾸다 - 능산리사지』.

328) 이도학, 1997, 『새로 쓰는 백제사』, 푸른역사.

수(隋)에 의해 통일되었다. 남조(南朝)는 양(梁)에서 진(陳, 557~589)으로 계승되었지만, 수에 의하여 병합되면서 중원은 통일제국이 형성되었다.

위덕왕은 재위 14년(567)부터 시작하여 사망할 때까지 30여 년 동안 13회에 걸쳐 남조의 진(陳), 북조의 북제(北齊)와 북주(北周), 중원을 통일한 수(隋)에 사절을 파견하였다. 위덕왕은 남북조의 여러 왕조와 외교관계를 맺어 급변하는 국제정세에 능동적으로 대처하고자 했다.[329]

위덕왕이 북제에 사절을 파견하자, 북제도 570년과 571년 책봉 사절을 보냈다. 백제는 북제의 책봉에 화답하기 위하여 572년 사절을 다시 파견하였다. 백제와 북제의 교류는 서해 중부 횡단항로를 통해 이루어졌다.

백제 사절은 한강 하류지역을 장악한 신라의 견제와 감시를 피해 당진과 서산 등 태안반도의 포구에서 출발했을 가능성이 높다. 이들은 서해안을 따라 북상하여 덕적도를 경유하여 산동반도로 향했으며, 산동반도 연안에 상륙한 후 육로를 이용해 하북성(河北省)의 한단시(邯鄲市) 임창현(臨漳縣)에 자리한 북제의 수도 업(鄴)을 방문하였다.

위덕왕의 대중외교(對中外交)는 577년 북제가 멸망되면서 변화가 불가피해졌다. 북제는 573년부터 진(陳)의 공격을 받아 몇 년 동안 버텼으나, 여러 차례에 걸친 전투에서 패배하여 수세에 처하였다.[330] 북제는 그 후유증에 시달린 상태에서 북주의 공격을 받아 577년

---

329) 양기석, 1990, 「백제 위덕왕대 왕권의 존재형태와 성격」, 『백제연구』 21 ; 김 병남, 2004, 「백제 위덕왕대의 정치상황과 대외관계」, 『한국상고사학보』 43.
330) 『陳書』 권4, 本紀5, 宣帝項 太建5年 3月 壬午.

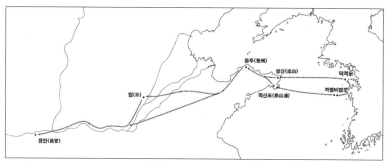

백제 사비기의 서해 중부 횡단항로

업(鄴)이 함락됨으로써 멸망하였다.

위덕왕은 581년에는 양견(楊堅)이 수(隋)를 건국하자 사절을 파견하였고, 수에서도 위덕왕을 책봉하는 등 우호관계를 유지했다.331) 백제는 불과 3달 뒤인 582년 정월에 다시 사절을 파견하는 등 장안을 왕래하는 사행(使行)이 잦아졌다.

백제는 무왕 때에 이르러서도 17회에 걸쳐 수(隋)·당(唐)에 사절을 파견했다. 백제의 사행은 626년 고구려의 방해로 일시 어려움을 겪기도 했지만,332) 무왕의 통치기간 동안 지속되었다. 백제 사절은 태안반도의 당진포와 평신진 포구 등에서 출발하여 극렬비열도를 경유하여 산동반도 남쪽으로 향했거나, 덕물도－대청도를 경유하여 산동반도의 북쪽에 자리한 등주(登州) 방면으로 건너갔다.

한편 백제는 수나라의 중원 통일 이후에도 서해 남부 사단항로를 계속 활용하였다. 왜국과 동남아시아 선단도 서해 남부 사단항로를 이용하여 활발한 교류 활동을 전개하였다. 백제는 수당제국(隋唐帝國)의 성립 이후 태안반도와 산동반도 사이를 잇는 서해 중부 횡단항

---

331) 『隋書』 권1, 帝紀1 高祖 上, 開皇元年 10月 乙酉.
332) 『三國史記』 권27, 百濟本紀5, 武王 27年.

로를 이용해 중원을 왕래했지만, 남중국과도 교류가 끊어진 것은 아니었다. 백제의 승려 도흔(道欣)과 혜미(惠彌) 일행이 왕명(王命)으로 오월(吳越, 중국 남동부)에 갔다가 전란(戰亂)으로 입국하지 못하고 귀국하는 도중에 일본에 표착하기도 했다.[333]

왜국도 수(隋)의 중원 통일을 전후하여 동아시아 여러 나라를 상대로 다국외교(多國外交)를 추진하면서 대외관계에 변화가 일어났다. 왜국은 1차 견수사(遣隋使)를 600년에 파견한 이래 618년까지 5회에 걸쳐 보냈다. 왜국의 사절은 서남해 연안을 통과한 후 서해로 올라와 서산과 당진 등 충남 해안지역에서 산동반도로 향하였다.

왜국은 수(隋)와 한반도 삼국의 사정을 살펴 국제정세 변화에 유연하게 대처하고자 하였다.[334] 백제는 왜국이 자국의 해역을 통과하자 대책 마련에 나섰다. 백제는 압해도와 진도 등 서남해 도서지역의 군현 외에 신의도 등에 수군진(水軍鎭)을 설치하였다.[335] 백제는 도서지역 곳곳에 설치된 군현과 수군진을 활용하여 서해 남부 사단항로

---

333) 『日本書紀』 권22, 推古紀 17年.

334) 왜국의 多國外交에 대해서는 다음의 글을 참조하기 바란다. 石母田正, 1971, 『日本の古代國家』, 岩波書店, 51~52쪽.

335) 신의도의 수군진 설치와 관련하여 島內에 분포하는 70여 기의 삼국시대 고분이 참조된다(목포대학교박물관, 2008, 『문화유적분포지도-전남 신안군-』). 신의도는 낮은 야산으로 이어진 구릉지대이며, 근래에 조성된 간척 평야를 제외하면 농경지가 거의 없어 자급자족이 어려운 지역이다. 그럼에도 불구하고 신의도의 고분군은 다른 도서지역과는 달리 내륙지역에서도 보기 드문 밀집 상태를 이루고 있다. 따라서 신의도는 일반 군현이 아니라 海上軍鎭이 설치되었을 가능성이 높다. 신의도 상태서리 및 자실리의 고분 군에 묻힌 사람들은 水軍鎭營의 지휘관 및 그를 보좌하던 해상세력 등으로 짐작된다. 신의도 水軍鎭은 古群山群島에서 부안 위도-영광 안마도-신안 임자도-자은도-팔금도-안좌도 등의 해역을 통과한 후 진도를 우회하여 추자도 및 제주도 방면으로 연결되는 近海航路를 통제하는 역할을 담당한 것으로 추정된다(문안식, 2014, 앞의 글, 109쪽).

등의 동아시아 바닷길을 통제하였다.[336]

백제는 왜국의 제2차 견수사(遣隋使) 소야매자(小野妹子) 일행이 수(隋)의 배청(裵淸)과 함께 돌아갈 때 양제(煬帝)가 보낸 국서(國書)를 탈취하기도 했다.[337] 배청 일행은 산동반도의 등주(登州)에서 바다를 건너 백제로 향한 다음 죽도(竹島, 부안 위도) — 염라국(聃羅國, 제주도) 해안 — 도사마국(都斯麻國, 대마도)을 지나 왜국으로 향하였다.[338]

백제와 왜국 사이에 긴장관계가 조성되자, 왜국은 신라의 도움을 받아 대중교섭에 나섰다. 신라는 수(隋)에서 돌아오는 왜국 사절을 자국의 선박을 이용하여 귀국시켜 주는 등의 편의를 제공하였다.[339] 왜국은 수(隋)가 망하고 당(唐)이 들어선 이후에도 신라의 도움을 받았다. 왜국은 630년부터 894년까지 200여 년에 걸쳐 19차례의 견당사(遣唐使)를 파견하였다.[340] 왜국의 견당사(遣唐使)는 신라 선박에 동승하여 입당(入唐)하는 경우가 대부분이었다.[341]

왜국의 선단은 백제와 관계가 개선된 653년 이후 서남해 해역을 통과할 수 있게 되었다.[342] 의자왕은 당(唐)의 압박이 강화되자 653년

---

336) 백제의 서남해지역 군현 설치와 해상교통로의 운영 방식에 대해서는 다음의 글을 참조하기 바란다. 문안식, 2012, 「백제의 서남해 도서지역 진출과 해상교통로 장악」, 『백제연구』 55.

337) 『日本書紀』 권22, 推古紀 16年 夏四月.

338) 배청 일행은 부안 위도 — 신안 신의도 — 진도 조도를 거쳐 제주 해안을 통과해 대마도 — 일기도 방면으로 항해하였다. 이들은 견제와 감시가 쉬운 연안항로를 택하지 않고, 내륙에서 멀리 떨어진 근해항로를 이용한 것으로 추정된다(정진술, 2009, 앞의 책, 293쪽).

339) 出村圓澄, 1979, 「新羅送便考」, 『朝鮮學報』 90.

340) 일본의 遣唐使 파견 시기와 목적 등에 대해서는 다음의 글을 참조하기 바란다. 關晃, 1962, 「大化改新」, 『岩波講座 日本歷史2』 ; 西本昌弘, 1987, 「東アジアの動亂と變革」, 『日本歷史』 468.

341) 조이옥, 2003, 「8세기 중엽 일본의 遣唐使와 渤海」, 『한국사상과 문화』 20, 183쪽.

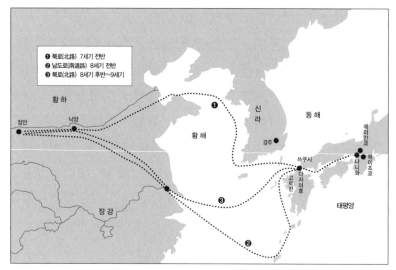

❶ 북로(北路) 7세기 전반
❷ 남도로(南道路) 8세기 전반
❸ 북로(北路) 8세기 후반~9세기

황 하

장안 낙양

황 해

신
라

동 해

경주

쓰쿠시

다자이후
고로칸

헤이안쿄
헤이조쿄
나니와

장 강

태평양

일본 견당사의 시기별 항해 루트

왜국과 우호관계를 회복하였다.[343] 왜국은 백제와 관계를 돈독히
하면서 신라 및 당과의 관계도 유지하였다. 왜국은 653년과 654년에
연이어 견당사(遣唐使)를 파견하였다.

　왜국의 등거리 외교정책은 655년에 이르러 변화가 불가피하게
되었다.[344] 당의 고종은 신라가 655년 고구려와 백제의 합동작전에

---

342) 2차 견당사는 2팀으로 나누어 구성되었는데, 吉士長丹 일행 121명은 北路를
　　택해 당으로 갔고, 高田首根麻呂 등 120명은 새로 南島路를 개척하던 중
　　薩麻 부근에서 조난된 것으로 보고 있다(김은숙, 2007, 「7세기 동아시아의
　　국제관계」, 『한일관계사연구』 25, 78쪽). 길사장단은 중간에 백제 조정에
　　들러 백제와 동맹관계를 유지하겠다는 孝德의 뜻을 전하였는데, 『三國史記』
　　백제본기 의자왕 13년 조의 왜국과 우호를 통하였다는 기록과 관련된
　　것으로 이해한다(山尾幸久, 1989, 『古代の日朝關係』, 塙書房, 405쪽).

343) 『三國史記』 권28, 百濟本紀6, 義慈王 13年.

344) 唐의 고구려 원정이 시작되면서 反新羅 親百濟 정책을 취하고 있던 야마토정
　　권에서는 위기의식이 고조되었다. 당과 신라 유학생들을 중심으로 형성된
　　反蘇我氏 세력들은 일본의 안전을 위해 신라 및 당과 손을 잡는 것이 유리하

왜국의 견당사선(遣唐使船)의 복원모형

의하여 33성을 상실한 타격을 입자, 신라를 구원하기 위한 파병을
요청하는 문서를 하변신마려(河邊臣麻呂)가 귀국할 때 보냈다.345)
신라의 김춘추도 급찬(及湌) 미무(彌武)를 파견하여 대왜외교(對倭外
交)를 전개하였다.346)

왜국은 당과 신라의 요청을 거부하고 출병하지 않았다. 신라는
왜군의 파병이 이루어지지 않자 사절 파견을 중지하였다. 왜국은
656년에 백제를 경유하여 당(唐)에 사절을 보냈다.347)

다는 논리를 내세워 645년 改新政權을 세웠다. 그러나 개신정권 내에서
孝德天皇과 中大兄皇子 사이에 권력투쟁이 일어나, 中大兄皇子가 649년에
친백제세력과 손을 잡고 정권을 상악하였다. 백제와 일본의 우호관계는
신라 및 당과 3국연합을 추진하던 孝德 때에 일시 어려움에 처했으나,
齊明이 655년에 즉위하면서 친백제정책은 더욱 가속화되었다(김현구, 1985,
『大和政權の對外關係硏究』, 吉川弘文館).

345) 『唐會要』 倭國傳.
346) 『日本書紀』 권26, 齊明紀 元年, 是歲.

172

제4차 견당사도 659년 백제의 해역(海域)을 통과해 당으로 갔다.[348] 이들은 난파(難波)의 삼진포(三津浦)에서 승선하여 뢰호내해(瀨戶內海)－축자(筑紫)의 대진포(大津浦)－일기도(壹岐島)－대마도(對馬島)－제주도－전남 죽도(竹島)－서해안－산동반도 등주(登州) 및 내주(萊州)를 향하는 항로를 이용한 것으로 보고 있다.[349]

그러나 일본의 제4차 견당사는 신라와 당의 백제 공격이 임박한 상태에서 서해 중부 횡단항로를 이용하기 어려웠다.[350] 이들은

G. 가을 7월 병자 초하루 무인. 소금하(小錦下) 판합부련석포(坂合部連石布), 대선하(大仙下) 진수련길상(津守連吉祥)이 당나라에 사신으로 갔다. 그리고 도오하이(道奧蝦夷)의 남녀 2명을 당의 천자에게 보였다. [이길련박덕(伊吉連博德)의 서(書)에서는 "같은 천황시대에 소금하(小錦下) 판합부석포련(坂合部石布連), 대선하(大仙下) 진수련길상(津守連吉祥) 등이 두 척의 배로 오당(吳唐)의 길을 통해 사신으로 갔다. 기미년 7월 3일에 난파(難波) 삼진포(三津浦)로부터 출발하였다. 8월 11일에 축자(筑紫) 대진포(大津浦)를 출발하였다. 9월 13일에 사신의 행렬이 백제 남쪽 해안의 섬에 이르렀는데, 섬의 이름은 분명하지 않다. 14일 인시(寅時)에 두 배가 서로 이어 대해(大海)로 나왔다. 15일 해가 질 때에 석포련의 배가 역풍을 만나 남해(南海)의 섬에 표류했는데, 섬의 이름은 이가위(爾加委)이다. 이에 (그들은) 섬사람들에게 죽임을 당했다. 문득 동한장직아

347) 『日本書紀』 권26, 齊明 元年 是歲.
348) 김은숙, 1994, 앞의 글, 86쪽.
349) 森克己, 1966, 『遣唐使』, 至文堂, 30쪽.
350) 이기동, 2015, 앞의 글, 13쪽.

이마(東漢長直阿利麻)·판합부련도적(坂合部連稻積) 등 5명이 섬사
람의 배를 훔쳐 타고 도망하여 괄주(括州)에 이르렀다. 주현의
관리들이 보내주어 낙양경(洛陽京)에 도착하였다. 16일 밤에 길상
련(吉祥連)의 배가 월주(越州) 회계현(會稽縣) 수안산(須岸山)에 도착
하자, 동북풍이 불었는데 바람이 매우 심했다. 22일에 행렬이
여요현(餘姚縣)에 이르러, 타고 온 큰 배와 여러 조도물(調度物)은
그곳에 남겨두었다. 윤10월 1일에 행렬이 월주(越州) 부근에 이르렀
다. 15일 역마(驛馬)를 타고 서울(장안)에 들어갔다. 29일 달려가
동경(東京, 낙양)에 이르렀는데, 천자가 동경에 있었기 때문이다.
… 일을 마친 후 칙지(勅旨)로 '국가가 내년에 반드시 해동(海東)을
정벌하는 일이 있을 것이다. 너희들 왜국의 사신들은 동쪽으로
돌아갈 수 없다'고 하였다. 드디어 서경(西京)에 숨겨 특별한 곳에
가두어 두었다. … 고통을 겪은 지 해가 지났다. …"고 하였다.][351]

라고 하였듯이, 7월 3일에 난파 삼진포를 출발한 후 축자 대진을
경유하여 백제 남쪽 해안의 어떤 섬에 9월 13일 기착하였다. 이곳에서
하루 묵은 뒤 대양(大洋) 한 가운데로 나가 서해를 건너 현재의 양자강
하구 방면으로 항해에 나섰다.

왜국의 견당사가 들린 백제 남쪽 해안의 어떤 섬을 구체적으로
흑산도로 비정하는 견해도 있다.[352] 흑산도는 남중국해의 큰 바다와
서남해의 작은 바다를 연결하는 중간 길목에 해당된다.

흑산노는 뭉서풍을 피해 동남풍을 기다렸다가 항해에 나서는 섬이

---

351) 『日本書紀』 권26, 齊明紀 5年.
352) 이기동, 2015, 앞의 글, 13쪽.

라 하여 바람을 기다린다는 의미로 대풍도로 불리기도 하였다. 흑산 항은 큰 바다를 향하지 않고 목포 등 연안지역을 바라보고 위치하여 큰 바람과 높은 파도를 피할 수 있는 천혜의 포구에 해당된다.

왜국의 견당사 역시 흑산도에서 항해에 유리한 바람과 조류를 기다린 후 대해(大海)로 나갔을 가능성이 높다. 왜국의 4차 견당사는 2척의 배를 묶는 방식으로 높은 파도와 거친 바람을 견디면서 대양을 항해하고자 했다. 그런데 2척의 배는 항해에 나선 얼마 후 분리되어 석포련이 이끄는 제1선은 역풍을 만나 표류하다가 다시 흑산군도의 이가위(爾加委)라고 불리는 섬에 불시착하였다. 선원들의 대부분은 섬사람들에게 죽임을 당했다.

그러나 길상련(吉祥連)이 지휘한 제2선은 대양을 건너는 항해에 성공하여 불과 2일 만에 월주(越州) 회계현(會稽縣) 수안산(須岸山)에 도착할 수 있었다. 회계현은 소흥시를 비롯한 절강성 동남부 해안지 역과 주산군도 일대를 관할하였는데, 수안산은 주산군도의 특정 섬에 위치한 것으로 추정된다.

4차 견당사 제2선의 입당(入唐) 경로는 이중환이 편찬한 『택리지(擇 里志)』에 보이는 서해 남부 사단항로의 코스와 비슷한 양상을 보인다. 『택리지』에 따르면 나주의 서남쪽에 해당되는 영암의 바닷가에서 출발하여 하루면 흑산도에 이르고, 다시 하루를 더 가면 가가도(可佳 島, 소흑산도)에 도착하였다. 또한 이곳에서 북동풍을 만나 3일이면 남중국 태주(台州)의 영파부(寧波府) 정해현(定海縣)에 도착하는 것으 로 기록되었다.

서긍(徐兢)이 편찬한 『고려도경(高麗圖經)』에도 주산군도의 정해 현 바닷가에서 출발하면 흑산도를 경유하여 7일 만에 고려 경계에 이른 것으로 되어 있다. 길상련 일행 역시 흑산군도의 포구를 9월

14일 출발하여 주산군도의 수안산에 9월 16일에 도착하였고, 22일에
는 여요현(餘姚縣, 절강성 여요시)에 상륙할 수 있었다.

한편 제1선에 승선한 사람들 중에서 구사일생으로 살아남은 동한
장직아이마(東漢長直阿利麻) 등 5명도 배를 훔쳐 타고 도망하여 괄주
(括州, 강소성 동남 해안지역 관할)에 이르렀다. 이들은 당나라 관리들
의 도움을 받아 낙양(洛陽)을 방문할 수 있었다.³⁵³⁾

한편 왜국의 제4차 견당사 일행은 백제가 멸망된 후 661년에 귀국
이 허락되었다. 이들은

H. (5월) 정사(丁巳)에 탐라(耽羅)가 처음으로 왕자 아파기(阿波伎)
   등을 보내 공물을 바쳤다. [이길박득(伊吉博得)의 서(書)에서는 "신
   유년(661) 정월 25일에 돌아와 월주(越州)에 도착했다. 4월 1일에
   월주로부터 길을 떠나 동쪽으로 돌아왔다. 7일에 행렬이 성안산(檉
   岸山) 남쪽에 도착했다. 8일 닭이 울 무렵에 서남풍을 타고 대해(大
   海)로 배를 몰았다. 바다에서 길을 잃고 표류하여 큰 고통을 겪었다.
   8박 9일 만에 겨우 탐라 섬에 도착했을 때 바로 섬사람 왕자
   아파기 등 9명을 불러 위로하고, 함께 객선(客船)에 태워 천황의
   조정에 바치게 했다. 5월 23일에 조창(朝倉)의 조정에 바치니, 탐라
   가 조정에 들어온 것이 이때에 시작되었다. 또 지흥(智興)의 시중드
   는 하인인 동한초직족도(東漢草直足嶋)의 참소를 당해 사신 등이
   총애하여 내리는 칙명을 받지 못했다. 사신 등이 원망하여 하늘의
   신에게 아뢰니, 족도(足嶋)를 벼락쳐 죽였다. 당시 사람들이 '대왜

353) 일본의 遣唐使 파견 시기와 목적 등에 대해서는 다음의 글을 참조하기
     바란다. 關晃, 1962, 「大化改新」, 『岩波講座 日本歷史』 2 ; 西本昌弘, 1987,
     「東アジアの動亂と變革」, 『日本歷史』 468.

(大倭) 천신(天神)의 과보가 가깝다'고 했다"고 하였다.]354)

라고 하였듯이, 월주 해안을 출발하여 주산군도의 성안산(檉岸山)에서 서남풍을 타고 대해(大海)를 항해하는 코스를 이용하여 귀국하였다. 이들은 당나라로 갈 때와 마찬가지로 서해 남부 사단항로를 이용하여 귀국한 것으로 추정된다.

그런데 4차 견당사의 귀국 역시 순탄치 못하였다. 이들은 순풍을 만나지 못하고 악풍을 만나 표류한 지 9일 만에 제주도에 도착했다. 제주도를 경유하여 대마도로 향하는 코스를 선택하지 않고, 남해 사단항로를 이용하여 오도열도를 경유하여 왜국으로 귀국하였다.

한편 서해 남부 사단항로는 왜국의 견당사 일행이 개척한 것이 아니라, 백제가 웅진기에 남조와 통교하면서 이용하기 시작하였다. 백제는 수당제국(隋唐帝國)의 성립 이후 태안반도와 산동반도 사이를 잇는 서해 중부 횡단항로를 이용하여 중국을 왕래했지만, 서해 남부 사단항로를 이용하여 남중국과도 지속적으로 교류하였다.

한반도 서남해 해역에 동남아시아 및 서역의 선단이 나타난 경우도 없지 않았다. 의자왕 1년(641)에 백제의 허락을 받지 않고 왜국으로 항해하던 곤륜(崑崙)의 사신들을 바다에 수장시킨 사건이 참조된다. 곤륜은 지금의 동남아시아 전체를 일컫는다. 당시 동남아시아의 상인들이 왜국과 교역하려는 것을 백제가 가로막은 것으로 보고 있다.355)

---

354) 『日本書紀』 권26, 齊明紀 7年.
355) 『日本書紀』 권24, 皇極 元年 二月. 곤륜은 지금의 보르네오, 자바, 수마트라 등 동남아시아의 여러 국가와 미얀마 및 말레이시아 일대를 일컫는다. 동남아시아 출신의 상인들이 왜국과 교역하려는 것을 백제가 가로막은 것으로 보고 있다(이도학, 2003, 『살아있는 백제사』, 휴머니스트).

곤륜 사신은 중국의 강회지방(江淮地方)에서 일본으로 항해하지
않고, 서해 남부 사단항로를 이용하여 서남해 도서지역을 통과하는
항로를 택했을 가능성이 높다. 또한 659년 4월에는 서역의 토화라국
(吐火羅國, 이란 동북부) 출신 남녀 각각 2명, 사위(舍衛, 인도 갠지스강
유역) 출신 여자 1명이 탄 배가 풍파를 만나 일본의 일향(日向, 宮崎縣)
에 표착한 사건이 발생했다.356) 이들은 남중국해에서 거센 풍랑을
만나 일본 방면으로 표류했거나, 서남해 해역을 경유하여 일본으로
항해하던 과정에서 표류한 것으로 짐작된다.

---

356) 『日本書紀』 권25, 齊明 5年 4月.

제3장

남해만 연안지역 해륙세력의 성장과
제·라의 토착사회 재편

1. 남해만 연안지역 해륙세력의 성장과 발전

1) 영암 시종집단의 성장과 발전

나주 반남과 다시 일대는 옹관고분과 석실분을 비롯한 고총고분이 다수 분포하며, 복암리 3호분과 정촌고분 및 신촌리 9호분에서 금동 관과 금동신발이 출토되는 등 영산강 유역 마한사회의 중심지였다. 마한집단은 해남 만의총 1호분[1]과 영동리 3호분[2] 등에서 출토된 유물을 통해 알 수 있듯이, 6세기 전엽까지 독자적인 문화전통을 유지한 채 백제를 비롯하여 가야·신라·왜국 등과 교류하였다.

영산강 유역의 마한사회가 오랜 기간 동안 독자적인 문화권을 유지한 것은 부정할 수 없는 사실이다. 옹관고분은 영산강 유역의 특유한 묘제에 해당되는데,[3] 영산강식 석실분 및 장고분 등의 이질적 인 묘제와 함께 마한집단이 백제의 직접지배를 받지 않고 별도의 세력권을 유지한 증거로 보기도 한다.[4]

---

1) 동신대학교 문화박물관, 2014, 『해남 만의총 1호분』.
2) 동신대학교 문화박물관, 2006, 「나주 영동리고분 발굴조사」, 지도위원회 회의자료.
3) 성낙준, 1983, 「영산강유역의 옹관묘 연구」, 『백제문화』 15 ; 이영문, 1984, 「전남지방 백제고분연구」, 『향토문화유적조사』 4.

  백제가 영산강 유역을 비롯하여 노령 이남지역으로 진출한 사실을
알려주는 사료는 동성왕 20년(498)에 이루어진 무진주 친정(親征)⁵⁾
관련 내용이다. 그 다음으로 백제가 490년과 495년 면중왕(面中王)
등을 왕후에 책봉한 사실이 기록된 『남제서(南齊書)』 백제전을 들
수 있다.⁶⁾ 백제가 6세기 이전부터 영산강 유역의 토착집단에 대해
일정한 영향력을 행사한 사실을 반영한다.

  사실 『일본서기(日本書紀)』 신공기(神功紀) 49년 조에 보이는 왜(倭)
의 삼한 정벌 기사를 백제의 남정(南征)에 관한 내용으로 파악하여,
4세기 후엽에 백제가 노령 이남지역의 마한사회를 복속한 것으로
이해하는 견해⁷⁾가 많은 지지를 받고 있다. 그러나 근초고왕 때의
남정(南征)은 1회에 걸친 군사적인 강습에 불과하였고,⁸⁾ 백제는 근초
고왕을 계승한 근구수왕의 사후 오랜 동안 왕위계승 분쟁에 시달린
끝에 고구려의 남진 공격에 밀려 노령 이남지역에 대한 영향력을
상실하였다.⁹⁾

  영산강 유역의 토착세력은 백제의 영향력에서 벗어나 가야 등

---

4) 임영진, 1997, 「全南地域 石室封土墳의 百濟系統論 再考」, 『호남고고학보』
   6.
5) 『三國史記』 권26, 百濟本紀4, 東城王 20年.
6) 『南齊書』 권58, 列傳39, 東南夷 百濟. 한편 동성왕이 南齊에 여러 왕후의
   책봉을 요청한 대상 지역은 전북 서남부와 전남 서남해 연안 일대에 해당되
   는 것으로 보고 있다(末松保和, 1949, 『任那興亡史』, 大八洲書店, 110~113쪽).
7) 이병도, 1976, 『한국고대사연구』, 박영사, 512~515쪽. 백제의 노령 이남지역
   경략과 토착세력의 추이에 대한 연구사 정리는 다음의 글을 참조하기
   바란다(문안식, 2014, 「백제의 전남지역 마한제국 편입과정」, 『백제학보』
   11, 백제학회).
8) 이기동, 1994, 「백제사회의 지역공동체와 국가권력」, 『백제사회의 諸問題』
   제7회 백제연구 국제학술회의, 충남대 백제연구소, 142~143쪽.
9) 문안식, 2005, 「개로왕의 왕권강화와 국정운영의 변화에 대하여」, 『사학연
   구』 78.

여러 국가와 활발하게 교류하면서 사회발전을 이루어 나갔다. 이들을 마한이 아닌 별도의 집단으로 이해하는 견해도 없지 않다.[10] 영산강 유역이 4세기부터 금관가야를 정점으로 하는 낙동강 하류지역과 긴밀한 정치 연합을 형성한 것으로 추정하기도 한다.[11]

그러나 영산강 유역에 거주하면서 독자적인 문화권을 형성한 주인공을 '마한 사람'으로 보는 것이 일반적이다.[12] 또한 나주와 영암 등 마한사회 중심지의 당시 지형은 오늘날과 크게 달랐다. 바닷물이 내륙 깊숙이 유입되어 남해만과 영암만 및 덕진만 등 내해(內海)를 형성하였다.[13] 따라서 영산강 유역 토착사회의 성장과 발전은 마한을 중심에 놓고, 내해를 이룬 당시 지형 조건과 해수면 변동 등 자연 환경의 변화를 고려하면서 검토할 필요가 있다.

전남과 광주 일대에 해당되는 노령산맥 이남은 마한의 문화전통이 오랜 기간 동안 유지된 지역에 해당된다. 노령 이남지역이 마한사회의 중심지로 떠오른 것은 3세기 중엽을 전후하여 목지국과 건마국 등 충남과 전북 일원에 자리한 맹주집단이 백제에 복속된 이후였다.

노령 이남지역 마한사회의 중심지는 처음에는 영산강 유역이 아니라 해남을 비롯한 서남해 연안 일대였다. 해남반도는 서해와 남해를

10) 최성락, 2000, 「전남지역 고대문화의 성격」, 『국사관논총』 91, 국사편찬위원회.

11) 신경철, 2000, 「고대의 낙동강, 영산강, 그리고 왜」, 『한국의 전방후원분』, 충남대 출판부.

12) 이현혜, 2000, 「4·5세기 영산강유역 토착세력의 성격」, 『역사학보』 166 ; 김영심, 2000, 「榮山江流域 古代社會와 百濟」, 『지방사와 지방문화』 3-1 ; 임영진, 2006, 『백제의 영역변천』, 주류성, 215쪽.

13) 영산강 유역의 간석지 개간에 따른 경관변화에 대해서는 다음의 글을 참조하기 바란다. 김경수, 2001, 「영산강 유역의 경관변화연구」, 전남대 대학원 지리학과 박사학위논문.

연결하는 지정학적 요충지에 해당되며, 낙랑 등 중국군현의 설치 이후 한중일 삼국을 연결하는 해상교통이 활발하게 이루어지면서 동아시아 국제교류의 중심무대 역할을 하였다.14)

한편 4세기 후반 백제 근초고왕이 보낸 남정군의 경략을 받아 변화가 일어났다. 백제는 서남해 연안을 거쳐 가야 및 왜국으로 연결되는 해상교역로를 차지하였다.15) 그러나 백제의 노령 이남지역에 대한 영향력 행사와 서남해 연안항로 통제는 계속 유지되지 못하였다.

백제는 고구려의 남진정책에 밀리면서 왕권이 위축되고 중앙집권력이 약화되었다. 백제가 수세에 처한 상태에서 벗어나 공세로 전환한 것은 개로왕(재위 455~475)이 즉위한 이후였다.16) 그 이전까지 백제는 국력이 쇠퇴하고 중앙집권력이 약화된 상태에 놓여 있었다.

노령 이남지역의 마한사회는 백제의 영향력 쇠퇴를 틈타 가야 및 탐라, 왜국 등과 독자적인 대외교섭을 추진하였다. 그 과정에서 영산강 유역은 옹관고분이 집중 분포한 영암 시종과 나주 반남의 토착집단이 주도권을 장악해 나갔다. 시종과 반남을 비롯하여 주로 영산강 유역에 분포한 옹관고분은 다른 지역에서는 유례를 찾아볼 수 없는 묘제이다.

옹관고분의 출현 시기에 대해서는 3세기 후반,17) 4세기 전후18)

---

14) 문안식, 2015, 「서남해지역 마한사회의 발전과 연맹체 형성 - 해남반도 백포만 일대를 중심으로 - 」,『동국사학』 58.

15) 이현혜, 1988,「4세기 가야사회의 교역체계의 변천」,『한국고대사연구』 1, 172쪽.

16) 문안식, 2005, 앞의 글, 63쪽.

17) 안승주, 1983, 「백제 옹관묘에 관한 연구」,『백제문화』 15, 32쪽.

18) 성낙준, 1983, 「영산강유역의 옹관묘 연구」,『백제문화』 15, 80쪽.

예덕리 만가촌고분군 전경(그림 | 김병택)

등으로 보고 있다. 이와는 달리 2세기 후반 내지 3세기 초반 무렵
고막원천 상류지역의 사다리꼴고분(함평 만가촌고분군)에서 기원
하여 영광·고창 및 영산강의 남쪽 방면으로 확산된 것으로 이해하는
견해도 있다.[19]

옹관고분은 4세기 무렵에 이르러 구연이 외반되고 저부에 돌기부
가 형성되며, 구연부와 동체부의 두께가 일정해지는 등 발전기의
양상이 나타났다.[20] U자형 전용 옹관이 출현하면서 사다리꼴고분의
대형화가 이루어진 점도 주목된다. 또한 분구가 수평으로 추가장이

---

19) 임영진, 1996, 「咸平 禮德里 萬家村古墳과 榮山江流域 古墳의 周溝」, 제39회
   전국역사학대회 발표요지.

20) 옹관고분은 2세기 후반 내지 3세기 초반 무렵 고막원천 상류지역의 사다리꼴
   고분(함평 만가촌 유적)에서 기원하여 영광·고창 및 영산강의 남쪽 방면으
   로 확산된 것으로 이해한다(임영진, 1996, 「咸平 禮德里 萬家村古墳과 榮山江
   流域 古墳의 周溝」, 제39회 전국역사학대회 발표요지)가 있다

이루어지면서 타원형, 원형, 사다리꼴 등 이형분구(異形墳丘)가 조성되기에 이르렀다.

발전기의 옹관고분은 규모와 분포 상태 및 출토 유물 등을 볼 때 영암 시종 일대가 중심지였다. 옥야리와 신연리를 중심으로 금지리·만수리·내동리·태간리 등 8곳에 걸쳐 50기 이상 분포한다.[21] 시종지역의 옹관고분 중에서 발전기의 형식은 주로 원형분에서 조사되었다. 내동리 초분골고분, 만수리 4호분, 신연리 9호분, 옥야리고분, 와우리 서리매리제고분 등이 해당된다. 축조 연대는 옥야리 6호분 1호와 2호 옹관의 경우 4세기 전반, 4호 옹관은 4세기 후반 무렵으로 보고 있다.[22]

시종 일대는 발전기의 옹관고분이 여러 지역에 축조되는 등 마한 사회의 중심지로 떠올랐다. 그러나 시종 일대의 옹관고분에 묻힌 집단이 갑자기 등장한 것은 아니었다. 옥야리와 인접한 나주시 동강면 장동리 수문패총에서 출토된 유물이 참조된다. 수문패총은 B.C.3세기를 전후한 시기부터 A.D.3세기 후반까지의 생활 유적에 해당된다. 또한 초기 철기시대의 점토대토기와 원삼국시대의 경질무문토기·타날문토기 등이 함께 출토되어 문화적 연속성이 확인되었다.[23]

수문패총에서 출토된 여러 유물들은 옹관고분이 등장하기 직전의 사회상황을 반영한다. 그러나 바닷가에서 멀리 떨어진 채 내륙의 강가에 위치한 낮은 구릉에 어떻게 패총이 만들어졌을까 의구심이 드는 것도 사실이다. 이와 관련하여 영산강 유역이 바닷물이 유입되어 남해만(南海灣) 등의 내해(內海)를 이룬 사실이 참조된다.

---

21) 임영진·조진선, 2000, 『전남지역 고분 측량보고서』, 전라남도, 142~185쪽.
22) 목포대학교 박물관, 1991, 『영암옥야리고분』, 60쪽.
23) 국립광주박물관, 2010, 『나주 장동리 수문패총』.

나주 장동리 수문패총 출토유물, 점토대토기와 복골(국립광주박물관)

영암을 비롯하여 나주와 함평 및 무안 등 영산강 중·하류지역의
옛 지형은 오늘날과 달랐다. 남해만 연안의 구릉에 살면서 옹관고분
에 묻힌 사람들은 소금과 해산물 채취 등을 바탕으로 경제적인 번영
을 누렸다. 남해만 주변의 평야지역에서 생산된 농산물도 성장과
발전의 토양이 되었다.

또한 남해만 연안지역 마한집단의 주요 활동 무대는 해당지역의
포구였다. 당시는 오늘날보다 해수면이 높고 수심이 깊어 해양활동
에 적합한 포구가 다수 존재하였다.[24] 시종 일대는 만조 시에는

---

24) 마한과 백제 때에 해당되는 A.D.350~700년 무렵은 현재보다 기온이 따뜻하
여 해수면이 1.5~2m 정도 높았다(김연옥, 1985, 『한국의 기후와 문화』,

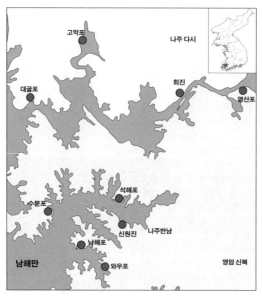

옛 남해만 연안의 지형과 주요 포구

침수되고 간조 시에는 노출되는 평탄한 해안 퇴적 지형을 이룬 간석 지(干潟地)가 넓게 펼쳐졌고, 내동천 유역의 경우 와우포와 계두포, 창동포와 남해포 등의 포구가 존재하였다.

　삼포강 유역도 바닷물이 나주 동강과 공산 및 반남을 거쳐 영암 신북까지 올라왔으며, 수문포·창계포·당두포·배나루·석포·수내 포·석해포·뱃매미·이목동 등의 포구가 자리했다.[25] 내동천 유역과

　　이화여자대학교 출판부). 한반도는 기원 전후부터 A.D.1000년 무렵까지 따뜻한 시기와 차가운 시기가 반복되었다. 추운 시기는 100~250년에 걸친 2~3세기와 750~950년에 걸친 8~10세기에 나타났고, 그 사이가 상대적으로 따뜻한 시기였다. 또한 1세기 전후의 따뜻한 시기는 짧았다(공우석, 2010, 「고대의 기후와 생태」, 『한국고대의 수전농업과 수리시설』, 서경문화사, 106쪽).

25) 영산강 유역의 포구에 대해서는 다음의 글을 참조하기 바란다. 김경수, 1995, 『영산강 삼백오십리 — 물길따라 뱃길따라』, 향지사, 251쪽 ; 광주광

삼포강 유역에 위치한 여러 포구는 교역을 비롯한 문물교류의 중심
무대가 되었다. 백제를 비롯하여 가야 및 왜국 등의 사절과 상인들이
왕래하였다. 이들이 왕래하면서 마한집단과 다양한 교류활동을 펼
친 사실이 고고 자료를 통해 확인된다.

백제 계통의 토기는 흑색마연토기, 초기 개배, 직구소호 등을 중심
으로 한성기(漢城期)부터 보이기 시작한다.[26] 주거지의 경우 한성기
'凸'자형 주거지와 비슷하게 한쪽 면에 돌출부가 설치된 형식이
나주를 비롯하여 광주, 함평, 무안 등에서 확인된 바 있다.[27]

남해만 연안지역의 토착집단은 가야지역 사람들과 접촉하기도
했다. 시종 신연리 9호분과 내동리 초분골고분 등에서 출토된 아라가
야 계통의 유물이 참조된다. 아라가야 유물은 남해만 연안지역 외에
해남 신월리고분, 해남 신금유적, 장흥 신월리유적 등에서도 조사되
었다.[28]

마한집단은 아라가야 외에 고성의 소가야와도 교류하였다. 시종
일대에서는 소가야 계통의 유물이 확인되지 않았지만, 나주 노안면
장등과 광주 동림동 및 광주 신완 유적 등에서 조사된 바 있다.

시종을 비롯한 남해만 연안의 마한집단과 왜국 사이에도 교류가
이루어졌다. 왜국 계통의 유물은 나주 장등, 광주 동림동, 광주 향등,
광주 평동, 광주 하남동, 광주 산정동, 장성 대덕 등 여러 유적에서

역시립민속박물관, 2012, 앞의 글, 305쪽.

26) 서현주, 2004, 「웅진·사비기의 백제와 영산강유역」, 『백제의 邊境』, 백제연
　구 국내학술회의, 162쪽.

27) 김승옥, 2013, 「취락으로 본 전남지역 마한사회의 구조와 성격」, 『전남지역
　마한 제국의 사회 성격과 백제』, 백제학회.

28) 아라가야 토기의 계통과 편년에 대해서는 다음의 글을 참조하기 바란다.
　박천수, 2006, 「가야 토기의 양식과 편년」, 『제11회 호남문화재연구원 초청
　강연회 자료집』, 21쪽.

조사되었다. 또한 가야를 매개로 하던 단계에서 벗어나 직접 접촉이
이루어졌다.

마한집단과 백제를 비롯한 가야 및 왜국 사이의 활발한 교류는
토착사회의 성장과 발전의 기폭제가 되었다. 성행기의 옹관고분이
등장하고, 백제와 가야 등의 영향을 받아 독자적인 토기 양식이
나타난 사실[29] 등이 참조된다. 마한사회의 발전 모습은 중촌과 대촌
이 어우러져 형성된 거점취락의 조성을 통해서도 확인된다.

거점취락의 형성은 철 소재의 확보와 제작 및 생산을 주도한 집단
의 등장과 관련이 있다. 남해만 연안지역의 거점취락은 영암 시종면
옥야리, 무안 몽탄면 사창리, 나주 다시면 복암리 등에서 조사되었다.
또한 시종을 비롯한 남해만 연안의 구릉 위에 산재한 발전기의 옹관
고분은 거점취락에 거주하던 수장층과 가족을 위한 무덤으로 이해된
다.

이와 같이 볼 때 남해만 연안지역에 자리한 채 대외교역을 비롯한
해상활동과 농경활동 등에 종사한 옹관고분 축조 집단을 '해륙세력
(海陸勢力)'으로 부른 것이 타당할 것 같다. 또한 시종을 비롯한 남해안
연안지역은 5세기 중엽을 전후하여 앞선 시기에 비해 권력이 훨씬
커진 수장층이 등장하였다. 여러 사람을 묻은 사다리꼴 형식과 구분
되는 1인 피장자 중심의 방대형고분이 옥야리의 구릉 위에 조성된
사실이 주목된다.

옥야리 1호분은 남해만 연안 일대에 축조된 방대형고분 중에서
이른 시기에 해당되는 5세기 중엽 무렵에 축조된 것으로 보고 있다.
또한 이곳에서 출토된 유물은 마한집단이 전통을 유지한 채 백제를

---

29) 서현주, 2010, 「영산강 유역 옹관묘 출토 토기에 대한 검토」, 『옹관(甕棺)－영
   산강유역의 고분 I 』, 국립나주문화재연구소·문화재청.

비롯하여 가야 및 왜국 등
과 교류한 사실을 반영한
다.[30)]

시종 일대의 토착집단
은 내동리 원내동 뒷산에
성틀봉토성을 축조하여
활용하기도 했다. 성곽의
축조 시기는 옹관 편이 출

옥야리 방대형고분 발굴 전경(국립나주문화재연구소, 2012)

토되고, 판축 수법이 백제시대의 토성보다 고식(古式)인 점이 참조된
다. 토성의 규모가 작고, 주변에 내동리 쌍무덤을 비롯한 수십 기의
마한시대 고분이 위치한 사실 등을 고려하여 5세기 무렵에 축조된
것으로 보고 있다.[31)]

그러나 성틀봉토성과 옥야리 방대형고분 등을 축조한 집단이 남해
만 연안지역의 마한사회에 대해 지배력을 행사한 것은 아니었다.
거점취락 간의 우열 차이 역시 5세기 전후까지도 드러나지 않는
등 통합된 사회로의 진전이 더뎠다.[32)] 공동체 사이의 우열이 존재하
더라도 권력 집중도는 다른 지역에 비해 떨어졌고, 수평적 결속관계
에서 벗어나지 못한 한계도 없지 않았다.[33)]

시종 일대의 옹관고분에서 마구(馬具)와 철제 무기 등이 출토되지

30) 국립나주문화재연구소, 2012,『영암 옥야리 방대형고분 제1호분 발굴조사
　　보고서』.
31) 국립나주문화재연구소, 2012, ' 영암 성틀봉토성 시굴조사」, 현장설명회자
　　료.
32) 이영철, 2004,「옹관고분사회 지역정치체의 구조와 변화」,『호남고고학보』
　　20, 호남고고학회.
33) 김낙중, 2012,「토기를 통해 본 고대 영산강유역 사회와 백제의 관계」,
　　『호남고고학보』 42.

영암 성틀봉토성 원경

않는 점도 군사력을 바탕으로 공권력을 행사하고 집행하는 권력층의
형성이 미약했던 사실을 반영한다.[34] 남해만 연안지역의 마한사회
는 백제와 신라 및 가야와는 달리 단일한 정치체를 형성하지 못하고,
수계(水界) 별로 독자적인 세력을 유지한 여러 집단이 병존하였다.

마한사회의 중심지는 영암 시종을 비롯하여 나주 반남과 다시,

---

34) 남해만 연안을 비롯한 서남해지역의 독자적인 철기 제작은 단야구 등이
   등장하는 4세기 전반 이후 본격화되었으며, 복암리 유적과 함평 중랑 62호
   주거지에서 출토된 유물을 통해 확인된다. 철제무기는 3세기부터 부장되는
   양상이 확인되지만, 철도자와 철겸 등 생활용구가 중심이 되었다. 철제무기
   가 본격적으로 사용된 시기는 석실분이 등장하는 5세기 후반부터이며,
   복암리 3호분 96석실과 영광 학정리 대천 3호분에서 출토된 유물이 참조된
   다. 마구 역시 5세기 말 이후 등장하기 시작하며, 재지에서 제작된 것이
   아니라 백제와 가야 등과 교류 과정에서 입수되었을 가능성이 높다(류창환,
   2015, 「영산강유역 출토 마구의 성격과 의미」, 『삼국시대 복암리세력의
   위상과 주변지역의 동향』, 국립나주문화재연구소 개소 10주년 기념 국제학
   술대회, 134쪽).

함평 학교, 무안 몽탄 등이었다. 이들 중에서 가장 먼저 두각을 나타낸 집단은 다름 아닌 영암 시종 일대에 거주하던 해륙세력(海陸勢力)이었다.

해륙세력은 해상과 대륙을 상대로 양면적으로 교섭하고 활동하는 집단을 말하는 것이 일반적이다. 해륙세력의 사전적 의미는 해양과 내륙의 양면적 성격을 띠고 있는 집단을 의미하기도 한다. 남해만 일대는 한반도 북쪽을 통해 유입된 대륙 및 내륙 문화, 바다를 통해 전파된 해양문화가 내해(內海) 연안 일대에서 상호 접목되어 해륙 양면적인 성격을 띠게 되었다.

2) 나주 반남집단의 성장과 발전

반남의 대안리와 덕산리 및 신촌리 일대에는 7개 지역에 걸쳐 30여 기의 대형 옹관고분이 자리하는데, 남해만 남쪽지역 마한사회의 중심지가 시종에서 반남 방면으로 옮겨진 사실을 반영한다. 분구가 수직으로 확장되면서 규모가 커진 방대형의 옹관고분이 집중 분포하고, 신촌리 9호분의 을관에서 금동관 등 위세품이 출토[35]된 사실 등

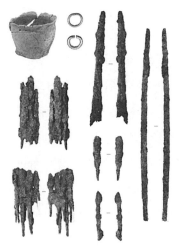

백제 계통의 금동제 귀걸이와 철제무기
(나주 화정리 마산고분 5-1호 옹관고분 출토)

---

35) 谷井濟一, 1920, 『大正六年度古蹟調査報告』, 朝鮮總督府 ; 서성훈·성낙준, 1988, 『나주 반남 고분군』, 광주박물관.

이 참조된다. 반남지역의 여러 고분에서 개배, 고배, 병 등 새로운 기종의 유물이 조사된 점도 주목된다.

반남지역의 옹관고분은 U자형 대형옹관을 특징으로 하는 성행기의 유적에 해당된다. 성행기의 옹관고분은 지금까지 조사 결과로 볼 때 반남 일대에 집중 분포한다.[36] 신촌리는 현재 6기의 고분이 남아 있는데, 흔적이 조사된 3기를 합하면 9기가 확인된다.

신촌리 9호분 출토 금동관

신촌리고분군을 대표하는 9호분은 낮은 구릉 위에 위치하며, 12기의 옹관 중 을관(乙棺)에서 금동관과 금동신발을 비롯하여 용봉문환두대도(龍鳳文環頭大刀)·삼엽문환두대도(三葉文環頭大刀) 등 높은 신분을 상징하는 위세품이 출토되었다. 신촌리 9호분은 재발굴이 이루어져 2회에 걸쳐 축조된 것으로 밝혀졌고, 초축 분구 위에 원통형토기가 배치된 사실도 드러났다.[37]

대안리고분군은 일제강점기 이래 현재까지 옹관묘와 석실분 등 12기의 고분이 발굴되거나 존재가 확인되었다. 그 중에서 매장 주체부의 구조와 유물의 성격 등에서 주목되는 것은 9호분을 들 수 있다. 분구 정상의 평탄면에 9기의 옹관이 매장되어 있는데, 다른 옹관에 비해 규모가 큰 경관(庚棺)에서 대도(大刀)·다면옥(多面玉)·금환(金環)

---

36) 반남 외에 나주 다시면 복암리 3호분과 왕곡면 화정리 마산 3호분, 영암 시종 내동리고분군과 태간리 일곱뫼고분, 무안 구산리고분군과 인평고분군, 함평 반암유적의 고분, 해남 부길리고분과 해남 원진리고분 등도 성행기의 옹관고분에 속한다.

37) 국립문화재연구소, 2001, 『나주 신촌리 9호분』.

·녹각제도자병(鹿角製刀子柄)·동훈(銅釧)을 비롯하여 다양한 유물이 출토되었다.[38]

덕산리고분군은 현재 10기가 존재하며, 3호분과 5호분에서 출토된 유물이 주목된다. 3호분은 직경이 43.81~45.55m에 이르는 원분으로 3개의 옹관이 수습되었는데, 은제옥(銀製玉)과 금동장식금패편(金銅裝飾金具片) 등이 조사되었다. 5호분도 직경 44.85m, 높이 7.1~7.45m의 대형 원분으로 대도(大刀)를 비롯하여 금제품 및 옥류 등이 출토되었다.[39]

이와 같이 반남지역의 고분들은 규모와 출토 유물 등에서 시종지역의 고분들에 비해 한층 발전된 양상을 보인다. 특히 신촌리 9호분 을관, 대안리 9호분 경관, 덕산리 5호분 등에서 출토된 금동관과 금환 등의 위세품 및 금제(金製) 유물은 권력을 지닌 수장층이 존재한 사실을 반영한다.

한편 반남집단이 남해만을 비롯한 영산내해 연안지역 토착사회의 구심체로 부상한 시기에 대해서도 여러 견해가 제기되었다. 반남을 중심으로 4세기 무렵 지역정치체가 형성되고, 5세기에 이르러 통합화 움직임이 진행된 것으로 보는 견해가 있다.[40] 또한 5세기 전반에 소수의 지역공동체를 중심으로 위계화가 진행되었으며, 5세기 중·후엽 반남집단이 강력한 정치체를 형성하면서 백제와 동맹을 맺은

38) 穴澤和光·馬目順一, 1973, 「羅州郡潘南面古墳群」, 『古代學硏究』 70 ; 국립문화재연구소, 2001, 『한국고고학사전』 ; 서성훈·성낙준, 『나주 반남 고분군』, 국립광주박물관.
39) 谷井濟一, 1920, 『大正六年度古蹟調査報告』, 朝鮮總督府 ; 서성훈·성낙준, 1988, 『나주 반남고분군』, 국립광주박물관 ; 공주대학교 박물관·충청남도 공주시, 1995, 『백제고분자료집』.
40) 이영철, 2004, 「옹관고분사회 지역정치체의 구조와 변화」, 『호남고고학보』 20, 호남고고학회.

것으로 이해하기도 한다.[41]

영산강 유역 토착세력이 5세기 중엽 반남을 중심으로 정치적 통합을 달성한 것으로 이해하는 견해도 없지 않다.[42] 또한 5세기 말에 백제의 금강 하류지역 병합에 대한 대응으로 반남을 중심으로 통합화가 추진되어 다핵화 된 계층사회를 이루었으나, 점차 이완된 것으로 보기도 한다.[43]

이와 같이 반남세력이 남해만 연안지역을 대표하는 집단으로 부상한 시기에 대해서는 의견 차이가 적지 않다. 반남집단의 성장 배경역시 내적인 요인과 외재적인 측면 등 여러 요소가 중첩되어 있다.

내재적 요인은 농업생산력 발전과 교류의 활성화 등을 들 수 있다. 농업생산력 발전은 한성시대 후기에 이르러 백제에서 수리시설 확충, 철제 농업 토목용구의 확산, 우경의 확대 등이 이루어진 사실을 통해 유추된다.[44]

남해만 연안과 영산강 유역을 잇는 역내교역, 백제를 비롯한 가야 및 왜국 등과의 대외교류가 활성화된 면도 주목된다. 반남지역은 시종과 마찬가지로 교역과 해상활동에 적합한 포구가 여러 곳에 존재하였다. 훗날 고려 태조 왕건이 '반남포'에 이르러 첩보활동을 전개한 사실,[45] 고려 정부군이 진도에 웅거한 삼별초 진압에 나섰을 때 반남포에서 출발한 기록[46] 등이 참조된다.

---

41) 김낙중, 2009, 『영산강 유역 고분 연구』, 학연문화사.

42) 박순발, 2000, 「4~6세기 영산강 유역의 동향」, 『백제사상의 전쟁』, 서경문화사.

43) 임영진, 2002, 「영산강 유역권의 분구묘와 전개」, 『호남고고학보』 16, 호남고고학회.

44) 전덕재, 1990, 「4~6세기 농업생산력의 발달과 사회변동」, 『역사와 현실』 4, 역사비평사, 27쪽.

45) 『高麗史』 권1, 世家1, 太祖 卽位年.

오늘날은 반남 일대가 삼포강 유역에 자리한 채 내륙의 평야지역을 이루고 있지만, 당시에는 갯골을 따라 바닷물이 유입되어 곳곳에 포구가 존재하였다. 삼포강 유역은 남해만(南海灣)의 해역(海域) 일부를 이루었는데, 시종면 옥야리 남해포부터 상류 쪽으로 12km 떨어진 나주 공산면 상방리까지 S자 구간에 여러 포구들이 자리하였다.

그 중에서 반남고분군을 축조한 집단이 주로 활용한 포구는 석해포와 신원진(세원나루) 등이었을 가능성이 높다. 상방리 석해포의 경우 19세기 초엽의 상황을 기록한 『나주목읍지』에 영산강 본류의 제창포(나주시 안창동) 및 영산포(나주시 영산동), 영암천의 도시포(영암 도포면 도포리)와 함께 남해만 연안을 대표하는 4대 포구로 소개되어 있다.[47]

석해포는 반남과 가까운 곳에 자리한 장점도 있지만, 반남에서 볼 때 남해만의 건너편에 위치하여 이용에 불편한 단점도 없지 않았다. 따라서 반남세력이 주로 활용한 포구는 육로를 통해 연결되는 시종면 신흥리 세원마을의 신원진이었을 가능성이 높다.

신흥리는 영암 시종면에 속하지만, 반남 신촌리·대안리의 입구에 자리한다. 또한 자미산 자락에 위치한 대안리와 덕산리의 고분군 주변에도 석포(반남면 대안리 방두), 뱃매미(반남면 덕산리 평리) 등의 포구가 존재하였다.[48] 자미산의 주변에 자리한 여러 마을의 농토를 경지정리를 할 때 많은 선박 조각이 지하층에서 발견된 사실이 참조된다.[49]

---

46) 『東史綱目』 권11下, 元宗 14年.
47) 『羅州牧邑誌』 船艙.
48) 영산강 유역의 포구에 대해서는 다음의 글을 참조하기 바란다. 김경수, 1995, 앞의 책, 251쪽.
49) 정승원, 1991, 「紫微山城考」, 『전남문화』 4, 31~44쪽

만의총 1호분 출토, 서수형토기

마한집단의 교류 양상은 영산내해의 일부를 이룬 영암만 연안지역에 자리한 해남 옥천면 성산리 만의총 1호분에서 출토된 유물을 통해서도 확인된다. 만의총 1호분에서는 백제와 가야, 신라와 왜국 계통의 유물이 출토되었다. 신라 계통의 서수형토기(瑞獸形土器, 술잔), 가야

계통의 유개대부발(有蓋臺釜鉢, 안주 그릇), 일본 계통의 선회식 수상경(旋回式 獸像鏡)과 조개팔찌, 백제 계통의 금장식 곡옥 등이 조사되었다.50) 이들 유물은 마한 토착수장층이 백제를 비롯하여 가야와 왜국 등 복수의 국가와 교류한 사실을 반영한다.51)

한편 반남집단의 성장 배경은 내재적인 요인 외에 외재적인 측면을 무시할 수 없다. 백제의 왕후제 시행과 금동관 등의 위세품 하사를 들 수 있다.52) 반남의 수장층은 백제와 상보적인 관계를 유지한

---

50) 동신대학교 문화박물관, 2014,『해남 만의총 1호분』.

51) 만의총 1호분에서 출토된 유물을 통해본 국제교류 관계에 대해서는 다음의 글을 참조하기 바란다. 上野祥史, 2013,「萬義塚1號墳出土倭鏡と倭韓の相互交渉」,『해남 옥천 만의총고분』국제학술대회, 동신대학교 문화박물관 ; 한도식, 2013,「만의총고분 출토 상형토기와 신라·가야」,『해남 옥천 만의총고분』국제학술대회, 동신대학교 문화박물관.

52) 백제에서 왕후제가 시행된 시기에 대해서는 견해 차이가 있다. 개로왕 때에 이루어진 餘禮의 弗斯侯 책봉을 왕후제의 기원으로 파악하는 견해가 있다(坂元義種, 1968,「5世紀の百濟大王とその王·侯」,『朝鮮史研究會論文集』4). 그러나 왕후제는 웅진 천도 이후 동성왕 때에 이르러 시행된 것으로 이해하는 것이 일반적이다. 그 기원을 여례의 책봉에서 구하는 논자들도 왕후제가 본격적으로 시행된 것은 동성왕 때로 보고 있다(田中俊明, 1997,「웅진시대 백제의 영역재편과 왕·후제」,『백제의 중앙과 지방』충남대 백제연구소).

채 남해만을 비롯한 영산내해 연안지역의 토착사회에 대한 영향력을
확대하였다.[53]

반남 수장층과 백제의 관계는 한성 함락과 웅진 천도를 거치면서
변화가 일어났다. 『남제서(南齊書)』 백제전에 490년과 495년에 동성
왕이 저근(姐瑾) 등을 왕후로 책봉해 줄 것을 요청한 내용이 전해진
다.[54] 왕후에 임명된 인물은 왕족과 귀족들이 중심이 되었다.

그러나 반남 신촌리 9호분의 금동관을 통해 볼 때 토착세력의
일부도 왕후에 임명되었을 가능성이 없지 않다. 토착세력의 수장층
이 왕후에 임명된 경우 중국의 관작을 제수하는 방식을 따르지 않고,
금동관 등의 위세품을 하사한 점에서 중앙 출신과는 차이가 있다.[55]

개로왕대에 미완성으로 끝난 좌우현왕제가 동성왕대에 이르러 왕후제로
확대된 것으로 파악하는 견해도 있다(정재윤, 1999, 「웅진시대 백제정치사의
전개와 그 특성」, 서강대 대학원 박사학위논문, 99쪽). 그 외에 백제가 개로왕
때에 노령 이남지역에 군현을 설치하여 지방관을 파견하거나 직접지배가
불가능한 상태에서 반남세력을 내세워 공납지배를 한 것으로 보는 견해도
있다(문안식, 2002, 『백제의 영역확장과 지방통치』, 신서원, 245쪽).

53) 필자는 시종에서 반남으로 주도권이 교체된 시기를 백제 근초고왕의 남정과
관련된 것으로 이해하였다(문안식, 2002, 앞의 책, 245쪽). 그러나 두 집단
사이의 주도권 교체는 개로왕이 반남세력을 앞세워 마한사회에 대한 영향
력을 확대하는 과정에서 일어난 것으로 수정한 바 있다(문안식, 2015, 「남해
만 연안지역 海陸勢力의 성장과 濟·羅의 토착사회 재편」, 『용봉논총』 47).

54) 『南齊書』 권58, 列傳39, 東南夷, 百濟. 그런데 姐瑾이 490년 寧朔將軍 面中王에
서 冠軍將軍 都將軍 都漢王으로 작위가 승급된 것으로 볼 때, 그 이전에도
상당수의 왕후가 존재하였을 가능성이 있다. 이들은 개로왕 후반기 혹부터
문주왕·삼근왕을 거쳐 동성왕 재위 초반기에 이르러 왕후에 임명된 것으로
추정된다.

55) 신촌리 9호분에서 출토된 금동관과 금동신발 등의 위세품은 마한 토착집단
이 외부에서 입수하여 영향력 행사나 지배의 정당성 확보을 위한 수단으로
활용했을 가능성이 있지만(이정호, 1996, 「영산강유역 옹관고분의 분류와
변천과정」, 『한국상고사학보』 22), 이와는 달리 현지에서 직접 제작된 것으
로 추정하는 견해도 있다(신대곤, 1997, 「나주 신촌리 출토 冠·冠帽 一考」,
『고대연구』 5, 고대연구회).

이와 같이 남해만 연안지역의 마한사회는 개로왕~동성왕 때를 거치면서 반남 수장층의 영향력이 확대되어 갔다. 신촌리 9호분이 5세기 중엽부터 6세기 초까지 2세대에 걸쳐 축조된 사실[56]과 부합된다. 그러나 신촌리 9호분 을관의 피장자 등이 남해만을 비롯한 영산내해 연안지역을 대표하는 위상을 확보한 것은 아니었다.

남해만 북쪽의 고막원천 상류지역에 위치한 함평 월야면 예덕리 신덕고분에서 금동관 조각이 수습된 사실[57]이 참조된다. 신촌리 9호분 피장자의 영향력은 반남을 비롯한 남해만 연안의 남쪽지역에 국한되고, 그 북쪽지역은 예덕리 신덕고분의 피장자 등이 백제와 별도의 관계를 맺고 주변에 대한 영향력을 행사한 것으로 추정된다.

또한 반남과 시종을 비롯한 남해만 남쪽지역을 망라한 단일한 정치체가 형성된 것도 아니었다. 반남 일대에 산재한 수 많은 고분들은 복수의 수장층이 존재한 사실을 반영한다.

3) 나주 다시집단의 성장과 발전

남해만 북쪽의 마한사회 중심지는 나주 다시면 복암리와 영동리 일대였다. 이곳은 영산강이 남해만으로 유입되는 길목으로 강상수운과 해상교통의 요충지였다. 현재 영산강 하구는 목포와 영암을 잇는 영산강하구언 일대가 해당되지만, 조선시대까지만 해도 다시면 회진포가 남해만과 영산강이 합류하는 지점이었다.[58]

---

56) 국립문화재연구소, 2001, 『나주 신촌리 9호분』, 170쪽.
57) 국립광주박물관, 1995, 『함평 신덕고분 조사개보』; 함평군사편찬위원회, 1999, 「마한·백제의 유적과 유물」, 『함평군사(1)』, 506쪽.
58) 『新增東國輿地勝覽』羅州牧 조에 따르면 錦江(현재의 영산강)이 회진현을 지나 남해만으로 흘러든다고 했다(『新增東國輿地勝覽』 권35, 羅州牧 流寓

이곳에 거주하던 마한집단의 성장과 발전 과정은 복암리고분군을
비롯하여 정촌고분·영동리고분군 등에서 조사된 고고자료를 통해
유추된다. 복암리고분군은 해발 7~8m의 구릉 끝부분에 위치한다.
현재는 영산강의 강변에 자리하지만, 당시에는 바닷물이 흐르던
해변지역이었다.

복암리고분군은 3세기 후반 무렵부터 400년 이상 동안에 걸쳐
추가장이 이루어졌다. 3호분 96석실에서는 금동신발을 비롯하여
은장삼엽환두대도 등 다량의 부장품이 출토되었는데, 5세기 말~6세
기 중반 무렵에 축조된 것으로 보고 있다.[59]

정촌고분은 잠애산의 서쪽 사면에 자리한 구릉에 위치한 채 방대형
을 하고 있다. 정촌고분 1호석실에서는 지금까지 백제·마한 권역에서
확인된 18점 중에서 가장 완벽하고 화려한 형태의 금동신발이 조사되
었다. 발등에 용머리 장식을 한 금동신발 외에 금제 귀걸이, 옥과
구슬, 환두대도와 토기류, 재갈과 등자 및 화살통 등이 출토되었다.

1호석실의 주인공은 복암리 3호분 96석실의 피장자와 함께 남해만
북쪽지역을 대표하는 수장층으로 추정된다. 고분의 입지 조건과
금동신발 등의 출토 유물을 고려할 때, 정촌 1호석실의 피장자가
선행하고 96석실 피장자가 그 뒤를 계승한 것으로 보고 있다.[60]

한편 복암리 3호분 96석실의 금동신발과 반남 신촌리 9호분 을관
에서 조사된 금동관의 제작 시기가 차이가 나는 점도 주목된다.[61]

高麗 鄭道傳). 회신보의 서쪽지역이 남해만의 해역에 속하고, 다시 일대가
영산강 하구였던 사실을 의미한다.

59) 국립문화재연구소·전남대학교 박물관, 2001, 『나주 복암리 3호분』.

60) 오동선, 2015, 「석실로 본 나주 복암리 세력과 주변지역의 동향」, 『삼국시대
복암리세력의 위상과 주변지역의 동향』 국립나주문화재연구소 개소 10주
년기념 국제학술대회, 35쪽

복암리 금동신발(3호분 96석실)

96석실에서 조사된 금동신발 등의 위세품은 백제와 반남 사이에 맺어진 일대일(一對一)의 동맹관계가 해체되고, 과도기적으로 복수의 파트너를 모색한 사실과 관련된 것으로 이해한다.[62] 또한 복암리 3호분 96석실의 피장자를 백제의 후원 아래 새롭게 등장한 재지의 유력자로 보기도 한다.[63]

이와 같이 볼 때 남해만 연안지역의 주도권이 남쪽의 반남에서 북쪽의 다시 방면으로 옮겨갔을 가능성이 있다. 양자의 주도권 교체는 토착집단의 내재적인 성장 외에 백제 중앙권력이 개입한 흔적이 확인된다. 이와 관련하여 498년 동성왕의 무진주 친정(親征)이 참조된다. 동성왕은 직접 군대를 이끌고 탐라(혹은 탐모라)가 공물과 조세를 바치지 않는 것을 구실로 삼아 무진주 일대까지 내려왔다.[64]

---

61) 반남 신촌리 9호분에서 출토된 금동관은 익산 입점리 금동신발과 다시면 복암리 3호분 금동신발 사이의 단계로 보고 있다(김낙중, 2000, 「5~6세기 영산강유역 정치체의 성격 - 나주복암리 3호분 출토 위세품 분석」, 『백제연구』 32, 충남대 백제연구소). 또한 신촌리에서 출토된 금동관의 축조과정과 시기 편년에 대한 연구사 정리는 다음의 글을 참조하기 바란다(오동선, 2009, 「羅州 新村里 9號墳의 築造過程과 年代 再考 -羅州 伏岩里 3號墳과의 비교 검토」, 『한국고고학보』 73, 한국고고학회).

62) 백제는 동성왕 때에 반남세력과 우호관계를 유지하였으나, 무령왕의 즉위 이후 복암리집단과 협력관계를 맺은 것으로 이해한다(김낙중, 2009, 앞의 책, 222쪽).

63) 박순발, 2000, 「백제의 남천과 영산강유역 정치체의 재편」, 『한국의 전방후원분』, 충남대학교 출판부.

64) 『三國史記』 권26, 百濟本紀4, 東城王 20年.

나주 다시면 회진포를 상상하다(그림 | 박득규)

백제의 정벌 대상이었던 탐라를 제주도가 아니라 해남과 강진
일대의 해상세력으로 보는 견해가 참조된다.[65] 백제는 탐라를 압박
하기 위해 군사를 동원하였고, 남해만 연안지역의 주도권을 행사하
던 반남세력에 대해서도 일정한 제재조치를 취한 것으로 추정된다.
백제는 반남집단을 대신하여 다시의 복암리세력을 전면에 내세우는
방식으로 영향력 확대를 도모하였을 가능성이 있다.[66]

한편 동성왕은 무진주를 친정한 3년 후에 훙서하고 무령왕이 왕위
에 올랐다. 복암리집단의 위상 강화는 무령왕이 즉위한 후 본격화

---

65) 이근우, 1997, 「웅신시대 백제의 남방경역에 대하여」, 『백제연구』 27, 53쪽 ;
    문안식, 2006, 『백제의 흥망과 전쟁』, 혜안, 299쪽.

66) 백제의 세력 확대 과정에서 거점포구의 해상세력을 대상으로 금동관과
    금동신발 등의 위세품을 주어 활용한 방식에 대해서는 다음의 글을 참조하
    기 바란다. 강봉룡, 2010, 「고대동아시아 연안항로와 영산강·낙동강유역의
    동향-4세기 이전을 중심으로」, 『도서문화』 36.

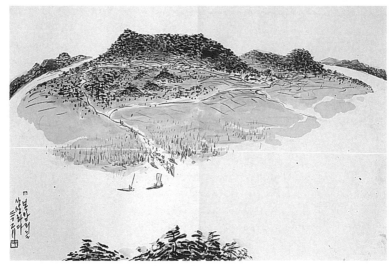

나주 다시면 복암리를 상상하다(그림 | 박득규)

되었다. 복암리세력이 백제의 영산강 유역 진출을 위한 교두보 역할을 담당한 것으로 보기도 한다.[67] 복암리집단은 영산강 하구지역의 지정학적 조건을 활용하여 무령왕의 즉위를 전후해 남해만 연안지역 마한사회의 핵심세력으로 부상하였다.

복암리집단의 주변지역에 대한 영향력은 개배와 유공광구소호 및 단경구형호 등 소위 '복암리식 토기'의 확산을 통해서도 확인된다. 복암리식 토기는 백제토기와 함께 반남 외에 무안 몽탄과 함평 월야 등에서 조사되고 있다.[68]

복암리 3호분 96석실과 정촌고분 1호석실에 묻힌 피장자의 성장 배경으로 남해만을 활용한 해상활동과 대외교류 등도 무시할 수

67) 서현주, 2007, 「복암리고분군 출토 토기의 양상과 성격」, 『영산강유역 고대 문화의 성립과 발전』, 학연문화사, 236쪽.
68) 서현주, 2007, 위의 글, 233쪽.

없다. 또한 다시 일대를 대표하는 포구는 회진포를 들 수 있다. 회진포
는 백제 등 여러 나라의 사절과 상인들이 왕래하면서 문물교류와
대외교역이 활발하게 이루어진 무대였다.

한편 복암리 3호분 96석실과 정촌고분 1호석실 피장자가 남해만
연안지역의 마한사회를 실질적으로 이끌만한 통치력을 확보한 것은
아니었다. 복암리 3호분 96석실보다 늦은 시기에 축조된 5호 석실에
서 출토된 관모(冠帽)와 은제관식(銀製冠飾)을 1인이 아니라 2인이
나누어 가진 사실 등이 참조된다.[69]

복암리와 인접한 영동리 일대에도 주목할 만한 집단이 존재하였
다. 이들도 해상활동과 대외교류를 활발하게 펼친 해륙세력이었다.
영동리집단은 다시평야에서 산출된 농산물 외에 대외교류와 해상활
동 등을 통해 경제적인 기반을 마련하였으며, 활동무대였던 남해만
이 잘 보이는 자리에 영면의 장소를 선택하였다.

영산강식 석실분에 해당되는 영동리 3호분에서 신라 계통의 개배
5점과 백제 계통의 삼족기 3점을 비롯하여 30여 점의 토기가 출토[70]
된 사실이 참조된다. 또한 신라 계통의 개배와 백제 계통의 삼족기
가 결합된 토기가 조사되었는데, 윗면에는 전형적인 신라 양식의
컴퍼스문양(삼각집선문+반원점문)이 새겨져 있다. 마한지역의 도

---

69) 부여 능산리 36호분 피장자의 관모와 은제관식은 1벌을 이룬 채 출토되었는
데, 복암리 3호분 5호석실의 경우 2인이 나누어 가진 양상이 확인된다.
위세품의 권위를 한 집단(가족 혹은 친족)의 구성원이 공유하여 1인의
절대자가 없던 상황을 반영한다(국립문화재연구소, 2001, 『나주 복암리
3호분』, 433쪽). 96석실의 피장자 역시 5호 석실에 묻힌 사람들과 비슷한
위상을 갖고 있었을 가능성이 높다.

70) 개배 1점은 석실 중앙에서 파편 상태로 확인되었고, 나머지 4점은 바깥에서
석실로 들어가는 입구 부분에 삼족기를 비롯하여 백제 색채가 농후한
토기 30여 점과 함께 놓여 있었다(동신대학교 문화박물관, 2009, 「나주
영동리고분군 3차 발굴조사 약보고서」).

나주 다시면 영동리고분군 원경 상상도(스케치 | 박일정)

공(陶工)이 백제와 신라 양식을 받아들여 동일한 가마에서 제작했는데, 이기재(離器材)의 배치가 일치된 사실을 통해 확인된다.

영동리는 조선시대와 일제강점기 때는 서창포와 모정포가 해상활동의 중심지였던 것 같다. 그러나 마한시대의 경우 해수면의 변동 등을 고려하면 고분군이 자리한 초동마을 입구까지 문평천을 따라 바닷물이 유입된 것으로 추정된다. 영동리와 복암리 사이를 가로지르는 문평천 역시 바닷물이 밀려가면 강이 되고, 밀물이 들면 내해를 이룬 간석지가 넓게 펼쳐졌다.[71]

---

71) 문평천의 舊河道 주변에 위치한 신석리 석봉마을은 서창포가 자리했고, 그 근처(신석리 131번지)에 배들이 정박하면서 밧줄을 맨 입석이 남아 있다. 석봉(서창)마을을 지나 모서리를 돌면 모정개 혹은 모정포가 위치하는데, 해방 이후까지 바닷고기와 젓갈 및 소금 등을 싣고 온 배들이 모여들어 갯벌장이 열렸다(광주광역시립민속박물관, 2012, 앞의 책, 194쪽).

한편 나주와 함평의 경계를 이루는 고막원천 유역에도 별도의 집단이 존재하였다. 고막원천 유역은 함평 나산면 초포리[72]와 월야면 만가촌[73]에 초기 철기시대를 대표하는 유적이 자리할 뿐만 아니라 옹관고분의 발원지에 해당된다. 이들 지역은 남해만의 바닷물이 고막원천 상류의 깊숙한 지점까지 유입되었고, 곳곳에 대외교류와 해상활동이 가능한 포구가 존재하였다.[74]

고막원천 유역의 마한시대를 대표하는 유적은 월야면 예덕리 만가촌고분군, 월야리 순천 유적, 학교면 월산리 반암 유적과 송산 유적 등을 들 수 있다. 그 외에 나산면 초포리 사산고분군, 해보면 금덕리 고두고분군, 월야면 정산리 내정고분, 월야면 용암리 신성고분, 월야면 월계리 석계고분 '나'군 및 '다'군 등이 존재한다.

고막원천 유역과 비슷한 양상이 함평천 유역에서도 확인되고 있다. 함평천 유역에 자리한 대표적인 유적은 학교면 마산리 청수원고분군, 엄다면 엄다리 제동고분군 등을 들 수 있다. 무안 몽탄면 사창리 덕암고분군·구산리고분군·학산리고분군·다산리 인평고분군 등도 주목된다. 옹관고분에 묻힌 사람들이 거주한 거점취락도 학교면 월산리 반암 유적[75] 등에서 확인되었다.

이와는 달리 월야면 예덕리와 학교면 마산리에는 장고분(혹은 전방후원형고분)으로 불리는 이질적인 형식의 묘제가 자리한다.

---

72) 국립광주박물관, 1988, 『함평 초포리 유적』.
73) 전남대학교 박물관, 2004, 『함평 예덕리 만가촌고분군』.
74) 고막원천 유역은 장성 삼서면 삼계리 泊舟, 함평 월야면 월야리 別環米倉과 해보면 용산리 舟峴 및 나산면 초포리 草浦, 함평 학교면 고막리 원고막포, 나주 문평면 안곡리 배다리와 문평면 산호리 바다몰 등 23곳 이상의 포구 관련 지명이 조사되었다(김경수, 1995, 앞의 책, 250~251쪽).
75) 호남문화재연구원, 2007, 『咸平 磻岩遺蹟』.

장고분은 영산강식 석실분과 마찬가지로 노령 이남지역의 마한사회
가 일본 구주지역(九州地域)과 활발한 교류관계를 맺은 사실을 반영
한다.76)

　예덕리 장고분(신덕고분)은 만가촌 유적에서 북서쪽으로 500m
떨어진 곳에 위치한다. 이곳에서는 은(銀)으로 장식된 철제 투구와
갑옷 등 왜(倭)와 관련된 유물, 백제에서 보내준 위세품에 해당되는
금동관 조각 등이 조사되었다.77) 예덕리고분에서 출토된 금동관은
반남 신촌리 9호분 을관 및 다시 복암리 3호분 96석실 피장자에
버금가는 위상을 갖은 수장층이 고막원천 상류지역에 존재한 사실을
암시한다. 또한 학교면 마산리 장고분에서도 백제 계통의 토기가
출토되었는데,78) 고창 칠암리 장고분에서 조사된 기대(器臺) 및 개(蓋)
등과 유사한 것으로 밝혀졌다.79)

2. 백제의 방군성제 실시와 토착사회 재편

1) 발라군과 물아혜군의 설치

　남해만 연안지역의 마한사회는 6세기를 전후하여 반남을 대신하

---

76) 구주 북부지역에서 조사된 석실분과 영산강 유역에서 확인된 지상식 석실분
　(소위 영산강식 석실분)의 관계에 대해서는 다음의 글을 참조하기 바란다.
　柳澤一男, 2006, 「5~6세기 한반도 서남부와 구주」, 『가야, 낙동강에서 영산
　강으로』 제12회 가야사 국제학술회의 발표집.

77) 국립광주박물관, 1995, 『함평 신덕고분 조사개보』.

78) 동신대학교 문화박물관, 2013, 「함평 마산리 표산고분」, 지도위원회 회의자
　료.

79) 대한문화재연구원, 2015, 「고창 칠암리고분」, 지도위원회 회의자료.

여 다시 방면이 중심지역으로 부상하였다. 백제의 영향력이 확대되고 있었지만, 반남과 다시 등 중심지역에 국한되었다. 복암리 수장층을 금동관 등 백제가 준 위세품을 활용하여 주변지역에 대한 영향력 확대 수단으로 활용하였다.[80]

또한 마한사회는 백제 외에 가야를 비롯하여 신라 및 왜국 등과 교류하는 등 독자적인 세력권을 유지하였다. 노령 이남지역의 마한사회는 백제가 6세기 중엽 방군성제를 실시하면서 변화를 맞게 되었다. 백제는 전국에 걸쳐 5방(方) 37군(郡) 200성(城)을 두었다.

5방(方)은 중방 고사성·동방 득안성·남방 구지하성·서방 도선성·북방 웅진성으로 구성되었다. 방은 6·7~10개의 군으로 이루어졌는데, 방령(方領) 1인과 방좌(方佐) 2인이 파견되었다.[81] 방(方)과 군(郡)은 조선시대의 군현제와 같은 수직적인 행정체계를 이룬 것은 아니었다.

방과 군은 지방통치를 위한 기본 성격은 동등하고, 군사적 측면에 국한하여 지휘체계를 형성한 것으로 보고 있다.[82] 군의 책임자는 군장(郡將) 혹은 군령(郡領)이라 하였는데, 중앙에서 3명이 파견되었다. 지방관의 복수제는 군사와 행정 업무를 분리한 조치로 이해된다.[83]

---

80) 이에 대해서는 다음의 글을 참조하기 바란다. 강종원, 2005, 「한성말기 지방지배와 수촌리 백제고분」, 『4~5세기 금강유역의 백제문화와 공주 수촌리유적』; 김낙중, 2009, 「영산강유역 정치체와 백제 왕권의 관계변화 금속세 복식유물을 숭심으로」, 『백제연구』 50; 김영심, 2014, 「고흥 안동고분 축조의 역사적 배경」, 『백제문화』 51.

81) 『北史』 권94, 列傳82, 百濟.

82) 백제의 방군성제 실시와 지방통치조직의 정비에 대해서는 다음의 글을 참조하기 바란다. 박현숙, 2007, 「방·군·성체제로의 정비」, 『百濟의 政治制度와 軍事』, 충청남도역사문화연구원.

군의 통제를 받는 하위의 지방조직은 200~250곳을 헤아리는 성(城) 혹은 현(縣)이었다. 여기에 파견된 지방관은 성주(城主)와 도사(道使) 등으로 불렸다. 말단 행정기관의 숫자가 많은 것은 토착세력들의 전통적 세력기반이 그만큼 약화되고 축소된 사실을 반영한다. 방군성제 실시는 토착사회의 재편과 맞물려 추진되었다. 백제는 지방조직의 편제 과정에서 전정호구(田丁戶口)의 다과(多寡) 등 객관적인 기준을 마련하였다. 호구와 전정의 파악은 지방관의 책임 하에 이루어졌다.[84]

백제의 남해만 연안지역 통치는 나주 반남과 다시 토착집단을 앞세운 간접지배 방식을 지양하고, 그 외곽의 중소세력과 직접 연결하는 형태로 추진되었다. 남해만 연안의 북쪽지역은 발라군(發羅郡), 그 남쪽지역은 월나군(月奈郡)이 설치되었다. 무안 및 함평 일대는 물아혜군(勿阿兮郡)이 관할하였다.

그 과정에서 백제가 다시면 복암리와 영동리 일대를 두힐현(豆肹縣)으로 편재하고, 나주시내 일원에 발라군의 치소를 둔 사실이 주목된다. 물아혜군과 월내군의 치소 선정에서도 비슷한 양상이 확인된다. 물아혜군은 마한사회의 중심지였던 월야면 일대를 벗어나 무안읍에 치소를 두었고, 월나군은 나주 반남과 영암 시종을 대신하여 영암 군서면 일대에 치소를 설치하였다.

백제가 방군성제를 실시하면서 토착집단의 영향력이 큰 지역을 피해 그 외곽에 군치(郡治)를 선정하는 방식으로 마한사회의 재편을 꾀한 것으로 이해하고 있다.[85] 그러나 방군성제 실시 이후 남해만

---

83) 김주성, 1995, 앞의 글, 84쪽.
84) 노중국, 1995, 「지방·군사제도」, 『한국사』 6, 국사편찬위원회, 183~187쪽.
85) 문안식 외, 2004, 『한국고대의 지방사회』, 혜안, 251쪽.

연안지역에서는 다른 양상이 확인되고 있다.

마한사회의 중심지였던 다시 방면의 토착집단이 약화되고, 군의 행정 치소(治所)가 들어선 나주시내 일원에 기반을 둔 집단의 성장이 드러나지 않고 있다. 발라군의 치소가 들어선 나주시내 일원에서 백제식 석실분과 성곽 등 관련 유적이 조사된 사례가 거의 없다.[86]

그 반면에 발라군이 관할하는 두힐현의 현치(縣治)가 설치된 복암리 일대는 지속적인 발전 양상이 확인된다. 복암리 3호분의 5호석실과 7호석실에서 출토된 관모(冠帽), 5호석실과 16호석실 연도에서 각각 1점씩 출토된 은제화형관식(銀製花形冠飾) 등이 참조된다. 이들 관모와 관식은 부여 염창리고분군 및 논산 육곡리 7호분 등에서 출토된 것과 유사하며, 착용한 사람은 백제 중앙의 통치체제에 편입된 상태에서 지방관의 신분을 지닌 인물로 보고 있다.[87]

은제화형관식은 자주색의 관복을 입은 제1품의 달솔부터 제6품의 나솔까지 사용할 수 있었다. 이들 중에서 2품 달솔(達率)이 5방의 방령(方領)으로 파견되었고, 군장(郡將) 혹은 군령(郡令)으로 불린 군(郡)의 책임자는 4품 덕솔(德率)이 임명되었다.[88] 또한 말단의 현(혹은 성)을 통치한 성주(城主)는 5품 한솔(扞率)과 6품 내솔(奈率) 등이 파견되었다.

---

86) 송월동 유적에서 옹관묘 16기와 주구묘 2기(국립나주문화재연구소, 2009, 『나주시 문화유산 종합학술조사보고서』 ; 전남문화재연구원, 2010, 『나주 송월동유적-제1구역』), 영강동 남부고분군에서 소규모 석곽 4기(동신대학교 문화박물관, 2004, 『니주 자진서네바공원조성 사업부지내 문화유적지표 조사보고』), 석현동 산정고분군에서 옹관편(목포대학교 박물관, 1998, 『문화유적분포지도-나주시』) 등 마한 관련 유적과 유물이 조사되었다.

87) 이남석, 1995, 『백제 석실분 연구』, 학연문화사, 492~493쪽.

88) 『周書』 권49, 列傳41, 異域上, 百濟. 이와는 달리 『翰苑』 권30, 蕃夷部 所引 括地志에는 제3품 恩率을 郡將으로 삼은 기록이 남아 있다.

따라서 복암리 3호분의 5호석실, 7호석실, 16호석실에서 출토된 관모와 관식을 착용한 인물들은 군장(군령) 혹은 현령(성주)에 임명되었을 가능성이 높다. 이들은 발라군과 두힐현 등을 통치하는 지방관의 직책을 맡은 것으로 추정된다.

또한 발라군의 치소가 들어선 나주시내 부근으로 이주하지 않고, 자신들의 출신지역에 생활기반을 유지한 채 행정 치소를 왕래하며 소관 업무를 처리한 것으로 짐작된다. 영동리 1호분의 4호석실에서 출토된 과대(銙帶)와 관모(冠帽) 역시 재지세력을 지방관으로 임용한 사실을 반영한다.[89]

복암리 3호분 7호석실에서 출토된 금제관식(金製冠飾)도 주목할 필요가 있다. 금제관식을 사용할 수 있는 사람은 국왕에 한정되었는데, 백제의 지방통치를 받아들인 상태에서 재지세력이 매우 높은 위상을 일정 기간 동안 유지한 사실을 암시한다. 또한 복암리 3호분 5호석실과 7호석실에서 1점씩 출토된 규두대도(圭頭大刀) 역시 재지세력이 왜국 등과 교섭관계를 일정 기간 동안 유지한 사실을 암시한다.[90]

한편 백제는 전국에 걸쳐 방군성제를 실시하면서 산성 내에 군현의 치소를 마련하였다.[91] 백제가 전남 동부지역에 고락산성과 검단

---

89) 은제화형관식과 관모의 부장은 16관등제와 의관제의 성립을 반영하며, 백제의 위계관계는 석실의 형식과 규모 및 장식목관·중국자기·장식대도·금속품의 조합으로 결정된다고 한다(최영주, 2014, 「백제 횡혈식석실의 매장방식과 위계관계」, 『한국상고사학보』 84, 87쪽).

90) 규두대도의 출토 의미에 대해서는 다음의 글을 참조하기 바란다. 김낙중, 2000, 「5~6세기 영산강유역 정치체의 성격」, 『백제연구』 32, 66쪽 ; 국립나주문화재연구소, 2001, 『나주 복암리 3호분』, 441쪽).

91) 郡治와 縣治는 평지의 시가지에 설치되지 않고, 하천이나 주변에 넓은 대지를 끼고 하천을 향해 돌출된 산봉우리에 축조된 산성 내에 위치한

산성 등 여러 성곽을 축조한 사실은 잘 알려져 있지만,[92] 서부지역과 중부지역에서는 확인된 사례가 별로 없는 실정이다. 그러나 백제가 남해만 연안과 그 주변지역에도 산성을 축조하고, 그 내부에 치소를 두었을 가능성도 있다.[93]

장성 진원산성에서 백제 계통의 기와가 출토된 사실[94]이 참조된다. 또한 강진 보은산의 정상에 자리한 강진읍성의 토축 구간에서도 백제계통의 승석문 기와가 수습된 바 있다.[95] 백제 때에 기와로 지붕을 이은 건물은 왕궁과 관청 및 사찰 등 국가 중요시설에 한정되었는데, 진원산성과 강진읍성에서 기와가 조사된 사례는 성곽 내에 행정 치소 등이 들어선 사실을 반영한다.

발라군의 치소는 금성산성 혹은 나주읍성 등에 자리했을 가능성이 높지만, 관련 유적과 유물이 확인되지 못해 단언하기 어려운 실정이다. 발라군은 두힐현과 수천현 및 실어산현을 영현(領縣)으로 두었다. 두힐현은 나주 다시면과 함평 학교면 등 영산강 중류지역, 수천현은 장성군 황룡면·동화면 및 광주 광산구 임곡동 등 황룡강 중류지역을 관할하였다. 실어산현은 나주시 다도면·봉황면 및 화순군 도암면·도곡면 일대를 관할하였다.

것으로 알려져 있다(서정석, 2002, 『백제의 성곽』, 학연문화사).

92) 최인선 외, 2003, 『여수 고락산성 I』, 순천대학교 박물관 ; 최인선 외, 2004, 『순천 검단산성 I』, 순천대학교 박물관.

93) 영암 시종의 성틀봉토성은 5세기 전반에 축조된 사실이 확인되었고(국립나주문화재연구소, 2012, 「영암 성틀봉토성 시굴조사」, 현장설명회자료), 해남 백포만 일대의 일평리싱과 옥녀봉보성 능도 분헌연구와 지표조사를 통해 4세기 중엽을 전후한 시기부터 활용되었을 가능성이 제기되었다(문안식, 2015, 앞의 글, 29~33쪽).

94) 전남문화재연구원, 2015, 「장성 진원성 정비사업부지 내 유적 시굴조사 결과보고서」.

95) 목포대학교 박물관, 2004, 『강진읍성 - 지표조사보고서』.

무안 보평산성을 상상하다(그림 | 장복수)

물아혜군이 설치된 함평과 무안 일대에서도 방군제 실시에 따른 비슷한 변화 양상이 확인된다. 물아혜군은 굴내현·다지현·도제현 3현을 관할하였는데, 그 치소는 무안읍 고절리 보평산성에 자리하였을 가능성이 높다.96) 물아혜군은 무안군 무안읍과 몽탄면, 함평 엄다면 등 무안천 유역을 직접 관할하였다.

굴내현을 비롯한 3현은 물아혜군의 치소가 들어선 무안읍의 외곽지역을 맡았다. 굴내현은 함평만 연안지역과 함평천 유역에 자리한

---

96) 보평산성에 관한 최초 기록은 1759년 편찬된『輿地圖書』이며, 縣의 북쪽 5里에 자리한 勿良古址라고 하였다. 勿良은 고려 惠宗 元年(944)에 개명된 무안의 舊號이며, 용월리 약곡마을 문안재(일명 土城堤)에 길이 30m·높이 6m·상폭 4.5m·하폭 8.5m의 토축 구간이 남아 있다(목포대학교 박물관, 1986,『무안군의 문화유적』). 보평산성이 백제 때에 축성한 사실을 알려주는 직접 자료는 아직 확인되지 못했지만, 여러 조건을 고려할 때 물아혜군의 치소가 성내에 자리하였을 가능성이 있다.

함평읍, 손불면, 대동면 일대를 관할하였다. 굴내현은 함평만 인근의 바닷길 통제와 관리 등의 역할을 담당하였다. 굴내현의 치소는 함평만 일대에 자리한 함평읍 석성리와 손불면 죽암리 일대였던 것 같다.

다지현은 고막원천 상류지역에 자리한 함평군 월야면·해보면·나산면, 그 하류지역에 위치한 학교면 등 고막원천 유역을 관할하였다. 다지현의 치소는 월야면 월악리 월악산성 내에 위치한 것으로 짐작된다.[97]

도제현은 무안군 해제면과 망운면·운남면을 비롯한 무안반도 일대를 관할하였다. 도제현의 치소는 무안반도 끝자락에 해당하는 해제면 신정리 봉대산성(해발 195m) 내에 위치하였을 가능성이 높다.[98] 도제현도 굴내현과 마찬가지로 일반적인 행정업무 외에 서남해 연안의 바닷길 통제와 선박 감시 역할을 맡았다.

발라군과 물아혜군의 치소가 마한사회의 중심지였던 남해만 연안에서 내륙 방면으로 옮겨간 사실도 주목할 필요가 있다. 마한 때는 남해만 연안의 여러 포구를 중심으로 활발한 대외교류가 이루어졌지만, 백제는 방군성제를 실시하면서 산성 내에 통치의 거점을 마련한 후 행정적·군사적인 지배를 강화하였다.

또한 남해만 연안지역은 백제의 지배를 받게 되면서 사회구조와 생활방식 등에서 전면적인 변화가 일어났다. 함평 월계리고분 및

---

97) 월악산성은 산 정상부를 중심으로 축성된 테뫼식으로 전체 형태는 삼태기 모양에 가깝다. 흙과 잡석을 섞어 축조하였으며, 전체 길이는 600m 정도이다(동신대학교 문화박물관, 2003, 『문화유적분포지도 - 전남 함평군』 ; 국립나주문화재연구소, 2013, 『영산강유역 고대산성』, 36쪽).

98) 성내에서 백제 기와와 토기 조각이 각각 1점씩 조사되었고, 성곽의 축조 방법 역시 백제의 전형적인 양식을 따른 점이 참조된다. 또한 봉대산성 내에서 '官'이라고 찍힌 기와가 발견되었는데, 성내에 관청이 있었던 사실을 반영한다(최성락 외, 2007, 『무안 봉대산성』, 목포대학교 박물관).

장성 학성리고분 등 6세기 후반에서 7세기 초에 축조된 무덤에서 삼족기와 기대 및 장경호 등이 출토되는 것으로 볼 때 백제토기로 일원화 되어 가는 양상이 확인된다.[99]

　방군성제 실시는 남해만 연안지역 해륙세력의 독자적인 대외활동에 대한 통제와 간섭으로 이어졌다. 복암리 3분에서 출토된 규두대도를 통해 볼 때 제한적인 교류가 일정 정도 유지되었지만, 해륙집단이 바닷길을 활용해 여러 나라와 독자적으로 교류하고 소통하는 것은 점차 어렵게 되어 갔다.

　남해만 연안지역은 옹관고분을 비롯하여 영산강식 석실분과 장고분 등의 축조가 중단되고, 사비식 석실분 등 백제의 문화양식이 널리 확산되었다. 또한 백제는 노령 이남지역의 통치가 안정되면서 재지 수장층을 지방관으로 임용하던 방식에서 벗어나게 되었다.

　재지세력은 지방관을 보좌하는 행정·군사·조세 실무자로 재편되었다. 그 이전에는 복암리 수장층 등이 일반 백성을 실질적으로 장악하였다면, 방군성제가 실시되면서 국가권력의 수중으로 이전되었다. 또한 중앙정부의 지방관 파견은 안정적인 대민지배(對民支配)로 이어졌는데, 최근 나주 복암리에서 출토된 목간에 기록된 내용을 통해 입증된다.[100] 나주 목간은 7세기로 접어들어 백제의 남해만 연안지역 통치가 치밀하게 이루어진 사실을 반영한다.[101]

　99) 김낙중, 2012, 앞의 글, 91쪽.

100) 국립나주문화재연구소, 2010, 『나주 복암리 유적 - 1-3차 발굴조사보고서』, 504~506쪽.

101) 나주 목간은 28점이 출토되었는데 하급 기관에서 상급 기관으로 보낸 물품명세서, 군역 징발 내용, 수취제도와 도량형, 국가재정 운영 등 지방사회의 실상을 알 수 있는 내용이 실려 있다. 나주 목간의 성격과 연구 현황에 대해서는 다음의 글을 참조하기 바란다(이용현, 2013, 「나주 복암리 목간 연구 현황과 전망」, 『목간과 문자』 10 ; 윤선태, 2013, 「백제목간의 연구현

영암 군서면에 자리한 성묘산성 위치

2) 월나군의 설치

백제가 방군성제를 실시한 이후 남해만 남쪽지역도 비슷한 상황을
겪게 되었다. 월나군은 반내부리(半奈夫里) 등 6현을 관할하였다.
월나군은 영암읍을 비롯하여 군서면과 덕진면 및 도포면 일대를
직접 관할하였다. 월나군의 치소는 군서면 마산리 오산마을 뒤편
성묘산(98.3m) 정상부에 위치한 성묘산성으로 추정된다. 성묘산성은
월출산에서 흘러내린 지맥에 위치하며, 영암만을 한 눈에 관찰할
수 있는 장소에 자리한다.[102] 또한 성묘산성은 전근대사회 영암의

황과 전망」, 『백제문화』 49).
102) 성묘산성은 『문화유적총람』에는 '聖城址'로 기록되어 있으나 그 전거를
    찾을 수 없고, 1943년 조선총독부에서 간행한 『朝鮮寶物古跡調査資料』에
    의하면 "둘레가 212칸의 석조로 대부분이 붕괴되었다"라고 서술되어 있다.
    현재 남쪽을 제외한 서북쪽의 300m 구간은 무너져 있고, 동북쪽은 2단

자미산성에서 옛 남해만을 상상하다(그림 | 박득규)

중심지를 이룬 영암읍성에서 불과 5km 남짓 떨어져 있다.

　반나부리현(半奈夫里縣)은 나주 반남을 비롯하여 동강·공산·왕곡, 영암 시종과 신북 등 삼포강 유역을 관할하였다. 반나부리현의 치소는 자미산성 내에 자리하였을 가능성이 높다.[103] 아로곡현(阿老谷縣)은 영암군 금정면과 나주시 세지면을 비롯한 만봉천 유역을 관할하였다. 아로곡현의 치소는 금정면 안노리 일대였다.[104] 고미현(古彌縣)

　　정도의 석축이 남아 있다(목포대학교 박물관, 1986, 『영암군의 문화유적』 ; 영암군지 편찬위원회, 1998, 『영암군지』).

103) 자미산성의 발굴 결과 건물터 및 성문터와 함께 백제부터 고려까지에 걸친 토기와 기와, 도자기 등 여러 유물이 출토되었다. 내부에서 출토된 토기와 기와 등은 산성과 건물이 백제 때부터 활용된 사실을 반영한다(동신대학교 문화박물관, 2011, 「나주 자미산성 발굴조사 학술자문위원회 자료」).

104) 김정호 편저, 1988, 『지방 연혁 연구-전남을 중심으로』, 광주일보 출판국. 한편 『大東地志』 나주목 고읍 조를 보면, "안로는 나주의 남쪽 30리에 있다. 본래 백제의 아로곡현인데, 당이 백제를 멸한 뒤 노신으로 개칭하여

은 영암군 미암면과 학산면 및 서호면 등 학산천과 망월천 유역을 관할하였다.105) 곤미현의 치소는 미암면 미암리 일대로 추정된 다.106)

한편 월나군은 고시이현(古尸伊縣)·구사진혜현(丘斯珍兮縣)·소비 혜현(所非兮縣)도 관할 하에 두었다. 고시이현은 황룡강 상류지역에 위치한 장성군 북일면과 장성읍, 구사진혜현은 극락강 중류지역의 장성 진원과 담양 수북 및 광주 광산구, 소비혜현은 장성천 유역의 장성 삼계면과 삼서면 일대를 관할하였다.107)

이와 같이 월나군은 현재의 영암과 나주를 비롯하여 장성·담양· 광주 5개 시군의 일부 지역을 관할하였다. 그러나 월나군이 반나부리 등 6현이 설치된 매우 넓은 지역을 관할한 것으로 보기는 어렵다. 월나군이 관할한 남해만 남쪽지역과 영산강 중류지역 사이에 발라군 수천현 및 무진주 복룡현이 위치한 점도 고려할 필요가 있다. 또한 신라의 통일 이후 경덕왕 때에 이르러 월나군의 관할지역을 영산강 상류지역의 갑성군(장성), 남해만 남쪽지역의 영암군 및 반남군 3군 으로 분리한 점도 참조할 필요가 있다.

따라서 『삼국사기』 지리지 편찬 과정에서 무언가 착오가 발생하

동명주에 딸린 영현으로 삼았다. 신라 경덕왕 16년 야로로 개칭하고 반남군 에 속하게 하였으나, 고려 태조 23년 안로로 개명하였고, 현종 9년에는 나주에 속하게 하였다"라고 되어 있다.

105) 국립나주문화재연구소, 2011, 『영산강유역의 고대고분 - 정밀분포조사보 고서』, 4/2~478쪽.

106) 고미현은 신라 경덕왕 때 곤미현으로 개명되었는데, 그 치소는 미암면 미암리 미촌마을에 위치하였다. 미촌마을은 골미와 곤미 등으로 부르기도 하였는데(한글학회, 1983, 『한국지명총람』 15, 221쪽), 고미현 혹은 곤미현 에서 연유한 것으로 추정된다.

107) 문안식 외, 2004, 앞의 책, 220~223쪽.

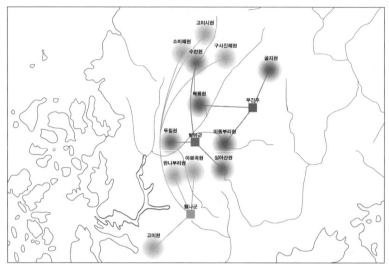

『삼국사기』 지리지 백제 조에 기록된 남해만 연안 및 영산강 유역의 군현 분포 현황

였을 가능성이 있다. 백제의 웅천주(熊川州)와 무진주(武珍州) 조에

A-1. 웅천주【또는 웅진이라고 하였다】… 소부리군【또는 사비라
고 하였다】진악산현. 열기현【또는 두릉윤성 혹은 두곶성 혹은
윤성이라고도 하였다】임존성. 고량부리현. 오산현.

2. 무진주【또는 노지(奴只)라고 하였다】…월나군. 반남부리현. 아
로곡현. 고미현. 고시이현. 구사진혜현. 소비혜현.[108]

라고 하였듯이, 노령 이남지역 외에 충청 방면에서도 비슷한 사례가
발견된다. 사료 A-1에 따르면 소부리군은 백제의 수도였던 부여읍에
치소를 두고, 진악산현(부여군 석성면 일대)과 열기현(청양군 정산면

---

108)『三國史記』 권37, 地理4, 百濟.

일대)을 영현으로 거느렸다. 그 외에 임존성(예산 대흥면)을 비롯하여 고량부리현(청양군 청양읍)과 오산현(청양군 비봉면·화성면)도 소부리군에 속한 것으로 되어 있다.

그러나 백제의 왕도였던 부여를 비롯하여 청양과 예산 일대가 동일한 행정구역을 이루었을 가능성은 거의 없다. 소부리군의 관할 지역은 백제의 왕도(王都), 그 외곽의 부여지역 및 칠갑산 동쪽의 청양 일부(정산면 방면), 임존성과 고량부리현 및 오산현이 설치된 칠갑산 서쪽의 청양 일부와 예산 일대로 3분할 수 있다.

임존성을 비롯하여 고량부리현·오산현은 소부리군에 속하지 않고 별도의 행정구역을 이루었을 가능성이 있다. 이와 관련하여 임존성이 '○○郡' 혹은 '○○縣'으로 기록된 일반 군현과는 달리 '성(城)'으로 표기된 사실이 참조된다.[109] 성곽은 방어시설로써의 기능 외에 주변의 촌락을 포함한 일정한 공간을 가리키는 의미를 띠기도 했다.[110]

한편 신라의 통일 이후에는 부여와 청양 및 예산 일대를 하나의 군으로 편재하지 않고, 칠갑산을 경계로 하여 동쪽과 서쪽에 각각 소부리군과 임성군을 두었다. 또한 임존성은 예산 대흥면 상중리 봉수산성에 해당되며, 백제의 5방 중에서 서방의 치소가 자리하였다.[111] 따라서 사료 A-1에 임존성 다음에 서술된 고량부리현과 오산현은 서방의 직할 현이었을 가능성이 높다.

월나군 역시 영암과 나주 방면의 반나부리현·아로곡현·고미현,

---

109) 서정석, 2002, 앞의 책, 269쪽.
110) 이우태, 1981, 「신라의 촌과 촌주」, 『한국사론』 7, 서울대 국사학과, 83쪽.
111) 백제의 서방 위치에 대해서는 다음의 글을 참조하기 바란다. 천관우, 1979, 「馬韓諸國의 位置試論」, 『동양학』 9, 212쪽 ; 박현숙, 1996, 「백제지방통치체제연구」, 고려대 박사학위논문, 127쪽 ; 서정석, 2002, 앞의 책, 268쪽.

장성과 담양 및 광주 방면의 고시이현·구사진혜현·소비혜현의 관할 지역으로 구분할 수 있지 않을까 한다. 이 문제에 대해서는 백제의 남방 위치 및 직할 현의 설치 여부와 관련하여 검토할 필요가 있다.

남방의 치소가 자리한 구지하성(久知下城)의 위치에 대해서는 전북 금구,[112] 전북 남원,[113] 전남 구례,[114] 전남 장성,[115] 광주광역시 일 원[116] 등으로 보고 있다. 그러나 구지하성은 다음의 몇 가지 사실을 고려하면, 장성 불태산의 동쪽 기슭의 속칭 '대절봉'에 자리했을 가능성이 높다.[117]

진원산성은 『신증동국여지승람(新增東國輿地勝覽)』에 구진성(丘珍城)으로 기록되었다.[118] 구지하성과 구진성의 음운이 비슷한 사실을 고려하면, 구진성은 구사진혜의 약칭으로 추정된다. 또한 『한원(翰苑)』에 구지하성이 국남(國南) 360리에 위치하고, 그 둘레가 '방일백삼십보(方一百三十步, 720m)'[119]라는 기록이 남아 있다. 이는 부여에서 장성까지의 거리 및 진원산성의 규모와 거의 부합된다.[120]

또한 진원산성이 전남 동부지역에서 조사된 백제 성곽의 둘레가

---

112) 今西龍, 1934, 「百濟五方五部考」, 『百濟史硏究』, 近澤書店.

113) 전영래, 1988, 「百濟地方制度와 城郭」, 『백제연구』 19.

114) 末松保和, 1961, 『任那興亡史』, 吉川弘文館.

115) 이병도, 1977, 『國譯三國史記』, 을유문화사.

116) 박현숙, 2007, 앞의 글, 190~192쪽.

117) 문안식 외, 2004, 앞의 책, 232쪽.

118) 『新增東國輿地勝覽』 36권, 全羅道 珍原縣.

119) 『翰苑』 권30, 蕃夷部 所引 括地志.

120) 진원성의 둘레는 전하는 문헌마다 차이가 있는데 『新增東國輿地勝覽』은 400尺(약 190m), 『大東地志』는 1,400尺(약 660m)으로 기록되어 있다. 그러나 실제 계측거리는 약 800m 정도로서 『대동지지』의 기록과 근사치를 보인다 (고용규, 1999, 「장성군의 관방유적」, 『장성군의 문화유적』, 장성군·조선대학교 박물관, 376쪽).

진원산성 축조 현황분포(항공사진 | 전남문화재연구원)

260~550m에 불과한 것과는 달리 800m에 이르는 중형인 점도 참조된
다. 전남 동부지역 백제산성이 규모가 크지 않은 테뫼식에 속하지만,
진원산성은 장기적으로 농성할 수 있는 마안형(馬鞍形)의 포곡식(包
谷式)에 해당된다.

백제가 진원산성 내에 남방의 치소를 둔 배경은 영산강 상류지역
의 풍부한 인적 및 물적 자원을 활용할 수 있는 이점 등이 고려되었다.
구지하성은 진원천을 통하여 영산강 본류와 연결되기 때문에 남해만
을 경유하는 수로(水路)를 이용해서도 접근이 가능한 위치에 자리한
다.

백제는 남방의 치소를 구지하성에 두고, 고시이현과 소비혜현을
직할지역으로 삼았을 가능성이 있다. 고시이현은 장성읍을 비롯하
여 북이면과 북일면 등 황룡강 유역을 관할하였다. 고시이현의 중심
지는 북이면 모현리 일대로 추정되며,[121] 관련 유적으로 근접 거리에

만무리고분(석실묘) 등이 위치한다.[122]

소비혜현은 삼계천 유역과 고막원천 상류에 위치한 장성군 삼계면, 삼서면 일대를 관할하였다. 소비혜현의 치소와 관련하여 삼계면 부성리 고성산성 등의 고대산성이 참조된다.[123]

한편 백제가 극락강 유역과 황룡강 유역 등 영산강 상류지역을 남방의 직할지역으로 편재한 까닭은 반남과 다시 등 남해만 연안에 자리한 채 마한 토착사회를 대표하는 집단의 존재가 부담이 된 측면도 없지 않았다. 백제는 이들을 배후에서 견제하고, 노령을 남북으로 잇는 길목을 장악하기 위해 진원산성을 남방의 치소로 선택하지 않았을까 추정된다.

그러나 남방의 치소를 군치(郡治)가 아니라 현치(縣治)에 둔 점에서 서방의 사례와 일부 차이를 보인다. 사료 A-1은 서방의 치소였던 임존성과 직할 현에 해당되는 고량부리현과 오산현이 차례대로 서술되어 있지만, A-2는 고시이현의 다음에 구사진혜현과 소비혜현의 순서로 기록되어 있다. 신라의 통일 이후 군현의 재편 과정에서 고시이현이 갑성군으로 승격된 사실 등이 고려되어, 『삼국사기』 지리지 편찬 과정에서 선후가 바뀌지 않았을까 추정된다.

---

121) 권상로, 1960, 『韓國地名沿革考』, 동국문화사 ; 유재영, 1982, 『傳來地名의 研究』, 원광대학교 출판국.
122) 국립나주문화재연구소, 2011, 앞의 책, 239~242쪽.
123) 국립나주문화재연구소, 2011, 앞의 책, 250~252쪽 ; 국립나주문화재연구소, 2013, 앞의 책, 72~76쪽.

3. 신라의 무진주 설치와 군현 통폐합

백제는 나당연합군의 공격을 받고 무너졌다. 백제의 멸망 이후 노령 이남지역은 671년까지 웅진도독부의 관할 하에 놓여 있었는데, 신라가 당군(唐軍)을 한반도에서 몰아내는 과정에서 점령하였다. 신라는 노령 이남지역을 차지한 후 발라주(發羅州)를 설치하였다.

그러나 발라주는 오래 지속되지 못하고, 그 역할을 무진주(武珍州)가 신설되어 넘겨받았다. 신라는 신문왕 6년(686) 발라주를 금산군으로 강등하고, 무진주를 신설하면서 주치(州治)를 광주 일대에 두었다. 노령 이남지역의 중심지가 남해만 연안을 벗어나 내륙 방면의 광주로 옮겨진 계기가 되었다.

신라의 지방통치는 무진주를 비롯하여 9주제가 정비되면서 안정화 되어 갔다. 또한 신라의 지방통치는 군정적인 상태를 벗어나 민정적 측면이 강한 행정지배로 전환되었다. 주의 장관을 총관(摠管)으로 칭하던 단계에서 벗어나 도독(都督)으로 바꾼 사실이 참조된다.[124]

신라의 지방통치는 군사제도의 개편을 통해서도 보완되었다. 신라는 지방세력의 발호를 억제하고, 치안 유지 등을 위해 전국에 10정(停)의 군단을 상주시켰다.[125] 그 외에 기병으로 구성된 5주서(州誓)를 비롯하여 사자금당(獅子衿幢)과 만보당(萬步幢) 및 노당(弩幢)이 주치(州治)에 배치되었다. 지방의 군현은 촌락민으로 구성된 외여갑당(外餘甲幢)·여갑당(餘甲幢)·법당(法幢) 등이 편성되었다.[126]

---

124) 『三國史記』 권8, 新羅本紀8, 神文王 5年.

125) 末松保和, 1954, 『新羅史の諸問題』, 東洋文庫, 365쪽 ; 이문기, 1997, 『新羅兵制史研究』, 일조각, 144쪽.

신라는 행정조직과 군사제도를 유기적으로 결합하여 효과적인 지방통치를 꾀하였다. 신라의 지방지배 방식은 백제시대의 방군성제와 비교하면 더욱 명확히 차이가 드러난다. 백제는 중앙에서 지방관을 파견하기도 했지만, 토착세력을 활용하는 경우도 적지 않았다.[127] 그러나 신라는 통일 이후 지방의 모든 군현에 관리를 파견하는 등 전제왕권 형성을 위한 토대를 마련하였다.[128]

신라의 지방통치가 전적으로 토착세력을 배제한 채 이루어진 것은 아니었다. 주치(州治)에 주사(州司)가 설치되었는데, 중앙에서 파견된 도독(都督)·주조(州助)·장사(長史)·외사정(外司正) 및 지역 출신의 주리(州吏) 등이 구성원을 이루었다. 군(郡)과 현(縣)에 설치된 군사(郡司)와 현사(縣司) 역시 태수(太守)와 현령(縣令) 외에 군리(郡吏)·현리(縣吏)가 지방행정에 참여하였다.[129]

한편 백제 때는 군현의 치소가 산성 내에 자리한 경우가 일반적이었지만, 신라의 통일 이후 평지로 내려오게 되었다. 주치(州治)와 소경(小京) 등 행정 공간을 보호하기 위해 신문왕 7년 사벌주와 삽량주에 성곽을 축조하였고, 신문왕 11년에는 남원성을 쌓기도 했다.[130] 무진주의 치소는 광주광역시 충장로와 금남로 일대에 자리한 무진도독성 내에 마련되고,[131] 무등산 일원에는 '무진고성'으로 불리는

---

126) 『三國史記』 권40, 雜志9, 職官 下, 武官.

127) 문안식, 2002, 앞의 책, 275쪽.

128) 신라 중대사회의 전제왕권 형성 과정에 대해서는 다음의 글을 참조하기 바란다(김수태, 1991, 「신라 중대 전제왕권과 진골귀족」, 서강대 대학원 박사학위논문, 159~161쪽).

129) 김주성, 1983, 「新羅下代의 地方官司와 村主」, 『한국사연구』 41, 54쪽.

130) 『三國史記』 권8, 新羅本紀8, 神文王 7年·11年.

131) 무진도독성의 축조 과정에서 늪지대의 물을 빼고, 땅을 메운 후 신시가지를 조성하는 대공사가 벌어졌다. 또한 무주의 행정 치소를 둘러싼 둘레 10km에

무등산 무진고성에 올라 금성산을 바라보다(그림 | 박득규)

배후산성이 축조되었다.[132]

신라는 무진주를 설치하면서 현웅현(玄雄縣)·용산현(龍山縣)·기양현(祁陽縣)을 두어 직할 현으로 삼았다. 백제의 미동부리현·복룡현·굴지현이 신라의 통일 이후 현웅현을 비롯한 3현으로 개편되었다.[133] 그런데 백제 때에 지명 뒤에 '주(州)'를 붙여 노령 이남지역을 무진주로 불렀을 가능성은 거의 없다.[134]

이르는 거대한 규모의 토성이 축조되었다. 성내에는 井田制를 활용한 장축 2,200m·단축 900m 내외의 격자망 도로를 만들었으며, 충장로에서 금남로에 이르는 구간에는 너비가 80m에 이르는 주작대로가 놓였다. 관청과 부속 건물은 통일신라시대의 건물지와 官·人官·瓦官 등이 새겨신 기와 소삭이 조사된 누문동과 북동 일대에 위치하였다(임영진 외, 1995, 「광주 누문동 통일신라 건물지 수습조사 보고」, 『호남고고학보』 2, 80~82쪽).

132) 전남대학교 박물관, 1990, 『武珍古城 II』.

133) 『三國史記』 권37, 雜誌6, 地理4. 百濟.

134) 강봉룡, 1998, 「5~6세기 영산강유역 옹관고분사회의 해체」, 『백제의 지방통

현재의 광주 일원이 무진주로 불린 시기는 신라가 백제를 통합한 이후였으며, 백제 때는 '주(州)'가 아니라 일반 군현이 설치되었을 가능성이 높다. 또한 미동부리현과 복룡현 및 굴지현은 무진주의 직할 현(縣)이 아니라 다른 군(郡)에 속한 것으로 짐작된다. 복룡현(나주 노안과 광산구 평동)과 미동부리현(남평읍)은 지리적 여건을 감안할 때 발라군에 속한 것으로 추정된다. 그 반면에 굴지현(담양 창평과 고서)은 담양읍에 치소를 둔 추자혜군의 영현이었을 가능성이 높다.

신라의 통일 이후 미동부리 등 3현은 발라군과 추자혜군의 관할에서 벗어나 무진주의 직할 현으로 편입되었다. 신라는 직할 현의 설치를 통해 주치(州治)의 유지에 필요한 물적 및 인적 자원을 확보하고, 남해만 연안에 자리한 금산군 등을 견제하는 역할을 맡긴 것으로 짐작된다.

또한 남해만 남쪽지역을 관할하던 월나군을 영암과 반남 2군으로 분리한 점도 주목된다. 영암군의 영현은 1곳도 설치되지 않았지만, 반남군은 야로현(野老縣)과 곤미현(昆湄縣)을 거느렸다. 반남군은 군세(郡勢)가 약화된 영암군을 대신하여 남해만 연안의 남쪽지역을 관할하는 대군(大郡)이 되었다.

백제는 반남지역의 마한집단을 억누르기 위하여 군(郡)을 대신하여 현(縣)을 설치하였지만, 신라는 반나부리현을 반남군으로 승격시켜 재지세력의 현실적인 영향력을 인정해 주기도 하였다.[135] 또한 신라는 남해만 연안의 남쪽과 북쪽에 각각 반남군과 금산군을 두어 상호 견제케 하였다.

신라는 무진주 설치와 지방사회 재편 과정을 통해 군현의 통폐합

치』, 학연문화사, 253쪽.
135) 문안식 외, 2004, 앞의 책, 251쪽.

에 나서기도 하였다.『삼국사기』지리지에 전하는 백제와 신라때의
군현 숫자 및 관할지역이 거의 비슷한 사실이 주목된다.

백제는 15군 44현을 두었는데, 신라 역시 15군 44현을 설치하였
다.136) 그런데『삼국사기』지리지에 전하는 백제의 군현 관련 사료는
당시의 사정을 반영하는 것이 아니라, 신라 때의 군현 편성에 맞추어
소급 정리되었을 가능성이 높다.137) 신라는 통일전쟁을 겪으면서
인구가 줄고 경작 면적이 감소한 여건 등을 감안하여 군현의 통폐합
을 추진하였다. 군현의 통폐합은 중간 지배층의 숫자를 줄여 민생을
안정시킨 측면도 없지 않았다.

신라는 백제 때의 200현을 줄여 147현으로 통폐합하였다.138) 백제
때와 비하여 53현이 줄어들었는데, 노령 이남지역 역시 다른 지역과
동일한 과정을 겪었다. 따라서 백제 때는 신라의 44곳보다 더 많은
숫자의 현(縣)이 설치되었을 가능성이 높다.139)

이와 관련하여 백제의 37군 중에서 노령 이남지역에 약 38%에
해당되는 14군이 존재한 사실이 참조된다. 백제 전역에 걸쳐 설치된
200현 중에 노령 이남지역은 38%에 해당되는 76현 정도 설치된

---

136)『三國史記』권37, 地理4, 百濟 武珍州 條에 따르면 15郡 44縣을 설치한 것으로
　　되어 있다. 그 중에서 내이군은 경북지역에 자리했는데, 지리지 편찬 과정에
　　서 착오가 발생하여 무진주 조에 서술되었다. 백제와 신라의 군현 숫자를
　　동일하게 15군 44현으로 기술하면서 착오가 생긴 것으로 추정된다.
137) 노중국, 1995,「三國史記의 百濟 地理關係 記事 檢討」,『三國史記의 元典檢討』,
　　한국정신문화연구원, 153쪽.
138)『三國史記』권37, 地理4, 百濟.
139) 이와 관련하여 백제가 서남해 도서지역에 설치한 군현 숫자가『三國史記』
　　기록과『翰苑』등 중국 사료 사이에 차이가 나는 점이 참조된다.『삼국사기』
　　지리지에는 백제가 8곳의 군현을 설치한 것으로 기록되었지만,『翰苑』
　　및『隋書』백제전에는 15현을 둔 것으로 되어 있다. 따라서 백제가『삼국사
　　기』지리지의 기록보다 더 많은 군현을 도서지역에 설치하였을 가능성이
　　없지 않다.

것으로 추산된다.[140] 그러나 신라가 백제를 통합한 후 무진주를 설치할 때 32현을 줄여 44현 만을 존속시킨 것으로 추정된다.

또한 신라는 군현 통폐합을 추진하면서 인구가 적은 지역은 향(鄕) 혹은 부곡(部曲)으로 삼았다.[141] 신라가 백제 때의 물아혜군(勿阿兮郡)을 무안군(務安郡)으로 개편하고, 그 관할 하에 있던 굴내현(屈乃縣)을 폐지하고 영풍향(永豊鄕)[142] 등을 둔 사례가 참조된다.

신라는 함평만 연안을 관할하던 굴내현을 폐지하고 영풍향을 두었으며, 그 대신에 함평천 유역에 자리한 함평읍 성남리 일대에 치소를 둔 함풍현(咸豊縣)을 신설하였다. 굴내현에서 함풍현으로의 전환은 지명 개명에 그치지 않고, 향(鄕)의 설치 및 현치(縣治)의 이동과 연동하여 지방사회를 재편하는 방향으로 이루어졌다.[143]

---

140) 한편 백제가 전국을 37군으로 나누어 200현을 설치한 사실을 고려하면, 평균적으로 1郡에 5.5縣을 둔 것으로 계산된다. 따라서 노령 이남지역은 14군에 44현이 아니라 산술적으로 계산하면 77현(14군×5.5현) 남짓 설치된 것으로 추정된다.

141) 향과 부곡은 천민의 거주지역(白南雲, 1933, 『朝鮮社會經濟史』, 改造社, 350~351쪽), 군현과 동질의 행정구역(木村誠, 1983, 「新羅時代の鄕」, 『歷史評論』 403호) 등으로 보고 있다. 그러나 향은 100호를 기준으로 하여 전정과 호구가 부족하여 縣이 되기 어려운 곳에 설치하였으며, 그 규모는 오늘날 面 정도의 넓이로 추정한다(이인철, 1993, 「新羅 統一期의 地方統治體系」, 『新羅政治制度史硏究』, 일지사, 101쪽).

142) 永豊鄕 관련 기록은 『三國史記』 권37, 地理4, 三國有名未詳地分 條에 地名만이 전한다. 신라의 군현 통합 과정에서 굴내현의 일부를 떼어 永豊鄕을 설치하였고, 조선시대의 함평현 영풍면에 속한 함평읍 진양리·가동리·석성리·장년리·옥산리 일대를 관할한 것으로 짐작된다.

143) 신라의 지방통치체제는 주군현제를 근간으로 하였고, 말단의 행정조직에 해당되는 현은 몇 개의 행정촌을 하부조직으로 거느렸다. 행정촌은 2~3호 혹은 3~4호의 자연촌이 몇 개 모여 이루어졌으며, '牟羅'라고 불리기도 하였다. 촌주가 촌의 행정을 맡아 처리하였으며, 정치적·경제적으로 자립하지 못한 자연촌을 일정한 규모로 묶어 편제하였다(박종기, 1987, 「고려시대 촌락의 기능과 구조」, 『진단학보』 64, 58쪽).

무안 봉대산성의 성벽

　다지현(多只縣)이 다기현(多岐縣)으로 개편되는 과정에서도 비슷한 양상이 확인된다. 다기현은 고려 태조 때에 이르러 모평현(牟平縣)으로 다시 개명되었는데, 함평군 해보면 상곡리 모평마을 일대에 치소를 두었다. 다기현으로 개명과 더불어 월악산성에서 평지의 모평리 일대로 치소를 옮긴 사실도 주목된다.

　또한 도제현(道際縣)이 해제현(海際縣)으로 개편되는 과정에서도 동일한 양상이 확인된다. 도제현의 치소는 무안반도의 끝자락에 위치한 봉대산성 내에 자리했는데, 해제현으로 바뀌는 과정에서 산성 아래의 해제면 신정 3리 고읍마을로 치소가 옮겨졌다. 함풍현과 다기현의 지소가 원래의 장소에서 다소 떨어진 지역으로 이동된 것과는 달리, 해제현의 치소는 산 위에서 아래의 평지로 내려온 사례에 해당된다.

　군현의 치소가 산성에서 평지로 내려온 사례는 물아혜군이 무안군으로 개편되는 과정에서도 확인된다. 물아혜군의 치소는 무안읍 고절리와 용월리 마을 뒤쪽에 자리한 보평산성 내에 위치하였는데, 신라의 통일 이후 평지로 내려와 고절리 일대에 자리 잡았을 가능성이 크다.

그러나 신라의 통일 이후 모든 군현의 치소가 산성에서 평지로 이동한 것은 아니었다. 고려시대의 해남현의 치소는『동국여지지(東國輿地誌)』해남(海南) 조(條)에 의하면 현산면의 일평리성으로 불리는 낮은 야산에 축조된 성곽 내에 자리한 것으로 되어 있다. 화순현의 치소 역시 구릉성 산지에 해당되는 남산과 평지의 시가지를 연결하는 형태로 축조된 남산성 내에 위치한 것으로 추정된다.144)

신라의 군현 통폐합과 치소 이동은 문무왕 때를 거쳐 신문왕 5년(685) 9주제가 완성될 무렵 기본골격이 형성되었다. 또한 경덕왕 때에 한화정책(漢化政策)을 추진하면서 중국식으로 지명을 바꾼 내용이『삼국사기』지리지에 기록되기에 이르렀다.145)

---

144) 전남문화재연구원, 2005,『화순 남산 고성지 시굴조사』현장자문위원회 회의자료.
145)『三國史記』권36, 雜志5, 地理3, 武州.

제4장

서남해 사람들, 새로운 천년 역사를 열다

1. 장보고의 청해진 설치와 해상왕국 건설

1) 장보고의 세력 확장과 청해진 설치

(1) 신라 중대사회의 붕괴와 지방사회의 동요

신라는 통일 후 무열왕계의 전제왕권이 확립되어 경덕왕 때까지 유지되었다. 문무왕은 율령제도에 입각하여 관료제를 모색하면서 귀족층을 도태시키는 등 전제왕권의 반대세력을 약화시켰다. 문무왕은 측근을 중용하고 6두품 이하의 전문적인 관료집단을 흡수하였으며, 신문왕은 개혁정치를 통하여 관료제를 확립하였다. 또한 신문왕은 군사제도와 토지제도를 개편하여 중앙집권적 통치체제를 마련하고, 그 다음 효소왕과 성덕왕 치세의 극성기를 맞이할 수 있는 토대를 구축하였다.

신라사회의 전제왕권은 효소왕·성덕왕·효성왕을 거쳐 경덕왕 때까지 왕당파와 그 반대파 사이의 반목에도 불구하고 유지되었다. 그러나 경덕왕 때에 이르러 귀족들이 세력을 확장하면서 왕권이 흔들리기 시작하였다. 이에 경덕왕은 왕권강화를 위해 관제정비와 개혁조치를 하였다. 744년에 이찬 유정(惟正)이 중시(中侍)에 임명된 이후 대정(大正), 조량(朝良), 김기(金耆), 염상(廉相), 김옹(金邕), 김양상

(金良相) 등 7인이 중시를 지냈다.

경덕왕은 747년에 이르러 중시의 명칭을 '시중(侍中)'으로 바꾸었다. 또한 국학의 여러 학업 과정에 박사(博士)와 조교를 두어 유학교육을 진흥시키고,[1] 748년에는 정찰(貞察) 1명을 두어 관리를 규찰[2]케 하는 등 전제왕권 체제를 유지하려 하였다. 그 밖에도 749년에 천문박사(天文博士) 1명과 누각박사(漏刻博士) 6인,[3] 758년에는 율령박사(律令博士) 2인[4]을 두었다. 이들 조치는 이상적인 유교정치의 기술적인 분야를 발전시키려는 데 목적이 있었다.

경덕왕의 전제왕권 체제를 강화하려는 제도개혁은 한화정책(漢化政策)으로 이어졌다. 한화정책은 귀족세력의 비판을 받게 되었다. 이들을 대표하여 상대등이 된 김사인(金思仁)은

　　A. 봄 2월에 상대등 김사인이 근년에 재앙과 이상한 일들이 자주
　　　나타났음으로 왕에게 글을 올려 시국 정치의 잘되고 잘못된 점을
　　　극론하니 왕은 이를 기꺼이 받아들였다.[5]

라고 하였듯이, 빈번하게 발생하는 천재지변을 들어 현실정치의 모순을 신랄하게 비판하였다. 김사인의 비판 내용은 자세히 알 수 없으나, 경덕왕이 추진한 한화정책에 대한 반대의사를 표명한 것으로 추정된다.[6]

---

　1) 『三國史記』 권9, 新羅本紀9, 景德王 6년.
　2) 『三國史記』 권9, 新羅本紀9, 景德王 7년.
　3) 『三國史記』 권9, 新羅本紀9, 景德王 8년.
　4) 『三國史記』 권9, 新羅本紀9, 景德王 17년.
　5) 『三國史記』 권9, 新羅本紀9, 景德王 15년.
　6) 이기백, 1974, 『新羅政治社會史硏究』, 일조각, 218쪽.

경덕왕은 김사인을 비롯한 귀족세력의 국정 비판을 받아들였다.
사료 A에는 '왕이 이를 기꺼이 받아들였다'라고 되어 있지만, 사료의
내용과는 달리 배척되었을 가능성도 없지 않다. 왜냐하면 다음 해에
김사인이 병을 핑계 삼아 상대등에서 물러났고, 그 대신 경덕왕의
측근이었던 이찬 신충(信忠)이 상대등에 임명되었기 때문이다.[7]

신충 외에 시중에 임명된 김기(金耆) 등이 경덕왕을 보필하면서
적극적으로 한화정책을 추진하였다. 군현의 명칭[8] 및 중앙관부의
관직명이 모두 중국식으로 바뀌게 되었다.[9] 그러나 경덕왕 때의
한화정책은 귀족세력과 대립보다는 정치적 타협을 통해 추진되었
다. 녹읍의 부활이 757년 3월에 이루어져 12월에 시행된 한화정책보
다 먼저 시행된 사실을 통해 유추된다.[10]

경덕왕은 한화정책 추진에 앞서 중앙과 지방의 관리들에게 주던
녹봉을 혁파하고 녹읍을 부활시켰다.[11] 귀족세력의 경제적인 욕구
를 충족시키기 위해 세조(歲租)만 받던 월봉을 혁파하고, 녹읍의
부활을 제도화시켰을 가능성이 있다. 진골귀족들이 경제적인 측면
에서 전제왕권에 대항한 결과로 볼 수 있다.[12]

귀족세력은 경덕왕 말기에 국왕의 측근 신충(信忠)과 김옹(金邕)을
물러나게 하였다. 경덕왕의 총애를 받던 대나마 이순(李純)은 세상을
피해 산 속으로 들어가기도 하였다.[13] 왕권과 귀족세력 사이의 대립

---

7) 『三國史記』 권9, 新羅本紀9, 景德王 16년.
8) 『三國史記』 권9, 新羅本紀9, 景德王 17년.
9) 『三國史記』 권9, 新羅本紀9, 景德王 18년.
10) 김영미, 1985, 「통일신라시대 아미타신앙의 역사적 성격」, 『한국사연구』
 50·51합집, 74쪽.
11) 『三國史記』 권9, 新羅本紀9, 景德王 16년.
12) 이기백, 1976, 『韓國史新論』, 일조각, 96쪽.

이 심화되면서 일어난 현상으로 보인다.

김옹이 물러난 뒤 전제왕권에 대항한 만종(萬宗)과 양상(良相)이 각각 상대등과 시중에 임명된 사례14)를 통해서도 귀족세력의 성장이 확인된다. 김양상은 나중에 혜공왕을 시해하고 왕위에 올라 신라 하대사회를 열어간 선덕왕이 되었다. 그는 경덕왕 때부터 귀족세력을 이끌고 전제왕권에 도전한 인물이었다.

이와 같이 경덕왕 말기의 정국운영은 왕권과 귀족세력의 정치적 타협 위에서 유지되었다. 그 결과 경덕왕의 한화정책과 전제왕권 강화 노력은 성공하지 못하였다. 신라의 중대사회의 특징인 전제왕권의 기반이 붕괴되어 귀족세력과의 타협을 통해 정치운영을 꾀할 수밖에 없었던 시대적 상황에 기인한다.

한화정책은 전제왕권 붕괴와 시대적 흐름을 되돌릴 수 없었다. 경덕왕을 계승한 혜공왕 12년(776)에 관직 명칭이 모두 옛 이름으로 환원된 사실15)이 참조된다. 혜공왕 때에 이르러 귀족세력의 정치적 비중이 왕권보다 높아지게 된 상황을 반영한다.

혜공왕은 태종무열왕의 직계 자손으로 계승된 신라 중대사회의 마지막 국왕에 해당된다. 혜공왕 때에는 신라 중대사회의 모순이 파탄 직전에 이르렀다. 또한 전제왕권의 견제 하에 있던 귀족세력들이 정치 일선에 등장하여 왕권쟁탈전을 전개하기 시작하였다.

혜공왕 재위 16년 동안에는 여러 건의 반란이 일어났다. 일길찬 대공(大恭)과 그의 동생 아찬 대렴(大廉)이 768년에 일으킨 반란이 시발점이 되었다. 이들은 군사를 동원하였으나

---

13) 『三國史記』 권9, 新羅本紀9, 景德王 22년.
14) 『三國史記』 권9, 新羅本紀9, 景德王 23년.
15) 『三國史記』 권9, 新羅本紀9, 惠恭王 12년.

B. 가을 7월에 일길찬 대공이 아우 아찬 대렴과 함께 반란을 일으켰는
   데, 무리를 모아 33일간 왕궁을 에워쌌으나 왕의 군사가 이를
   쳐서 평정하고 9족을 목 베어 죽였다. 9월에 당나라에 사신을
   보내 조공하였다. 겨울 10월에 이찬 신유를 상대등으로 삼고 이찬
   김은거를 시중으로 삼았다.16)

라고 하였듯이, 왕군(王軍)에 의해서 토벌되고 말았다. 전제왕권 체제
를 유지하려는 혜공왕과 중대사회를 부정하는 집단 사이의 첫 군사
적 충돌이었다.17) 김은거는 반란을 진압한 공훈을 인정받아 시중에
임명되었고, 이찬 신유(神猷)는 상대등이 되었다.18)

혜공왕 16년(770)에는 대아찬 김융(金融)이 주도한 반란이 일어났
다. 대공의 반란과 마찬가지로 혜공왕과 전제왕권에 저항한 성격을
띠었다. 김융의 난으로 김은거가 물러나고 이찬 정문(正門)이 시중이
되었다.19)

혜공왕 재위 기간 중에 중대사회를 무너뜨리고 하대사회를 열어
간 핵심 인물 김양상도 꾸준히 세력을 키웠다. 김양상이 774년(혜공
왕 10)에 상대등에 임명된 사례는 귀족세력이 정권을 장악한 사실을
의미한다. 전제왕권 중심의 중대사회에서 귀족중심의 하대사회로의
전환이 시작되었다.

이에 맞서 국왕의 측근세력들도 775년(혜공왕 11) 반전을 꾀하였으
나

---

16) 『三國史記』 권9, 新羅本紀9, 惠恭王 4년.
17) 이기백, 1974, 『新羅政治社會史研究』, 일조각, 231쪽
18) 『三國史記』 권9, 新羅本紀9, 惠恭王 4년.
19) 『三國史記』 권9, 新羅本紀9, 惠恭王 7년.

C. 이찬 김은거가 반란을 일으켰다가 목 베어 죽임을 당하였다. 가을 8월에 이찬 염상(廉相)이 시중 정문(正門)과 함께 반역을 꾀하다가 죽임을 당하였다.[20]

라고 하였듯이, 실패하고 오히려 반역 행위로 몰려 죽임을 당하고 말았다. 이들은 모두 전제왕권을 지지하는 사람들로 김양상을 축출하기 위해 군사를 일으킨 것으로 추정된다. 김양상 일파의 권력은 더욱 공고해졌고, 혜공왕은 실권을 상실한 채 명목상의 왕위 만을 보전하였다.

그러나 혜공왕을 지지하는 세력들이 정권 회복에 대한 노력을 포기한 것은 아니었다. 혜공왕이 재위 16년 동안 11회에 걸쳐 조공(朝貢)과 하정(賀正), 사은(謝恩) 사절을 당(唐)에 파견한 사례가 참조된다. 신라는 773년부터 776년까지 4년 동안 매년 2회씩 8회에 걸쳐 사절을 파견하였는데, 774년 김양상이 상대등에 임명된 사실과 무관하지 않다. 사절 파견은 왕당파들이 당(唐)과 외교관계를 이용해 왕권강화를 추진하기 위한 목적으로 이루어졌다.[21]

김양상은 왕에게 글을 올려 정치를 극론하는 등 정국의 주도권을 장악해 나갔다. 혜공왕은 자신과 동일한 무열왕계의 김주원(金周元)[22]을 시중에 임명하여 김양상 일파를 견제하려고 하였다. 친왕세력인 김지정(金志貞)도 군사를 동원하여 대항하였으나

---

20) 『三國史記』 권9, 新羅本紀9, 惠恭王 11년.
21) 김수태, 1991, 「신라 중대 전제왕권과 진골귀족」, 서강대 박사학위논문, 159~161쪽.
22) 『三國史記』 권9, 新羅本紀9, 惠恭王 13년.

D. 2월에 흙이 비처럼 내렸다. 왕은 어려서 왕위에 올랐는데, 장성하
   자 음식과 여자에 빠져 나돌아 다니며 노는 데 절도가 없고 기강이
   문란해 졌으며, 천재지변이 자주 일어나고 인심이 등을 돌려 나라
   가 불안하였다. (이에) 이찬 김지정이 반란을 일으켜 무리를 모아서
   궁궐을 에워싸고 침범하였다. 여름 4월에 상대등 김양상이 이찬
   경신과 함께 군사를 일으켜 김지정 등을 죽였으며, 왕과 왕비도
   반란군에게 살해되었다.[23)]

라고 하였듯이, 김양상과 이찬 경신(敬信)에 의하여 살해되고 말았다.
혜공왕과 왕비마저 시해되면서 신라의 중대사회는 종식을 고하게
되었다.

　김양상이 경신 등의 추대를 받아 선덕왕으로 즉위하면서 하대사회
가 열리게 되었다. 선덕왕은 왕위에 오른 지 6년 만에 사망하고,
혜공왕을 살해하고 양상이 왕위에 오르는 데 기여한 경신(敬信)이
원성왕이 되었다. 경신도 양상과 함께 중대사회의 전제왕권 타도에
앞장 선 인물이었다.

　원성왕은 즉위 과정에서

E. 일찍이 혜공왕 말년에 반역하는 신하가 발호했을 때 선덕은 당시
   상대등으로서, 임금 주위에 있는 나쁜 무리들을 제거할 것을 앞장
   서 주장하였다. 경신도 여기에 참가하여 반란을 평정하는 데 공이
   있었기 때문에, 선덕이 즉위하자 곧바로 상대등이 되었다. 선덕왕
   이 죽자 아들이 없었으므로 여러 신하들이 의논한 후 왕의 조카뻘

---

23) 『三國史記』 권9, 新羅本紀9, 惠恭王 11년.

되는 주원을 왕으로 세우려 하였다. 이때 주원은 서울 북쪽 20리 되는 곳에 살았는데, 마침 큰 비가 내려 알천의 물이 불어서 주원이 건널 수가 없었다. 어느 사람이 말하였다. "임금의 큰 지위란 본시 사람이 어떻게 할 수 있는 것이 아니다. 오늘의 폭우는 하늘이 혹시 주원을 왕으로 세우려 하지 않는 것이 아닌가? 지금의 상대등 경신은 전 임금의 아우로 본디부터 덕망이 높고 임금의 체모를 가졌다." 이에 여러 사람들의 의논이 단번에 일치되어 그를 세워 왕위를 계승하게 하였다. 얼마 후 비가 그치니 나라 사람들이 모두 만세를 불렀다.[24]

라고 하였듯이, 김주원을 비롯한 무열왕계의 견제를 받아 어려움을 겪었다. 사료 E에서 '여러 신하들이 의논한 후 왕의 조카 되는 김주원을 왕으로 세우려 하였다'라고 하였듯이, 정통성 있는 왕위계승자는 김주원이었다.

김주원은 실권을 장악하고 있는 김경신 일파에 밀려 왕위에 오르지 못하고 명주로 낙향하였다. 이로써 중대사회를 이끌던 무열왕계는 몰락하고, 신라사회는 범내물왕계가 주도하게 되었다. 권력에서 밀려난 무열계의 저항도 만만치 않게 전개되었다. 김주원의 아들 김헌창(金憲昌)과 손자 범문(梵文)이 중앙정부에 맞서 반란을 꾀하였다.

김헌창은 부친이 왕위에 오르지 못한 것에 원한을 품고 거사를 하였는데

---

24) 『三國史記』 권10, 新羅本紀10, 元聖王 즉위년.

F. 3월에 웅천주도독 헌창이 그의 아버지 주원이 왕이 되지 못한 것을 이유로 반란을 일으켜 나라 이름을 장안(長安)이라 하고, 연호를 세워 경운(慶雲) 원년이라 하였다. 무진주, 완산주, 청주, 사벌주의 4주 도독과 국원경, 서원경, 금관경의 사신(使臣) 및 여러 군현의 수령들을 위협하여 자기 소속으로 삼으려 하였다. 청주도독 향영(向榮)이 몸을 빠져나와 추화군으로 달아났고 한산주, 우두주, 삽량주, 패강진, 북원경 등은 헌창의 반역 음모를 미리 알고 군사를 일으켜 스스로 지켰다. 18일에 완산주 장사(長史) 최웅(崔雄)과 주조(州助) 아찬 정련의 아들 영충(令忠) 등이 서울로 도망해 와서 그 일을 알렸다. 왕은 곧 최웅에게 급찬의 관등과 속함군 태수의 관직을 주고 영충에게는 급찬의 관등을 주었다. 마침내 장수 여덟 명을 뽑아 서울을 여덟 방면에서 지키게 한 다음 군사를 출동시켰는데, 일길찬 장웅이 먼저 출발하고 잡찬 위공과 파진찬 제릉이 그 뒤를 이었으며 이찬 균정과 잡찬 웅원 그리고 대아찬 우징 등이 3군을 이끌고 출정하였다. 각간 충공과 잡찬 윤응은 문화관문(蚊火關門)을 지켰다. 명기와 안락 두 화랑이 각각 종군할 것을 청하여, 명기는 낭도의 무리들과 함께 황산(黃山) 으로 나아가고 안락은 시미지진으로 나아갔다. 이에 헌창이 장수를 보내 중요한 길목에 자리잡고 관군을 기다렸다. 장웅은 도동현에서 적병을 만나 이를 공격해 이겼고, 위공과 제릉은 장웅의 군사와 합하여 삼년산성을 쳐서 이기고 속리산으로 진군하여 적병을 공격하여 섬멸시켰으며, 균정 등은 성산에서 적군과 싸워 이를 멸하였다. 여러 군대가 함께 웅진에 이르러 적과 크게 싸워, 죽이고 사로잡은 것을 이루 다 셀 수 없었다.

244

헌창은 겨우 몸을 피하여 성에 들어가 굳게 지키고 있었다. 여러 군사들이 성을 에워싸고 열흘동안 공격하여 성이 장차 함락되려 하자, 헌창은 화를 면할 수 없음을 알고 스스로 죽으니 그를 따르던 사람이 머리를 베어 몸과 각각 따로 묻어 두었다. 성이 함락되자 그의 몸을 옛 무덤에서 찾아내어 다시 베고 그의 종족과 함께 일을 도모했던 무리들 무릇 239명을 죽였으며 그 백성들은 풀어주었다. 그런 다음 싸움의 공을 논하여 벼슬과 상을 차등있게 주었는데, 아찬 녹진에게 대아찬 관등을 주었으나 사양하고 받지 않았다. 삽량주의 굴자군은 적군에 가까이 있었으나, 반란에 물들지 않았으므로 7년 간의 조세를 면제해 주었다.[25]

라고 하였듯이, 지방의 5주와 3소경이 호응할 조짐을 보였다. 신라정부는 김헌창의 반란을 겨우 진압하였지만, 이를 계기로 지방에 대한 통제력이 약화되기 시작하였다. 김헌창의 반란에 여러 지역이 호응한 까닭은 원성왕계의 권력 집중에 대한 반발 때문으로 추정된다.

김헌창의 반란이 진압된 3년 후 범문이 고달산의 무리들과 다시 거병하였다. 범문은 평양에 도읍을 세우고자 북한산주를 공격하였으나, 도독 총명(聰明)의 군사에게 패해 살해되고 말았다.[26] 김헌창 부자의 2차례에 걸친 반란은 실패로 끝났지만 지방 할거의 경향을 초래하여 호족들이 성장할 수 있는 계기가 되었다. 이들의 반란은 830년대 후반 이후 원성왕계 내부의 왕위계승분쟁을 유발시킨 심리적 요인이 되기도 하였다.[27]

25) 『三國史記』 권10, 新羅本紀10, 憲德王 14년.
26) 『三國史記』 권10, 新羅本紀10, 憲德王 17년.
27) 이기동, 1996, 「귀족사회의 분열과 왕위쟁탈전」, 『한국사11 – 신라의 쇠퇴와

신라의 국내정세도 심각한 위기 상황이 나타나기 시작하였다. 중앙의 진골세력은 전성기를 누리고 있었으나, 김헌창의 난에서 표출되었듯이 귀족 상호간의 연대성이 파괴되어 분열상을 드러냈다. 또한 지방 호족세력이 성장하여 차츰 할거적인 성격을 띠게 되면서 집권체제는 약화의 길로 접어들었다.

한편 중앙귀족과 지방세력의 농장경영이 활발하게 진행됨에 따라 자영 소농민은 몰락의 길로 접어들었다.[28] 귀족과 부호들의 토지 집적과 빈번한 자연재해로 인해 농민들의 생활은 더욱 어려워졌다. 농민들의 도산(逃散)이 급증하였고 자연재해가 겹치면서 유망민이 늘어나는 경향을 보였다.[29]

신라 하대 지방사회의 실상을 사료를 통하여 살펴보면

G-1. 나라의 서쪽에 가뭄이 들고 황충의 폐가 있었다. 도적이 많이 생겨나니 왕이 사신을 보내 이들을 안무하게 하였다.[30]

2. 서쪽 변방의 주군에 흉년이 크게 일어났다. 도적이 벌떼처럼 일어나니 군사를 보내 토벌하여 평정시켰다.[31]

3. 흉년으로 인하여 백성들은 기근이 심하여지자 당의 절동지방(浙東地方)으로 건너가서 먹을 것을 구하는 자가 170명이나 되었다.[32]

4. 사람들이 많이 굶어 죽음으로 왕은 주군에 교서를 내려 창곡(倉穀)을 발하여 구휼케 하였다.[33]

후삼국』, 국사편찬위원회, 27쪽.

28) 이기동, 1996, 앞의 글, 28쪽.

29) 이기동, 1996, 앞의 글, 60쪽.

30) 『三國史記』 권10, 新羅本紀10, 元聖王 4年.

31) 『三國史記』 권10, 新羅本紀10, 憲德王 7年.

32) 『三國史記』 권10, 新羅本紀10, 憲德王 8年.

5. 초적들이 널리 일어나 왕은 여러 주군의 도독, 태수에게 명하여
   이들을 잡게 하였다.[34]
6. 백성들은 굶주림을 이기지 못하여 자손들을 팔아 생활하였다.[35]
7. 한산주 표천현의 요인(妖人)이 속히 부자가 되는 재주가 있다고
   말하므로 많은 사람들이 이 말에 혹하였다.[36]
8. 봄, 여름에 한재가 들어 땅이 빨갛게 됨으로 왕은 정전을 피하여
   거하고, 식사를 감하고 내외의 죄수를 크게 사면하였는데 7월에
   비가 왔다. 8월에 흉년이 들어 도적이 두루 일어났다. 겨울 10월
   왕이 사신에게 명하여 이들을 안무하게 하였다.[37]
9. 봄에 국내에 큰 기근이 들었다. 10월에 복숭아와 배꽃이 다시
   피었고 백성들이 나쁜 병으로 많이 죽었다.[38]
10. 왕은 국가의 남부지방의 주군을 순행하여 늙은이 및 환과고독(鰥
    寡孤獨)을 위문하고 곡식과 베를 하사하였다.[39]

라고 하였듯이, 주군(州郡)에 자주 기근이 들고 도적이 벌떼처럼
일어나고 있었다. 굶주림을 이기지 못하여 자손을 팔아 생계를 유지
하거나 유랑민으로 전락하는 사람들도 늘고 있었다.

 지방민의 참상은 홍수·흉년·전염병 등이 원인이 되었으며, 반복
되는 기근으로 굶주림을 견디기 힘들었다. 지방민은 생존을 위하여

---

33) 『三國史記』 권10, 新羅本紀10, 憲德王 9年.
34) 『三國史記』 권10, 新羅本紀10, 憲德王 11年.
35) 『三國史記』 권10, 新羅本紀10, 憲德王 13年.
36) 『三國史記』 권10, 新羅本紀10, 興德王 3年.
37) 『三國史記』 권10, 新羅本紀10, 興德王 7年.
38) 『三國史記』 권10, 新羅本紀10, 興德王 8年.
39) 『三國史記』 권10, 新羅本紀10, 興德王 9年.

자손을 노비로 팔아 삶을 영위하거나 유민이 되어 떠돌이 생활을 하였으며 때로는 무리를 이루어 도적이 될 수밖에 없었다.

신라의 해안지역은 당나라의 해적선이 창궐했다. 또한 발해가 문왕 때에 국력을 크게 확충한 후 적극적인 남진정책을 추진하여 신라의 북쪽 변경을 위협하였다. 일본과는 오래 전부터 공식적인 외교관계가 끊긴 상태였다.

신라의 지방민 중에서도 바다를 건너 당나라로 가서 절동지방에서 곡식을 구걸하는 무리가 생겨났다. 해적이 되어 일본의 대마도를 침입하는 집단도 발생하였다. 격심한 생활고를 해결하기 위해 신라를 떠나 당나라와 일본으로 건너가 정착한 사람들도 없지 않았다.

이와 관련하여 『구당서(舊唐書)』와 『일본후기(日本後記)』에

H-1. 신라에 기근이 발생하여, 그 나라 백성 약 170인이 바다를 건너와 절강 동부에서 식량을 구했다.[40]

2. 태재부(大宰府)에서 말하기를 "신라사람 신파고지(辛波古知) 등 26명이 축전국(筑前國) 박다진(博多津)에 표착하였는데, 그들에게 온 이유를 물으니 '풍속과 교화를 흠모하여 멀리서 의탁하러 왔습니다'라고 합니다"라고 하였다.[41]

라고 하였듯이, 기근을 견디지 못한 신라인들이 먹을 것을 찾아 당과 일본으로 건너 간 사실이 참조된다. 신라사회의 근간이었던 골품제 하에서 보다 나은 생활을 기대하기 어려운 점도 새로운 세상

---

40) 『舊唐書』 권199 上, 列傳149 上, 東夷 新羅.
41) 『日本後記』 권24, 弘仁 5年 冬 十月 庚午.

을 찾아 당나라 등으로 이주하는 계기가 되었다. 당나라로 건너간 사람들 중에는 장보고와 그의 동료집단도 포함되었다.

(2) 장보고의 도당활약(渡唐活躍)과 청해진 설치

장보고의 출신 지역에 대해서는 기록이 남아 있지 않지만, 여러 가지 정황으로 볼 때 서남해지역 일대로 추정하고 있다.[42] 장보고와 호형호제의 관계에 있던 정년(鄭年)이 '바다 속 잠수에 매우 능숙하여 50리를 헤엄쳐도 숨이 막히지 않았다'는 기록이 참조된다.[43]

또한 중국에서 기아에 허덕이던 정년이 '추위와 굶주림으로 죽는 것은 전쟁에서 깨끗하게 죽느니만 못하다. 하물며 고향에 가서 죽는 것에 비하랴?'[44]라고 하면서 청해진을 찾은 사례도 있다. 훗날 문성 왕이 장보고의 딸을 차비(次妃)로 맞아들이려 할 때 조신(朝臣)들이 섬사람(海島人)임을 지적하면서 반대했던 사실[45]도 참조된다.

이들 사례를 토대로 장보고를 기근을 피해 당나라로 건너간 유망

---

42) 장보고와 청해진에 관한 대표적인 저술은 다음과 같다. 완도문화원 편, 1985, 『張保皐의 新硏究』, 완도문화원 ; E.O. 라이샤워, 조성을 역, 1991, 『중국 중세사회로의 여행』, 한울(Edwin O, Reischauer, 1955, *Ennin's Travels in T'ang China*, Ronald Press Co, New York 번역서) ; 중앙대 동북아연구소, 1992, 『청해진 장보고대사 해양경영사연구』 ; 김문경 외, 1993, 『張保皐－해양경영사연구』, 이진 ; 김정호, 1992, 『淸海鎭의 옛터 長佐里』, 향토문화진흥원 출판부 ; 김문경, 1997, 『張保皐硏究』, 연경문화사 ; 조영록, 1997, 『韓中文化交流와 南方海路』, 국학자료원 ; 강상택, 1998, 「8~9세기 장보고 해상활동」, 『장보고연구』 1, 한국해양대학교부설장보고연구소 ; 임종관, 1998, 『장보고 해상활동의 재조명과 21세기 해양사상 고취방향』, 한국해양수산개발원 ; 김호성 외, 1999, 『장보고 그랜드디자인』, 집문당 ; 손보기, 1999, 『장보고와 청해진』, 혜안 ; 윤명철, 2002, 『장보고시대의 해양활동과 동아지중해』, 학연문화사.

43) 『三國史記』 권44, 列傳4, 張保皐.

44) 『三國史記』 권44, 列傳4, 張保皐.

45) 『三國史記』 권11, 新羅本紀11, 文聖王 7년.

민 출신으로 보는 것이 일반적이다.46) 이와는 달리 장보고를 변방 도서지방에서 나름대로 지배적 위치에 있던 토호(土豪) 출신으로 이해하는 경우도 없지 않다.47) 장보고를 『삼국사기』 문성왕 7년 조에 보이는 해도인(海島人)과 관련하여 도서 출신의 천민(賤民)으로 파악하기도 한다.48)

장보고의 성명에 관해서도 전하는 사료에 따라 차이가 있다. 국내 의 기록에 해당되는 『삼국사기』와 『삼국유사』에는 각각 궁복(弓福)49)과 궁파(弓巴)로 기록되었다.50) 그 반면에 당나라의 시인 두목(杜牧, 803~852)이 쓴 전기문에는 장보고(張保皐)로 서술되었다.51)

이와 관련하여 장보고의 장씨(張氏) 성(姓)은 중국으로 건너간 이후 사용한 것이며, 보고(保皐)라는 이름은 복(福)을 음절순으로 표기한 데서 비롯된 것으로 추정한다.52) 또한 장보고(張寶高)로 기록된 『속일본후기(續日本後紀)』의 관련 내용53)은 재물을 많이 가진 사람을 지칭하는 것으로 이해한다.54)

한편 장보고가 정년과 함께 당나라로 건너간 때는 20대 초반이며, 시기적으로는 대략 812~814년 무렵으로 추정하고 있다.55) 장보고가

---

46) 이기동, 1985, 「장보고와 그의 해상왕국」, 『장보고의 신연구』.

47) 김광수, 1985, 「張保皐의 政治史的 位置」, 『張保皐의 新研究』, 완도문화원, 63~65쪽.

48) 蒲生京子, 1979, 「新羅末期張保皐擡頭と叛亂」, 『朝鮮史研究會論文集』 16.

49) 『三國史記』 권11, 新羅本紀11, 文聖王 7년.

50) 『三國遺事』 권2, 奇異2, 神武大王 閻長 弓巴.

51) 杜牧, 『樊川文集』 권6, 「張保皐·鄭年傳」

52) 김문경, 1977, 『張保皐 研究』, 연경문화사, 19쪽.

53) 『續日本後紀』 권10, 仁明天皇, 承和 8年 2月.

54) 김광수, 1985, 앞의 글, 62~63쪽.

55) 김문경, 1977, 위의 책, 98쪽.

신라에서 건너갈 무렵 당나라는 중앙정부와 지방 번진(藩鎭) 사이의 패권다툼이 한창이었다. 중흥의 군주로 불리는 헌종(憲宗, 806~820)은 고구려 유민 이정기(李正己)가 세운 평로치청(平盧淄靑)에 대한 토벌전을 전개하고 있었다.

당(唐)은 안사(安史)의 난(亂, 755~763)이 일어난 후 급속히 쇠퇴하여 번진이 발호하는 시기에 놓여 있었다. 당시 안록산의 군대에는 반란군에 있다가 관군으로 돌아선 후희일(侯希逸)이라는 인물이 있었다. 그는 안사의 난이 평정되고 나서 764년에 산동반도와 그 주변지역을 관할하는 평로치청절도사(平盧淄靑節度使)에 임명되었다.

후희일이 죽고 그의 종제(從弟)였던 이희옥(李懷玉)이 실권을 장악하게 되자, 당(唐)의 조정에서는 이정기(李正己, 732~781)란 이름을 내리고 평로치청절도관찰사 해운압신라발해양번사(平盧淄靑節度觀察使 海運押新羅渤海兩蕃使)로 임명하였다.

이정기는 777년 15주(州)를 점유하여 10만 이상의 병력을 보유하게 되면서 최대의 웅번(雄藩)의 지배자로 성장하였다. 평로치청의 번사(藩帥) 직위는 이정기를 거쳐 아들 납(納), 손자 사고(師古)·사도(師道)로 계승되면서 819년 토멸될 때까지 3대 55년 동안 유지되었다.

장보고는 번진(藩鎭)의 발호로 말미암아 당나라가 혼란할 때 평로치청과 인접한 서주(徐州)에서 세력을 떨치고 있던 왕지흥(王智興)의 군대에 들어갔다. 왕지흥은 이정기의 평로치청과 대립하는 여타 친정부세력과 연합해 이씨 일가(李氏一家)를 비롯한 여러 번진의 발호를 종식시키는데 큰 공을 세운 인물이었다.

왕지흥은 원래 이정기의 종형인 서주자사(徐州刺史) 이유(李洧)의 아졸(衙卒)이었다. 그는 이정기가 죽은 후 평로치청 내부에서 일족 사이에 분쟁이 일어나자 당(唐)의 조정에 투항하였다. 왕지흥은 무령

군절도사 이원(李愿)의 부장이 되어 이사도가 이끌고 있던 평로치청
군(平盧淄靑軍) 토벌에 나섰다.

왕지흥은 818년에 평로치청군 9,000명을 격파하는 전과를 올렸고,
우마 4,000두를 포획하기도 하였다. 왕지흥은 계속 토벌군을 지휘하
면서 공적을 쌓았고, 무령군 부절도사를 거쳐 822년에 이르러 절도사
가 되었다. 이씨가문(李氏家門)은 이정기의 손자 이사도(李師道)가
실권을 장악하고 있었다. 당 조정은 여러 번진(藩鎭)과 귀순한 항번(降
藩)을 앞세워 평로치청(平盧淄靑)에 대한 평정에 나섰다.

왕지흥이 토벌군의 선봉을 맡았으며 선무(宣武)·위박(魏博) 등 여
러 번진(藩鎭)이 뒤를 따랐다.[56] 무령군이 곧 서주절도사의 아군(牙軍)
이며, 장보고가 여기에 종군하였다. 왕지흥은 평로치청을 토벌하는
선봉장으로 활약하면서 장보고와 같은 무술이 뛰어난 다른 나라
출신들을 휘하에 두었다.

장보고는 번진이 해체된 후 병력의 숫자를 줄이는 감군정책이
실시되면서 무령군의 군중소장(軍中少將) 직위에서 해임되었다. 장
보고는 군문(軍門)에서 나온 후 신라로 귀국한 828년 이전까지 당나라
의 여러 곳에 흩어져 있던 신라인들을 조직화하였고, 무역업 등을
통해 막대한 부를 쌓게 되었다.

신라 사람들은 중국의 동부 해안지역과 경항대운하(京杭大運河)
주변지역, 강소성과 절강성 및 산동성의 주요 항구에 거주하였다.[57]
재당신라인들은 주로 조선업·선원·상인·해운업자·제염업·목탄
생산과 무역 활동 등에 종사하였다.

---

56) 『舊唐書』 권124, 李正己傳付師道傳.

57) 김성훈, 1992, 「장보고 해양 경영사 연구의 의의」, 『청해진 장보고대사
해양경영사 연구』, 중앙대 동북아연구소·전라남도, 23쪽.

중국 경항대운하 전경

당나라는 국내 사정 때문에 국제 해상무역을 직접 경영하지 못하고, 신라인들과 중동 및 근동의 페르시아　상인·샴(태국)·아랍인들의 활동에 의존하였다. 신라 출신은 산동성과 강소성 등 양자강 이북지역에 거주하고, 그 남쪽의 절강성·복건성·광동성 일대는 서역 사람과 동남아시아 상인들이 자리 잡았다.58)

장보고는 무령군의 감군(減軍)으로 군문(軍門)에서 나온 후 재당신라인의 규합, 이정기 일가의 몰락으로 공백상태가 된 서해의 무역권 장악에 나섰다.59) 장보고의 해상활동은 나·당 무역의 중계지였던 산동반도의 돌출부에 자리한 적산촌(文登縣 淸寧鄕)을 중심으로 이루어졌다.

산동성 일대에는 적산촌 외에 유산포(乳山浦), 등주(登州), 노산(嶗山) 등 10여 곳에 신라방(新羅坊)이 존재하였다. 그 외에 중국 내륙의 심장부에 자리한 강소성의 초주(楚州, 淮安市 楚州區) 등에도 신라방이 위치하였다.

초주는 수도 장안과 북경 및 회수(淮水)-양자강-대운하를 연결하는 경제적·전략적 요충지였다. 그 인근의 연수향(漣水鄕)과 사주(泗州), 연운항(連雲港)의 숙성촌(宿城村) 일대에도 꽤 규모가 있는 신라방

58) 김성훈, 1992, 앞의 글, 25쪽.
59) 蒲生京子, 1979, 앞의 글, 50쪽.

이 자리하였다.

당(唐)의 동남지역 최대의 상업도시 양주(揚州) 방면에도 규모가 큰 신라방이 존재하였다. 양주는 페르시아와 동남아시아 등에서 왕래한 상인들이 모여들어 국제교역이 전개되었다. 신라인들은 서역과 동남아시아 상인들에게 사들인 품목을 중국 내의 다른 지역에 팔거나 신라 및 일본과의 무역에 이용하였다.[60]

신라에서 당(唐)으로 수출한 물품은 금·은·동·금속공예·동제품(銅製品)·직물·약재·향유 등이었다. 그 반면에 당에서 수입한 물품은 공예품·견직물·차(茶)·서적, 남해의 진품 등이었다. 서역과 동남아시아의 보석·모직물·향목 등을 수입하기도 하였다.[61]

이와 같이 산동반도의 적산촌을 비롯하여 중국 동부 및 동남 연안지역의 초주와 양주 등 여러 지역에 신라인들이 집단 촌락을 이룬채 살았다. 당(唐)은 신라인이 거주하는 촌락을 중심으로 '구당신라소(句當新羅所)'를 설치하였다. 운하 주변의 큰 마을은 신라방(新羅坊)을 두어 신라인으로 압아(押衙)와 총관(總管)을 삼아 관장하도록 하였다.[62] 또한 신라인 촌락 사이를 많은 선박이 끊임없이 왕래하여 남과 북의 지역적인 거리감도 상대적으로 적었다. 적산촌의 산중에 세워진 법화원(法華院)은 신라인들의 정신적인 구심체가 되기도 하였다.

당나라의 여러 곳에 흩어져 있던 신라인 촌락의 조직화와 연계 강화를 도모한 인물이 장보고였다. 장보고는 재당신라인과 여러

---

60) 김성훈, 1992, 앞의 글, 24쪽.

61) 이기동, 1985, 앞의 글, 108~109쪽.

62) 김문경, 1992, 「장보고 해상왕국의 사람들」, 『청해진 장보고대사 해양경영사 연구』, 중앙대 동북아연구소·전라남도, 125쪽.

촌락들의 조직화를 도모하면서 무역업과 해운업 등을 독점하였
다.[63] 장보고의 재당신라인 사회에서의 성공 배경은 왕지흥의 막하
에서의 활약과

> I. 신라 사람 장보고와 정년은 신라로부터 당(唐)의 서주(徐州)에 와서
> 군중소장(軍中少將)이 되었다. 보고는 30세며 정년은 그보다 10세
> 연하였다. 두 사람은 싸움을 잘하여 말을 타고 창을 휘두르면 그들의
> 본국에서는 물론 서주에서도 당할 사람이 없었다.[64]

라고 하였듯이, 그의 뛰어난 무술 실력과 리더십 등을 들 수 있다.
그의 인물됨에 대하여 당나라의 저명한 시인 두목(杜牧)은 '나라에
한 사람이 있으면 그 나라가 망하지 않는다'는 논어의 잠언을 인용하
면서 장보고를 극찬한 바 있다.[65]

장보고가 당나라에서 두드러진 활약을 펼치고 있을 무렵 신라는
심각한 국내외적 위기를 겪고 있었다. 신라의 제42대 국왕으로 즉위
한 흥덕왕(826~836)은 내외적인 시련을 극복하기 위하여 개혁정치
를 실시하였다.[66] 흥덕왕의 개혁정치에 따른 국정쇄신과 해양 방어
노력은 장보고의 귀국과 청해진 설치로 이어졌다.

장보고는 신라로 귀국하여 흥덕왕을 배알한 후

> J. 후에 보고가 귀국하여 대왕을 뵙고 아뢰었다. "중국을 두루 돌아보

---

63) 김광수, 1996, 앞의 글, 187~188쪽.
64) 杜牧, 『樊川文集』 권6, 「張保皐·鄭年傳」.
65) 杜牧, 『樊川文集』 권6, 「張保皐·鄭年傳」.
66) 이기동, 1991, 「新羅 興德王代의 政治와 社會」, 『국사관논총』 21.

니 우리나라 사람들을 노비로 삼고 있습니다. 바라건대 청해에 진영을 설치하여 도적들이 사람을 붙잡아 서쪽으로 데려가지 못하도록 하기 바랍니다." 청해는 신라 해로의 요충지로서 지금 완도라 부르는 곳이다. 대왕이 보고에게 1만 명을 주었다. 그 후 해상에서 우리나라 사람을 파는 자가 없었다.[67]

라고 하였듯이, 동아시아 국제정세의 혼란에 편승하여 서해상에 창궐한 해적들의 만행과 참상을 고발하였다. 또한 당으로 끌려간 백성들의 참혹한 노예생활 실상과 그 대처 방안으로 청해진 설치의 필요성을 주장하였다.

신라는 8세기 이후 국방의 요충지가 될 만한 곳을 선택하여 시차를 두고 여러 장소에 진(鎭)을 설치하였다. 황해도 내륙지역을 관할하기 위해 782년 대곡성에 패강진을 둔 것이 계기가 되었다. 신라는 북쪽 변경의 요충지 방어 외에 해적의 출몰로 인한 백성들의 피해 예방과 해양방어를 위한 시설 구축에 나섰다.

흥덕왕은 장보고의 건의를 받아들여 828년 완도에 청해진을 설치하고, 그 다음 해에는 경기도 남양만에 당성진을 두었다. 그리고 844년에는 각각 강화도와 황해도 장연군의 장산곶에 혈구진과 장구진을 설치하였다.

청해진은 수륙교통의 요지이며, 해방체제(海防體制)와 해양진출(海洋進出)을 위한 여러 가지 조건을 구비한 장소에 해당된다.[68] 신라

---

67) 『三國史記』 권44, 列傳4, 張保皐.
68) 청해진 설치와 관련하여 海防體制 및 海洋進出 거점 기능에 대해서는 다음의 글을 참조하기 바란다(신형식·최근영·윤명철 외, 2000, 『고구려산성과 해양방어체제』, 백산자료원).

완도 청해진(조각 | 박일정)

는 서남해 연안의 방비가 시급하던 때에 청해진을 설치하여 백성을
보호하겠다는 장보고의 요청을 거절할 이유가 없었다. 청해진 설치
는 최소한의 인적·물적 부담으로 최대의 효과를 거둘 수 있는 방법이
었다.

한편 신라 연안을 습격하여 백성을 약탈하여 노예로 삼아 당나라
의 곳곳으로 팔아넘긴 집단은 중국 연해지역과 신라 해안지역 출신
이 중심을 이루었다. 이들은 서해 중부 횡단항로 상에 위치한 등주(登
州)·내주(萊州) 및 요동반도의 해안지역으로 이어지는 중국의 연해지
역, 한반도 서해와 남해의 연안지역에 생활기반을 두었다.[69]

신라의 백성들 중에서 기근과 가난 때문에 노비로 전락하여 팔려
나간 경우도 없지 않았다. 신라에서 약탈되거나 팔려간 노예들은
등주와 내주 등 산동반도의 여러 포구에서 매매되었다. 노예 상인들

---

69) 김문경, 1977, 앞의 책, 75쪽.

과 산동반도 일대를 장악하고 있던 평로치청(平盧淄靑)은 밀접한 관계를 맺고 있었다. 평로치청은 당나라가 번진(藩鎭)의 발호로 인해 정국이 어지러운 틈을 이용해 노예무역과 대외교역 등을 통해 막대한 부를 축적하였다.

평로치청은 재당신라인(在唐新羅人)의 민간무역을 관할하는 해운압신라발해양번사(海運押新羅渤海兩蕃使) 직책을 이용하기도 했다. 이들은 발해에서 명마(名馬)를 수입해 팔고, 신라에서 사들인 노비들을 매매하는 등 여러 방식을 통해 많은 수익을 올렸다.

그런데 산동반도 연안지역과 서해의 해상권을 장악하고 있던 평로치청이 819년에 몰락하면서 상황 변화가 일어났다. 중국 동부 연안지역, 한반도 서해안 및 서남해 연안지역의 해상집단이 각축을 벌이게 되었다.

장보고의 신라 귀국과 청해진 설치는 평로치청이 토벌된 10년 후에 이루어졌다. 청해진은 서해와 남해를 연결하는 길목에 위치한 채 완도읍에서 북쪽으로 약 6km쯤 떨어진 장좌리 장도에 설치되었다.[70] 청해진은 서해 중부 횡단항로와 서해 남부 사단항로를 통해 중국의 여러 항구로 연결되는 길목에 자리했다. 또한 일본의 구주(九州)와도 연결되는 동아시아 해상교통의 심장부에 해당된다.[71]

---

70) 이곳은 야산을 형성한 조그마한 섬으로 육지에서 약 200여m 떨어져 있는데 간조 때에는 육지와 연결되며 만조 때는 수심이 1.5m~2m 정도이고, 썰물 때는 걸어서 통행이 가능하였다. 장도는 해발 42m의 작은 산으로 이루어져 있는데, 섬 둘레 1,296m, 면적은 약 10정보의 작은 섬이다. 이 섬에는 외성과 내성의 토성 흔적이 있고, 남쪽 해변에서 약 10m 떨어진 곳에는 일정한 간격을 둔 높이 30~40㎝ 되는 목책의 밑 부분이 남아 있다. 이들 목책은 방사성 탄소연대 측정결과가 A.D. 768~996 사이에 속하는 것으로 볼 때 장보고의 거점으로 이곳에 군영이 있었음을 말해준다(국립문화재연구소, 2001, 『장도청해진』유적발굴조사보고서Ⅰ, 216쪽).

71) 김성훈, 1996, 「미래사 시각에서 본 장보고 해양경경」, 『장보고와 청해진』,

장보고가 신라의 고도(孤島)에 청해진을 설치한 배경은 국가권력의 견제를 덜 받는 곳에 해상왕국의 기지를 만들기 위한 목적도 없지 않았다. 그 외에 청해진의 주변의 지형과 해류(海流) 등도 고려되었다. 청해진 앞바다는 200여 섬과 암초, 밀물과 썰물의 변화, 흑조대, 계절에 따라 방향을 바꾸는 해류·해풍 등으로 변화가 심한 지역에 해당된다.[72]

2) 청해진 해상왕국의 건설과 그 흥망

(1) 동아시아 대외무역의 독점과 해상왕국 건설

장보고는 청해진을 설치한 후 해적 소탕을 명분으로 내세워 한반도 서남해 연안지역과 그 주변의 해상세력을 자신의 통제 아래 두고자 하였다. 장보고는 군소 해상세력의 독자적인 교역활동을 해적행위로 간주하면서 무역권을 장악하였다. 장보고는 청해진을 중심으로 나·당·일을 연결하는 해상무역을 독점하였다.[73]

장보고 휘하에서 동아시아 해역을 무대로 해상활동을 주도한 집단은 재당신라인(在唐新羅人) 출신이 중심을 이루었다.[74] 이들은 중국의 동부 연안지역에 거주한 채 해상활동을 통해 생계를 유지하던 사람들이었다.[75] 중국에서의 해상활동 경험 및 재당신라인을 아우

혜안, 95쪽.

72) 김정호, 1992 「완도청해진의 자연과 인문」, 『청해진 장보고대사 해양경영사 연구』, 중앙대 동북아연구소·전라남도, 45쪽.

73) 이영택, 1979, 「張保皐 海上勢力에 관한 考察」, 『한국해양대학논문집』, 83쪽 ; 이기동, 1985, 앞의 글, 116~118쪽.

74) 서륜희, 2001, 「淸海鎭大使 張保皐에 관한 연구」, 『震檀學報』 92, 17쪽.

75) 권덕영, 2005, 「일본을 왕래한 이중국적 신라상인」, 『재당 신라인사회 연구』, 일조각, 85~88쪽.

른 토대 위에 청해진을 움직이는 중심 집단이 되었다.[76] 서남해지역
의 해상세력 역시 장보고 휘하의 여러 집단과 접촉을 통해 동아시아
해역을 무대로 전개된 해상활동에 참여하게 되었다.

　장보고가 청해진을 설치하여 동아시아 해상무역의 주도권을 장악
하기 이전에도 당과 신라 사이에 다양한 교류활동이 이루어지고
있었다. 일본도 당(唐)의 율령과 신라의 문물제도를 받아들이는 등
폭넓은 대외교류 활동을 전개하였다.

　당(唐)은 중국 역사상 처음으로 북방 유목민족과 남방 해양세력을
통치하였다. 당은 광주(廣州)에 시박사(市舶司)[77]를 설치하여 해상무
역과 관계되는 사무를 담당케 하였다. 신라도 삼국을 통일한 후
당을 비롯한 여러 국가와의 대외교류에 적극 참여하면서 무역량이
비약적으로 증대되었다.

　신라는 701년 이후 30년 동안 일본과 30회 이상에 걸쳐 사절을
왕래하는 등 우호관계를 유지하였다. 국제교류는 국가 사이의 공무
역(公貿易)을 활성화시키는 계기가 되었다. 공무역은 조공무역의 형
식으로 추진되었는데, 경제적 이해뿐만 아니라 왕권을 강화하기
위한 수단으로 활용되는 경우도 적지 않았다.

　외교사절은 국왕을 대리해 상대국을 방문하고 미리 준비한 물품을
왕과 귀족들에게 선사하였다. 그에 대한 답례로 회사품(廻賜品)이
증정되는 경우가 일반적이었다.[78] 일본의 경우 신라와 공무역으로

---

76) 김광수, 1985, 「張保皐의 政治史的 位置」, 『張保皐의 新硏究－淸海鎭 活動을
　　중심으로』, 완도문화원.
77) 시박사는 무역세의 징수, 무역품 판매허가증의 교부, 番舶의 送迎 등을
　　담당하였다. 시박사는 唐 開元年間(713~741)에 설치되었지만, 제도로서
　　실질적인 정비는 남해무역이 크게 발전한 송나라 이후에 이루어졌다.
78) 권덕영, 1997, 『古代韓中外交史－遣唐使研究－』, 一潮閣, 182쪽.

거래된 교역품을 일왕(日王)이 귀족들에게 재분배함으로써 왕권의
강화를 도모하기도 하였다.[79]

신라의 대외교역은 조공무역 외에 견당사(遺唐使)의 활약이 두드
러졌다. 이들은 양주(揚州)·초주(楚州)·명주(明州) 등 중국 동부 해안
지역의 주요 무역항을 활동 무대로 삼았다. 이들은 중국의 물품뿐만
아니라 인도·페르시아·아라비아 등의 산물을 사들여 일본까지 배급
하는 등 국제교역을 주도하였다. 일본 동대사(東大寺)의 보물 창고
정창원에서 발견된 신라 물건 매입신청서가 참조된다.[80]

그러나 조공무역과 견당사의 활동을 통해 이루어진 공식적인 무역
으로는 국제교역의 수요를 충당하기 어려웠다. 신라 말기에 이르면
민간 차원의 무역 활동도 활발하게 이루어졌는데, 호시무역(互市貿
易)이 중심을 이루었다. 신라와 당의 민간 무역은 당나라에 거주하던
재당신라인들에 의하여 주도되었다.

한편 장보고가 청해진을 설치한 후 동아시아 국제무역은 청해진의
선단이 중심적인 역할을 맡게 되었다. 청해진은 중국 산동반도의
적산촌(赤山村), 신라의 청해진, 일본의 태재부(太宰府) 등에 무역 근거
지를 두고 동아시아 해역의 크고 작은 해상세력들을 통제하거나
일정한 영향력을 미쳤다.

일본은 신라와 공식적인 외교관계를 끊었지만,[81] 장보고 휘하

---

79) 李成市 著, 김창석 譯, 1999, 『동아시아의 왕권과 교역』, 청년사, 137쪽.
80) 권덕영, 1997, 앞의 책, 98쪽.
81) 8세기 초엽부터 냉각되고 있던 신라와 일본의 공식적인 관계는 중엽 이후
   사실상 단절되었다. 신라와 일본은 7세기 후반 당의 위협에 공동으로 대처
   하기 위하여 공적인 교류를 시작한 이후 신라가 일본의 율령국가 성립에
   필요한 여러 가지 물건을 전해주는 관계가 7세기 말까지 계속되었다. 그러
   나 8세기 전반 일본의 율령제 정부가 신라에 일본 중심적인 외교형식을
   요구하고 신라가 이에 반발하면서 양국관계는 악화되었다.

중국 산동성 적산촌의 법화원을 비롯한 장보고 관련 유적 전경

신라 상인들의 왕래까지 막을 필요는 없었다. 일본은 외국산 물품을 비공식적으로 수입하면서 신라 상인과의 거래를 사실상 인정하였다.[82] 청해진의 상인들이 당과 일본을 중계하는 무역도 맡았다.[83]

일본의 태재부(太宰府)와 그 주변지역에 신라 상인들이 상주하면서 무역업 등에 종사하였다. 북구주(北九州) 일대에 일찍 정착한 신라인도 직·간접으로 대외무역 등에 종사하였다.[84] 장보고는 당과 일본을 연결하는 중계무역, 신라와 일본을 연결하는 직접무역을 독점하

---

82) 신라는 외교형식에 얽매이는 사신 파견을 중단하고 그 대신 상인을 통한 교역을 선호하게 되었다. 신라는 일본이 요구하는 외교형식을 무시한 채 대재부에서 교역하는 방식을 택하였다(김은숙, 1991, 「8세기의 신라와 일본의 관계」, 『국사관논총』 29, 국사편찬위원회, 128~130쪽) 일본도 자국 우위이 외교형식을 부정하는 신라와의 공식적인 관계유지가 어려웠기 때문에 신라 상인의 왕래를 통한 민간무역을 선호하게 되었다(김은숙, 1996, 「대외관계」, 『한국사』 9, 국사편찬위원회, 292~293쪽).

83) 石井正敏, 1992, 「10世紀の國際變動と日宋貿易」, 『アジアからみた古代日本』, 角川書店, 347~348쪽.

84) 김문경, 1967, 「赤山 法華院의 佛敎儀式」, 『史學志』 1, 단국대 사학회.

였다. 일본은 청해진을 통해 신라와 당 외에 중동아시아·동남아시아
·인도 계통의 특산품도 구입하였다.

청해진의 해상활동은 격식을 갖춘 견당매물사(遣唐賣物使) 혹은
회역사(廻易使) 등의 명칭으로 당과 일본에 교관선(交關船)을 보내는
방식으로 추진되었다. 이를 통해 청해진 선단은 국제적인 위상을
높일 수 있었다. 장보고는 나·당·일의 삼국을 연결하는 국제무역을
독점한 채 동아시아 해상권을 장악하는 등 '상업제국의 무역왕'이
되었다.[85]

한편 청해진의 선단은 광주(廣州)·천주(泉州)를 비롯한 광동성 및
복건성 등의 연안을 왕래하였다. 광주(廣州)에서 페르시아만까지
연결되는 남양항로(南洋航路)는 8세기에 이르러 개척되었다.[86] 장보
고 선단에 의해 중국 동부 연안과 동남 연안의 바닷길이 연결되어
남북의 무역망이 하나로 통합되기에 이르렀다.[87]

또한 장보고 선단은 주산군도와 흑산도를 징검다리 삼아 중국
동부 연안지역과 한반도 서남해지역을 왕래하는 서해 남부 사단항로
를 적극 활용하였다.[88] 북방해역보다 더 넓고 사나운 남방해역을

---

85) Edwin O, Reischauer, 1955, *Ennin's Travels in T'ang China*, Ronald Press Co, New York.

86) 무하마드 깐수, 1992, 『新羅·西域交流史』, 단국대 출판부, 489~507쪽.

87) Hugh R. Clark, 1996, 「8~10세기 한반도와 남중국 간의 무역과 국가관계」, 『장보고 해양경영사 연구』, 269~284쪽.

88) 서해 남부 사단항로는 신라 말 장보고 선단에 의해 개척된 것으로 알려져
있다(김상기, 1964, 「麗宋貿易小考」, 『진단학보』 7 ; 김위현, 2004, 『고려시
대 대외관계사 연구』, 경인문화사, 207쪽). 이와 관련하여 신안 흑산도
상라산 제사유적에서 조사된 철제마 7점을 비롯한 토제마와 다량의 자기편
이 참조된다. 이들 유물은 통일신라 이후 고려시대 후기까지에 걸쳐 사용되
었는데(동신대학교 문화박물관, 2012, 『신안 흑산도 상라산 제사유적』,
62쪽), 흑산도가 장보고 선단의 주요 기항지로 이용된 증거로 보고 있다(강
봉룡, 2006, 「신라 말~고려시대 서남해지역의 한·중 해상교통로와 거점포

넘나드는 서해 남부 사단항로는 백제의 웅진기(熊津期)부터 이용되었고, 장보고 선단에 의하여 본격적으로 활용되기에 이르렀다. 청해진 선단은 서해 남부 사단항로를 활성화하여 신라·중국 남부지역·일본을 연결하는 최단거리 루트로 이용하였다.

청해진 선단은 한반도 북부와 중국 중부·북부를 왕래하는 서해 북부 연안항로, 서해안에서 출발하여 산동반도로 직항하는 서해 중부 횡단항로, 중국 연안지역과 한반도 서남해지역을 연결한 후 동남아시아·인도항로로 연장되는 서해 남부 사단항로와 남중국항로(東支那海斜斷航路)를 종횡으로 왕래하면서 동아시아 국제교역의 주인공으로 떠올랐다.

이와 같이 청해진 선단은 동아시아와 그 주변 세계를 연결하는 해상무역 및 민간교류에서 독보적인 역할을 하였다. 장보고 선단의 탁월한 항해술, 기동력 있는 운영 능력은 동아시아의 제해권을 장악하는 원동력이 되었다.

구」,『한국사학보』23, 381쪽). 또한 상라산 제사유적과 인접한 무심사지에서도 9세기 때로 편년되는 주름무늬병을 비롯한 도기류와 기와 등이 조사된 바 있다(목포대학교 박물관, 2011,『신안 무심사지』, 41쪽). 그러나 신라의 통일 이전에 중국 吳越地方과 서남해 연안을 연결하는 서해 남부 사단항로가 열려 있었을 가능성이 높다. 중국의 경우 나침반의 일종인 司南이 전국시대부터 사용되기 시작했으며, 한반도의 경우 낙랑을 거쳐 늦어도 삼국시대에 나침반이 항해에 활용되었다(강봉룡, 2009, 앞의 글). 이와 같이 볼 때 백제가 4~5세기에 南朝와 교섭할 때에도 사단항로를 이용하였을 가능성이 높다(신형식, 2005,『백제의 대외관계』, 주류성, 105쪽 ; 김인홍, 2011,「해상 실크로드를 통한 한·중 해상 교류; 4~5세기 한·중간 항로변화에 대한 겸보」,『분냉교류연구』2, 한국문명교류연구소 ; 문안식, 2014,「백제의 해상활동과 신의도 상서고분의 축조 배경」,『백제문화』51). 또한 신라의 통일 직후에도 신라와 당은 서해 남부 사단항로를 통해 접촉하였는데,『삼국유사』권3, 탑상4에 전하는 長春 관련 설화 등이 참조된다(권덕영, 1996,「新羅 遣唐使 硏究」, 한국정신문화연구원 한국학대학원 박사학위논문, 16쪽).

264

청해진 사람들은 항해술에서 해류와 해풍을 이용하여 배를 다루는 솜씨가 뛰어났고, 조선술에서도 상대적으로 선진기술을 보유하였다. 신라의 배는 규모에서 당선(唐船)보다 작았지만 거센 파도에 강해 난파될 확률이 적었다.

또한 청해진 선단이 거친 동아시아 해역을 주름잡게 된 다른 배경은 다도해를 비롯한 한반도 서남해의 바닷길에 익숙하였기 때문이었다. 청해진 선단의 항해술과 조선술 외에 도자기 유통의 제약성을 탈피하여 국제교역의 인기 상품으로 전환시킨 것을 최대 성공 비결로 보기도 한다.[89)]

도요지는 주로 전남 해남과 강진 일대에 자리하였으며,[90)] 생산된 청자는 중국과 일본 및 몽고·대만·필리핀·이란 등지까지 팔려 나갔다.[91)] 장보고는 월주요(越州窯)의 제조기술을 받아들여 강진의 도요지에서 당삼채를 뛰어 넘은 고품질의 청자를 만들어 중국과 일본 등으로 수출하였다.[92)] 양주의 당대(唐代) 유적에서 출토된 밝은 담청색의 윤기를 지니고 있는 신라 계통의 청자 파편이 참조된다. 청자 선적과 수출을 담당한 포구는 강진 대구면 당전(唐前)과 해남 화원면

89) 해남군 화원면과 산이면 일대에서 대규모의 청자 생산단지가 조사되었는데, 화원면의 청자단지의 조성 주체는 그 시기나 대규모성, 계통성으로 미루어 보아 완도 청해진을 중심으로 국제 해상무역을 장악한 장보고 집단에 의하여 조성된 것으로 보고 있다(강봉룡, 2002, 「해남 화원·산이면 일대 靑磁窯群의 계통과 조성 주체세력」, 『전남사학』 19, 567쪽).

90) 강봉룡, 2000, 「고대 한·중 횡단항로의 활성화와 흑산도의 번영」, 『흑산도 산라산성 연구』, 목포대학교 도서문화연구소·신안군, 141쪽.

91) 한성욱 외, 2008, 『흙으로 빚은 보물 부안청자』, 학연문화사, 176쪽.

92) 신라의 청자는 훗날 고려청자의 기원이 되었는데, 그 발생연대는 9세기 전반에 해당되는 830~840년대이고, 장보고에 의해 월주요의 제작기술이 전해진 것으로 보고 있다(吉岡完祐, 1996, 「월주 갈래 청자의 형태분류를 통해 본 고려청자의 분석」, 『장보고와 청해진』, 혜안, 202쪽).

당포(唐浦) 등으로 추정된다.93)

한편 청해진이 직접 관할한 범위는 완도를 중심으로 한 서남해 연안과 그 부속 도서들이었다. 그 외에 무주 출신의 염장이 청해진에 가담한 것으로 볼 때, 오늘날 전남과 광주의 대부분 지역이 청해진의 직·간접적인 영향력 하에 있었던 것으로 추정된다.

청해진 해상왕국은 신라 사회와는 달리 여러 갈래의 이질적인 집단이 지배층을 이루었다. 장보고와 함께 청해진에 참여한 사람들은 골품제가 유지되는 신라 사회의 주변에 위치하였으며, 당에서도 이방인으로 부랑하던 다수의 능력 있는 사람들이 합류하였다.

장보고는 청해진대사(靑海鎭大使)에 임명되어 기존의 신라 관직체계에 편입되지 않고, 그 밖에 존재하는 특별한 인물로 대접받았다. 장보고 휘하에는 청해진과 적산포로 대변되는 신라와 당의 변경에 있던 사람들이 참여하여 유능한 막료로 활동하였다.94) 장보고와 그 막료들이 이룩한 계층구조는 신라사회가 안고 있는 골품체제의 한계를 벗어나 새로운 사회의 출현을 준비하였다.

(2) 장보고의 죽음과 청해진 해체

장보고는 청해진을 거점으로 삼아 동아시아 국제무역을 독점하면서 신라의 왕실과 귀족들이 무시할 수 없는 세력으로 성장하였다. 또한 청해진은 왕위쟁탈전에서 패배한 진골귀족들의 피난처가 되기도 하였다. 이 과정에서 장보고는 중앙 정계와 깊은 인연을 맺게 되었다.

---

93) 강봉룡 외, 1995, 『장보고관련 유물·유적 지표조사보고서』, 재단법인 해상왕 장보고기념사업회, 240~241쪽.

94) 노태돈, 1978, 「羅代의 門客」, 『한국사연구』 21·22합, 28~30쪽.

한편 신라 하대사회의 권력구조의 특징을 이루는 왕실 친족에 의한 권력 장악의 전형이 확립되기 시작한 것은 원성왕(재위 785~798)이 즉위한 이후였다. 원성왕은 즉위 후 인겸(仁謙)을 왕태자로 책봉[95]하여 차기 계승자로 삼았다. 몇 해 뒤 인겸태자가 죽자 의영(義英)을 다시 왕태자로 봉하였다.[96]

신라 왕실의 비극은 그치지 않고 의영태자의 사망으로 이어졌다. 인겸태자의 맏아들 준옹(俊邕, 뒤의 소성왕)을 다시 태자로 책봉[97]하는 아픔을 겪었다. 그리하여 태자 준옹과 동생 언승(彦昇, 뒤의 헌덕왕) 등이 정국운영의 핵심에서 활약하게 되었다. 정국 운영은 왕과 태자를 정점으로 한 극히 좁은 범위의 근친 왕족들이 상대등·병부령 등의 요직을 독점하는 형태를 띠었다.[98]

원성왕을 계승한 소성왕의 휘(諱)는 준옹으로 인겸의 아들이다. 왕세손으로서 왕위를 계승하였으나 재위 2년 만에 승하하였다. 이후부터 신라 중앙정부는 극심한 왕위쟁탈전에 시달리게 되었다. 소성왕의 뒤를 이어 맏아들 애장왕이 13세로 즉위하면서 숙부 김언승이 섭정하게 되었다.

김언승은 실권을 장악한 후 애장왕을 죽이고 헌덕왕이 되었다. 헌덕왕이 사망한 후 그의 동생 김수종이 즉위하여 흥덕왕이 되었다. 흥덕왕 재위 10년(835)에 왕위 승계의 제1후보자였던 상대등 충공이 갑자기 사망하였다. 그후 2년이 채 지나지 않아 흥덕왕이 60세의 나이로 후사(後嗣) 없이 훙서하자, 제륭(悌隆)과 균정(均貞) 사이에

---

95) 『三國史記』 권10, 新羅本紀10, 元聖王 즉위년.
96) 『三國史記』 권10, 新羅本紀10, 元聖王 8년.
97) 『三國史記』 권10, 新羅本紀10, 元聖王 11년.
98) 木村誠, 1997, 「新羅の宰相制度」, 『人文學報』 118, 東京道立大, 25~33쪽.

치열한 왕위 다툼이 전개되었다.

김명(金明)은 이홍(利弘), 배훤백(裵萱伯) 등과 함께 자신의 매부이자 균정의 조카 제륭(悌隆)을 국왕으로 추대하려고 하였다. 그 반면에 균정은 아들 김우징을 비롯하여 매서(妹婿) 예징(禮徵), 김양(金陽) 등의 지지를 받았다. 균정과 제륭을 옹립하려는 두 파의 대립은 궐내에서 무력 대결로 치닫게 되었다.

제륭은 김명(金明)과 이홍(利弘) 등의 도움을 받아 균정을 죽인 후 즉위하여 희강왕이 되었다.[99] 균정의 아들 김우징은 처·자식과 함께 황산진(黃山津) 어구에서 배를 타고 청해진으로 와서 의탁하였다.[100] 희강왕은 김명을 상대등, 이홍을 시중에 임명하여 정권을 맡겼다. 그러나 김명 등이 다시 반란을 일으켜 측근들을 죽이니 희강왕도 무사하지 못할 것을 알고 궁중에서 목을 매어 자결하였다.[101]

김명은 이홍·배훤백 등과 함께 희강왕을 협박하여 자살하게 하고 즉위하여 민애왕이 되었다. 김우징은 민애왕 재위 2년에 장보고의 도움을 받아 왕권 도전에 나섰다. 김우징은 김양과 함께 838년 3월 군사 5,000명을 거느리고 무주(광주)를 거쳐 남원으로 진격하여 정부군을 격파하였다. 이들은 군사들이 피로하여 경주로 진격하지 않고 휴식을 위해 청해진으로 돌아왔다.[102]

김양이 이끈 청해진 병력이 정부군의 강력한 저지를 받아 철군하였을 가능성도 없지 않다.[103] 청해진의 병력은 휴식을 취한 뒤 838년

---

99) 悌隆과 均貞 일파 사이에 전개된 왕위 다툼에 대해서는 다음의 글을 참조하기 바란다. 이기동, 1996, 앞의 글, 30~31쪽.

100) 『三國史記』 권10, 新羅本紀10, 僖康王 2년.

101) 『三國史記』 권10, 新羅本紀10, 僖康王 3년.

102) 『三國史記』 권44, 列傳4, 金陽.

12월에 다시 경주를 향해 진격을 개시하였다. 청해진의 주력 부대는 무주 철야현(나주 봉황면)의 북쪽에서

> K. 양은 평동장군이라 일컫고, 12월에 다시 출동하니, 김양순이 무주
> 군사를 데리고 와서 합치고, 우징은 또 날래고 용맹한 염장·장변·
> 정년·낙금·장건영·이순행 등 여섯 장수를 보내 병사를 통솔케
> 하니 군대의 위용이 대단히 성하였다. 북을 치며 행군하여 무주
> 철야현 북쪽에 이르니 신라의 대감 김민주가 군사를 이끌고 역습
> 하였다. 장군 낙금·이순행이 마병(馬兵) 3천으로 저쪽의 군중(軍中)
> 으로 돌격해 들어가 거의 다 살상하였다.[104]

라고 하였듯이, 정부군을 크게 격파하였다. 사료 K에는 군사 행동의 주체가 김우징 및 김양으로 서술되어 있지만, 장보고가 정년에게 5천 군사의 지휘 임무를 맡겼을 가능성이 높다.

또한 김우징과 김양을 보좌한 날래고 용맹한 염장·장변, 기병을 지휘한 낙금·이순행도 청해진의 지휘관들이었다. 청해진의 군대가 철야현 전투에서 승리한 후 경주 공략에 본격적으로 나설 때 무주도독 김양순이 지방군을 이끌고 합세하면서 병력이 늘어났다.[105] 김양이 지휘한 청해진 병력이 철야현 전투에서 정부군을 쉽게 격파한 이면에는 지방군의 내응이 있었기 때문에 가능하였다.

장보고는 당나라에서의 종군 경험을 토대로 기병부대 육성에 심혈을 기울였고, 낙금 등이 지휘한 기병이 청해진의 주력이었다.[106]

---

103) 이인철, 1993, 『신라정치제도사연구』, 일지사, 397쪽.
104) 『三國史記』 권44, 列傳4, 金陽.
105) 이문기, 1997, 『新羅兵制史研究』, 일조각, 402쪽.

김양은 철야현 전투에서 승리한 후 병력을 휘몰아 대구로 진격하여 왕군(王軍)과 일전을 겨루게 되었다.

민애왕을 대신하여 정부군을 이끈 지휘관은 대흔(大昕)과 윤린(允璘) 등이었다. 이들이 지휘한 정부군은

> L. 봄 윤 정월에 밤낮 없이 행군하여 19일에 달벌 언덕에 이르렀다. 왕은 군사가 이르렀다는 말을 듣고 이찬 대흔과 대아찬 윤린·억훈 등에게 명하여 군사를 거느리고 이를 막도록 하였다. 또 한번 싸움에 크게 이기니, 왕의 군사는 죽은 사람이 절반이 넘었다. 이때 왕은 서쪽 교외 큰 나무 밑에 있었는데, 좌우 측근들이 모두 흩어지고 혼자 남아 어찌할 바를 모르다가 월유택으로 달려 들어 갔으나 군사들이 찾아내어 죽였다. 여러 신하들이 예를 갖추어 장사지내고 시호를 민애라 하였다.107)

라고 하였듯이, 별다른 저항을 하지 못하고 청해진 병력에 대패하였다. 정부군 10만은 청해진의 5천 군사에게 일전(一戰)에 일패도지(一敗塗地) 되고 말았다.

이와 관련하여 정부군의 숫자에 과장이 있거나,108) 장보고의 군대 규모를 너무 적게 기록한 것으로 보기도 한다.109) 정부군의 병력이

---

106) 장보고가 기병부대를 창설하고 조직화 하는 데 필요한 戰馬는 청해진 주변에 설치되어 있던 진골귀족들의 목장에서 충당된 것으로 보고 있다. 또한 장보고가 청해진 선단이 들어온 외국신 호화 사치품을 진골귀족의 말과 교환한 것으로 이해하기도 한다(서영교, 2002, 「張保皐의 騎兵과 西南海岸의 牧場」, 『震檀學報』 94, 20쪽).

107) 『三國史記』 권10, 新羅本紀10, 閔哀王 2年.

108) 서륜희, 2001, 「청해진대사 장보고에 관한 연구」, 『震檀學報』 92, 20쪽.

109) 김주성, 1997, 「장보고세력의 흥망과 그 배경」, 『한국상고사학보』 24,

장보고의 병력을 상회하지 못했으며, 그 구성원도 국왕의 측근과 사병만으로 이루어진 것으로 이해하는 견해도 없지 않다.[110]

신라의 중앙군은 군사의 적고 많음을 떠나 군기가 문란하고 기강이 이완된 상태에 놓여 있었다. 민애왕은 난중에 월유댁(月遊宅)으로 피했으나 청해진 병사들에게 살해되고 말았다. 청해진에 의탁해 있던 김우징은 경주로 가서 신무왕이 되었다. 신무왕과 그를 계승한 문성왕은 장보고를 각각 감의군사(感義軍使)와 진해장군(鎭海將軍)에 봉하였다.

신무왕과 문성왕 부자의 왕위 계승은 인겸계와 균정계의 대립에서 후자가 승리하였음을 의미한다. 균정계의 승리는 청해진과 김양 등 김주원계의 도움이 절대적이었다. 그러나 문성왕 7년(845) 장보고의 딸을 차비(次妃)로 들이는 문제를 둘러싸고

M. 봄 3월에 청해진대사 궁복의 딸을 아내로 맞이하여 둘째 왕비로 삼으려 했으나, 조정의 신하들이 간하여 말하였다. "부부의 도리는 사람의 큰 윤리입니다. 그러므로 하나라는 도산씨로 인하여 흥하였고, 은나라는 신씨로 인하여 번창하였으며, 주나라는 포사 때문에 망하였고, 진나라는 여희 때문에 어지러워졌습니다. 그러한 즉 나라의 존망은 여기에 있는 것이니 신중해야 할 일이 아니겠습니까? 지금 궁복은 섬사람인데, 그의 딸이 어찌 왕실의 배우자가 될 수 있겠습니까?" 이에 왕이 그 말에 따랐다.[111]

164~170쪽.

110) 권영오, 2000, 「신라하대 왕위계승분쟁과 민애왕」, 『한국고대사연구』 15, 290쪽.

111) 『三國史記』 권11, 新羅本紀11, 文聖王 7년.

라고 하였듯이, 중앙정부와 청해진 사이에 갈등이 발생하였다. 장보고는 왕실과의 혼인을 통하여 골품제의 한계를 극복하고, 중앙정계에 일정한 영향력을 행사하려고 하였다.

장보고는 진골귀족들의 반대로 계획이 무산되자 반란을 도모하였는데

> N. 8년 봄에 청해진 궁복이, 왕이 자기의 딸을 맞아들이지 않은 것을 원망하여 청해진을 근거지로 하여 반란을 일으켰다. 조정에서는 장차 그를 토벌하자니 뜻하지 않을 우환이 있을까 두렵고, 그냥 방치해 두자니 그 죄를 용서할 수 없었으므로, 근심하고 염려하여 어떻게 해야 할 바를 알지 못하였다.[112]

라고 하였듯이, 신라 조정은 그 기세에 눌려 전전긍긍할 수밖에 없었다. 신라의 중앙정부는 군사를 파견하는 대신에 무주 출신의 염장을 보내

> O. 무주 사람 염장은 용감하고 굳세기로 당시에 소문이 나 있었는데, [그가] 와서 아뢰었다. "조정에서 다행히 저의 말을 들어 준다면, 저는 한 명의 병졸도 수고롭게 하지 않고 맨주먹을 가지고서 궁복의 목을 베어 바치겠습니다." 왕이 그에 따랐다. 염장은 거짓으로 나라를 배반한 것처럼 꾸며 청해진에 투항했는데, 궁복은 장사를 아꼈으므로 의심하지 않고 불러들여 높은 손님으로 삼고 그와 더불어 술을 마시면서 매우 즐거워하였다. 궁복이 술에 취하자

---

112) 『三國史記』 권11, 新羅本紀11, 文聖干 8년.

궁복의 칼을 빼앗아 목을 벤 후, 그 무리들을 불러 달래니 엎드려
감히 움직이지 못하였다.[113]

라고 하였듯이, 장보고를 암살하였다. 동아시아의 해역을 주름잡던
장보고는 국내 정치의 갈등 속에서 희생양이 되어 최후를 마쳤다.

청해진은 장보고의 암살 이후 해체의 길로 접어들게 되었다. 염장
을 비롯하여 무주 등 내륙지역의 사람들이 장보고 암살과 청해진
타도에 앞장 선 까닭을 경제적 이해관계가 상충된 데서 찾고 있다.
내륙 출신들은 청해진이 강성해져 자신들의 세력이 위축되는 것에
불만을 품었으며, 신라 중앙정부는 이들의 불만을 교묘히 이용하여
염장 등 암살자를 보내 장보고를 제거한 것으로 이해한다.[114]

또한 장보고의 중앙정계 진출에 대한 경주 진골귀족들의 두려움과
불안감, 청해진에 편입된 군소 해상세력의 반발도 장보고를 죽음으
로 이끈 원인이 되었다.[115] 신라 중앙정부는 '국가의 존립에 부정적
인 영향을 주고, 음모를 꾸미는 자들이 간계(奸計)를 획책하는 데
소용되는 비용을 축적할 수 있는 수단'[116]을 제공하는 청해진 해상세
력의 발호를 묵과할 수 없었다.

한편 장보고의 암살은 김양과 염장의 합작품이었다.[117] 김양은

---

113) 『三國史記』 권44, 列傳4, 張保皐.
114) 김광수, 1985, 「장보고의 정치사적 위치」, 『장보고의 신연구』, 완도문화원,
    8쪽.
115) 한국향토사연구전국협의회, 1997, 「고대, 고려시대의 영산강」, 『영산강유역
    사연구』, 137~138쪽.
116) 마르크 블로크 著, 한정숙 譯, 1986, 『봉건사회 I』, 힌길사, 70쪽.
117) 염장은 김양이 흥덕왕 치세(826~836) 말년에 무주도독으로 재임하고 있을
    때 긴밀한 연결관계를 맺은 것으로 보고 있다. 염장은 무주의 治所인 현재의
    광주 인근지역 출신으로 해상세력이 아니라 내륙의 호족세력으로 이해한

신라 조정과 장보고 사이의 연결고리를 끊어 국왕을 능가하는 권신
으로서의 지위를 차지하려고 하였다. 김양은 염장을 시켜 장보고를
암살한 후 딸을 문성왕의 차비(次妃)로 납비(納妃)하는 등 왕실과
깊은 관계를 맺었다.[118]

염장을 비롯한 내륙지역의 지방세력도 장보고의 해상권 장악에
반발하여 김양의 제안을 받아들였다. 이들은 청해진의 세력 확대와
장보고의 중앙정계 진출로 인해 지역에서의 기득권이 훼손되는 것에
반발했으며,[119] 중앙정부와 결탁하여 장보고를 제거한 후 해상활동
을 통해 얻은 이익을 차지하고자 하였다.[120] 염장은 장보고를 암살한
공로가 인정되어 아간(阿干)의 관등이 주어졌으며,[121] 무주의 차관에
해당하는 별가(別駕)에 임명되었다.[122]

장보고의 막료들은 염장에 맞서 끝까지 저항한 부류가 있었는가
하면, 그 휘하에 들어가 현실에 안주하려는 사람들도 없지 않았다.
이창진(李昌珍)은 끝까지 저항하였고, 이소정(李少貞) 등은 현실에
순응하였다. 당나라와 일본에 매물사(賣物使) 혹은 회역사(廻易使)로
파견된 사람들도 각자의 길을 걷게 되었다. 최훈(崔暈)은 당나라에서
새로운 삶을 개척하였다. 회역사(廻易使)[123]로 파견된 이충(李忠)과

　　　　다(정청주, 1996, 『新羅末高麗初豪族硏究』, 일조각, 146쪽).
118) 윤병희, 1982, 「新羅 下代 均貞系의 王位繼承과 金陽」, 『歷史學報』 96, 71쪽.
119) 蒲生京子, 1979, 앞의 글, 65쪽.
120) 김광수, 1985, 앞의 글, 82쪽.
121) 『三國遺事』 권2, 神武大王 閻長 弓巴.
122) 『續日本後記』 권11, 仁明天皇 承和 9年 正月.
123) 당시 장보고의 對日本 무역사절을 가리켜 회역사라고 불렀는데, 이들은
　　　후쿠오카의 하카다로 건너가 양국 사이의 교역은 물론 일본 및 당과의
　　　중계무역 등을 행하였다. 당시 당나라의 화물은 주로 청해진을 거쳐 일본에
　　　공급되었고, 일본의 물건도 이곳을 거쳐 당으로 유포되었다(이기동, 1985,
　　　앞의 책, 108~109쪽).

양원(揚圓)은 소관 업무를 마치고 본국에 돌아왔다가 난을 피해 일본으로 떠나갔다.[124]

장보고의 죽음 이후 청해진은 날로 약화되어 갔다. 청해진이 완전히 소멸하는 데는 10년이 걸렸다. 신라는 851년에 이르러 청해진을 폐지하고, 현지에 거주하던 사람들을 벽골군(전북 김제)으로 강제 이주시켰다.[125] 장보고의 암살과 청해진의 해체 이후 서남해지역의 해양활동 공간은 진공상태가 되었다.[126] 신라 중앙정부가 해양에 대한 통제력을 상실하여 군소세력들이 발호하게 되었다.[127]

그러나 청해진이 해체된 후에도 서남해지역의 국제무역 중심지로서의 역할은 일정 기간 동안 유지되었다. 장보고 선단의 주된 교역 물품이었던 청자는 후대까지 서남해지역 경제활동의 기둥 역할을 하였다. 강진과 해남 일대를 중심으로 발전했던 고려의 청자문화, 신안의 여러 해역에서 발굴된 해저(海底) 유물을 통해 활발하게 전개된 동아시아 도자기 무역의 편린을 찾을 수 있다.

서남해지역의 해상세력은 청해진의 해체 이후 나말여초(羅末麗初)의 전환기에 존재를 드러내게 되었다.[128] 서해 남부 사단항로를 통한 신라와 남중국의 사이의 왕래도 지속적으로 이어졌다. 신라는 민간무역을 불법으로 취급하였지만,[129] 신라 말에 이르면 여러 해역을 민간 교역선이 누비고 다녔다. 신라 말기에 해적(海賊)과 해상(海

---

124) 『續日本記』 권11 承和 9年 正月.

125) 『三國史記』 권11, 新羅本紀11, 文聖王 13年.

126) 윤명철, 2001, 앞의 글, 308쪽

127) 이기동, 1997, 「9~10세기, 서해를 무대로 한 韓中日 삼국의 해상활동」, 『한중문화 교류와 남방해로』, 집문당, 121쪽.

128) 변동명, 2014, 「9세기 전반 서남해지역의 해상세력」, 『전남 서남해지역의 해상교류와 고대문화』, 전남문화재연구소 개소기념 국제학술대회.

129) 권덕영, 2012, 「신라 하대의 서해무역」, 『신라의 바다 서해』, 일조각, 194쪽.

商) 등으로 불린 해상세력은 민간무역에 종사하던 집단에 뿌리를 두고 있다.

2. 고대적 사유체계의 해체와 새로운 사상의 태동

1) 신라사회의 선종(禪宗) 수용과 사상계의 변화

신라는 혜공왕이 780년에 살해된 이후 선덕왕－원성왕－소성왕－애장왕－헌덕왕－흥덕왕－희강왕－민애왕－신무왕－문성왕－헌안왕으로 이어지는 피비린내는 왕위계승분쟁을 80여 년 동안 겪었다. 장보고가 청해진을 설치하여 해상왕국을 운영한 시기는 헌덕왕 때부터 문성왕 치세까지에 걸쳐 있다.

장보고는 경주에서 멀리 떨어진 청해진을 중심으로 해상왕국을 건설하여 신라의 골품체제를 붕괴 직전까지 몰아갔다. 문성왕(839~857)은 845년 자객 염장을 파견하여 장보고를 암살한 후 위기를 일단 벗어났다. 신라는 장보고의 등장과 피살을 거치면서 골품제의 한계에서 어느 정도 벗어나 새로운 시대를 준비하는 진보적인 움직임이 일어났다.

불교 교단을 비롯한 사상계도 중국을 다녀 온 유학승을 중심으로 교종 중심에서 벗어나기 위한 노력이 일어났다. 당시 신라의 불교계는 교종 계열의 5교(敎)가 장악하고 있는 상태였다. 교종은 삼국시대 불교가 수용된 이래 사상계의 주류를 이루었고, 통일 후 본격적인 비상(飛翔)의 나래를 펴기 시작했다.

교종은 경전에 대한 이해와 깨달음을 중시하고 불경이나 불상과

낙양 용문산 대불(大佛). 북위의 선무제는 대불을 조성하여 자신의 부모를 부처와 동일시하는 등 황제권 강화 수단으로 활용하였다.

같은 권위적인 교리와 의식을 강조하였다. 원효와 의상 등 고승들에 의해 경전에 대한 주석이 가해짐으로써 불교 철학에 대한 이해가 심화되었다.

또한 교종은 중앙 귀족 세력과 밀접한 관련을 맺으면서 권위적이고 중앙 집권적인 성향을 가지고 있었다. 교종은 왕즉불(王卽佛) 사상을 통해 왕권강화를 뒷받침하기도 했다. 불교는 인도에서 창시된 후 중국에 들어와 국가 종교의 색채가 농후해졌으며, 북조(北朝)에서는 불교를 국가에 봉사시켜 황제의 권위를 높이기 위한 수단으로 활용되었다.[130]

---

130) 북조에서는 황제가 불교를 공인하고 사원의 건립을 주도했다. 자신의 모습을 불상에 새겨 석가불을 자처하는 황제도 생겨났다. 황제가 곧 부처라는 '왕즉불' 사상의 반영이라 할 수 있다. 北魏의 宣武帝(500~515)는 當今의 여래로서 낙양 용문산에 부모에 해당되는 高宗 孝文帝(471~499) 부부를 기리는 追善窟 賓陽中洞을 거대한 규모로 조성했고, 梁 武帝(502~549)는 스스로를 菩薩帝를 자처하며 朝會를 불교의식처럼 치르기도 했다.

중국을 통해 불교를 받아들인 신라를 비롯한 삼국의 경우도 비슷한 면모가 확인된다. 신라사회에 처음 불교가 전파된 시기에 대해서는 미추왕(262~284) 때, 눌지왕(417~458) 혹은 비처왕(소지왕, 479~500) 때, 법흥왕(514~540) 때 등으로 보고 있다. 법흥왕 때에는 불교의 전파와 홍법을 넘어 국가에 의해 공인되는 단계에 이르렀다.

법흥왕이 불교 교리를 통해 왕권을 신성화하고 강화하려는 시도는 귀족세력의 격렬한 반대에 부딪혔다. 이들은 천신(天神)의 후예임을 자처하였기 때문에 자신들의 정신적 토대를 약화시키고 국왕의 지위와 신분의 우월함을 내세우는 불교를 받아들이기 어려웠다.[131]

불교는 천(天)을 다양한 단계로 세분하고 그 위에 지고한 붓(부처)이 존재하는 세계관을 상정하고, 모든 중생이 윤회를 되풀이 할 때 부처만이 그 굴레를 벗어난 초월적 존재로 설명한다. 따라서 귀족들의 입장에서 국왕과 부처, 왕실과 석가족을 동일시하는 관념은 거부감이 들 수밖에 없었다.

법흥왕이 이차돈의 순교를 통해 보수적인 귀족들의 반대를 극복하고 불교를 공인한 일, 진흥왕을 계승한 진지왕이 왕권강화를 추진하는 과정에서 국인(國人, 귀족세력)에 의해 폐위[132]된 사례 등은 저간의 어려웠던 사실을 반영한다. 법흥왕은 이차돈의 순교를 통해 불교

---

131) 신라의 6부는 조상들이 모두 하늘에서 내려왔다는 천강족 의식이 있었으며 (『三國遺事』 권1, 奇異2, 新羅始祖 赫居世王), 포항시 신광면 냉수리에서 발견된 503년(지증왕 4)에 세워진 신라 古碑에는 국왕과 6부의 수장을 합해 '七王'으로 표기한 사례가 확인된다(수보돈, 1996, 「6세기 新羅의 村落支配 強化 過程」, 『경북사학』 19). 그러나 울진 봉평에서 발견된 524년(법흥왕 11)에 세워진 비석에는 신라의 국왕을 대왕으로 격상하여 부른 것으로 볼 때 불교 공인과 율령 반포에 따라 왕권이 크게 강화된 면모가 확인된다(이문기, 1998, 「신라 육부의 지배기구와 그 변화」, 『대구사학』 55).

132) 『三國遺事』 권1, 奇異2, 桃花女 鼻荊郎.

를 공인한 후 534년(동왕 21)부터 흥륜사를 짓기 시작했고, 공사를 끝마치자 양위하고 출가하여 법공이라는 법명을 받기도 했다.[133]

신라사회는 진흥왕 때에 이르러 불교 교리를 통해 왕권의 신성화를 추진하면서 고대적 천신관념의 한계에서 벗어날 수 있게 되었다. 신라를 비롯하여 여러 나라의 건국신화에 나타나는 시조(始祖) 혹은 국조(國祖)는 천손의 자손이거나 하늘에서 내려온 신성한 존재로 묘사되어 있다. 고조선의 단군, 북부여의 해모수, 동부여의 해부루, 고구려의 주몽, 신라 박혁거세와 김알지, 가야 김수로 등이 해당된다.

건국신화에 보이는 천손강림 내용은 동북아시아 및 시베리아의 샤머니즘에 기원을 두고 있다. 샤먼은 인간을 구제하기 위해 지상에 파견된 천신(天神)의 자손 혹은 대리자로 막강한 권력과 권한을 지녔다. 또한 천신과 인간 사이가 너무 멀고 간격을 좁히기 어려워, 천신의 화신에 해당되는 그 자식으로 하여금 인간과 깊은 관계를 맺도록 했다.

그리하여 국왕은 천신과 소통이 가능하고, 농사의 풍흉을 책임지는 등 신이한 능력이 있는 존재로 설정되었다.[134] 여러 나라의 국왕들은 시조묘(始祖廟) 외에 신궁(神宮)에 제사함으로써 자신들의 권력이 시조를 매개로 하여 하늘로부터 나온 것임을 내세웠다.[135]

---

133) 『海東高僧傳』 권1, 法空.

134) 나희라, 1995, 「고대국가의 지배이데올로기」, 『역사비평』 30.

135) 神宮의 설치와 郊祀의 성격을 띤 천지신에 대한 제사는 시조가 지닌 천신적 요소를 부각시켜 '天'의 지고성에 접근하여 왕권을 강화하려는 시도였다(나희라, 1996, 「한국 고대의 신관념과 왕권」, 『국사관논총』 69, 120~136쪽). 한편 신라의 경우 종묘 제사를 의미하는 廟祀는 일찍부터 시행되었는데, 왕이 친히 제사를 지냈기 때문에 大祀라고 했다. 그러나 교사는 사료에서 확인되지 않고, 진평왕 때까지는 시조묘와 신궁 제사만이 기록에서 찾아진다.

그런데 신라의 경우 국왕 외에 경주 6부의 수장들도 자신의 조상들이 하늘에서 내려온 천손족(天孫族) 출신임을 강조하였다. 진흥왕은 천신 관념의 한계를 벗어나 국왕의 지위가 귀족들보다 더욱 우월함을 표방하기 위해 전륜성왕을 내세웠다. 전륜성왕은 모든 세계를 통일하여 정법(正法)으로 통치하는 이상적인 제왕을 말한다. 진흥왕은 두 아들의 이름을 동륜(銅輪)과 사륜(舍輪, 혹은 금륜)이라 명명하였다.136)

진평왕 자신의 이름은 석가의 아버지를 따라 백정(白淨), 왕비는 석가 어머니를 따라 마야부인(麻耶夫人)이라고 했다. 진평왕의 후비(后妃) 이름 역시 불교식에 따라 승만(勝曼)이라 했고, 자신의 아우들은 석가의 아버지 정반왕(淨飯王)의 동생 이름을 따라 백반(伯飯)과 국반(國飯)으로 불렀다.

신라 왕실은 인도 카빌라국의 석가 왕실을 그대로 재현해 놓은 셈이다. 국왕의 지위가 귀족들보다 우월함을 내세우기 위한 진종설(眞宗說)의 일환이었다.137) 진평왕 때에 이르러 진흥왕-동륜태자-진평왕으로 이어지는 직계 및 제한된 근친자들로 한정하여 '성골(聖骨)'로 칭하게 되었다.

진평왕은 고대의 천신사상과 불교의 제석(帝釋)을 동일한 개념으로 연결시켜 국왕의 권위를 신성시하기도 했다.138) 제석은 천·천제·황천상제·상제 등으로 불렸는데, 제석천이 거주하는 도리천은 다른

---

136) 『三國遺事』권1, 土曆.

137) 진종 혹은 찰제리종은 석가족이 속한 크샤트리아족의 한자음역이며, 중국의 오대산에서 자장율사에게 감응한 문수보살이 '신라 왕실은 찰제리종으로 일찍이 불기를 받아서 동쪽 오랑캐나 기타 족속과는 다르다'(『三國遺事』권3, 塔像4, 黃龍寺九層塔)라고 언급한 사료 등에서 확인된다.

138) 안지원, 1997, 「신라 진평왕대 제석신앙과 왕권」, 『역사교육』63, 77~94쪽.

불교의 제천들보다 지상에서 가장 높은 곳인 수미산 꼭대기에 자리
한다.

제석천은 능천제 즉, 전능한 천제로 번역된다. 수미산 정상에 거주
하는 부처의 최고 호법신으로 불법을 수호하면서 인간세계를 감시하
는 역할을 했다. 진평왕을 비롯한 동륜계 왕실, 즉 성골집단은 석가
왕실과 동일하므로 제석의 강력한 보호를 받게 된다. 또한 진평왕
자신이 제석의 호위를 받는 부처와 같은 존재로 자연스럽게 연출될
수 있었다.139)

신라는 진평왕 때에 고대적 천신관념을 바탕으로 불교의 진종설과
제석 신앙 등을 받아들여 왕권강화의 이념으로 활용하였다. 불교는
천신관념 등 고대 사유양식을 부정하거나 배제하지 않고 무불습합
(巫佛習合) 형태로 정착되었다. 불교는 무교의식(巫敎儀式)과 여러 신
앙을 받아들였는데, 사찰 경내에 전통신앙을 받드는 삼성각(三聖閣)
등을 설치한 사례를 통해 확인된다.140)

신라의 왕권은 통일 이후 전제적인 성격141)이 두드러지면서 화엄

---

139) 안지원, 2005, 「제석도량의 설행 실태와 사회적 성격」, 『고려의 불교의례와
    문화』, 서울대학교출판문화원, 250쪽.
140) 獨聖閣·山神閣·七星閣 등도 비슷한 성격을 띠고 있는데, 대개 삼성각은
    삼신을 같이 모신다. 독성각은 불교에서 말하는 獨覺을 모신 곳이다. 독각은
    석가모니처럼 스승 없이 홀로 깨우친 자를 말한다. 대승불교의 교학에서
    독각은 타인을 위해 가르침을 설하지 않는 이기적인 자를 뜻하지만, 이
    경우에는 좋은 의미의 독각이다. 산신각은 단군이 산신이 되었다는 전설에
    서 유래한다. 칠성각은 북두칠성에 축원하는 도교의 신앙을 받아들여 북두
    칠성을 불교의 여래로 조화하여 모신 곳이다. 따라서 삼성각은 불교가
    수용되는 과정에서 토착신앙 혹은 민간신앙과 융합하여 빚어진 변용 사례
    에 해당된다. 이질적인 신앙을 불교로 포용하여 보다 높은 차원으로 유도한
    데에 의의가 있다.
141) 현재 학계에서는 신라 중대사회를 흔히 전제왕권의 시대로 부르고 있다(이
    기백, 1990, 『韓國史新論』 수정판, 일조각, 107~108쪽). 그런데 전제왕권은

사상의 뒷받침을 받았다. 화엄사상의 철학적 구조는 법계연기(法界緣起)가 중심을 이루면서 일즉일체(一卽一切)·일체즉일(一切卽一)·일즉십(一卽十)·십즉일(十卽一) 등의 논리를 통해 뒷받침 되었다.

우주의 모든 사물은 어느 하나라도 홀로 있거나 일어나는 일이 없으며, 모두 끝없는 시간과 공간 속에서 서로의 원인이 되고, 대립을 초월하여 하나로 융합되는 것으로 이해한다. 또한『화엄경(華嚴經)』의 중심에 자리한 비로자나불(毘盧遮那佛)은 대광명을 비추어 모든 조화를 꾀하며, 우주의 질서를 미적으로 표현하여 통일국가의 상징으로 인식되었다.

화엄사상은 왕실과 귀족 중심의 경향을 띠었으며,142) 전제왕권과 율령체제를 뒷받침하는 구실을 하였다.143) 화엄사상은 자장(慈藏)에 의해 전래된 후 원효와 의상에 의해 널리 연구되었으며, 어떤 사상이나 신앙보다 중요시되었다.

의상은 원효의 사상을 계승하여 전제왕권 강화에 크게 기여했는데, 화엄종은 신분의 차별과 사회구조의 불평등을 옹호하는 측면도 없지 않았다.144) 의상은 문하에 3,000여 명의 학승이 따랐으며, 표훈(表訓)을 비롯한 10대 제자들이 대표적이었다.

신라는 의상의 화엄종 외에 보덕의 열반종, 자장의 계율종, 원효의 법성종, 진표의 법상종이 성행하였다. 이를 교종 계열의 5교(敎)

왕의 일인독재가 아니라 관료제도의 뒷받침을 받으면서 소수의 귀족·외척 세력의 정치적 지지의 타협을 통해 군속된 것으로 보고 있다(신형식, 1990,「통일신라 전제왕권의 성격」,『통일신라사연구』, 삼지원).

142) 최병헌, 1972,「신라 하대 선종 구산파의 성립」,『한국사연구』7, 83쪽 ; 이기백, 1990, 앞의 책, 101쪽.

143) 안계현, 1982,『한국불교사연구』, 동화출판공사, 79쪽.

144) 진덕규, 2002,『한국정치의 역사적 기원』, 지식산업사, 225쪽.

라고 한다. 그러나 경덕왕(742~764) 치세의 후반기부터 교종의 영향력이 약화되기 시작했고, 교학 연구도 침체되는 조짐을 보이기 시작하였다.

신라의 교학 불교는 경덕왕을 계승한 혜공왕(재위 765~780) 이후 국가가 혼란해지면서 한계 상황에 봉착했다. 신라는 중대사회[145]의 여러 모순으로 인해 파탄 직전에 이르렀고, 귀족세력들이 정치 일선에 등장하여 왕위쟁탈전을 전개함으로써 전제왕권은 무너져 내렸다.

전제왕권 파탄과 국정 운영의 난맥 속에 교학 불교가 침체되면서 참선과 실천적 수행을 중시하는 새로운 흐름이 나타났다. 교리를 공부해서 점진적으로 깨닫는 교종(敎宗)과는 달리, 참선과 염불 등을 통해 일순간에 깨우쳐 누구나 부처가 될 수 있다고 주장하는 선종(禪宗)이 등장하였다.

선종은 현학적이고 사제적인 화엄사상을 타파하는 이데올로기로 활용되었다.[146] 선종은 8세기 후반 신라를 떠나 9세기 초반에 귀국한 도의(道義) 등 중국 유학을 다녀온 승려에 의해 도입되었다. 도의를 비롯하여 선종 9산문(山門)을 개창한 선승(禪僧)들은 6조 혜능(慧能, 638~713)의 사상을 계승한 남종선(南宗禪)의 계파에 속한다.

선종이 신라에 처음 들어온 것은 통일 직전에 해당되는 7세기

---

145) 신라사의 시대 구분과 관련하여 김부식은 『삼국사기』에서 제1대 박혁거세부터 제28대 진덕여왕 때까지를 古代(B.C.57~A.D.653), 제29대 태종무열왕부터 제36대 혜공왕까지를 中代(654~779), 제37대 선덕왕부터 제56대 경순왕 때까지를 下代(780~935)로 나누었다. 그 반면에 일연은 『삼국유사』에서 제1대 박혁거세부터 제19대 지증마립간까지를 上古, 제23대 법흥왕부터 제28대 진덕여왕까지를 성골이 중심이 되는 中古, 제29대 무열왕부터 제56대 경순왕까지를 진골이 중심이 되는 下古로 시기 구분하였다.

146) 고익진, 1989, 『한국고대불교사상사』, 동국대 출판부, 513쪽

중엽 무렵이었다. 신라에 선(禪)을 도입한 인물은 법랑(法朗)이었다. 그는 당(唐)에 들어가 중국 선종의 4조(祖) 도신(道信, 580~651)으로부터 선법(禪法)을 전수 받은 후 귀국했으며, 법랑의 선법(禪法)은 신행(信行, 704~779)에게 이어졌다.

이와 관련하여 경남 산청의 단속사지에 남아 있는 신행선사비(信行禪師碑), 문경 봉암사의 지증국사비(智證國師碑) 등이 참조된다. 이들 비문에 따르면 신행은 법랑 밑에서 심등(心燈)의 법을 전수 받은 후 중국으로 건너갔음을 알 수 있다.

신행은 북종선(北宗禪)의 태두로 알려진 신수(神秀)의 문인이었던 지공(志空) 밑에서 3년 동안 수행한 뒤 귀국하여 선법 전파에 노력했다. 신행의 교화 범위는 넓지 않았으나 북종선을 처음으로 신라에 전파했다는 점에 의의가 있다. 그러나 법랑과 신행의 선법(禪法)을 신라 선종의 원류 혹은 주류로 보기는 어려운 실정이다.[147]

신라의 선종 수용과 홍법(弘法)은 도의(道義)의 귀국이 계기가 되었다. 도의는 784년 당나라로 건너가 강서성(江西省) 홍주(洪州, 현재의 남창)의 개원사(開元寺)에 머물면서 마조(馬祖)의 제자였던 서당지장(西堂智藏)의 문하에서 수행하였다. 서당지장은 "진실로 법을 전할 만 하다면 이런 사람이 아니고 누구에게 전하랴"라고 하면서 선(禪)을 전수했다고 한다.

도의는 40여 년에 걸친 오랜 기간의 중국 유학을 마치고 821년 귀국하였다. 그는 신라에 돌아온 후 『금강경』과 『육조단경』 등의 신지에 입각해 조사돈오선(祖師頓悟禪)을 널리 펴고자 했다. 도의는 당시 신라의 사상계를 이끌던 화엄계의 승통(僧統)이었던 지원(智遠)

---

147) 고영섭, 2014, 「신라 중대의 선법 전래와 나말 려초의 구산선문 형성」, 『신라문화』 44, 동국대학교 신라문화연구소.

장흥 보림사 보조선사 창성탑

을 만나 상대의 불법을 견준 법 거량(法擧量)을 펼쳐 보이기도 하였다. 그러나 화엄 승려들은 현실의 모순을 해결하려는 노력 은 하지 않고, 지배세력의 보호 아래 안주하면서 훈고학적인 주 석에 빠져 선왕들의 봉덕(奉德) 과 추선(追善) 및 공양(供養) 의례 등에 집착하였다.148)

따라서 도의의 선법은 법상종 과 화엄종 등 교학사상이 성행 하고 있었기 때문에 배척될 수 밖에 없었다.149) 도의의 선법과 주장은 봉암사 지증대사비와 보림사 보조선사 창성탑비에 보이듯이 '허탄(虛誕)' 혹은 '마구니의 말(魔語)' 로 치부되었다. 화엄학승들은 교외별전(敎外別傳, 부처의 진정한 가 르침은 마음을 통해서 전해진다), 견성성불(見性成佛, 본래의 마음을 발견할 때 부처가 된다) 등을 주장하는 선(禪)을 이해하지 못하였 다.150)

도의는 설악산 진전사(陳田寺)에 은거한 후 후일을 기다리며 소수

148) 고익진, 1984, 「新羅下代의 禪傳來」, 『한국선사상연구』, 동국대출판부, 56쪽.
149) 金穎 撰, 1919, 「新羅國武州迦智山寶林寺諡普照禪師靈塔碑」, 『朝鮮金石總覽』 상, 62쪽.
150) 선종은 敎外別傳(혹은 以心傳心)과 見性成佛을 비롯하여 不立文字(진리란 말이나 문자로 표현될 수 없다), 直指人心(개인적 사회적 편견과 선입견으로 부터 벗어난 마음가짐) 등 네 표어에 집약적으로 나타나 있는 주관적 수행법 을 강조한다.

의 제자들에게 선(禪)을 전수하였다.[151] 도의 이후 홍척(洪陟)과 혜철
(慧哲) 등이 당나라 유학을 마치고 귀국한 후 선종 전파에 나서면서
상황 변화가 이루어졌다.

홍척과 혜철은 실상산문과 동리산문을 개창하는 등 선종의 발전을
주도해 나갔다. 선종 9산문의 개창은 828년 실상산문에서 시작되어
935년 희양산문이 열릴 때까지 107년 동안 차례로 진행되었다. 도의
가 중국에서 821년 귀국하여 설악산 진전사를 무대로 설법에 나선
시기부터 계산하면 115년이 걸린 셈이다.

한국 불교는 신라 말기에 선종이 수용된 이후 5교 9산(신라 말에서
고려 후기)－교종과 선종(고려 말, 조선 초)－선종(조선 말 이래 현재
까지)이 교단의 중심을 이루면서 발전해 왔다. 선종이 빠른 속도로
사상계의 주류를 장악한 배경은 9산문의 개조(開祖)와 개산자(開山
者)[152] 대부분이 혜능의 선(禪)을 계승한 정서적 동질성을 갖고 있기
때문이었다.

한편 9산 선문이라는 용어는 고려 중기부터 사용되기 시작하였
다.[153] 그 이전에는 선승들이 해당지역에 선량(禪場)을 세우고 문도를

---

151) 조영록, 2011, 「도의의 在唐 구법행정에 관한 연구」, 『동아시아 불교 교류사
연구』, 동국대 출판부.

152) 開祖와 開山祖 혹은 開創者는 차이가 있다. 전자는 산문을 열지 못했지만,
산문을 열 수 있는 단서와 기반을 마련한 조사로서 개산조에 의해 추존된
선승을 말한다. 그 반면에 후자는 산문을 열었을 뿐만 아니라 앞서 기반을
마련한 조사를 개조로 추존한 선승이 해당된다. 그 외에 실상산문의 홍척과
같이 산문을 열었을 뿐만 아니라 개조까지 겸한 선승도 없지 않다(고영섭,
2014, 앞의 글, 195쪽).

153) 보제사 승려 貞雙 등이 1084년(선종 원년) 9산문에서 수행 정진하는 승려들에
게도 진사과의 사례에 따라 3년에 한 번씩 選試를 치를 수 있도록 요청하자,
그것을 허락하고 시행했다는 사료가 처음이다(『高麗史』 권10, 世家10, 宣宗
元年 正月). 이후 여러 문헌에 達磨九山門과 九山禪侶 등의 용어가 사용되었
다.

양성하면서 각각 '○○산문' 등을 칭하였다. 당시에는 훨씬 많은 숫자의 산문이 존재했고, 10세기 말까지도 14개의 산문이 있었다고 한다. 그러나 대각국사 의천이 천태종을 개창한 11세기 초반 무렵에 이르러 5개의 산문이 천태종으로 전향하면서 9개의 산문만 남게 되었다.

한편 9산문 체제가 성립된 이후 산문은 공간적 개념보다 문파의 의미를 띠게 되었다.[154] 또한 나말여초에는 개별 승려가 특정 산문에 속한다는 귀속의식이 강하지 않았지만, 고려중기 이후에 이르러 산문에 대한 소속의식이 분명하게 나타났다.[155] 나말여초에 개창된 산문들은 오랜 세월에 걸친 분화와 통합 과정을 거쳐 9산문으로 정리되기에 이르렀다.

선종(禪宗)이라는 명칭 역시 당나라 중기부터 그 종풍이 크게 흥성하여 교종과 대립하면서 사용되기 시작하였다.[156] 중국의 선종은 명상 수련을 강조하였고, 불보살을 향해 경배하지 않거나 문자와 의례를 거부하는 방식으로 전통적 수행법과 차별화를 꾀했다.[157]

인도의 요가학파와도 성격을 달리한 채 순수한 중국 불교가 성립되기에 이르렀다. 선종은 학구적이고 지루하며 논리적인 인도 불교의 경향을 벗어나기 위해 중국의 사상적 전통을 활용하였다.[158]

---

154) 최연식, 2008, 「獅子山 禪門의 성립과정에 대한 재검토」, 『불교학연구』 21, 233~234쪽.
155) 최연식, 2008, 앞의 글, 238쪽.
156) 케네스 첸, 길회성 옮김, 1994, 『불교의 이해』, 분도출판사, 192쪽.
157) 그 시초는 8세기 말엽 티베트 왕에게 초빙되어 인도 승려와 대론했던 중국 승려 摩訶衍이 스스로 頓悟禪宗이라 칭한 것에서 유래한다. 그런데 이는 혜능으로부터 비롯된 남종 돈오의 입장이며, 대승불교의 如來禪으로부터 중국 종교로서의 祖師禪으로 전화된 것임을 의미한다.
158) 김석근, 2004, 「훈요십조와 시무28조」, 『아세아연구』 제42권 제1호.

선종 형성의 사상적 배경에는 노장사상(老莊思想), 특히 장자(莊子)의 영향을 간과할 수 없다. 장자의 사상을 정신적 풍토로 하여 인도 불교의 반야(般若) 및 공(空) 사상이 변용되어 정착·형성되었다.

중국 선종의 계보는 달마를 초조(初祖)로 삼고, 2조 혜가(慧可, 488~593), 3조 승찬(僧瓚), 4조 도신(道信, 580~651)을 거쳐 5조 홍인(弘忍, 602~675) 때에 이르러 남북 양종으로 나뉘어졌다. 홍인 문하에서 혜능(慧能, 638~713)이 남종선(南宗禪)을 열었고, 신수(神秀, 606~706)는 북종선(北宗禪)을 개창했다. 혜능과 신수를 합해 '남능북수(南能北秀)'로 부르기도 한다.

한편 혜능의 계보에서 청원(靑原)과 남악(南嶽)의 두 계통이 출현했다. 청원의 후계로 조동종을 비롯한 운문종(雲門宗)과 법안종(法眼宗), 남악의 후계로 임제종과 위앙종(潙仰宗)의 여러 종파가 분화되는 등 선종은 융성기를 맞이하였다.

신라 9산문을 개창한 대부분의 선승들은 희양산문을 세운 도헌을 제외하고 모두 4조 도신의 법통을 계승하였다.[159] 이들은 혜능 문하에 속한 마조 도일(馬祖道一, 709~788)과 석두 희천(石頭希遷, 700~790)의 영향을 받은 남종선(南宗禪) 선사들의 문하에 들었다.

신라에서 당으로 9세기에 건너간 유학승들은 마조의 법통을 계승

---

159) 한국의 선종은 法朗으로부터 시작된다. 그는 당나라에 유학했다가 선덕여왕 혹은 진덕여왕 치세 무렵에 귀국했다. 중국 선종 4조인 道信의 법을 이은 법랑이 신라에서 어떤 활동을 했는지는 분명하지 않지만 그의 선법은 당에 유학하여 北宗禪을 계승한 神行과 제자인 三輪선사에 의해 중앙에 알려졌다. 그 후 활동이 뚜렷하지 않다가 遵範과 慧隱을 거쳐 道憲에 이르러 산문을 형성했고(曦陽山門), 도헌의 孫弟子인 兢讓에 이르러 법계를 바꾸었다. 즉, 남종선 위주의 당시 불교계 분위기로 인해 남종선을 받아온 쌍계사 慧昭를 도헌의 스승이라 일컫게 되었다(崔致遠, 「鳳巖寺智證大師寂照塔碑」 ; 이지관, 1993, 『역주고승비문』, 가산문고, 284쪽). 그리고 희양산파를 제외한 나머지 8개 선문은 남종선을 수용했다.

【구산선문 법맥도】

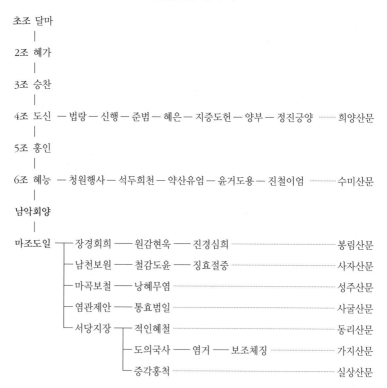

초조 달마
  |
2조 혜가
  |
3조 승찬
  |
4조 도신 ─ 법랑 ─ 신행 ─ 준범 ─ 혜은 ─ 지증도헌 ─ 양부 ─ 정진긍양 ······· 희양산문
  |
5조 홍인
  |
6조 혜능 ─ 청원행사 ─ 석두희천 ─ 약산유엄 ─ 윤거도용 ─ 진철이엄 ········ 수미산문
  |
남악회양
  |
마조도일 ┬─ 장경회희 ─── 원감현욱 ─ 진경심희 ················· 봉림산문
        ├─ 남천보원 ─── 철감도윤 ─ 징효절중 ················ 사자산문
        ├─ 마곡보철 ─── 낭혜무염 ···························· 성주산문
        ├─ 염관제안 ─── 통효범일 ···························· 사굴산문
        └─ 서당지장 ┬─ 적인혜철 ···························· 동리산문
                  ├─ 도의국사 ─ 염거 ── 보조체징 ··········· 가지산문
                  └─ 증각홍척 ····························· 실상산문

했고, 10세기에 도당(渡唐)한 유학승들은 석두의 법통을 이어 받았다. 마조의 선사상은 혜능(慧能) 문하의 남악 회양(南岳懷讓)의 법맥을 계승하여 9세기를 풍미했고, 석두의 선사상은 10세기에 널리 성행하였다.

  가지산문 도의와 실상산문 홍척, 동리산문 혜철 등이 마조 계열의 서당 지장(西堂智藏)의 영향을 받았다. 사굴산문 범일은 마조계의 염관 제안(鹽官齊安), 성주산문 무염은 마조계의 마곡 보철(麻谷寶徹), 성주산문 대통은 마조계의 앙산 혜적(仰山慧寂), 사자산문 도윤은

마조계의 남천 보원(南泉普願), 봉림산문 현욱은 마조계의 장경 회휘
(章敬懷暉) 문하에서 수행했다.

　그 반면에 가지산문 형미(逈微)와 성주산문 여엄(麗嚴) 및 수미산문
이엄(利嚴)은 석두 계열의 운거 도응(雲居道膺) 문하에서 수행했다.
또한 사굴산문 행적(行寂)은 석두계 석상 경저(石霜慶諸), 동리산문
경보(慶甫)는 석두계 소산 광인(疎山匡仁), 성주산문 현휘(玄暉)는 석두
계 구봉 도건(九峰道虔), 희양산문 긍양(兢讓)은 석두계 곡산 도연(谷山
道緣)의 영향을 받았다.

　한편 당(唐)이 도교를 숭상하고 불교를 폐지하는 회창폐불(會昌廢
佛)을 단행하여 중국의 선종이 침제 양상을 보인 것과는 달리,[160]
신라의 선문(禪門)은 독자적인 선풍을 드러내면서 구산선문으로 발
전해 나갔다. 당 무종(武宗)의 재위기인 회창(會昌) 원년에서 5년 사이
(841~845)에 진행된 폐불 사건은 불교교단에 대한 대대적인 탄압으
로 이어져 종단의 유지마저 어려운 실정이 되었다.

　외국 출신의 유학승들은 모두 본국으로 귀국하도록 했다.[161] 중국
의 강남 일대에 머물고 있던 신라 승려들도 귀국할 수밖에 없었다.
초창기에 중국으로 건너간 선승 중에 일부는 귀국하지 않고, 입적(入
寂)할 때까지 머무르기도 했다.

　당에서 활약한 초기의 선승 중에서 가장 저명한 인물은 정중 무상

---

160) 회창폐불에 대해서는 다음의 글을 참조하기 바란다. 김문경, 1966, 「會昌廢佛
　　의 한 硏究」, 『사학회지』 4, 연세대 사학연구회, 41~45쪽. 한편 중국의
　　불교계는 폐불 사건을 겪지면서 唐末五代의 변혁기에 다른 종파늘은 크게
　　쇠퇴하였지만, 선종은 오히려 5가7종의 종파가 생겨나고 그 중에서도 특히
　　祖師禪은 널리 성행하게 되었다(장미란, 2010, 「唐末五代變革期 선종의 흥기
　　배경」, 『한국선학』 26, 한국선학회).
161) 권덕영, 1994, 「唐 武宗의 廢佛과 新羅 求法僧의 動向」, 『정신문화연구』
　　54, 102쪽.

(淨衆無相, 684~762)을 들 수 있다. 그는 성덕왕(聖德王)의 셋째 왕자로 728년 당나라로 건너가 처적(處寂, 648~734) 문하에서 수행한 후 사천(四川) 정중사(靜衆寺)의 주지가 되었다. 무상은 바위 밑에 거주하면서 초의절식(草衣絶食)하고, 식량이 떨어지면 흙을 먹기도 하는 등 두타행(頭陀行)으로 유명하며, 중국 사천 일대에서는 오백나한의 중의 한 분으로 존숭되고 있다.

무상은 티베트 불교의 도입에 공헌했으며, 처적의 문하에 같이 있던 마조 도일(馬祖道一)에게 사상적인 영향을 미치기도 했다. 안휘성 구화산에서 수행한 지장(地藏, 699~797), 돈황 하란산에서 수행한 무루(無漏) 등도 신라 출신의 저명한 선승들이다.162) 이들은 당에서 수행하다가 입적하여 신라의 선종 보급과 홍법에는 별다른 영향을 미치지 않았다.

신라의 선종은 가지산문의 도의 등 중국 유학을 마치고 돌아온 승려들에 의해 확산 보급되었다. 중국의 선종이 회창폐불로 말미암아 큰 어려움을 겪은 것과는 달리, 신라 선종은 신라 말 고려 초에 널리 숭상을 받으면서 날로 융성해졌다.

회창폐불 이후 당나라 선종 교단, 특히 마조의 문하에서 뛰어난 역량을 보이던 신라의 선승들이 본국으로 귀국하기 시작하였다. 마조(馬祖)의 제자 백장 회해(百丈懷海)는 도의를 평하면서 "강서 (마조도일의) 선맥이 몽땅 동국으로 가는구나"라고 극찬했다고 한다.

성주산문(聖住山門)을 세운 무염(無染, 801~888), 사굴산문(闍崛山門)의 범일(梵日, 810~889), 쌍봉사에 주석(住錫)한 후 사자산문의 개산조가 된 도윤(道允, 798~868) 등도 차례로 귀국의 대열에 동참하

---

162) 고영섭, 2008, 「無相의 無念學」, 『한국불교학』 49, 한국불교학회.

였다.

무염은 12세에 설악산 오색석사(五色石寺)에서 출가한 후 821년(헌덕왕 13) 당나라로 유학하여 성남산(城南山) 지상사(至相寺)의 화엄강석(華嚴講席)에 참여하였다. 그는 화엄학을 공부하다가 불광사(佛光寺)의 여만(如滿)을 찾아가 선법(禪法)을 배웠고, 마곡 보철(麻谷寶徹)의 법맥(法脈)을 이어받았다.

무염은 20여 년 동안 중국의 여러 곳을 다니면서 보살행을 실천하여 '동방의 대보살'로 불리기도 했다. 그는 회창폐불에 따른 외국 출신 승려들의 귀국 조치로 845년(문성왕 7) 신라로 돌아와 충남 공주에 성주산문을 개창한 후 40여 년 동안 교화하였다.

무염에 이어 범일과 도윤도 2년 후 귀국 대열에 동참하였다. 범일은 15세(824)에 출가한 후 831년(흥덕왕 6) 당나라로 건너갔다. 그는 마조의 제자인 염관 제안(鹽官齊安) 문하에서 정진했으며, 청원 행사(靑原行思)－석두 희천(石頭希遷) 계열인 약산 유엄(藥山惟儼)을 찾아가 선법을 묻기도 했다.

범일은 천하를 주유하던 중에 법난을 만나 상산(商山)의 혜능의 탑에 참배한 후 847년(문성왕 8) 신라로 귀국하였다. 범일이 귀국할 때 사숙인 불광 여만(佛光如滿)은 "내가 많은 사람을 겪었으나 이와 같은 동국인을 본 적은 드물다. 뒷날 중국에 선법이 없어지면 동이(東夷)에게 물어야 될 것이다"라고 극찬했다고 한다.

도윤도 범일과 비슷한 시기에 귀국했다. 도윤은 헌덕왕 17년(825)에 중국에 들어가 마소(馬祖)의 제자 남선 보원(南泉普願) 분하에서 수행했다. 남전은 도윤이 귀국할 때 "우리 종(문)의 법인이 몽땅 동국으로 돌아가는구나"라고 했다고 한다.

무염과 범일 및 도윤 등이 귀국하면서 신라의 선종은 여러 산문이 본격적으로 개창되기 시작하였다. 이들은 나말여초 전환기의 정국을 주도한 외교관이자 종교 지도자였으며, 최고의 지식을 겸비한 인물들이었다. 이들의 활약에 의해 고대적 사유체계가 극복되고 중세사회를 지향하는 새로운 사상이 형성되기 시작하였다.

2) 산문(山門) 개창과 서남해지역 토착집단의 역할

신라사회의 산문 개창은 홍척(洪陟)이 836년(희강왕 원년) 남원시 산내면 지리산 기슭에 실상산문을 연 데서 비롯되었다.[163] 최치원이 지은 문경 봉암사 지증대사탑의 비문에 '북산에는 도의요, 남악에는 홍척'이라고 했듯이, 도의가 설악산에 은거하고 있을 때 홍척은 지리산 자락에서 신라 최초의 산문을 개창하였다.[164]

홍척은 헌덕왕 때(809~825) 당나라로 건너가 도의와 마찬가지로 지장의 문하에서 수행하였고,[165] 흥덕왕 1년(826)에 귀국하여 2년

---

163) 실상산문의 개창 시기와 관련하여 深源寺 秀澈和尙(817~893) 비문에 보이는 836년 설악산에서 홍척선사를 만났다는 기록이 참조된다. 홍척은 당에서 귀국한 이후 道義를 만나기 위해 설악산으로 갔으며, 선종사상에 대한 신라 조야의 분위기를 전해들은 후 설악산을 떠나 지리산으로 옮긴 것으로 이해한다(추만호, 1991, 「심원사 수철화상 능가보월탑비의 금석학적 분석」, 『역사민속학』 1, 282쪽). 또한 봉림산문의 開山祖 玄昱(787~868)이 837년(희강왕 2) 귀국한 후 4년 동안 실상사에 머문 기록을 통해 볼 때 실상산문은 836년 무렵부터 837년 사이에 개창되었을 가능성이 높은 것으로 보고 있다(조범환, 2005, 위의 글, 4쪽).

164) 김영수, 2002, 『朝鮮史廣』, 민속원, 36쪽 ; 김두진, 1996, 「불교의 변화」, 『한국사』 11, 국사편찬위원회, 196쪽.

165) 홍척과 혜철이 당으로 건너가 지장의 문하에서 선법을 수행하기 위하여 이동한 경로는 달랐다. 당시 신라의 선승들이 중국으로 건너가 첫 발을 내딛은 곳은 登州와 揚州였는데, 신라에서 使臣의 배나 商船을 이용해 건너 갔다. 홍척은 화엄을 익히기 위해 양주에서 서북쪽으로 향해 있는 운하를 이용해 낙양과 장안을 거쳐, 중국 불교의 4대성지 가운데 하나로 교학불교

후 실상산문을 개창하였다. 홍척의 실상산문 개창[166]은 주변지역 호족들의 도움을 받아 이루어진 것이 아니라 신라 왕실의 후원을 통해 이루어졌다. 선종이 지방호족의 지원 아래 성장하여 호족불교 적(豪族佛敎的) 성격을 띤 것으로 이해하는 견해가 일반적이지만,[167] 선종 사찰과 산문에 대한 구체적인 검토를 통해 얻어낸 결론으로 보기 어려운 실정이다.[168]

실상사 사적기(寺蹟記)에 따르면 당나라에서 귀국한 홍척이 흥덕왕의 초청을 받아

닦되 닦을 것이 없음을 닦고 깨치되 깨칠 것이 없음을 깨치니
그 고요할 때는 산처럼 서 있고 그 움직일 때는 골처럼 응하네
조작함이 없는 이익인 것이며 다투지 않고 이기는 것이네.[169]

의 중심을 이룬 오대산으로 향했다. 홍척은 이곳에서 공부하면서 神秀系의 北宗禪과 접했으며, 다시 선종에 관심을 갖고 서당지장을 찾아 남쪽으로 내려갔다(조범환, 2006,「신라 하대 洪陟 선사의 實相山門 개창과 鐵佛 조성」, 『신라사학보』6). 그러나 혜철의 경우 낙양과 장안을 거쳐 오대산으로 가서 화엄을 익히지 않고 곧바로 양주를 거쳐 양자강을 통해 남경을 지나 구강을 통해 강서로 접어들어 여산에 도착했다. 여산에서 남창을 지나 건주 公龔山의 寶華寺로 가서 지장을 만났을 가능성이 높다(김복순, 2005, 「9~10세기 신라 유학생들의 중국 유학과 활동 반경」, 『역사와 현실』56, 31쪽).

166) 홍척이 개창한 실상산문의 처음 이름은 지실사였다. 지실사가 실상사로 불린 것은 고려 초의 일이며, 홍척의 시호인 실상선정국사에서 비롯한 것으로 짐작된다.

167) 최병헌, 1972,「新羅 下代 禪宗九山派의 成立」,『韓國史研究』7 ; 이기백, 1972,「新羅 五岳의 成立과그 意義」,『진단학보』33.

168) 조범환, 2005,「新羅 下代 西南地域의 禪宗山門의 形成과 發展」,『진단학보』100, 3쪽.

169) 崔致遠,「鳳巖寺智證大師寂照塔碑」,『朝鮮金石總覽』上, 90쪽.

라고 하면서 선법 강론과 선지를 표명한 바 있다. 흥덕왕은 홍척의 불심을 높게 평가하여 절을 세울 수 있도록 후원했고, 태자 선강(太子 宣康)과 함께 실상사에 귀의하였다.[170]

흥덕왕은 선종의 혁명적인 성격에 공감을 느꼈으며,[171] 화엄사상과 선사상의 융회(融會)를 꾀하기도 했다.[172] 실상산문은 신라 왕실의 적극적인 후원 하에 개창될 수 있었다. 선종이 신라 하대로 접어들면서 새로이 대두하던 6두품 및 지방 호족세력의 환영을 받은 것이 사실이지만, 왕실 역시 실상산문 등 여러 산문의 개창에 적극적인 후원을 아끼지 않았다.[173]

흥덕왕은 개혁정치를 추진하면서 홍척의 참신하고 혁신적인 사상이 필요했고, 홍척은 왕실의 적극적인 지원과 협력을 얻고자 하였다.[174] 최근의 발굴조사 결과 실상사는 신라 말의 선종사원 가운데 최대의 규모라 일컬어지는 성주사 금당보다 크고, 삼천불전에 비견되는 웅장한 금당을 가진 대찰로 밝혀졌다. 실상사의 금당지와 목탑지가 고려시대에 조성된 사실을 고려하면,[175] 신라 말기 이후 고려에 이르기까지 사세(寺勢)가 점차 확장되었을 가능성이 높다.

한편 선종은 복잡한 교리를 떠나 심성 도야에 치중하고, 참선 등의 단순한 수양 방법을 강조하여 호족들의 적극적인 호응을 받았다. 선종 자체가 혁신적인 내용을 띠고 있었기에 새로운 사회 건설을

170) 崔致遠, 「鳳巖寺智證大師寂照塔碑」, 『朝鮮金石總覽』 上, 90쪽.
171) 최병헌, 1972, 앞의 글, 95쪽.
172) 이기동, 1997, 「新羅 興德王代의 정치와 사회」, 『新羅社會史硏究』, 179쪽.
173) 양정석, 2012, 「九山禪門伽藍{認識에 대한 考察」, 『신라문화』 40, 동국대학교 신라문화연구소.
174) 조범환, 2006, 「신라 하대 洪陟 선사의 實相山門 개창과 鐵佛 조성」, 『신라사학보』 6.
175) 동국대학교 발굴조사단, 1993, 『실상사금당발굴조사보고서』, 18쪽.

꾀하는 6두품과 호족의 입장을 대변하기도 했다.

신라 왕실 역시 치열한 왕위쟁탈전과 사치·부패 등의 만연으로 골품제가 와해되는 위기 속에서 혁신적인 선종사상에 주목하지 않을 수 없었다. 따라서 교종은 왕실과 중앙귀족의 지지를 받았고, 선종은 중앙권력층의 견제로 신라 사회에서 정치적 뜻을 펼 수 없던 몰락 귀족과 6두품 및 지방 호족세력들의 입장을 대변한 것으로 도식화 할 수 없다.176)

신라 하대사회의 선승(禪僧)들이 골품제(骨品制)를 비판하고 교종 (敎宗)의 타락한 모습을 질타한 것은 사실이다.177) 이들은 수도 경주 에서 멀리 떨어진 지방의 산간 오지에 선문을 개창함으로써 지방세 력의 적극적인 지원과 귀의를 받았다. 또한 선승들은 고매한 수양정 신과 사원노동을 중시하는 입장, 불성(佛性)의 보편성(普遍性)을 강조 하여 신분의 고하를 묻지 않는 태도 등으로 인해 일반 민중들의 광범위한 지지를 받았다. 신라의 왕실이 시대의 흐름을 외면한 채

---

176) 신라 하대사회에 수용된 선종은 호족세력의 지원에 힘입어 발전할 수 있었다는 견해가 지배적이다. 신라 왕실을 교학불교와 연계시키고, 새로 전래된 선 불교는 개혁세력인 호족과 연계하여 이해하는 시각이었다. 신라 하대 불교를 지나치게 도식화하였다는 비판에 직면하였고, 이를 입증하기 위해 선종과 하대 왕실의 긴밀했던 관계를 중시하는 연구가 이어졌다(고익 진, 1984, 「新羅下代의 禪傳來」, 『韓國禪思想硏究』, 동국대 출판부, 76~82쪽). 그 결과 왕실-교종, 호족-선종이라는 도식적 이해는 극복될 수 있었다(김상 영, 2014, 앞의 글, 90쪽).

177) 화엄종은 신라 말 선종이 세력을 확대하면서 상대적으로 위축되었다. 기존 의 교학 불교계도 선종의 수용과 확산에 맞서 화엄종을 중심으로 교단 정비에 나서기도 했다(정병삼, 1996, 「9세기 신라 佛敎 結社」, 『한국학보』 85, 223쪽). 그러나 화엄종은 내부적으로 정리된 교학체계를 제시하지 못했 고, 외부적으로는 선종의 교학 비판에 효과적으로 대응하는 데 실패하였다. 또한 교단 내부적으로 남악파와 북악파로 분열되어 있었다(채인환, 1995, 「신라 화엄종 北岳祖師 希朗」, 『伽山學報』 4).

현학적(衒學的)이고 전통에 매몰된 교학불교에 비판적인 태도를 견지하면서 홍척 등 여러 선승을 지원하여 산문 개창을 적극 후원한 까닭이다.

신라에서 가장 먼저 산문을 개창한 홍척은 유교와 도교 사상에도 밝았던 당대 최고의 지식인이었다. 홍척은 화엄사상에서 출발하여 선법을 받아들였는데, 산문을 개척한 여러 선승들과의 공통점이다. 이들은 당나라에 들어가 만당(晚唐)의 찬란한 문화와 사상을 흡수하였으며, 치열한 수행과 빼어난 지혜로 선법의 정수를 흡수한 걸출한 인물들이었다.

홍척은 실상산문을 세워 1,000여 명에 이르는 많은 제자를 배출하였는데, 수철(秀澈)이 제2대 조사가 되었다.[178] 실상사를 대표하는 유물은 약사전에 모셔진 철불(鐵佛)이며,[179] 4천근이나 되는 철을 녹여 우리나라에서 가장 큰 3m의 대불이 조성되었다.

한편 실상산문에 이어 적인선사(寂忍禪師) 혜철(慧哲, 785~861)에 의해 동리산문이 839년부터 845년 사이에 곡성 태안사에 들어섰다.[180] 혜철 역시 도의 및 홍척 등과 마찬가지로 당나라 유학을

---

178) 실상사 뒤곁에는 홍척의 제자인 片雲의 부도가 자리하는데, 편운은 다름 아닌 홍척의 제자 수철로 보고 있다. 이 부도에는 '정개 10년 경오년(正開十年 庚午歲建)'이라는 연호가 새겨져 있는데, 후백제를 세운 견훤의 연호로 추정한다. 또한 정개 10년은 910년으로 보고 있다(하일식, 2013, 『한국금석 문집성』 13).

179) 선종은 절대자유의 철학으로 초월적인 세계를 지향하여 배고픈 민중들에게 마음의 안식처를 제공할 수 없어 직접적인 영향을 끼치지는 못했는데(이기 동, 2005, 「9세기 신라사 이해의 기본과제」, 『新羅文化』 26, 12쪽), 일반 민중들과 거리를 좁히기 위해 철불 제작을 통해 절실한 소망을 들어주는 방식을 택했다고 한다(문명대, 1977, 「新羅下代 佛敎彫刻의硏究(Ⅰ)」, 『歷史 學報』 73).

180) 동리산문은 桐裏山紀實과 道詵碑文 등에 의거하여 혜철이 귀국한 문성왕 2년(839)부터 문성왕 8년 사이에 개창된 것으로 보고 있다(김두진, 1988,

다녀온 선승이다. 혜철의 속성(俗姓)은 박씨(朴氏)이며, 삭주(朔州) 선곡현(善谷縣, 안동시 예안면) 출신으로 경주에서 낙향한 가문 태생이다.

혜철도 화엄사상에서 출발하여 선법을 받아들였다. 그는 15세에 출가하여 태백산 부석사에서 화엄을 배웠으며, 30세(814년) 되던 해에 당나라로 건너갔다. 혜철은 도의 및 홍척과 마찬가지로 혜능의 제자 서당 지장으로부터 심인(心印)을 전수받았다.

적인선사 혜철의 부도(곡성 태안사)

혜철은 30여 년 동안 당에 머물다가 839년 귀국했다. 그는 남종선(南宗禪)의 법맥을 전수받고 귀국하여 화순 쌍봉사에 잠시 머물렀으며,[181] 다시 곡성으로 옮겨 동리산문을 열었다. 실상산문을 개창한 홍척과 마찬가지로 동리산문도 왕실의 후원을 받았다. 혜철이 산문을 열자, 신라 문성왕이 때때로 사람을 보내 설법과 정치의 정도를 묻기도 했다.[182] 혜철이 861년 입적하자 적인(寂忍)이라는 시호를 내려주는 등 특별한 대우를 하였다.

앞의 글, 3쪽).

181) 혜철은 838년(신무왕 원년) 2월에 귀국하여 그 해 혹은 이듬해 쌍봉사에서 夏安居에 들었다(이지관, 1993, 『校勘譯註 歷代高僧碑文-新羅篇』, 伽山文庫, 76쪽).

182) 崔賀 撰, 1919, 「谷城大安寺 寂忍禪師 照輪淸淨塔碑」, 『朝鮮金石總覽』, 117쪽.

298

동리산문은 원래부터 존재했던 규모가 작은 사찰에서 출발했다. 혜철은 왕실의 후원을 받아 말사 4개 이상을 거느린 큰 사찰로 키워 나갔다.[183) 또한 혜철을 비롯한 선종 승려들은 귀국 과정, 산문의 개창과 유지 등에 필요한 경비의 일부를 청해진의 도움을 받아 해결 하였고, 그 대가로 장보고에 대한 우호적인 여론을 조성해 주기도 했다.[184) 혜철의 귀국과 산문 개창도 청해진의 도움을 받은 것으로 보고 있다.[185)

혜철은 장보고 선단을 따라 나주 회진포에 도착한 후 인접한 화순 쌍봉사에 잠시 주석하였다. 당시 나당 양국을 왕래한 사람들은 신라 에서 당으로 떠날 때는 여름에 남양만의 당은포에서 출발하고, 귀국 할 때는 겨울철의 남서 계절풍 및 해류를 이용하여 나주 회진포로 돌아오는 경우가 많았다.[186)

신라와 당을 연결하는 서해 항로는 870년대를 전후하여 상황 변화 가 일어났다. 황소의 반란이 일어나 한반도 중부 해안지역과 중국 산동반도를 왕래하는 서해 중부 횡단항로의 이용이 위태롭게 되었 다. 나주 회진에서 출항하여 양자강 하구의 양주(揚州) 방면으로

183) 동리산문은 개창 당시 이름은 大安寺였으며, 적인선사 보륜청정탑비를 통해 볼 때 혜철이 그 이전부터 존재한 古寺에 주석한 후 선종 산문으로서의 명성을 얻어간 것으로 보고 있다(김두진, 1988, 「羅末麗初 桐裏山門의 成立과 그 思想」, 『동방학지』 57, 29쪽). 태안사는 지금이야 보잘 것 없는 송광사의 말사에 불과하지만, 고려 때까지만 해도 많은 末寺를 거느리고 사세도 상당했다. 조선 초기 효령대군이 머물면서 太安寺로 개명하였다.
184) 강봉룡, 2002, 「서남해역의 해상세력과 해양영웅」, 『서남해역(상)』, 612쪽.
185) 김수태·조범환, 2006, 『전라도지역의 선종산문과 장보고 집단』, 해상왕장보고기념사업회, 41~51쪽 ; 조범환, 2005, 「신라 하대 서남지역 선종산문 형성과 발전」, 『진단학보』 100.
186) 선승들의 귀국과 출국 장소로 가장 많이 이용된 곳이 나주의 회진이었다(권덕영, 1997, 『古代韓中外交史』, 일조각, 191쪽).

향하는 서해 남부 사단항로가 널리 활용되기에 이르렀다.[187]

회진은 신라 하대에 활약한 고승(高僧)의 비문, 숙위학생과 유학승 및 견당사 등의 행적에서 출발과 도착 항구로 자주 언급된다. 김의종(金義琮), 진철대사 이엄(眞澈大師 利嚴), 법경대사 경유(法鏡大師 慶猷), 선각대사 최언위(先覺大師 崔彦撝) 등의 행적이 참조된다. 회진 외에 강진 성전면 월남사지 부근의 월남촌과 영암 군서면 구림촌 포구 등도 이용되었다.

한편 장보고의 생존 기간 동안 서남해지역은 신라 왕실 혹은 중앙 귀족의 후원을 받은 산문이 개창되지 않았다. 서남해지역은 청해진의 실질적인 지배 하에 놓여 있었고, 중앙정부의 영향력이 미치지 못해 왕실 등의 후원을 받은 산문이 개창되기 어려운 여건 하에 놓여 있었다. 그 대신에 쌍봉사를 비롯한 인접지역의 산문들이 청해진의 경제적 지원을 받았을 가능성이 높다.

서남해지역에 세워진 최초의 9산문은 보조선사(普照禪師) 체징(體澄, 804~880)에 의한 가지산문이 해당된다. 가지산문의 개창은 845년 장보고의 피살과 851년 청해진의 해체 이후에 이루어졌다. 체징이 860년 무렵 신라 헌안왕의 요청을 받아들여 가지산사에 주석하면서 비롯되었다.

체징은 웅진(충남 공주) 출신으로 도의선사의 제자인 염거화상(廉居和尙) 문하에서 선법을 닦았다. 도의는 염거에게 남종선을 전수하고 입적하였으며, 염거는 강원 양양에 있는 선림원지(禪林院址)로 추정되는 억성사(億聖寺)에 주석하며 체징에게 선법을 전해주었다. 체징은 염거의 입적 이후 837년(희강왕 2) 당나라에 들어가 선법을

18/) 濱田耕策, 2008, 「신라의 견당사와 최치원」, 『朝鮮學報』 206輯, 14쪽.

익힌 후 840년(문성왕 2) 귀국하였다. 그는 귀국 후 칠갑산 장곡사(長谷寺)에 머물다가 무진주의 황학사(黃壑寺)로 옮겼다.[188] 체징은 무진주 황학사 주석 기간 동안 헌안왕(재위 857~861)의 경주 체류를 요청 받고 정중하게 사양하기도 했다.

그 대신에 체징은 헌안왕의 권유를 받아들여 장흥 가지산사로 옮겨 산문을 열었다.[189] 체징은 가지산문을 열고 도의를 제1조, 염거를 제2조, 자신을 제3조로 하는 사승관계를 내세웠다.[190] 가지산문은 남원 실상산문(828년 개창), 곡성 동리산문(839년 개창), 사굴산문(847년 개창), 성주산문(845년 개창)에 이어 다섯 번째로 열린 산문에 해당된다.

체징이 가지산문을 개창하자 왕실과 일부 귀족세력이 지원을 아끼지 않았다. 이와 관련하여 가지산문의 주존불에 해당되는 대적광전 내에 모셔진 비로나자불의 팔뚝에 기록된 명문이 참조된다. 철불 팔뚝에는 858년 김수종이 조성하였다는 글자가 새겨져 있다.

김수종은 870년(경문왕 10) 가지산사의 쌍탑을 건립한 인물로 알려져 있다. 또한 김언경(金彦卿)도 859년에 녹봉과 사재를 들여 2,500근(斤)의 비로자나불(毘盧舍那佛)을 주조했다는 기록이 보조선

---

188) 체징의 귀국 이후부터 쌍봉사에 주석 이전까지 20여 년 동안의 행적은 분명하지 않다. 다만 체징 비문에 보이는 '歸舊國化故鄕'을 근거로 하여 고향인 熊州의 長谷寺에서 주석한 것으로 보는 견해가 있다(조범환, 2008, 「신라하대 체징선사와 가지산문의 개창」, 『나말여초 선종산문 개창 연구』, 경인문화사, 11~12쪽.

189) 보림사 보조선사 비문에 따르면 헌안왕은 僧正 連訓法師와 왕의 교지를 받든 馮瑄 등을 보내 가지산사로 옮겨 주석하도록 청한 사실이 남아 있다(金穎 撰, 「長興寶林寺普照禪師彰聖塔碑」, 『朝鮮金石總覽』上, 63쪽).

190) 이지관, 1993, 「장흥보림사 보조선사 창성탑비」, 『교감역주 역대고승비문-신라편』, 106~107쪽.

사탑비(普照禪師塔碑)에 남아 있
다.[191]

　이들의 활동 연대와 철불을
만든 시기가 비슷한 것으로 볼
때 김수종과 김언경이 다른 사
람이 아니라 동일 인물이었을
가능성이 높다.[192] 헌안왕도 교
서를 내려 장흥 부근에 전장(田
莊)을 가지고 있던 망수댁(望水
宅)과 리남댁(里南宅)에게 금(金)
160분(分)과 조(租) 2,000곡(斛) 등

장흥 보림사 철불

의 재물을 가지산사에 기진토록 지시하였다.[193] 가지산문 측에서도
헌안왕의 사후 극락왕생을 빌기 위해 870년(경문왕 10)에 쌍탑(雙塔)
2기와 석등(石燈)을 조성하는 등 국왕의 배려에 보답하였다.

　한편 체징이 열반에 든 후 헌강왕(재위 875~886)은 보조선사(普照
禪師)라는 시호와 함께 창성탑(彰聖塔)이라는 탑호(塔號)를 내려주었
다. 또한 가지산사를 대신하여 보림사(寶林寺)로 부르게 하였다. 이를

---

191) 보림사 철불은 9세기 후반의 불상 양식을 대표한다. 신라 하대는 국가적으로
　　銅禁을 선포하면서 사용을 제한하였고, 동 자체가 비쌌기 때문에 값싸고
　　손쉽게 구할 수 있는 쇠를 재료로 하여 철불을 제작하였다. 철불의 제작
　　역시 중국의 영향을 받았는데, 지금의 모습과 달리 금이 입혀진 상태로
　　봉안되었다(최성은, 2006, 「전환기의 불교조사」, 『이화사학연구』 33).

192) 최완수, 2001, 「신라 선종과 비로자나불의 출현」, 『新東亞』 6월호, 599~600
　　쪽.

193) 金穎 撰, 「長興 寶林寺 普照禪師彰聖塔碑」, 『朝鮮金石總覽』上, 63쪽 ; 이지관,
　　1993, 「장흥보림사 보조선사창성탑비」, 『교감역주 역대고승비문-신라편』,
　　110쪽.

장흥 보림사 전경(그림 | 장복수)

가지산문이 동국 선문의 총본산임을 인정해 준 결과로 보기도 한
다.[194] 선종의 본산으로 거듭나며 인도 및 중국의 보림사와 더불어
동아시아 '삼보림(三寶林)'으로 일컬어지게 되었다.[195]

  그러면 신라 왕실이 체징의 가지산문 개창과 유지에 적극 후원한
이유가 무엇인지 살펴볼 필요가 있다. 이는 장보고의 피살 이후

---

194) 조범환, 2005,「新羅 下代 體澄 禪師와 迦智山門의 開倉」,『정신문화연구』
    28권 3호, 20쪽.
195) 가지산문을 개창한 도의는 '南宗禪 初傳者'로서의 위상을 확보하게 되었다.
    도의의 선법을 계승한 선승들은 중국의 달마와 같은 위상으로 도의를
    '我國第一祖'로 존숭했다. 도의와 가지산문에게 부여된 위상은 고려 후기까
    지 지속되었으며, 가지산문은 '第一山門'의 위상을 확보하게 되었다(김상
    영, 2010,「고려시대 迦智山門의 전개 양상과 불교사적 위상」,『불교연구』
    32). 그러나 보림사의 위상은 왕건의 후삼국 통일 이후 점차 추락하기
    시작하여 고려 중기에 이르면 가지산문의 중심 도량이 청도 운문사로
    변경되기에 이르렀다(순천대학교 박물관·가지산 보림사, 1995,『迦智山寶
    林寺精密地表調査』, 18쪽).

서남해지역의 정치상황 및 정세변동과 무관하지 않았다. 신라 중앙
정부는 845년에 장보고가 피살된 후 서남해지역의 동향을 주시하고
있었다.

청해진 해체와 주민 이주에도 불구하고 불안감이 완전히 종식된
것은 아니었다. 청해진의 주민을 이주시킨 조치는 관권(官權)이 해상
세력을 장악하는 데 어려움이 있었던 사실을 암시하며, 지방세력의
소요와 도전이 일어날 불씨가 여전이 남아 있었다.196) 청해진의
본진이 자리했던 완도를 비롯하여 서남해지역은 소용돌이가 쉽게
가라앉지 않고 있었다.

신라 왕실은 청해진 해체 후 동요하는 지방세력을 포용하고 회유
할 필요성이 제기되었다. 신라 왕실이 가지산문을 적극 후원한 배경
이다. 신라는 왕실이 앞장서 장보고의 암살과 청해진의 해체 이후
공황상태에 빠진 민심을 수습하기 위해 가지산문의 개창에 적극
협력하였다.197)

보림사는 경덕왕 때에 원표대덕(元表大德)에 의해 창건되면서 화엄
사찰로 출발하였으나,198) 보조선사 체징(體澄)이 주석하면서 선종을
대표하는 종찰(宗刹)이 되었다.199) 동리산문과 가지산문의 존재와

---

196) 황선영, 2002, 「신라하대의 府」, 『나말여초 정치제도사 연구』, 국학자료원,
    98쪽.
197) 이계표, 1993, 「신라하대의 가지산문」, 『전남사학』 7, 285쪽.
198) 원표대덕은 天寶年間(742~755)에 당에 유학하였고, 서역의 성지를 순례하기
    도 하였다(『宋高僧傳』 卷81, 高麗國 元表傳). 그는 755년(경덕왕 14)에서 759년
    사이에 귀국한 후 759년 가지산에 보림사를 창건했다. 원표내딕은 非義湘系
    화엄 승려로 알려져 있다(김상현, 1991, 「新羅 華嚴宗의 僧侶 및 그 寺院」,
    『新羅華嚴思想史硏究』, 民族社, 83쪽).
199) 화엄종 승려가 창건했던 보림사가 구산선문 중의 하나인 가지산문의 중심
    사원으로 바뀌게 된 사실이 주목된다. 신라 하대의 선종이 화엄과 융합한
    내표직인 사례로 보기도 하고(최원식, 1985, 「新羅下代의 海印寺와 華嚴宗」,

역할을 높이 평가하여 무진주 일대를 선종불교의 메카로 칭하기도
한다.[200] 또한 신라 왕실과 지배층은 장흥 보림사와 인접한 보성
율어면 존제산 기슭의 유신리에 마애불을 세워 민심 수습에 활용하
기도 했다.[201]

　　신라 왕실이 서남해지역 민심을 수습하기 위해 가지산문 등 산문
을 적극 후원했지만, 화순 쌍봉사의 경우 다른 양상이 확인된다.
쌍봉사는 동리산문을 개창한 혜철이 중국에서 839년 귀국한 후 일시
머무른 사실을 고려하면 그 이전에 세워졌음을 알 수 있다.[202]

　　쌍봉사가 선종 산문으로 주목 받기 시작한 때는 철감선사 도윤(道
允, 798~868)이 문성왕 9년(847)에 주석한 이후였다. 도윤은 속성이

『韓國史研究』 49, 23쪽), 창건주 원표의 뜻과는 관계없이 국가권력에 의해
선종사원으로 바뀌게 된 것으로 이해하는 견해도 있다(김상현, 1991, 앞의
글, 238쪽 ; 조범환, 2004, 「신라 하대 무진주지역 불교계의 동향과 쌍봉사」,
『신라사학보』 2, 199쪽).

200) 조범환, 2004, 앞의 글, 186쪽. 한편 전남 일대에는 동리산문과 가지산의
중심 사찰인 태안사와 보림사 외에 철감선사 도윤이 주석한 화순 쌍봉사를
비롯해 體澄이 머무른 황학사, 眞澈의 광조사, 大鏡의 보리사, 眞空의 흥법사,
法鏡의 정토사, 洞眞의 옥룡사 등이 개창되었다. 이들 사찰은 전남 일대가
선종과 밀접하게 연결한 사실을 반영하며, 당시 개창된 산문의 숫자는
11개 소에 이르렀다고 한다(한기문, 2001, 「新羅末 禪宗寺院의 形成과 構造」,
『韓國禪學』 2, 276쪽).

201) 유신리 마애불은 정제된 형식미와 세련된 기법으로 7세기 후반 무렵 제작된
경주의 안압지 출토 金銅三尊板佛에서 보이는 고전 양식을 일부 변용한
걸작에 해당된다. 유신리 마애불은 장보고 암살을 사주한 김양 일파가
청해진의 해체에 따른 토착세력의 결집과 민심수습을 위해 조성한 것으로
보고 있다(이경화, 2006, 「9세기 보성지역과 유신리 마애불의 조성」, 『역사
와 경계』 58, 57쪽).

202) 쌍봉사의 창건과 관련하여 신라 중대에 들어온 북종선이 소멸되지 않고
설악산과 지리산 일대를 중심으로 명맥을 유지한 사실이 참조된다(정선여,
1997, 「新羅 中代 末·下代初 北宗禪의 受容」, 『韓國古代史研究』 12, 315쪽).
혜철과 도윤의 주석 이전에 이루어진 쌍봉사의 창건은 북종선의 영향
하에 이루어진 것으로 보기도 한다(조범환, 2004, 앞의 글, 189쪽).

화순 쌍봉사 철감선사 부도탑과 탑비(그림 | 김병택)

박씨이며, 한주(漢州) 휴암(鵂巖, 황해도 봉산) 출신으로 18세에 출가하여 김제 귀신사에서 화엄학을 공부했다.[203] 그는 28세가 되던 헌덕왕 17년(825) 당나라로 건너가 마조(馬祖)의 제자인 남천 보원(南泉普願)으로부터 심인을 받았고, 스승이 입적한 뒤에는 중국 각처를 돌아다니며 13년 동안 수행하였다.

도윤은 문성왕 9년(847) 범일(梵日)과 함께 귀국하여 금강산 장담사에 머물며 선풍을 떨쳤는데, 이때 경문왕도 귀의했다고 한다. 도윤은 경문왕의 주석 요청을 받아 861년부터 866년 사이에 쌍봉사로 옮겼다. 쌍봉사는 청해진과 멀지 않은 곳에 위치했기 때문에 신라 정부의 입장에서 중요한 의미를 지니고 있었다.[204] 경문왕이 도윤으로 하여

203) 『祖堂集』 권17, 東國雙峰和尙.
204) 도윤이 장담사를 떠나 쌍봉사로 이주한 시기는 861년(경문왕 원년)에서 그리 밀지 않으며, 도윤의 제자 질증이 도담신원의 자인신사를 찾아 문하에

금 쌍봉사에 주석하도록 요청한 배경이다.[205]

신라 왕실은 헌안왕(재위 857~861) 때에 보조선사 체징이 가지산
문을 개창하자 적극 후원했고, 경문왕(재위 861~875) 때에는 장담사
에 머물던 철감선사 도윤을 쌍봉사로 옮겨 주석하도록 요청하였다.
선승들은 국왕의 요청을 정면으로 거부하지 않고, 자신들의 사상을
전파하는 데 왕실의 후원을 활용하였다.

경문왕은 백성들의 존경을 받던 선승을 내세운 민심 수습책과는
별도로 직접 사자(使者)를 보내 서남해지역의 백성들을 위무하기도
했다.[206] 쌍봉사는 도윤의 주석 이후 '초기 남종선(南宗禪)의 중심도
량(中心道場)'이라 일컬을 수 있을 만큼 선풍을 드날렸다.[207]

그러나 쌍봉사는 도윤이라는 걸출한 선승의 존재와 신라 왕실의
후원에도 불구하고 나말여초의 선종을 대표하는 9산문에 들지 못했
다. 도윤이 868년 입적한 후 역사의 격랑에 휘말렸기 때문이다. 쌍봉
사는 도윤의 입적 후 훈종 장로(訓宗長老)와 법경 경유(法鏡慶猷,
871~921) 등에 의해 법맥이 계승되었다.

쌍봉사에 당대를 대표하는 걸작에 해당되는 철감선사 도윤의 부도
와 탑비가 존재한 사실은 여전히 산문 중심의 사찰이었음을 보여주
는 증거이다. 그럼에도 불구하고 도윤을 개산조로 하는 사자산문은
쌍봉사가 아니라 강원도 영월 흥녕선원(현 법흥사)에서 개창되었다.

사자산문은 도윤이 868년 열반에 든 후 징효대사(절중)에 의해

입실한 866년(경문왕 6) 이전으로 이해한다. 도윤이 쌍봉사로 옮겨갈 때
절중은 스승을 따르지 않고, 자인선사를 찾아 나선 것으로 보고 있다(박정
주, 1994, 「신라말·고려초 사자산문과 정치세력」, 『진단학보』 77, 9쪽).
205) 변동명, 2009, 「신라 말·고려시기의 和順 雙峰寺」, 『역사학연구』 37.
206) 『三國史記』 권11, 新羅本紀11, 文聖王 17年.
207) 최완수, 1994, 「雙峯寺」, 『名刹巡禮』 3, 대원사, 32쪽.

882년에 개창되었다. 절중은 도윤이 금강산 장담사에 머물고 있을 때 선법을 전수 받았는데, 여러 곳을 유랑한 후 운예선사(雲乂禪師)의 요청으로 흥녕선원에 주석하면서 사자산문 개창을 위한 토대를 닦았다.

신라 왕실은 흥녕선원을 중서성에 예속시켜 돌보게 하는 등 적극적인 지원을 하였다. 흥녕선원이 번창할 때에는 2,000여 명이 넘는 스님들이 수행했으며, 공양 준비를 위해 쌀을 씻으면 10여 리 밖에 떨어진 수주면 무릉도원까지 뜬물이 흘러갔다고 한다.

흥녕선원은 후삼국이 정립된 후 궁예의 군대에 의해서 소진되는 참변을 겪었다. 절중은 흥녕선원을 떠나 쌍봉사에서 멀지 않은 승주 동림사(桐林寺)로 옮겨 일시 머물렀고, 다시 강화도 은강선원(銀江禪院)으로 이주하여 입적할 때까지 거처하였다. 절중이 입적한 후 신라 효공왕은 징효(澄曉)라는 시호와 보인탑비(寶印塔碑)라는 탑호를 내렸다.

절중의 탑비는 40여 년이 흐른 고려 초기에 건립되었다. 왕건이 후삼국을 통일하고 고려를 세운 뒤 절중의 제자들은 스승의 가르침을 선양할 장소로 영월 사자산에 위치한 흥녕선원을 택했다. 이들은 충주 유씨(劉氏)의 지원을 받아 흥녕선원에 절중의 탑비를 건립하고 불타 없어진 사찰을 새롭게 중창하였다.

도윤과 절중의 선법을 계승한 산문의 중심지가 흥녕선원에 자리한 후 영향력이 확대되면서 쌍봉산문이 아니라 사자산문이 되었다.[208]

---

208) 고려가 후삼국을 통일한 후 사자산문을 대표하는 근본 도량으로서 흥녕사가 부각되었다. 화순지역에 자리한 쌍봉사가 후백제의 견훤과 연결되었던 것과는 달리, 흥녕선원은 고려를 지지했던 충주지역 호족과 관계를 맺었기 때문으로 보고 있다(조범환, 2007, 「新羅 下代 道允禪師와 獅子山門의 개창」, 『신라사학보』 10, 176쪽).

308

스승 도윤은 사자산문의 역사 속에 개조(開祖)의 위상을 갖게 되었고, 제자 절중은 다른 곳에서 산문을 열었지만 그 정신이 스승으로부터 흘러나왔음을 천명하면서 산문의 개산자(開山者)가 되었다.[209]

3) 신라 중심의 세계관 붕괴와 지리도참설의 영향

신라 하대사회는 치열한 왕위계승분쟁이 오랜 기간 동안에 걸쳐 지속되었는데, 경문왕(재위 861~875)의 즉위 이후 일시 해소되었다. 경문왕의 사후 아들 정(晸)과 황(晃)은 차례대로 헌강왕(재위 875~886)과 정강왕(재위 886~887)이 되었고, 딸 만(曼)은 진성여왕(재위 887~897)으로 연이어 즉위하였다.

그러나 경문왕과 직계 자녀로 이어진 순탄한 왕위계승에도 불구하고 진골귀족 사이의 오랜 분쟁은 일시에 바로잡을 수 없었다. 여러 지역에서는 낙향한 귀족이나 토착집단이 중앙정부의 통제가 이완된 틈을 이용하여 독자적인 세력을 구축하여 호족으로 성장하였다.[210]

호족들이 지역에서 반독립적인 세력을 형성하자 신라 왕실의 권위는 땅에 떨어졌다. 이들은 자신들의 세력이 미치는 지역을 중심으로 성을 쌓고 스스로 성주라 칭하며, 여러 권한을 행사하고 수탈을 일삼아 농민들의 생활은 극도로 참혹해졌다.

---

209) 9산문의 형성과 관련하여 실제로 산문을 개창한 開祖 외에 開山者를 중시한 까닭은 외형적인 사찰의 건립보다 스승의 가르침과 계보를 중시하는 선종의 특성과 관련이 있다(김두진, 1996, 「선종의 흥륭」, 『한국사』 11, 국사편찬위원회).
210) 호족은 신라의 지방에 대한 통제력이 약화되자 전국 각지에서 대두하였다. 이들은 대체로 출신에 따라 낙향귀족 출신의 호족, 군진세력 출신의 호족, 해상세력 출신의 호족, 촌주 출신의 호족 등으로 구분된다(정청주, 1996, 『新羅末·高麗初 豪族硏究』, 일조각, 217쪽).

진성여왕이 즉위한 후 총애를 받던 몇몇 권신들이 횡포를 일삼으면서 정치기강은 더욱 문란해졌다. 신라 중앙정부는 주군(州郡)에서 세금이 들어오지 않게 되어 국고가 텅 비게 되었다. 진성여왕은 889년(동왕 3)에 지방에 사자(使者)를 보내어 조세를 독촉하였는데,[211] 이를 계기로 각지에서 반란이 일어나 요원의 들불처럼 번져 갔다.

진성여왕 10년(896)에는 붉은 바지를 입은 도적이 일어나서 왕도가 반란군의 습격을 당하는 지경에 이르렀다.[212] 사벌주의 원종과 애노, 죽주의 기훤, 북원의 양길, 철원의 궁예 등이 연이어 일어나 전국이 내란상태에 놓이게 되었다.

신라 중앙정부의 지배력이 상실되면서 지역사회도 변화가 일어났다. 광주 무등산 개선사지 석등에 새겨진 2건의 명문(銘文)이 참조된다.[213] 하나는 868년 경문왕과 왕비 문의왕후가 김중용을 보내 석등을 조성한 내용이고, 다른 것은 891년 사찰이 경주로 보내야 할 세금(京租)을 무단으로 착복하여 인근의 토지를 사들인 내용이다. 이는 진성여왕 때에 왕경에 거주한 부재지주가 신라의 지방에 대한 통제력이 약화된 후 무등산 인근의 땅을 헐값으로 팔고, 사원은 국가세금을 사사로이 이용하여 토지를 늘려나간 상황을 반영한다.[214]

한편 신라 정부의 영향력 상실과 후삼국의 정립 과정에서 산문들은 왕실과 귀족의 후원이 줄어들어 온갖 어려움에 직면하였다. 선승

---

211) 『三國史記』 권11, 新羅本紀11, 眞聖女王 3年.
212) 『三國史記』 권11, 新羅本紀11, 眞聖女王 10年.
213) 한국고대사회연구소, 1992, 『譯註 韓國古代金石文』, 가락국사적개발연구원.
214) 구문회, 2000, 「담양 開仙寺石燈記의 재검토」, 『실학사상연구』 15·16, 무악실학회, 78~80쪽.

들은 신변의 위협을 피해 떠돌면서 안정적인 보호막을 제공해 주는 호족들과 결탁할 수밖에 없었다.[215]

실상산문과 가지산문 등 초기에 개창된 산문이 왕실의 적극적인 후원 속에 성장한 것과는 달리, 후삼국시대의 개막을 전후하여 개창된 선문은 호족들의 도움을 받았다. 성주산문은 보령에 대규모 장원을 가지고 있던 김흔(金昕)의 후원을 받았고, 사굴산문은 경주에서 낙향하여 강릉에 정착한 김주원(金周元) 후손들의 도움을 받았다.

선종의 사상적인 측면에서도 진성여왕의 즉위를 전후하여 변화가 일어나고 있었다.[216] 그 이전에는 자기 내에 있는 불성(佛性)을 깨치려는 조사선(祖師禪)을 강조하던 '내증(內証)'이 중심을 이루었다. 진성여왕 때에 이르러서는 내증(內証)에서 벗어나 주위의 교화에 시각을 돌려 '외화(外化)'를 강조하는 경향을 띠게 되었다.

내증외화(內証外化)는 대호족들이 주변의 군소 호족을 흡수하면서 판도를 넓혀가는 사회 분위기를 대변한다.[217] 선종과 선승들은 무너져 내린 골품체제를 부정하고 지역사회의 실력자로 등장한 호족세력의 이념적 지주로서 자리매김 하게 되었다. 선종 외에 호족세력의 입장을 반영한 사상으로 풍수지리[218]를 거론하지 않을 수 없다.

---

215) 최인표, 2006, 「후삼국시기 선승의 동향과 호족」, 『국학연구』 9, 한국국학진흥원.

216) 신라 하대 선종과 정치세력의 관계는 문성왕 이전, 문성왕~정강왕, 진성여왕 이후의 세 시기로 구분하는 것이 일반적이다(김두진, 1988, 앞의 글, 76~82쪽). 이와 달리 흥덕왕~정강왕, 진성여왕 이후 두 시기로 구분하는 견해도 없지 않다(조범환, 2005, 「신라 하대 선승과 왕실」, 『신라문화』 26).

217) 김두진, 1997, 「新羅下代 禪宗 사상의 성립과 그 변화」, 『전남사학』 11, 107쪽.

218) 풍수는 天人相感의 측면에서 중국 고대의 천문에 기반을 두고 있으며(최창조, 1984, 『한국의 풍수사상』, 민음사, 32쪽), 음양·오행론을 배경으로 하여

풍수지리는 도선(道詵)에 의해 집대성 된 것으로 알려져 있다. 김관의(金寬毅)가 편찬한『편년통록(編年通錄)』에는 도선이 당나라에 유학하여 풍수지리의 대가인 일행(一行)의 지리법을 배워 온 것으로 되어 있다. 그러나 일행이 당나라 초기의 승려이고, 도선의 활약시기가 당말(唐末)에 해당되기 때문에 100년의 차이가 발생하는 등 모순이 없지 않다.[219]

또한 나말여초 선승들의 사상적 경향이 일반적으로 풍수지리적인 성격을 띠고 있다는 주장[220] 역시 재고의 여지가 있다. 풍수지리설은 인문지리적인 지식으로 삼국시대부터 활용되었고, 신라 하대에 이르러 경주 중심의 국토관에서 벗어나 지방 중심의 국토재구성안(國土再構成案)을 제시하였다.[221]

도선의 풍수지리설은 음양오행이나 방위관념이 반영되지 못하고, 산천의 순역형세(順逆形勢)를 제시하는 수준에 머물렀다. 이와 같은 한계에도 불구하고 도선은 산천의 순역형세에 따른 삼국도(三國圖)를 토대로 하여 비보사상을 정립하였다.[222]

비보의 본래적 의미는 도량에서 부처께 기원함으로써 가호(加護)를 얻어 개인적 혹은 국가적으로 환란을 방지하고 복리를 얻는 데 있다.[223] 도선의 풍수지리설의 기원을 비보사상과 관련하여 동리산문의 유심론(唯心論) 혹은 유식론(唯識論) 등에서 찾고 있다. 유심론은

이론적으로 체계화 되었다(이몽일, 1991,『한국 풍수사상사』, 명보문화사).

219) 이능화, 1918,『朝鮮佛敎通史』, 新文館, 270쪽.

220) 최병헌, 1975,「道詵의 生涯와 羅末麗初의 風水地理說」,『한국사연구』11, 134쪽.

221) 김두진, 1988,「羅末麗初 桐裏山門의 成立과 그 思想」,『동방학지』57, 42쪽.

222) 김두진, 1988, 위의 글, 29쪽.

223) 서윤길, 1975,「道詵과 그의 裨補思想」,『한국불교학』1, 69쪽.

삼라만상을 비롯하여 산수(山水)의 형세를 비롯한 현상계의 존재를
면밀히 관찰하는 태도를 지녔다. 동리산문의 선(禪)은 유식사상과
풍수지리설의 결합을 특징으로 하였다.[224]

　도선의 사상적 기반과 신앙의 토대를 밀교에서 구하는 견해도
없지 않다. 밀교신앙의 법용(法用)에 따라 국토를 만다라(曼多羅)로
보고, 위치와 방위 혹은 산세의 형세에 따라 알맞은 장소를 택해
도량(道場)의 개설을 주장한 내용이 핵심이다.[225]

　또한 풍수지리설은 선종사상과 달리 서로 배타적인 성격이 강하였
다.[226] 한쪽에 의해 다른 상대가 정리되어야만 했는데, 도선의 풍수지
리설은 왕건이 아니라 견훤에 봉사하기 위해 이용되었을 가능성이
높다.[227] 실상사 후원에 자리한 홍척의 제자 편운(片雲)의 부도에
새겨진 '정개(正開) 10년'의 연호가 참조된다. 정개는 후백제의 연호
에 해당되는데, 후백제 왕실과 산문 사이의 밀접한 관계가 유지된

---

224) 도선의 풍수사상과 관련하여 유식론 보다는 유심론적 선사상과 밀접한
　　관련이 있는 것으로 추정하는 견해도 있다(한태일, 2007, 「도선의 생애와
　　유심론적 선사상」, 『한국학논총』 30, 국민대 한국학연구소).
225) 서윤길, 1975, 앞의 글 ; 박현영, 2008, 「도선 국사의 풍수지리사상 연구」,
　　원광대 대학원 박사학위논문 ; 이병돈, 2009, 「한국불교와 풍수의 비보에
　　관한 연구」, 동방대학교 대학원 박사학위논문.
226) 풍수지리는 비보사상을 가미할 때까지만 해도 경험과학으로 합리적인
　　면모를 유지했지만, 논리적 구조나 합리적 설명 없이 미래에 일어날 인간생
　　활의 길흉화복을 예언하거나 암시하는 도참사상과 혼합되면서 허무맹랑한
　　비기로 전락되었다. 또한 왕건 이후 정치세력과 얽히게 되면서 미신적으로
　　떨어지게 되었다(김두진, 1988, 앞의 글, 48쪽).
227) 풍수지리설은 한 지역이 명당이 되면 다른 지역은 국토의 중심이 될 수
　　없었기 때문에 후삼국을 통일한 후 새로운 통합국가를 지향하는 왕건의
　　정책과 부합되었다. 풍수지리설은 고려 초에 왕건이나 왕실에 의해 자신들
　　이 이룩한 통일의 정당성을 강조하는 내용으로 정리되었지만, 더 이상
　　사상적 발전을 이루지 못한 채 정치적으로 이용당하면서 미신적인 경향으
　　로 전락되었다(김두진, 1988, 앞의 글, 51쪽).

사실을 반영한다.

동리산문은 혜철의 입적
후 직계 대안사파(大安寺派)
와 방계 옥룡사파(玉龍寺派)
로 나뉘어졌다. 동리산문
은 옥룡사를 비롯한 도선사
(道詵寺)·삼국사(三國寺)·
운암사(雲岩寺) 등 구례와

남원 실상사 편운화상 부도

곡성 및 광양 등 전남 동부지역 일대에 분포한 말사를 거느렸다.[228]

그런데 옥룡사 등이 위치한 전남 동부지역은 견훤이 거병할 때부
터 시종일관 후백제의 기반이 되었다. 도선 역시 옥룡사를 비롯한
전남 동부지역이 주요 활동 무대였다. 도선은 혜철 문하에서 선법을
익힌 후 운봉산과 태백산 등 여러 곳을 돌아다니면서 수행한 후
863년부터 광양 백계산의 옥룡사에 머물며 주석하였다. 도선은 898
년(효공왕 2)에 입적할 때까지 35년 동안 옥룡사에 주석하면서 수
백 명의 제자를 길렀다.

도선이 옥룡사에 머물면서 제자를 기르고 홍법활동을 하던 마지막
순간에도 왕건은 자립하지 못하고 궁예정권에 봉사하고 있었다.
따라서 고려시대에 편찬된 여러 사서의 내용과는 달리 도선과 왕건
사이에 접촉이 이루어졌을 가능성은 희박하다. 태조가 훈요 10조에
서 언급한 비보사상은 통일을 달성한 후 도선의 견해를 빌어 정당성
을 표명한 것에 불과한 것으로 주정된다.[229]

도선이 왕건을 만나 개경 중심의 풍수지리설을 제창하고, 후삼국

228) 김두진, 1988, 앞의 글, 49쪽.
229) 허홍식, 1986, 『고려불교사연구』, 일조각, 60쪽.

의 혼란을 수습하는 데 필요한 이념을 제시했을 가능성은 별로 없다. 도선은 왕건이 아니라 견훤의 후원을 받으면서 친밀한 관계를 유지했다. 그 사실은 도선의 제자 경보(慶甫, 869~948)의 행적을 통해 명확히 드러난다. 경보는 도선과 마찬가지로 영암 출신이며, 경주에서 낙향한 몰락 가문에서 태어났다.

경보는 19세 때 팔공산 부인사(符仁寺)에 출가했으며, 광양의 백계산으로 옮긴 뒤 도선의 문하에서 선법을 수행하였다. 그는 월유산 화엄사에서 구족계를 받았으며, 무염(無染)과 범일(梵日) 밑에서 선(禪)을 닦기도 했다. 경보는 후삼국시대가 열린 892년(진성여왕 6) 무렵에 당나라로 건너가 광인(匡仁)과 노선(老善)을 만나 중국의 선법(禪法)을 전수 받았다.

견훤은 경보가 921년 귀국하자 제자의 예를 갖춰 초빙한 후 전주 남복선원(南福禪院)에 머물게 하면서 국사(國師)로 극진히 모셨다.[230] 경보는 다시 옥룡사(玉龍寺)로 옮겨 주석하였다. 경보는 고려가 후백제를 무너뜨리고 통일한 후 비로소 왕건과 접촉하였다. 태조는 경보를 왕사로 모시는 등 우대하였다. 경보는 2대 혜종과 3대 정종 때에도 왕사의 역할을 하였으며, 옥룡사로 돌아와 상원(上院)에 머물다가 입적하였다.[231]

이와 같이 경보는 후백제의 견훤과 일찍부터 깊은 관계를 유지했다. 경보는 견훤과 연결된 채 왕권강화 등에 필요한 사상적 뒷받침을 하였다.[232] 또한 견훤은 선종의 약점을 보완하기 위해 새로운 세상의 출현을 주장하는 미륵사상을 적극 활용하기도 했다.[233]

---

230) 허흥식, 1986, 앞의 책, 358쪽.
231) 김정언 撰, 1919, 「光陽玉龍寺 洞眞大師 寶運塔碑」, 『朝鮮金石總覽』.
232) 김두진, 1988, 「나말여초 동리산문의 성립과 사상」, 『동방학지』 57.

한편 도선의 출신지가 서남해지역의 영암이라는 점도 주목할 필요가 있다. 신라 하대사회의 사상계에 커다란 족적을 남긴 남원 실상산문의 홍척, 곡성 동리산문의 혜철, 장흥 보림산문의 체징, 화순 쌍봉사의 도윤 등 호남지역에 산문을 개창한 선승들은 다른 지역 출신이다.

홍척은 출신지 미상이고, 혜철은 경북 안동, 체징은 충남 공주, 도윤은 황해도 봉산에서 태어났다. 그러나 이들에 비해 한 세대 늦은 도선은 영암 태생이다. 최유청(崔惟淸)이 찬한 선각국사비명(先覺國師碑銘)에 따르면 도선의 속성은 김씨(金氏)이고, 태종무열왕의 서손(庶孫)으로 기록되었다.[234]

도선이 무열왕의 서손이라는 견해는 그대로 믿기 어렵지만, 그 가계는 본래 중앙귀족이었으나 몰락하여 지방으로 낙향한 호족 출신이었던 것 같다.[235] 도선의 사례를 통해 볼 때 경주에서 멀리 떨어진 변경에 자리한 서남해지역도 선종의 수용과 산문의 형성 등을 통해 지방문화가 한 차원 높아졌음을 알 수 있다.

9산 선문의 발달은 지방문화의 역량 증대를 가져왔으며, 선승들은 6두품 지식인 및 지방호족과 결합을 통해 새로운 사회 건설의 사상적 토대를 제공했다.[236] 사실 서남해지역을 비롯한 호남은 신라 하대사회에 수용된 선종이 가장 먼저 뿌리를 내려 번성한 무대였다. 또한 고려 무인정권 시기에는 불교 개혁을 주장하던 선종 계통 신앙결사의 근거지 역할을 하였다.[237]

---

233) 조용헌, 1994, 「진표율사 미륵사상의 특징」, 『한국사상사학』 6 ; 조인성, 1996, 「미륵신앙과 신라사회」, 『진단학보』 82.

234) 최유청이 찬한 선각국사의 비문은 현재 남아 있지 않고, 그 내용 만이 『東文選』에 수록되어 전해오고 있다.

235) 최병헌, 1975, 앞의 글, 108~109쪽.

236) 채수환, 1998, 「羅末麗初 禪宗과 豪族의 結合」, 『동서사학』 4, 한국동서사학회.

서남해지역은 산문 개창의 산파 역할을 훌륭하게 수행하였고, 영암 출생의 도선은 선배 선승들의 사상을 토대로 풍수지리설을 한층 발전시켰다. 도선의 풍수지리설은 단순한 국토 재구성 계획이 아니라 새로운 시대의 도래를 알리는 사상계의 변화를 대변한 다.[238)

3. 후삼국의 정립과 궁예정권의 서남해지역 경략

1) 후고구려시기(後高句麗時期)의 진출과 토착세력의 내응

신라 말에 이르러 서남해지역은 중앙정부의 약화를 틈타 여러 갈래의 호족세력이 등장하였다. 견훤이나 궁예와 같은 강력한 세력을 구축한 인물들이 출현한 것은 아니었지만, 오다린(吳多憐)과 능창(能昌) 등의 해상세력이 두각을 나타냈다.

남해만을 비롯한 영산내해(榮山內海)[239)에 위치한 포구들은 교역

---

237) 민현구, 2005, 「한국 조계종의 성립과 호남지방」, 『한국중세사산책』, 일지사, 57~64쪽.

238) 한편 도선의 풍수지리설은 후삼국을 통일한 왕건과 역대 고려 왕실에 의해 적극 수용되었다. 왕건은 도선과 달리 비보사상에 중점을 두었으며, 역대 국왕들은 비보사상과 도참사상을 결합해 정치운영을 펼쳐 나갔다. 비보설은 도참설과 연결되어 특정 지역을 중시한다든가 혹은 반란을 일으킬 형세이거나 임금에게 背逆하는 모습이므로 그 지역민을 등용해서는 안 된다는 등의 이론적 근거로 활용되었다.

239) 당시의 영산강 하류지역은 남해만·덕진만·영암만 등의 內海가 펼쳐졌다. 현재의 행정구역 상으로 볼 때 나주·영암·무안·함평·목포 등 5개 시군에 걸쳐 있었다. 영산강 유역의 고대 水域은 현재와 비교할 때 약 6배 이상

남해신당 상상도(그림 | 박득규)

물자를 가지고 여러 지역 출신의 상인들이 왕래하였다.[240] 이들은 소금과 해산물 등을 가지고 와서 쌀을 비롯한 생필품과 교환하였다.[241] 또한 전남 내륙에 살던 사람들도 지석강과 황룡강 및 극락강 등 영산강 수로(水路)를 이용하여 왕래하였다.

남해안 연안을 비롯한 서남해지역의 해상세력이 두각을 나타낸

되었는데, 이를 '榮山內海'로 표현하고자 한다.

240) 이는 조선시대 강진의 남포 사례를 통해 유추된다. 강진의 남포 상인들은 인근 장흥, 영암, 해남 외에 영산포 일대까지 왕래하였다(김대길, 1988, 「18~19세기 지방장시에 대한 일고찰－전라도 지방을 중심으로」,『우인김용덕박사정년기념사학논총』, 395쪽).

241) 도서지방에서 생산되는 소금을 비롯한 해산물과 평야지역에서 산출된 농산물의 교환에 대해서는 다음의 글을 참조하기 바란다. 김명진, 2010, 「태조 왕건의 나주 경략과 압해도 제압」,『도서문화』32 ; 김대중, 2012, 「왕건의 후삼국통일과 나주의 전략적 위상」,『나말여초 나주의 역사문화 전개와 공산지역』.

시기는 청해진이 혁파된 이후부터였다.[242] 이곳의 해상세력들도 다른 지역과 마찬가지로 신라의 지방지배가 약화된 후 자립화의 추세를 보였다.

그러나 서남해지역은 견훤이 889년에 후백제를 세운 후 영향력을 확대하면서 상황 변화가 일어났다. 견훤이 신라의 중앙정부에 맞서 거병한 후 후백제 건국의 기틀을 마련한 장소는

> A. 군인이 되어 서울로 들어갔다가 서남의 해변으로 가서 변경을 지키는데, 창을 베개 삼아 적군을 지키니 그의 기상은 항상 사졸에 앞섰으며 그 공로로 비장(裨將)이 되었다.[243]

라고 하였듯이, 해안 방어를 위해 부임한 '서남 해변' 일대였다. 견훤이 파견된 서남 해변의 방수처(防戌處)에 대해서는 영산강 하류 일대[244]로 보고 있다.

이와는 달리 견훤의 부임지는 전남 서남해지역이 아니라 경주에서 바라 볼 때 서남쪽 방면에 위치하였을 가능성도 없지 않다. 견훤이 해안 방어 임무를 띠고 파견된 장소는 순천,[245] 순천만 내지 섬진강

---

242) 서남해 해상세력의 활동은 국내에만 그치지 않고, 남중국에 위치한 吳越까지 이어졌다. 『新增東國輿地勝覽』 권35, 나주목 조에 따르면, 고려 우왕 때의 재상이었던 尹珍이 "때로 商客들이 吳越을 드나들었다"라고 언급한 기록이 남아 있다. 조선시대에도 영산내해의 여러 포구에 場市가 들어섰다. 영산내해 연안지역의 장시들은 해상수운을 통해 네트워크를 이루면서 물류 이동의 중심지 역할을 하였다(영암신문, 2011, 「구한말 영산강의 모습은 어땠을까」, 9월 28일 기사).

243) 『三國史記』 권50, 列傳10, 甄萱.

244) 신호철, 1993, 『후백제 견훤정권연구』, 일조각, 28쪽.

245) 이도학, 2001, 「진훤의 출생지와 그 초기 세력기반」, 『후백제 견훤정권과 전주』, 주류성, 71쪽.

하구의 광양만,246) 순천 및 여수지역,247) 경남 서부의 진주248) 일대로 추정하기도 한다.

견훤의 핵심 측근으로 활약한 박영규와 김총이 순천 혹은 여수 출신이라는 사실 등을 고려하면,249) 그의 방수처는 전남 동부지역의 해안이었을 가능성이 높다. 견훤은 순천 등 전남 동부지역에서 거병에 성공한 후 따르는 무리가 늘어나고 세력이 확대되자 무진주의 치소가 위치한 광주를 공격하여 차지하였다.

견훤은 광주를 점령한 후 전남의 여러 방면으로 세력을 확대해 나갔다. 견훤은 광주의 지훤(池萱), 순천의 박영규(朴英規) 등과 혼인관계를 맺기도 하였다.250) 그러나 견훤이 무진주에 머무르던 기간 동안 나주를 비롯한 서남해지역은 장악하지 못하였다.

한편 후백제와 서남해지역 해상세력이 처음부터 대립관계에 놓인 것은 아니었다. 견훤이라는 뛰어난 인물과 그 휘하에 몰려든 집단의 규모는 서남해지역 해상세력을 압도하였다. 그 반면에 서남해지역의 여러 곳에 고립 분산적인 근거지를 마련한 해상세력들은 단일한 지휘부와 영도자가 출현하지 못하였다.

오다련과 능창을 비롯한 중소 호족세력들이 등장하였지만, 이들이 중심이 되어 하나의 세력권을 형성하여 견훤에 맞서기는 역부족이었다. 서남해지역 해상세력은 견훤과 공존을 모색하면서 실리를 취하였고, 견훤도 이들과 우호관계를 맺고 배후의 안정을 도모하였다.

---

246) 변동명, 2000, 「甄萱의 出身地 再論」, 『震檀學報』 90, 41쪽.

247) 정청주, 2002, 「견훤의 豪族政策」, 『全南史學』 19.

248) 강봉룡, 2001, 「견훤의 세력기반 확대와 전주 정도」, 『후백제 견훤정권과 전주』, 주류성, 37쪽.

249) 문안식·이대석, 2004, 『한국고대의 지방사회』, 혜안, 324~327쪽.

250) 정청주, 2002, 「건훤의 豪族政策」, 『全南史學』 19, 80쪽.

나주성과 금성산성 상상도(그림 | 박득규)

후백제의 본격적인 서남해지역 진출은 전주로 천도한 900년 이후 시작되었다. 견훤은 무진주(광주)를 떠나 완산주(전주)로 근거지를 옮기면서 후백제의 면모를 일신하였다. 견훤은 칭왕(稱王) 및 연호(年號) 사용, 설관분직(設官分職) 등 국가체제를 정비하였다.

견훤은 후백제의 국가체제가 정비되고 국정이 안정되자 영역 확장에 나섰다. 후백제는 경상지역과 서남해지역 방면으로 세력을 확대하고자 하였다. 후백제는 901년에 경남 합천의 대야성을 공격하였는데, 돌아오는 길에 금성(金城, 현재 나주)의 남쪽 촌락을 약탈하였다.[251] 금성 남쪽지역 공격은 단순한 약탈 행위가 아니라 서남해지역 공략이 좌절된 것에 대한 보복작전으로 보고 있다.[252]

또한 견훤이 나주를 비롯한 서남해지역 호족세력을 장악하지 못한 까닭은 이해관계를 같이 하지 못한 데서 원인을 찾고 있다.[253] 견훤은 신라 해안을 지키는 군진(軍鎭)의 지휘관 출신으로 해상세력을 규제하는 입장을 취했으며,[254] 청해진의 해체 과정에서 유발된 해상세력과 내륙세력 사이의 오랜 대립도 일정한 영향력을 미친 것으로 이해한다.[255]

견훤은 서남해지역의 해상세력이 후백제에 맞서 반기를 들자 무력을 동원하여 제압에 나섰다. 후백제의 병력이 금성의 남쪽 부락을 약탈하고 돌아간 사실을 고려하면, 공격 목표로 삼은 대상은 서남해지역의 중심지 나주였을 가능성이 높다.

그러나 후백제의 서남해지역 공략은 저항을 받아 실패로 끝났다.[256] 후백제가 공격한 나주성은 후대에 축조된 나주읍성이 아니라 금성산성으로 추정된다.[257] 후백제는 금성산성 등을 함락하지 못하고 남쪽 마을을 약탈한 후 돌아갈 수밖에 없었다.

후백제의 서남해지역 진출에 맞서 저항을 주도한 집단은 나주

253) 강봉룡, 2002, 「후백제 견훤과 해상세력」, 『역사교육』 83.
254) 정청주, 1996, 앞의 책, 193쪽.
255) 정청주, 1996, 앞의 책, 160쪽.
256) 『三國史記』 권12, 新羅本紀 12, 孝恭王 6年.
257) 금성산성은 나주의 진산에 해당하는 해발 451m의 금성산 정상에 위치하며, 정상에 오르면 나주의 시가지가 한눈에 펼쳐져 보인다. 또한 그 동쪽으로 펼쳐진 나주평야 너머로 무등산과 영산강의 물길이 잘 조망된다. 금성산성은 삼면이 험준한 곳을 택하여 돌로 축조되었으며 주위가 2,946尺이고 높이가 12尺에 이르렀다(『新增東國輿地勝覽』 권25, 羅州牧, 古跡). 훗날 고려의 현종은 1011년에 거란의 2차 침입을 받아 나주로 몽진을 와서 10일 동안 군사들과 함께 머물렀다(『新增東國輿地勝覽』 권25, 羅州牧, 建置沿革). 그 외에 삼별초가 진도에 진을 치고 호남을 장악하기 위해 나주를 공격했으나, 官民이 금성산성에 들어가 저항하자 7일 동안에 걸친 공격에도 불구하고 빼앗지 못하고 물러났다는 기록이 전한다(『高麗史』 권26, 世家26, 元宗 11年 7月).

호족으로 추정된다. 나주성(금성산성)이 영산내해의 북쪽에 위치한 사실을 고려하면, 오늘날의 나주시내와 다시면 일대의 해상세력이 중심이 되었을 가능성이 높다. 그 반면에 남해만의 남쪽에 위치한 나주 반남면과 공산면 일대 및 영암 방면의 해상세력은 후백제의 세력권에 편입된 것으로 추정된다.

후백제는 남해만 북쪽의 금산군(錦山郡) 일대는 차지하지 못하고, 그 남쪽 반남군(潘南郡)의 관할지역을 장악하는 데 그쳤다. 강진·해남 일대의 양무군(陽武郡)도 후백제가 점령한 것으로 짐작된다. 그러나 후백제는 남해만의 북쪽에 자리한 무안과 함평 및 영광 등은 차지하지 못하였을 가능성이 높다.

후백제의 서남해지역 진출을 전후하여 남해만 연안지역의 해상세력은 선택의 갈림길에 놓이게 되었다. 남해만의 북쪽 방면에 위치한 나주의 해상세력은 견훤의 공격을 물리친 후 궁예정권과 접촉하게 되었다. 그 반면에 반남 등 남해만 남쪽지역의 해상세력은 후백제와 유대관계를 맺은 것으로 짐작된다.

이와 관련하여 견훤이 영암 출신 도선(道詵)을 비롯한 경보(慶甫) 및 윤다(允多) 등 동리산문 출신의 선승들과 연결을 맺은 사실이 참조된다. 견훤은 동리산문과 관계를 맺으면서 도선과 접촉하였다.[258] 또한 전남지역으로 내려와 있던 징효대사 절중(澄曉大師 折中) 과도 관계를 맺었다.[259]

견훤은 도선의 제자이며 동리산문 출신의 경보(慶甫)를 초빙하여 국사(國師)로 삼기도 하였다.[260] 후백제가 나주 반남과 영암 등 남해

---

258) 김두진, 1988,「羅末麗初 桐裏山門의 성립과 그 사상」,『동방학지』57, 43쪽.
259) 박정주, 1984, 「신라말·고려초 獅子山門과 政治勢力」,『진단학보』77.
260) 허흥식, 1986,『고려불교사연구』, 일조각, 358쪽.

만의 남쪽지역을 장악한 후 여러 선승들과 접촉했음을 알 수 있다.

한편 후백제는 반남과 영암 등을 차지한 후 남해만을 건너 그 북쪽에 위치한 나주시내 방면을 향해 진격한 것으로 추정된다. 따라서 견훤의 금성 약탈 사건을 사료의 문면(文面)대로 해석하여 서남해지역 공략이 좌절되어 보복에 나선 것으로 보기는 어렵다.

후백제는 남해만 연안지역으로 영향력을 확대하면서 이곳 해상세력의 독자적인 대외교섭을 억제하고, 중국 및 일본으로 연결되는 바닷길을 확보하고자 했다. 견훤이 남해만 연안을 비롯한 서남해지역 해상세력의 대외교섭 활동을 간섭하기 시작한 것은 남중국의 오월(吳越)에 사절을 파견한 전후였다.261) 후백제의 사절 파견은 900년에 이르러 완산주(전주)에 정도(定都)한 직후에 이루어졌다. 그러나 후백제가 전주로 천도하기 전에

> B. 오월왕(吳越王)이 보빙사(報聘使)를 파견하여 견훤에게 검교대보(檢校大 保)를 더해 주고(加授) 다른 직(職)은 전과 같이하였다.262)

라고 하였듯이, 오월과 접촉하였을 가능성도 없지 않다.263) 견훤이

---

261) 후백제와 오월의 교섭은 서해 중부 횡단항로(당은포-덕물도-산동반도)와 서해 남부 사단항로(서남해 연안-흑산도-중국 남부)가 이용되었다. 후백제는 태봉정권의 영향력 하에 있는 충청 해안지역에서 출발하는 항로보다는 서남해 연안에서 남중국으로 가는 루트를 선호했을 가능성이 높다. 남부 사단항로는 북동풍이 부는 초가을부터 초봄 사이에 출발하여, 남서계절풍이 부는 여름에서 초가을 사이에 귀국하는 데 적절하였다(권덕영, 1996,「新羅 遣唐使의 羅唐間 往復行路에 대한 고찰」,『역사학보』149, 24~33쪽).

262)『三國史記』권50, 列傳10, 甄萱.

263) 견훤이 吳越에 사절을 처음 파견한 시기를 신라 西面都統을 칭한 892년 무렵으로 보기도 한다(신호철, 1993, 앞의 책, 136쪽).

오월에 사절을 파견한 이유는 건국 사실을 알리고 국제적으로 공인받으려는 목적 때문이었다. 오월은 보빙사를 파견하여 견훤을 '검교대보(檢校大保)'에 제수하는 등 후백제의 건국을 공식적으로 인정하였다.264)

한편 서남해지역의 해상세력 중에서 중국 및 일본 등과 대외교역에 종사하는 집단도 없지 않았다. 견훤은 서남해지역 해상세력의 독자적인 대외교섭 행위를 차단해 나갔다. 서남해지역의 해상세력은 견훤이 대외교류 활동을 방해하고 억압하자 후백제에 반감을 갖게 되었다.

양자의 공존관계는 무너지고 대립국면으로 접어들게 되었다. 해상세력이 후백제에 맞서 독자적인 활로를 개척하면서 서남해지역은 분쟁 장소로 떠오르게 되었다. 그 결과 나주를 비롯한 남해만 북쪽지역의 해상세력은 후백제의 위협과 압박에 맞서 궁예정권과 접촉하게 되었다.

궁예는 남해만 연안지역의 해상세력이 귀부를 청하자 903년에 왕건을 보내

　C. 천복(天復) 3년 계해 3월 수군을 거느리고 서해로부터 광주 경계에 이르러 금성군을 공격하여 빼앗고, 10여 군현을 습격하여 점령했다. 이어서 금성을 나주로 개칭하고 군대를 나누어 주둔시킨 후 돌아왔다.265)

---

264) 신호철, 1993, 앞의 책, 136쪽.
265) 『高麗史』 권1, 世家1, 太祖1, 前文.

라고 하였듯이, 나주를 비롯하여 여러 지역을 장악하게 되었다. 궁예 정권은 여러 군현을 차지하여 후백제의 배후를 견제할 수 있는 거점으로 활용하였다.

궁예가 왕건을 보내 남해만 연안을 비롯한 서남해지역의 장악에 대해 사료 C에는 '금성을 공격하여 빼앗고 10여 군을 습격하여 점령한 것'으로 되어 있다. 그러나 왕건의 서남해지역 점령은 군사적 성과보다는 토착세력이 자발적으로 귀부한 측면이 강하였다.[266] 왕건이 나주 일대의 10여 군현을 차지할 수 있었던 배경도 토착세력의 적극적인 협력과 호응이 있었기 때문에 가능하였다.[267]

사실 서남해지역은 해안선의 형태와 물길이 매우 복잡하고 조류의 흐름이 불규칙한 장소에 해당된다. 또한 현지인의 도움 없이는 외부세력의 진입이 불가능한 것으로 알려져 있다.[268] 따라서 왕건의 나주를 비롯한 남해만 연안지역 진출과 영향력 확대는 토착세력의 협력을 받아 이루어졌을 가능성이 높다.[269]

그러나 사료 C에는 왕건의 전공을 강조하기 위하여 금성과 그 주변지역을 군사를 동원하여 점령한 것으로 서술되어 있다. 이와는 달리 궁예정권의 나주를 비롯한 서남해지역에 대한 영향력 확대는

　　　D-1. 나부(羅州) 스스로 서(西)로부터 와서 이속(移屬)하였다.[270]

---

266) 문수진, 1987,「高麗建國期의 羅州勢力」,『成大史林』4, 21쪽 ; 문경현, 1986,「고려태조의 후삼국통일 연구」, 영남대 박사학위논문, 115쪽 ; 신호철, 1993, 앞의 책, 50쪽.

267) 정청주, 1996, 앞의 책, 151쪽.

268) 윤명철, 2000,「고대 동아지중해의 해양교류와 영산강유역」,『지방사와 지방문화』3-1, 186~198쪽.

269) 변동명, 2002, 앞의 글, 117~120쪽 ; 문수진, 1987, 앞의 글, 56쪽 ; 김당택, 1990, 앞의 글, 86쪽.

2. 군인(郡人)이 후고구려왕에게 귀부하였다.[271)]

라고 하였듯이, 현지의 호족들이 자발적인 귀부와 도움을 받아 이루어졌다. 궁예정권은 금성을 나주로 개칭하는 등 읍격(邑格)에 변화를 가져왔는데, 일종의 통치권을 행사한 증거로 이해하기도 한다.[272)]

궁예정권이 903년에 서남해지역을 장악한 사실을 부정하는 견해도 없지 않다.[273)] 왕건이 추진한 나주 공략은 여러 가지 여건을 고려할 때 사실상 불가능에 가까웠다. 궁예정권이 903년 무렵에 차지한 영역은 서남해지역 전역이 아니라, 남해만의 북쪽에 위치한 나주시내와 그 인접지역 및 무안과 함평 등 일부에 국한되었을 가능성이 높다.

궁예정권은 나주 등 남해만 연안지역 해상세력의 도움을 받아 교두보를 확보하였다. 남해만 남쪽의 해상세력은 후백제와 밀착하는 길을 선택하였고, 그 북쪽의 해상세력은 궁예정권과 접촉하였다. 후자가 북중국의 산동반도 방면으로 연결되는 항로를 확보하기 위해 궁예정권에 귀부한 측면도 없지 않았다.[274)]

---

270) 『三國史記』 권50, 列傳10, 甄萱.
271) 『新增東國輿地勝覽』 羅州牧 建置沿革.
272) 유영철, 2005, 『고려의 후삼국 통일과정 연구』, 경인문화사, 27쪽.
273) 궁예정권이 수군을 파견하여 진도와 고이도 등을 점령한 후 서남해지역의 패권을 차지한 909년 무렵의 戰果를 소급하여 기록한 것으로 이해하는 견해도 없지 않다(문경현, 1986, 앞의 글, 109~112쪽).
274) 정청주, 1996, 앞의 책, 160~161쪽.

2) 마진시기(摩震時期)의 진출과 서남해지역 교두보 확보

남해만 연안을 비롯한 서남해지역의 영유권을 둘러싸고 전개된
후백제와 궁예정권의 군사 충돌은 909년에 이르러 본격화되었다.
궁예는 왕건에게 명하여 수군을 이끌고 서남해 도서지역을 거쳐
남해만 연안을 정벌하게 하였다.[275]

궁예정권의 서남해지역 진출은 앞서 살펴보았듯이 903년에 이루
어진 10여 군현의 점령에서 비롯되었다. 그러나 왕건의 서남해지역
점령은 군사적 성과보다는 현지 호족들이 자발적으로 귀부한 측면이
강하였다. 또한 궁예정권이 903년에 군사를 파견하여 서남해지역을
점령한 것이 아니라 해상세력과 접촉하여 영향력을 행사한 정도에
불과하였다.[276]

한편 궁예정권의 서남해지역 지배는 5년 남짓 지속되다가 908년
무렵에 이르러 흔들리게 된 것으로 이해하기도 한다.[277] 후백제가
나주 방면으로 직공하지 않고, 고창 – 영광 – 함평 – 무안 – 목포로
이어지는 서해안 코스를 따라 내려온 것으로 추정하는 견해도 없지
않다. 궁예는 후백제의 공격을 받아 서남해지역의 지배권이 흔들리
자, 왕건을 파견하여 사태 수습에 나선 것으로 이해한다.[278]

그러나 궁예정권과 후백제가 903년 이래 각각 남해만의 북쪽지역
과 남쪽지역을 장악한 상태에서 대치한 사실을 고려할 필요가 있다.
후백제가 909년에 이르러 남해만을 건너 북쪽 방면으로 공세를 취하

---

275)『三國史記』권12, 新羅本紀 12, 孝恭王 13年.

276) 문안식, 2008,『후백제전쟁사연구』, 혜안, 80쪽.

277) 정청주, 1996, 앞의 책, 152쪽.

278) 강봉룡, 2001, 앞의 글, 112쪽.

면서 마진[279)을 지지하던 호족들이 위태롭게 되었다. 양국의 전투가
시작될 무렵 나주시내 방면의 호족들은

> A. 처음에 나주 관내 여러 군현들이 우리와 떨어져 있고 적병이
> 길을 막아 서로 응원할 수 없었기 때문에 자못 동요하고 있었다.[280)

라고 하였듯이, 후백제군의 공격을 받아 고립무원의 상태에 놓여
있었다.

후백제는 남해만 연안지역을 차지하기 위하여 수륙합동 작전을
전개하였다. 견훤은 수군을 보내 전략적으로 중요한 서남해의 여러
도서를 점령하면서 나주 방면으로 향하게 하였다. 궁예도 남해만
연안지역의 위태로운 사태를 묵과하지 않고 수군을 동원하여 구원에
나섰다. 궁예는 후백제의 공세에 직면하여

> B. 양(梁) 개평(開平) 3년 기사(己巳)에 태조는 궁예가 나날이 포학해지
> 는 것을 보고 다시 지방 군무에 뜻을 두었는데 마침 궁예가 나주지
> 방을 걱정하여 태조에게 나주로 가서 지킬 것을 명령하고 관등을
> 한찬(韓粲)으로 하고 해군대장군에 임명하였다.[281)

라고 하였듯이, 가장 믿을 수 있는 왕건으로 하여금 구원에 나서도록
하였다. 궁예가 나주지방을 걱정한 것으로 볼 때 후백제의 공격이
상당한 성과를 거두었음을 알 수 있다. 나주 등이 후백제 수중에

---

279) 궁예정권은 909년에 이르러 국호를 마진으로 바꾸었다.
280) 『高麗史』 권1, 世家1, 太祖 前文.
281) 『高麗史』 권1, 世家1, 太祖 前文.

떨어졌을 가능성도 없지 않다.

후백제는 나주의 반남과 공산 일대에서 남해만을 건너 그 북쪽에 위치한 금성산성 등을 점령하지 않았을까 한다. 그 외에 후백제가 무안과 함평 및 영광 등의 남해만 북쪽지역을 비롯하여 서남해 도서지역의 대부분을 차지하였을 가능성도 없지 않다.282)

후백제가 남해만 연안지역과 서남해 도서지역을 장악하자, 궁예도 왕건을 파견하여 반격에 나서게 되었다. 왕건은 서해를 따라 내려오면서 결전에 앞서 염해현(신안군 임자도)에서 진용을 정비하였다.283) 왕건은 후백제의 군세를 파악하는 등 염탐 활동을 전개하였다.

왕건은 후백제와 곧바로 교전에 나서지 않고, 견훤이 오월국(吳越國)으로 보내는 사절을 사로잡은 후 본국으로 돌아갔다. 왕건은 후백제의 병력과 기세에 밀려 승산이 없는 전투를 하지 않고 후퇴한 것으로 판단된다. 왕건은 정주(貞州, 개성 풍덕)에서 전함을 수리한 후 종희(宗希), 김언(金言) 등을 부장으로 삼아 군사 2500명을 거느리고 다시 내려왔다.284)

종희는 영광 출신으로 여러 차례의 해전에서 큰 활약을 펼친 인물이다. 왕건은 서남해지역의 정세와 지리를 잘 알고 있는 종희 등을 부장으로 삼아 보필을 받았다.285) 왕건은 정주에서 전함을 이끌고

---

282) 이는 왕선이 수군을 이끌고 영산내해로 진입하기에 앞서 진도와 고이도 등 서남해 도서지역을 먼저 공격한 사실을 통해 입증된다(『高麗史』 권1, 世家1, 太祖 前文).

283) 『高麗史』 권11, 地理2, 全羅道 壓海郡.

284) 『高麗史』 권1, 世家1, 太祖 前文.

285) 宗希는 해상활동 경력과 音韻이 비슷한 점 등을 통해 볼 때 고려의 開國功臣의 반열에 오른 宗會와 동일한 인물로 추정된다.

내려와 진도와 고이도 등을 먼저 점령하였다.

왕건은 수군을 이끌고 육지에서 가까운 연안항로를 따라 진격하지 않고, 압해도와 암태도·자은도 사이의 근해항로를 통해 진도 방면으로 내려왔다. 왕건이 진도를 먼저 공격한 까닭은 견훤이 순천과 광양 등에 주둔한 수군 병력을 동원하여 구원에 나서는 것을 차단하기 위해서였다.

진도는 통일신라 때에 뇌산군(牢山郡)과 그 영현으로 진도현(珍島縣)·첨탐현(瞻探縣)이 설치되었다. 뇌산군의 행정치소는 군내면 정자리와 월가리 및 분토리 일대에 자리하였고, 진도현과 첨탐현의 치소는 각각 군내면 고성리와 임회면 일대에 위치하였다.

따라서 진도의 중심지는 군내면 고성리 일대로 추정된다. 이곳에는 고진도성(古珍島城)으로 불리는 삼국시대에 축조된 성곽의 흔적이 남아 있다.[286] 그 외에 삼국시대의 첨찰산성과 성황당산성이 의신면에 위치하고, 통일신라시대의 철마산성이 진도읍과 군내면 경계에 자리한다.

왕건은 별다른 저항을 받지 않고 진도에 상륙하였다.[287] 전투 발발의 여부는 잘 알 수 없지만, 양측 사이에 접전이 벌어졌다면 철마산성 등에 이루어졌을 가능성이 있다.[288] 왕건은 진도를 함락한 후 다시 바닷길로 북상하여 고이도로 향하였다.

---

286) 목포대박물관, 1987, 『진도군의 문화유적』.

287) 『三國史記』 권12, 新羅本紀12, 孝恭王 13年.

288) 철마산성은 통일신라 때 뇌산군을 보호하기 위해 축조되었다(『玉州誌』 山川). 철마산(303.5m)의 정상 부분을 둘러싸고 축조된 테뫼식 산성이며, 급경사를 이룬 암벽 사이에 보축하거나 암벽 상단에 2~3단 만을 축조하였다(박병훈 외, 2009, 「철마산성 조사 보고서」, 『진도군 향토유적 지정자료 조사보고서(Ⅱ)』).

고이도는 무안반도 끝자락에 위치한 운남면 신원리 건너편의 신안
군 압해읍의 부속 도서이다. 고이도는 서남해 연안을 왕래하는 바닷
길의 길목에 위치할 뿐만 아니라 남해만으로 진입하는 선박을 통제
할 수 있는 요충지에 해당된다.

고이도는 현재 둑을 쌓고 간척지를 조성하여 넓은 농경지가 조성
되어 있지만, 당시에는 섬 깊숙이 바닷물이 유입되어 선박의 수리와
정비 등을 위한 최적의 장소를 제공하였다. 또한 남해만으로 진입하
기 위해서는 고이도와 무안반도 사이의 좁은 해협을 빠져나와, 압해
도 부근에서 들어가는 바닷길이 가장 빠르고 편안한 항로였다.

왕건의 고이도 점령 과정에 대해서는 사료에 따라 일부 차이를
보인다. 『고려사』에는 왕건이 별다른 저항을 받지 않고 고이도를
점령한 것으로 되어 있다. 고이도 주민들은 왕건이 이끈 수군의
진용이 엄숙하고 씩씩한 것을 보고 싸우지 않고 항복하였다고 한
다.[289]

그러나 『삼국사기』에는 왕건이 병선을 거느리고 진도를 항복시킨
후 고이도성(皐夷島城)을 깨뜨린 것으로 되어 있다.[290] 왕건의 고이도
점령 과정에서 일정 정도의 무력 충돌이 수반되었을 가능성이 있다.
왕건은 고이도를 점령한 후 왕산(王山, 해발 80m)에 축조된 고이도성
을 개축하여 남해만 연안지역을 공격하기 위한 거점으로 활용하였
다.[291]

왕산성은 서남해 연안을 왕래하는 선박들을 감시하고 통제할 수

---

289) 『高麗史』 권1, 世家1, 太祖 卽位年.
290) 『三國史記』 권12, 新羅本紀12, 孝恭王 13年.
291) 왕산성은 일제시대에 편찬된 『朝鮮寶物古蹟調査』에 의하면 둘레가 270칸에
    달한 것으로 되어 있다. 현재 대부분 붕괴되고 약 1km 정도의 흔적만
    남아 있다.

있는 요충지에 자리한다. 왕산에 오르면 남쪽으로 압해도를 비롯하여 여러 섬들이 조망되며, 임자도와 지도를 거쳐 북쪽으로 올라가는 바닷길이 한 눈에 관찰된다.

한편 왕건이 고이도를 점령하는 과정에서 토착호족의 도움을 받은 사실이 왕망 설화 등으로 남아 있다. 왕망은 왕건의 숙부 혹은 동생으로 전해진다.[292] 왕건은 왕씨의 성을 내려줄 만큼 왕망과 각별한 관계를 유지하였다. 왕망이 왕건의 신임을 받게 된 계기는 고이도 점령과 서남해지역 경략에서 큰 역할을 했기 때문으로 짐작된다.

고이도 외에 인근의 무안 일대에도 왕망과 관련된 여러 지명과 설화가 전해지고 있다. 왕망이 사용하던 도장을 묻어두었다는 무안 망운의 '도무치(큰바위)', 고이도 앞바다를 통과하던 상선이나 세곡선을 탈취할 때 거점으로 이용된 '돈바위', 상선과 세곡선을 버렸다는 '배시게' 등이 해당된다.[293]

왕건은 고이도를 점령한 후 수군을 이끌고 남해안으로 진입하였다. 그러나 왕건이 남해만으로 진입하기 전에 서남해 도서지역을 모두 점령한 것은 아니었다. 능창(能昌)이 여러 섬을 옮겨 다니면서 왕건에 맞서 게릴라전을 펼치고 있었다.

왕건은 능창을 잡기 위한 추격전을 전개하는 등 시간을 낭비하지 않고 곧바로 남해만으로 진입하였다. 왕건은 나주시내 방면으로 향하지 않고

C. 궁예가 또 태조에게 명령하여 정주에서 전함들을 수리한 후 한찬(閼粲) 종희(宗希)와 김언(金言) 등을 부장으로 하여 군사 2천 5백

---

292) 조선총독부, 1942, 『朝鮮寶物古跡調査資料』.
293) 무안군, 1994, 『무안군사』, 1080쪽.

영암 덕진포 전경(그림 | 박득규)

명을 거느리고 광주 진도군으로 가서 치게 하여 이를 함락하였다.
다시 진격하여 고이도에 머무르니 성안 사람들이 이쪽 진영이
대단히 엄숙하고 씩씩한 것을 보고 싸우기도 전에 항복하였다.
다시 나주 포구에 이르렀을 때는 견훤이 직접 군사를 이끌고
전함들을 포진시켜 목포에서 덕진포에 이르기 까지 전함이 서로
종횡으로 연결되고, 바다와 육지에 군사의 세력이 심히 강성하였
다. 그것을 보고 우리의 여러 장수들이 걱정하였으나, 태조는
"근심하지 말라. 전쟁에서 이기고 지는 것은 군대의 의지가 통일되
어 있느냐 없느냐 하는 데 있지 그 수가 많고 적은 데 있는 것은
아니다"하고 진군하여 급히 치니, 적의 전선이 조금 물러가는데
바람을 이용하여 불을 지르니 불에 타고 물에 빠져 죽은 자가
반수 이상이나 되었고 5백여 급을 베니 견훤이 작은 배를 타고
도망쳐 물러났다.[294]

라고 하였듯이, 그 건너편에 위치한 영암 덕진포 방향으로 나아갔다.

후백제의 수군은 왕건이 이끄는 마진의 선단(船團)이 다가오자 전열을 정비하였다. 견훤은 왕건이 수군을 이끌고 나타나자 대규모의 선단과 함께 육군을 동원하여 수륙합동 작전을 전개하였다. 후백제의 수군은 육군의 도움을 받으면서 목포(영산포)[295]에서 덕진포에 이르기까지 머리와 꼬리를 서로 연결하면서 포진하였다.

후백제의 수군은 목포에서 덕진포에 이르는 해상(海上)의 40~50리에 걸쳐 장사진(長蛇陣)을 펼쳤다. 덕진포 방향에 주력을 포진시키고, 그 반대 방향은 군세를 과시하기 위한 기만전술을 꾀하면서 일부 전함을 배치한 것으로 보고 있다.[296] 그러나 후백제의 전함이 목포에서 덕진포까지 배치된 것은 아니었고, 남해만을 장악한 형세를 과장하여 기록한 것으로 판단된다.

사실 대규모 선단이 남해만을 거쳐 영산포 일대까지 진출하는 것은 쉬운 일이 아니었다. 영산강은 나주 동강면과 공산면 일대에서 낮은 구릉선 산지 사이를 만곡하면서 흐른다. 강폭은 100m 내외이며, 산허리가 끊긴 부분까지 연장해야 겨우 200m 정도에 불과하다. 영산강의 만곡부는 내해(內海)를 따라 올라오는 적을 방어하는 데 유리한 장소에 해당된다.[297] 산지의 자연 암반을 하천이 뚫고 흘러 유속이 빠르며, 인접지역에 회진토성[298]이 자리하는 등 방어의 요충지 역할

---

294) 『高麗史』 권1, 世家1, 太祖 前文.

295) 당시 목포는 나주시 영산포 택촌 마을 부근을 가리킨다. 목포는 錦江津·錦川 등으로 불리며 나주의 治所에서 남쪽으로 11리 떨어진 곳에 위치하였다(『新增東國輿地勝覽』 권35, 羅州牧, 山川).

296) 신성재, 2006, 「궁예정권의 군사정책과 후삼국전쟁의 전개」, 연세대 대학원 박사학위논문, 98쪽.

297) 배재훈, 2012, 「한국 고대사회와 나주 공산면」, 『나말려초 나주의 역사문화 전개와 공산지역』, 42~45쪽.

을 하였다.

영산포 일대 역시 뱃길이 험하여 선박이 쉽게 통행하기 어려운 지역이었다.[299] 따라서 후백제 수군은 영산강 수로의 만곡부를 거쳐 영산포 방면으로 진입하지 않고, 주력 전함을 덕진포 방면에 배치하였을 가능성이 높다. 이에 맞서 왕건은 후백제 수군의 주력을 강타하는 전술과 함께 화공작전을 펼쳤다.[300]

양군의 전투 결과에 대해 왕건의 화공(火攻) 작전이 성공하여 마진이 승리를 거둔 것으로 기록되어 있다. 그러나 왕건이 이끈 마진군의 일방적 승리와 견훤의 도주 사실을 전하는 사료 C와는 달리, 후백제 군에 포위되어 오히려 몰살 위기에 처하는 등 형세가 급박하였다.

양군의 대결은 나주에서 서남쪽으로 60리 떨어진 해역(海域)이 넓은 몽탄나루와 그 부근의 육상에서 펼쳐졌다. 양군의 전투 과정은 관련 설화 및 파군교·몽탄나루 등의 지명을 통해 추정할 수 있다. 이 전투에서 서전을 승리로 이끈 측은 후백제였다. 후백제는 초전에 승리를 거둔 후 마진군을 압박하여 포위상태로 몰아넣었다.

현지에 전해지는 설화에 따르면 왕건의 수군이 패퇴한 후 밀려나 나주 동강면 강가에 주둔하였다. 견훤은 포위망을 구축한 채 날이 밝기를 기다려 섬멸작전을 펼치려고 하였다. 왕건이 절망에 빠진 상태에서 잠깐 잠이 들었는데, 백발을 휘날리는 노인이 꿈에 나타났

---

298) 회진토성의 발굴조사에서 백제계로 추정되는 토기편이 조사된 것으로 볼 때 삼국시대 때부터 군사적 기점으로 활용되었을 가능성이 높다(국립나주문화재연구소, 2009, 『나주 회진성 3차 발굴조사 약보고서』).

299) 조선시대에 목포 부근에는 영산강 유역의 稅穀을 수납하여 조운을 담당한 榮山倉이 위치하였는데, 중종 7년에 수로가 험하여 배가 자주 전복되어 손실이 많아 폐창되었다(강봉룡, 1999, 「나주시의 관방유적」, 『나주시의 문화유적』, 목포대·나주시, 357쪽).

300) 신성재, 2006, 앞의 글, 98쪽.

무안 파군교 전경(그림 | 장복수)

다. 그는 남해만의 썰물을 이용하여 강을 건넌 후 매복작전을 전개하여 적군을 격퇴할 수 있는 계책을 알려주었다고 한다.[301]

마진군은 몽탄해전에서 패배한 후 배를 버리고 육지로 상륙하였을 가능성이 높다. 왕건은 썰물이 들어 후백제 수군의 활동이 어려워진 틈을 타 군대를 이끌고 동강면 옥정리 몽송마을에서 남해만을 건너 무안 방면으로 퇴각한 것으로 짐작된다.

왕건은 후퇴하던 중에 몽탄면 소재지에서 일로읍 방면으로 4km 떨어진 청룡리 파군교의 좌우 산등성에 군사를 매복시켰다. 왕건은 매복작전이 실패하면 무안의 해안가로 피신하여 고이도 등에 정박한 선박을 이용하여 본국으로 철수할 계획이었다. 왕건이 후백제군의 포위를 뚫고 나주 동강에서 영산강을 건너 무안 방면으로 군대를

---

301) 무안군, 1994, 앞의 책, 1078~1080쪽.

몽탄해전 상상도(그림 | 김병택)

이동한 것은 후퇴작전의 일환이었다.

그러나 왕건은 파군교 전투에서 예기치 못한 대승을 거두었다. 또한 왕건의 꿈속에 나타난 노인의 존재는 현지의 지형과 조수의 흐름을 잘 알고 있던 토착 해상세력의 도움을 암시한다. 자신들의 도움이 없었다면 왕건의 통일대업이 불가능했으며, 그것을 잊지 말 것을 경고하는 서남해지역 사람들의 염원을 담고 있다.302)

왕건과 견훤이 전투를 벌인 장소는 현몽에 의해 여울을 건넜다 하여 '몽탄강(夢灘江)', 왕건이 승리를 거둔 전승지는 '파군교(破軍橋)'로 불린다. 또한 나주시 동강면 옥정리 몽송부락은 '하몽탄(下夢灘)', 강 건너에 위치한 무안군 몽탄면 몽강리는 '상몽탄(上夢灘)'이라 한다.303)

---

302) 강봉룡, 2003, 「나말여초 왕건의 서남해지역 장악과 그 배경」, 『도서문화』 21.

완사천 전경(그림 | 장복수)

후백제는 몽탄 해전에서 승리하는 등 서전을 승리로 이끌었으나, 적군을 추격하는 과정에서 매복에 걸려 패배를 하였다. 마진군은 몽탄의 파군교에서 벌어진 전투에서 열세를 극복하고 승리하였다. 왕건은 파군교 전투의 승리 이후 나주에 머물면서 오다련을 비롯한 호족들과 돈독한 관계를 맺게 되었다.

왕건과 나주 호족의 결합은 완사천(浣紗泉)에 깃든 혼담 설화 속에 잘 남아 있다. 완사천이 위치한 지역을 흥룡동(興龍洞)으로 부르는데, 왕을 용에 비유한 고사를 따라 혜종이 태어난 마을이라는 의미를 갖고 있다. 또한 오씨처녀가 빨래하던 곳을 '빨래할 완(浣)'과 '비단 사(紗)'를 사용하여 '완사천'이라 부른다. 왕건과 오씨처녀(莊和王后)의 만남은 912년 혜종의 출생으로 이어졌다.304)

303) 무안군, 1994, 앞의 책, 1078~1080쪽.
304) 『高麗史』 권88, 列傳 1, 后妃 1, 莊和王后吳氏.

오다련을 비롯한 나주지역의 호족들은 후백제의 견제와 압박에서 벗어나, 북중국을 왕래하는 바닷길의 안전을 확보하는 데 유리한 마진을 지지하였다. 마진도 후백제의 배후를 견제할 수 있는 거점 마련과 풍부한 인적·물적 자원을 확보하기 위해 서남해지역 호족세력의 도움이 절실하였다. 마진은 후백제와 여러 차례에 걸친 대소 전투를 치른 끝에 남해만의 북쪽지역을 차지하는 성과를 올렸다.

한편 왕건은 파군교 전투 이후 서남해의 여러 섬을 무대로 게릴라전을 전개하고 있던 능창의 제거에 나섰다. 능창은 압해도를 근거지로 활용하면서 서남해의 여러 도서를 장악하고 있었다.[305] 마진이 능창을 비롯한 도서지방의 군소 해상세력을 제압하지 못하면 서남해지역의 지배권 유지는 난관에 봉착할 수밖에 없었다.

견훤도 능창을 비롯한 여러 해상세력과 연대하여 마진 수군의 바닷길 운행을 차단하면서 반격에 나섰다. 능창은 왕건이 서남해지역의 해상을 통제하자 후백제와 연대하여 저항하였다.[306] 능창은 군소 해상세력들을 자신의 휘하로 끌어들여

---

305) 능창의 근거지는 압해도의 가룡리토성(속칭 흙토성)이었고, 직선 거리로 10km 남짓 떨어진 송공산성은 감시 초소 역할을 하였다(최성환 편저, 2008, 『신안군의 문화유산』, 신안군·신안문화원, 56쪽).

306) 能昌에 대해서는 독자적인 해상세력(강봉룡, 2001, 앞의 책, 102쪽)과 친견훤 적인 성향으로 보는 견해(신호철, 1993, 앞의 책, 32쪽) 등이 있다. 능창의 성향과 관련히어 세력기반이 압해도와 인근 도서를 중심으로 전개된 서남해의 해상활동에 있었던 사실을 고려할 필요가 있다. 또한 후백제가 건국 직후를 포함하여 909년 등 몇 차례에 걸쳐 吳越과 통교하거나 접촉을 시도한 사실도 참조된다. 후백제의 오월 교섭은 중국 영파→ 흑산도→ 압해도→ 낙월도(영광)에 이르는 海路가 이용되었으며, 서남해 항로를 장악한 능창의 협조를 받았을 가능성이 높다. 능창 역시 왕건의 서남해 진출에 맞서 기득권을 보호하기 위해 후백제와 연내를 도모한 깃으로 추정된다.

D. 드디어 반남현 포구에 이르러 적의 경계에 간첩을 놓았다. 이때에
압해현의 적의 장수 능창은 해도 출신으로 수전을 잘하여 이름을
수달이라고 하였는데, 도망친 자들을 불러모아 갈초도의 작은
도적들과 서로 결탁하고 태조를 기다려 해치고자 하였다. 태조가
여러 장수들에게 이르기를 "능창이 이미 내가 올 것을 알고 있으니
반드시 섬의 도적과 함께 변란을 꾀할 것이다. 적의 무리가 비록
적지만 만약 힘을 합쳐 우리의 앞을 막고 뒤를 끊으면 승부를
알 수 없을 것이다. 헤엄을 잘 치는 자 10여 명을 시켜 갑옷을
입고 창을 가지고 가볍고 작은 배를 타고 밤중에 갈초도 나룻가에
가서, 왕래하면서 일을 꾸미는 적을 사로 잡아 꾀를 저지시켜야
할 것이다" 하니, 여러 장수들이 모두 말을 따랐다. 과연 작은
배 한 척을 잡아 보니, 바로 능창이므로 잡아서 궁예에게 보내어
목베었다. 궁예가 태조를 파진찬 시중으로 임명하고 불러들였
다.[307]

라고 하였듯이, 익숙한 바닷길의 지형조건을 활용하면서 마진의
수군과 치열한 혈전을 전개하였다.

능창이 왕건에 맞선 이유는 해상활동의 기득권을 보호하기 위해서
였다. 능창과 그 휘하의 서남해 도서지역 해상세력은 단순한 해적이
아니라 대외무역과 해상활동에 종사하던 집단이었다. 이들은 압해
도를 비롯한 서남해 도서지방을 중심으로 독자적인 세력권을 형성하
고 있었다.

능창은 서남해 도서지역의 여러 해상세력과 긴밀한 연락을 하던

---

307) 『高麗史』 권1, 世家1, 太祖 前文.

중에 갈초도(신안 비금도)에서 왕건의 수하들에게 사로잡혔다. 왕건은 능창을 생포한 후 궁예에게 호송하였다. 능창은 왕건에게 생포된후 궁예에게 보내질 만큼 중요한 인물이었다.

마진의 수군은 능창을 제거한 후 비로소 서남해와 남해만의 바닷길을 자유롭게 왕래할 수 있게 되었다. 궁예는 왕건의 활약을 통해

> E. 처음에 나주 관내 여러 군들이 우리와 떨어져 있고 적병이 길을
> 막아 서로 응원할 수 없어 자못 동요하였는데, 이때에 와서 견훤의
> 정예 부대를 격파하니 군사들의 마음이 모두 안정되었다. 이리하
> 여 삼한 전체 지역 중에서 궁예가 절반 이상을 차지하게 되었다.[308]

라고 하였듯이, 서남해지역을 석권한 후 삼한의 절반 이상을 차지하게 되었다. 마진은 남해만의 북쪽지역을 장악한 후 변경을 안정적으로 지배하는 '안변(安邊)'과 지배영역을 넓히는 '척경(拓境)'을 포함한 안변척경책(安邊拓境策)을 추진하였다.[309]

그러나 사료 E에 보이는 전과(戰果)기록은 재고의 여지가 있다. 마진의 수군은 서남해의 바닷길을 자유롭게 왕래할 수 있게 되었지만, 서남해지역의 전역(全域)이 모두 마진의 수중으로 넘어간 것은 아니었다. 왕건이 파군교전투를 승리로 이끈 후 차지한 지역은 남해만 북쪽의 나주시내와 그 주변지역이 중심이 되었다. 그 외에도 마진은 무안과 함평 및 영광 등의 내륙지역, 뇌산군(진도)·압해군(신안 압해도) 등의 도서지역을 차지하였을 가능성이 높다.

308) 『高麗史』 권1, 世家1, 太祖 前文.
309) 이기백, 1990, 「태조 왕건과 그의 호족연합정치」, 『고려귀족사회의 형성』,
　　　일조각, 17쪽.

한편 남해만의 남쪽에 위치한 반남과 공산 및 영암·해남·강진 일대는 후백제의 지배하에 놓여 있었다. 후백제는 신라가 통일 후 전남지역에 설치한 15군 중에 무주를 비롯하여 분령군(낙안)·보성군·영암군·반남군·갑성군(장성)·승평군(순천)·곡성군·능성군(화순군 능주)·양무군(강진 병영)·추성군(담양) 등을 계속 점유하였다.[310]

3) 태봉시기(泰封時期)의 서남해지역 경략과 궁예의 친정(親征)

마진시기 궁예정권의 남해만 연안지역 진출은 909년에 벌어진 파군교전투 등을 통해 큰 성과를 거두었다. 궁예정권은 나주를 비롯하여 남해만 북쪽지역을 차지하였고, 진도와 고이도 등 서남해 도서지역을 장악한 후 능창을 제거하여 서남해 바닷길을 자유롭게 왕래할 수 있게 되었다.

궁예정권은 남해만 연안지역을 안정적으로 지배하기 위해 안변책 경책을 추진해 나갔다. 남해만 연안지역은 경제적인 측면에서 풍부한 해산물과 다량의 소금 등을 얻을 수 있었다.[311] 또한 비옥한 곡창지대를 보유하여 군량미를 넉넉하게 조달할 수 있는 조건을 갖추었다.[312]

궁예정권은 나주의 금성산성에 군사를 주둔시키는 등 남해만 북쪽 지역을 안정적으로 점유하기 위해 각고의 노력을 기울였다. 후백제는 궁예정권의 영향력이 날로 확대되자

---

310) 문안식, 2013, 「궁예정권의 서남지역 경략과 토착세력의 동향」, 『백산학보』 96.

311) 김명진, 2008, 앞의 글, 278쪽.

312) 고려시대의 경우 13개 조창 가운데, 나주의 해릉창과 영광의 부용창·장흥창 등 3개 조창이 서남해지역에 설치되었다.

A-1. 견훤이 금성이 궁예에게 투항한 것에 노하여 보병과 기병 3천 명으로 포위 공격하여 10여 일이 지나도록 포위를 풀지 않았다.[313]

2. 견훤이 몸소 보병과 기병 3천 명을 이끌고 나주성을 에워싸고 열흘이 지나도록 풀지 않았다. 궁예가 수군을 내어 그들을 습격하자 견훤이 군사를 이끌고 물러갔다.[314]

라고 하였듯이, 견훤이 910년에 이르러 직접 보병과 기병 3천 명을 이끌고 나주성을 공격하는 등 반격에 나섰다. 나주지역에 전하는 설화에 따르면

B. 왕건과 견훤이 서남해의 패권을 걸고 나주에서 격돌을 벌이던 어느 날 무등산에 진을 치고 있던 견훤군이 쳐들어온다는 소문이 돌자 모두 피난을 가느라 정신이 없었다. 이때 나주의 호족이자 훗날 왕건의 장인 오다련군이 "곡식은 가지고 가야 굶어 죽지 않는다"고 말하자, 고을 사람들이 곡식을 싸들고 금성산으로 피했다. 피난민의 곡식은 나중에 전투가 벌어졌을 때 왕건군의 군량으로 쓰였다.[315]

라고 하였듯이, 견훤이 공략한 나주성은 다름 아닌 금성산성이었음을 알 수 있다. 후삼국시대에 나주의 치소(治所)는 현재의 시가지 중심 부근에 위치하였지만, 금성산성은 금성산(해발 451m)의 정상부에 자리한 채 입보산성의 역할을 하였다.

---

313) 『三國史記』 권50, 列傳10, 甄萱.
314) 『三國史記』 권12, 新羅本紀12, 孝恭王 14年.
315) 나주군지편찬위원회, 1908, 『羅州郡誌』, 나주군.

견훤은 전주에서 광주로 내려온 다음 무진주의 병력과 합세하여 금성산성을 10여 일 동안 맹렬히 공격하였다. 궁예는 금성산성 등이 공격을 받자 수군을 보내 응원에 나섰으며, 견훤이 군사를 이끌고 물러나면서 소강상태로 접어들게 되었다.

궁예는 다음 해(911)에 다시 왕건을 보내 후백제의 공세를 차단한 후 반격에 나섰다. 왕건의 911년 군사 활동에 대해서는 『고려사』와 『삼국사기』에는 관련 내용이 남아 있지 않다. 다만 『세종실록』에 따르면 왕건이 수군을 거느리고 내려와

C. 진성왕 6년 임자(당나라 소종 경복 원년)에 견훤이 무진주를 습격하여 빼앗아 웅거하고 후백제왕이라 일컫다가 드디어 전주로 옮겼다. 견훤 20년 신미(양나라 태조 건화 원년)에 후고구려왕 궁예가 태조를 정기대감으로 삼아 수군을 거느리고 무진주의 경계를 공략하여 차지하게 하였는데, 성주 지훤은 바로 견훤이 사위였으므로 견훤과 서로 응하여 굳게 지키고 항복하지 않았다.[316)

라고 하였듯이, 상륙작전을 전개한 후 무진주 일대까지 진출하였음을 알 수 있다.

왕건의 상륙작전에 대해서는 문헌에 자세한 내용이 남아 있지 않지만, 나주 동강면 상방리 일대에 전해지는 설화를 통해 유추할 수 있다. 복사초리 일대에서 벌어진 양국의 공방전은 남해만 연안을 비롯한 서남해지역의 향배를 결정한 매우 중요한 전투였다.

---

316) 『世宗實錄』 권151, 地理志, 全羅道 長興都護部, 武珍郡.

영암 시종면 신월리에서 본 복사초리와 무등산 전경

　후백제군은 마진의 상륙작전에 대비하기 위해 동강면 상방리에 위치한 성주산의 정상에 정찰 초소를 설치하고, 그 아래 후동골에 정예부대를 주둔시켜 대비하였다. 왕건은 마진의 수군을 이끌고 상륙작전을 감행하여 복사초리 일대에서 후백제군의 저항을 분쇄하고 승리를 일구어 냈다.317)

　왕건은 복사초리 전투의 승리에 만족하지 않고 후백제군을 쫓아 무진주 경내까지 진격하였다. 왕건이 이끈 마진의 병력은 무진주 경내로 진격하면서 후백제군과 곳곳에서 치열한 격전을 치렀다. 후백제의 무주성주(武州城主) 지훤(池萱)은 왕건이 무진주 경내로 진격하자 항복하지 않고 성을 굳게 지켰다. 지훤이 마진의 공격에 맞선 방어 거점은 오늘날의 광주 시내에 위치한 무진도독성(광주읍

---

317) 이진영, 2009, 「왕건과 견훤의 복사초리 공방전」, 『榮山江』 7호, 재광나주향
　　　후회.

성)이 아니라 무등산 잣고개 일대에 축조된 '무진고성'으로 추정된
다.[318]

왕건은 무진고성을 함락하지 못하였지만 남해만 연안을 비롯하여
서남해지역 전역을 차지하는 쾌거를 이루었다. 남해만 남쪽의 나주
반남과 영암 일원, 강진·해남 등 서남해지역의 대부분이 마진의
영향력 하에 놓이게 되었다.

궁예는 서남해지역 공방전을 승리로 장식한 후 국호를 마진(摩震)
에서 태봉(泰封)으로 고치고, 연호를 수덕만세(水德萬歲)를 삼는 등
내정개혁을 추진하였다. 그러
나 서남해지역을 회복하기 위한
후백제의 반격도 지속적으로 추
진되었다. 양국이 912년 덕진만
일대에서 해전(海戰)을 치른 사
실 등을 통해 유추된다.[319]

덕진만 해전은 왕건이 아니라
궁예가 직접 수군을 이끌고 참
전하였을 가능성이 높다. 이와
관련하여 강진 무위사 경내에
남아 있는 선각대사 형미(先覺大
師 逈微, 864~917)의 일대기를

강진 무위사 선각대사탑비

---

318) 무진고성은 8세기 말에서 9세기 초에 축조되었으며, 둘레는 3.5km에 달한다.
    무등산의 북쪽 지맥인 장원봉을 중심으로 잣고개의 장대봉과 제4수원지
    안쪽의 산 능선을 따라 타원형으로 만들어졌다. 성벽은 바닥에 5단 정도를
    돌로 쌓아올리고, 그 위의 성벽을 잡석으로 채우는 방식으로 축조되었다(전
    남대 박물관, 1991, 『무진고성』 2).
319) 『三國史記』 권50, 列傳10, 甄萱.

기록한 비문이 참조된다. 최언위(崔彦撝)가 946년에 지은 선각대사 비문에는 국왕을 지칭하는 표현이 두 군데 기록되어 있다. 금상(今上) 과 대왕(大王)이 해당된다. 금상은 당시의 국왕인 왕건을 가리키고, 대왕은 궁예를 지칭하는 것으로 이해한다.

궁예는 무위사에 8년 동안 머무르고 있던 형미 등을 데리고 철원으 로 돌아갔다.[320] 후삼국 통일전쟁에서 왕건의 핵심참모 역할을 하였 던 최지몽의 부친 상흔(相昕)도 태봉에 귀부하였다. 궁예정권의 서남 해지역 경략은 왕건의 활약과 궁예의 친정(親征)을 통해 소기의 성과 를 거두었다.

궁예의 친정은 수차례에 걸쳐 추진된 서남해지역 경략의 백미(白 眉)라 할 수 있다. 태봉은 후백제의 거듭되는 도전에도 불구하고 왕건 등의 활약을 통해 남해만 연안을 비롯하여 서남해지역을 계속 유지할 수 있었다. 태봉이 여러 난관을 헤치고 서남해지역을 지배할 수 있었던 배경은 토착 호족집단의 적극적인 도움이 있었기 때문에 가능하였다.

왕건이 서남해지역을 경략하면서 도움을 받은 대표적인 호족세력 은 나주 오씨(吳氏) 등이었다. 오씨가문은 대대로 나주의 목포(木浦, 현재 영산포)에 살면서 해상활동을 통해 부를 축적하였다.[321] 오씨가 문과 왕건은 해상세력 출신이라는 동일한 성격을 갖고 있었기 때문

---

320) 최연식, 2011,「전남 강진 무위사 선각대사비를 통해 본 궁예 행적의 재검토」, 『목간과 문자』 7.

321) 나주오씨 가문의 해상활동을 통한 성장과정에서 두드러진 역할을 한 인물은 장화왕후의 祖父 富伅이다. 그는 장보고의 청해진이 해체된 후 독자적인 세력을 구축하였다(류선영, 2011,「高麗太祖妃 莊和王后」,『해양문화연구』 1, 전남대 이순신해양문화연구소). 서남해지역의 군소 해상세력은 오부돈 과 마찬가지로 청해진이 혁파된 후 독자적인 해상세력으로 성장하였다(김 상기, 1960,「羅末 地方群雄의 對中通交」,『황의돈선생고희기념 사학논총』).

영암 상대포를 상상하다(그림 | 박득규)

에 쉽게 연결될 수 있었다.[322]

나주 오씨 외에도 왕건과 유대관계를 맺은 집단은 영암 최씨(崔氏)와 영광 전씨(田氏)가 있었다. 영암 최씨 역시 해상활동을 통하여 부를 축적하면서 호족으로 성장한 가문이었다.[323] 영암은 덕진포와 상대포 등 좋은 항구가 자리하여 대중교섭(對中交涉)에 유리하였고, 해상세력은 대외무역과 남해만 등 영산내해의 역내교역(域內交易)을 주도하면서 성장하였다.

영암 최씨집단이 왕건과 밀접한 관계를 맺은 것도 서남해지역 경략에 협력하면서 이루어졌다.[324] 영암 최씨의 대표적인 인물은

---

322) 이태진, 1977, 「김치양난의 성격」, 『한국사연구』 17, 71쪽 ; 강희웅, 1977, 「고려 혜종조 왕위계승란의 신해석」, 『한국학보』 7, 67쪽.

323) 문수진, 1987, 앞의 글, 21쪽.

324) 정청주, 1991, 「신라말·고려초의 나주호족」, 『전북사학』 14.

최지몽(崔知夢)을 들 수 있다. 최지몽은 어려서부터 여러 경서를 섭렵 하였으며, 천문과 점복에 정통한 인물이었다. 최지몽은 18세 때에 왕건을 만나 왕위에 오를 것을 예언하기도 하였다. 왕건은 전쟁에 나갈 때마다 최지몽을 좌우에 두는 등 각별한 신임을 하였다고 한다.[325]

영광 전씨의 대표적인 인물은 왕건이 후삼국을 통일한 후 개국공신의 반열에 오른 종회(宗會)[326] 등이었다. 종회는 영광 출신으로 왕건이 서남해지역을 공략할 때 여러 차례 공을 세워 태조공신 운기장군(太祖功臣 雲騎將軍)이 되었다. 나주 오씨와 영암 최씨, 영광 전씨 등은 왕건이 서남해지역을 경영하는 데 적지 않은 기여를 하였다.

궁예는 913년에 이르러 서남해지역이 안정화 되자 왕건을 철원으로 소환하였다. 궁예는 수군의 일반 업무는 김언 등에게 맡겼으나 정벌에 관한 사항은 반드시 왕건에게 품의한 후 실행하도록 하였다.[327] 후백제는 914년에 왕건이 돌아간 틈을 이용하여 재차 서남해지역의 공략에 나섰다.

견훤은 직접 군대를 파견하는 대신에 호족들을 포섭하여 반기를 들도록 사주하였다. 궁예는 김언 등이 서남해지역을 잘 통제하지 못하자 왕건을 다시 내려 보냈다. 왕건은 정주(貞州)에서 전함 70여 척을 수리하여 군사 2천 명을 싣고 나주에 이르렀다.

왕건이 914년에 나주로 향한 이유는 서남해지역의 일부 해상세력이 궁예정권의 지배에 반감을 품고 후백제와 연대하였기 때문이다.

---

325) 『高麗史』 권92, 列傳5, 崔知夢.
326) 『東文選』 권118, 故華藏寺住持王師定印大禪師追封靜覺國師碑銘에 의하면 목종과 현종 때에 활약한 田拱之의 조상이 宗會라고 하였다.
327) 『高麗史』 권1, 世家1, 太祖 前文.

왕건이 많은 병력을 이끌고 나주로 내려올 만큼 서남해지역 통치는 위태롭게 되었다. 궁예는 상황이 악화되자 왕건에게 군사 3천을 주어 나주로 보내 이반된 민심을 수습하고 지배력을 유지하였다.328)

태봉의 서남해지역 통치는 점차 안정을 이루었으며, 고려가 건국된 후 나주도대행대(羅州道大行臺)의 설치로 이어졌다.329) 나주를 비롯한 서남해지역은 왕건이 고려를 건국할 수 있는 정치적·군사적 배경이 되었다.330) 견훤은 광주에서 후백제를 건국하였음에도 불구하고 인접한 서남해지역을 차지하지 못한 한계를 노출하였다.331)

서남해지역의 풍부한 인적 및 물적 자원은 왕건이 고려를 건국한 후 전쟁국면을 유리하게 이끌 수 있는 원동력이 되었다. 왕건은 후삼국을 통일한 후 자신의 후계자를 장화왕후 오씨 소생으로 삼을 만큼 나주를 비롯한 서남해지역 출신을 우대하였다.

---

328) 『高麗史』 권1, 世家1, 太祖 前文.

329) 왕건이 고려의 건국 후 나주도대행대를 설치한 것은 제2의 수도와 다름없는 곳이었음을 말해준다(김갑동, 2001, 「고려시대 나주의 지방세력과 그 동향」, 『한국중세사연구』 11, 11쪽).

330) 서남해지역 해상세력의 존재 양태 및 발전과정 등에 대해서는 다음의 글을 참조하기 바란다(김상기, 1948, 「고대의 무역형태와 나말의 해상발전에 就하여」, 『동방문화교류사연구』).

331) 후백제는 15년이 지난 929년 무렵에 서남해지역을 차지하게 되었다. 후백제는 928년 11월에 벌어진 공산전투에서 승리를 거둔 후 서남해지역을 점령하였다(『高麗史』 권92, 列傳1, 庚黔弼).

참고문헌

1. 기본사료

『彊域考』, 『高麗圖經』, 『高麗名賢集』, 『高麗史』, 『高麗史節要』, 『舊唐書』,
『南齊書』, 『南槎錄』, 『唐會要』, 『大東水經』, 『大東地志』, 『東國李相國全集』,
『東國地理志』, 『東國通鑑』, 『東寰錄』, 『北史』, 『北齊書』,
『三國史記』, 『三國遺事』, 『三國志』, 『續日本紀』, 『宋史』, 『宋書』, 『隋書』, 『新增
東國興地勝覽』, 『梁書』, 『旅菴全書』, 『與猶堂全書』, 『禮記』, 『元史』, 『魏書』,
『日本書紀』, 『入唐求法巡禮行記』, 『資治通鑑』, 『資治通鑑』, 『拙藁千百』, 『止浦
集』, 『晉書』, 『擇里志』, 『通典』, 『翰苑』, 『黃海道邑誌』

2. 저서

강석우, 1984, 『신한국지리』, 대학교재 출판사.

강인욱, 2009, 『춤추는 발해인』, 주류성.

강종원, 2002, 『4세기 백제사연구』, 서경문화사.

고익진, 1989, 『한국고대불교사상사』, 동국대출판부.

공석구, 1998, 『고구려 영역확장사 연구』, 서경문화사.

권덕영, 1997, 『古代韓中外交史』, 일조각.

권오중, 1992, 『樂浪郡研究』, 일조각.

김기섭, 2000, 『백제와 근초고왕』, 학연문화사.

김문경, 1977, 『張保皐 研究』, 연경문화사.

김성호, 1982, 『비류백제와 일본의 국가기원』, 지문사.

김영하, 2002, 『韓國古代社會의 軍事와 政治』, 고려대 민족문화연구원.

김원룡, 1986, 『한국고고학개설』, 일지사.

김철준, 1982, 『한국고대사회연구』, 지식산업사.

김태식, 1993, 『가야연맹사』, 일조각.

김태식, 2002, 『미완의 문명 7백년 가야사』 1권, 푸른역사.

김현구, 1985, 『大和政權の對外關係硏究』, 吉川弘文館.

김현구, 2002, 『백제는 일본의 기원인가』, 창작과비평사.

김경수, 1995, 『영산강삼백오십리』, 향지사.

김권구, 2005, 『청동기시대의 영남지역의 농경사회』, 학연문화사.

김수태·조범환, 2006, 『전라도지역의 선종산문과 장보고집단』, 해상왕장보고
　　　　기념사업회.

김영수, 2002, 『朝鮮史廣』, 민속원.

김원룡, 1973, 『한국고고학개설』, 일지사.

김윤곤, 2001, 『한국중세의 역사상』, 영남대 출판부.

김정배, 1973, 『한국 민족문화의 기원』, 고려대학교 출판부.

김정배, 1986, 『한국고대의 국가기원과 형성』, 민음사.

김정열 역, 2008, 『동북문화와 유연문명(상)』, 동북아역사재단.

김정호, 1999, 『걸어서 가던 한양 옛길』, 향지사.

김종명, 2001, 『한국중세의 불교의례』, 문학과 지성사.

노중국, 1988, 『백제정치사연구』, 일조각.

노중국, 2004, 『백제부흥운동사』, 일조각.

노태돈, 1999, 『고구려사연구』, 사계절.

단재신채호기념사업회, 1982, 『丹齋申采浩全集』上.

도유호, 1960, 『원시고고학』, 과학원출판사.

무하마드 깐수, 1992, 『新羅·西域交流史』, 단국대 출판부.

문경시, 1996, 『견훤의 출생과 유적』.

문경현, 1987, 『高麗太祖의 後三國統一硏究』, 형설출판사.

문안식, 2002, 『백제의 영역확장과 지방통치』, 신서원.

문안식, 2003, 『한국고대사와 말갈』, 혜안.

문안식, 2006, 『백제의 흥망과 전쟁』, 혜안.

문안식, 2008, 『후백제전쟁사연구』, 혜안.

문안식·이대석, 2004, 『한국고대의 지방사회』, 혜안.

박성봉 편, 1995, 『고구려 남진 경영사의 연구』, 백산자료원.

박순발, 2001, 『한성백제의 탄생』, 서경문화사.

박시형, 1966, 『광개토왕릉비』, 사회과학출판사.

박용안, 2001, 『한국의 제4기 환경』, 서울대출판부.

백제학회, 2012, 『전남지역 마한 소국과 백제』, 국제학술대회.

백제학회, 2013,『전남지역 馬韓 諸國의 사회성격과 百濟』, 국제학술대회.

사라 M. 넬슨, 이광표 역, 2002,『영혼의 새』, 동방미디어.

사회과학원 력사연구소, 1999,『조선전사』 3.

사회과학원 력사연구소, 1979,『조선전사-중세편』 4.

서동인·김병근, 2014,『신안 보물선의 마지막 대항해』, 주류성.

서영일, 1999,『신라 육상교통로 연구』, 학연문화사.

서정석, 2002,『百濟의 城郭』, 학연문화사.

선석열, 2001,『新羅國家成立過程研究』, 도서출판 혜안.

성주탁, 2002,『百濟城址研究』, 서경문화사.

성춘경, 1999,『전남 불교미술 연구』, 학연문화사.

소병기, 1999,『中國文明起源新探』, 三聯書店.

손영종, 1990,『고구려사』, 과학백과사전종합출판사.

송형섭, 1993,『새로 보는 대전역사』, 나루.

신형식, 1981,『三國史記研究』, 일조각.

신형식, 1984,『한국고대사의 신연구』, 일조각.

신형식, 1990,『통일신라사연구』, 삼지원.

신형식, 1992,『百濟史』, 이대출판부.

신호철, 1993,『後百濟甄萱政權研究』, 일조각.

안계현, 1982,『한국불교사연구』, 동화출판공사.

연민수, 1998,『古代韓日關係史』, 혜안.

오강원, 2006,『비파형동검문화와 요령지역의 청동기문화』, 청계.

오순제, 1995,『한성 백제사』, 집문당.

옥천문화원, 2002,『옥천향토사자료집』.

유영철, 2005,『고려의 후삼국통일과정 연구』, 경인문화사.

유원재, 1993,『中國正史百濟傳研究』, 학연문화사.

유원재, 1997,『웅진백제사연구』, 주류성.

윤명철 외, 2000,『고구려산성과 해양방어체제』, 백산자료원.

윤명철, 2003,『고구려 해양사 연구』, 사계절.

윤용혁, 1991,『高麗對蒙抗爭史研究』, 일지사.

윤용혁, 2000,『고려 삼별초의 대몽항쟁』, 일지사.

이강한, 2013,『고려와 원제국의 교역의 역사』, 창작과 비평.

이건무, 2000,『청동기문화』, 대원사.

354

이기동, 1996, 『백제사연구』, 일조각.

이기백, 1968, 「고려의 光軍考」, 『高麗兵制史研究』, 일조각.

이기백, 1974, 『新羅政治社會史研究』, 일조각.

이기백, 1976, 『韓國史新論』, 일조각.

이기백, 1990, 『韓國史新論』 수정판, 일조각.

이기백·이기동 공저, 1982, 『韓國史講座 I』 고대편, 일조각.

이기환, 2004, 『고고학자 조유전의 한국사 미스터리』, 황금부엉이.

이능화, 1918, 『朝鮮佛教通史』, 新文館.

이도학, 1995, 『백제 고대국가 연구』, 일지사.

이도학, 1997, 『새로 쓰는 백제사』, 푸른역사.

이몽일, 1991, 『한국풍수사상사』, 명보문화사.

이문기, 1997, 『신라병제사연구』, 일조각.

이병도, 1959, 『한국사』 고대편.

이병도, 1976, 『韓國古代史研究』, 박영사.

이성시 著, 김창석 譯, 1999, 『동아시아의 왕권과 교역』, 청년사.

이용빈, 2002, 『백제 지방통치제도 연구』, 서경.

이인철, 1993, 『신라정치제도사연구』, 일조각.

이인철, 2000, 『고구려의 대외정복 연구』, 백산자료원.

이종욱, 1993, 『고조선사연구』, 일조각.

이지관, 1993, 『역주고승비문』, 가산문고.

이현혜, 1984, 『삼한사회 형성과정 연구』, 일조각.

이현혜, 1998, 『한국고대의 생산과 교역』, 일조각.

이형구, 2004, 『발해연안에서 찾은 한국고대문화의 비밀』, 김영사.

이호영, 1997, 『신라삼국통합과 여제패망원인연구』, 서경문화사.

임용한, 2001, 『전쟁과 역사』, 혜안.

전영래, 1996, 『백촌강에서 대야성까지』, 신아출판사.

정석배 譯, 데.엘. 브로댠스끼 著, 1996, 『연해주의 고고학』, 학연문화사.

정석배, 2004, 『북방유라시아대륙의 청동기문화』, 학연문화사.

정인보, 1946, 『朝鮮史研究』上.

정진술, 2009, 『한국의 고대 해상교통로』, 한국해양전략연구소.

정청주, 1996, 『新羅末高麗初豪族研究』, 일조각.

정효운, 1995, 『古代韓日政治交涉史研究』, 학연문화사.

조선총독부, 1942,『朝鮮寶物古跡調査資料』.

조진선, 2005,『세형동검문화의 연구』, 학연문화사.

조희승, 2002,『백제사연구』, 과학백과사전출판사.

진덕규, 2002,『한국정치의역사적기원』, 지식산업사.

채희국, 1982,『고구려역사연구』, 김일성종합대학출판사.

천관우, 1989,『古朝鮮史·三韓史硏究』, 일조각.

천관우, 1991,『가야사연구』, 일조각.

최성락, 1993,『한국 원삼국문화의 연구 - 전남지방을 중심으로』, 학연문화사.

최성환 편저, 2008,『신안군의 문화유산』, 신안군·신안문화원.

최종규, 1995,『삼한고고학연구』, 서경문화사.

최창조, 1984,『한국의풍수사상』, 민음사.

한국향토사연구전국협의회, 1997,『섬진강유역사연구』.

허흥식, 1986,『고려불교사연구』, 일조각.

호남문화재연구원, 2003,『함평창서유적』.

岡田英弘, 1977,『倭國』, 中公新書.

輕部慈恩, 1971,『百濟遺跡の研究』, 吉川弘文館.

古田武彦, 1979,『잃어버린 九州王朝』, 角川書店.

關晃, 1996,『關晃著作集』3, 吉川弘文館.

鬼頭淸明, 1976,『日本古代國家の形成と東アジア』, 校倉書房.

鬼頭淸明, 1981,『白村江』歷史新書33, 敎育社.

今西龍, 1934,『百濟史硏究』, 近澤書店.

今西龍, 1970,『朝鮮古史の研究』, 國書刊行會.

藤間生大, 1968,『倭の五王』, 岩波書店.

藤田亮策, 1948,『朝鮮考古學研究』, 高桐書院.

末松保和, 1949,『任那興亡史』, 大八洲書店.

末松保和, 1961,『任那興亡史』, 吉川弘文館.

山尾幸久 1989,『古代の日朝關係』, 塙書房.

森克己, 1966,『遣唐使』, 至文堂.

三宅俊成, 1975,『東北アツア考古學の研究』, 國書刊行會.

三品彰英, 1962,『日本書紀朝鮮關係記事考證』上, 吉川弘文館.

西谷正, 1995,『加倻諸國의 鐵』, 인제대학교 가야문화연구소.

宋張津撰, 2009, 『乾道四明圖經』 卷7.

水野祐, 1967, 『日本古代の國家形成』, 講談社.

李成市著·김창석譯, 1999, 『동아시아의 왕권과 교역』, 청년사.

田中俊明 1992, 『大加耶聯盟の興亡と‘任那’』, 吉川弘文館.

井上秀雄, 1973, 『任那日本府と倭』, 東出版.

鳥山喜一, 1915, 『渤海史考』, 原書房.

酒井改藏, 1970, 『日本書紀の朝鮮地名』, 親和.

太田亮, 1928, 『日本古代史新研究』.

坂元義種, 1978, 『古代東アジアの日本と朝鮮』, 吉川弘文館.

坂元義種, 1978, 『百濟史の研究』, 塙書房.

3. 연구논문

강봉룡, 1998, 「5~6세기 영산강유역 옹관고분사회의 해체」, 『백제의 지방통치』, 학연문화사.

강봉룡, 1999, 「3~5세기 영산강유역 ‘甕棺古墳社會’와 그 성격」, 『역사교육』 69.

강봉룡, 1999, 「나주시의관방유적」, 『나주시의 문화유적』, 목포대학교.

강봉룡, 2000, 「고대 한·중 횡단항로의 활성화와 흑산도의 번영」, 『흑산도 상라산성 연구』, 목포대학교 도서문화연구소·신안군.

강봉룡, 2001, 「견훤의 세력기반 확대와 전주 정도」, 『후백제 견훤정권과 전주』, 주류성.

강봉룡, 2002, 「나말여초 서남해지방의 해양세력과 왕건·견훤」, 『장보고와 동아시아세계』, 고려대박물관.

강봉룡, 2002, 「서남해역의 해상세력과 해양영웅」, 『서남해역(상)』.

강봉룡, 2002, 「한국 해양사의 전환 : ‘海洋의 시대’에서 ‘海禁의 시대’로」, 『도서문화』 20.

강봉룡, 2002, 「해남 화원·산이면 일대 靑磁窯群의 계통과 조성 주체세력」, 『전남사학』 19.

강봉룡, 2002, 「후백제 견훤과 해상세력」, 『역사교육』 83.

강봉룡, 2003, 「나말여초 왕건의 서남해지역 장악과 그 배경」, 『도서문화』 21.

강봉룡, 2008, 「고대 동아시아 해상교류와 영산강유역」, 『고대 영산강유역과 일본의 문물교류』, (사)왕인박사현장협의회.

강재광, 2004, 「崔氏家 家奴출신 정치인의 역할과 무오정변의 성격」, 『한국사연구』 127.

강재광, 2013, 「김준세력의 형성과 삼별초 개편」, 『한국중세사연구』 36.

강진철, 1980, 「농민의 부담」, 『고려토지제도사연구』, 고려대출판부.

강창언, 1992, 「제주도의 환해장성 연구」, 『탐라문화』 11.

강희웅, 1977, 「고려 혜종조 왕위 계승란의 신해석」, 『한국학보』 7.

고병익, 1970, 「몽고·고려의 형제맹약 성격」, 『백산학보』 6.

고석규, 1997, 「영산강 유역의 장시와 교역」, 『영산강유역사 연구』, 한국향토사연구전국협의회.

고영섭, 2008, 「無相의 無念學」, 『한국불교학』 49, 한국불교학회.

고영섭, 2014, 「신라 중대의 선법 전래와 나말려초의 구산선문 형성」, 『신라문화』 44, 동국대학교신라문화연구소.

고용규, 1999, 「장성군의 관방유적」, 『장성군의 문화유적』, 조선대박물관·장성군.

고익진, 1984, 「新羅下代의 禪傳來」, 『한국선사상연구』, 동국대출판부.

공석구, 1990, 「德興里 壁畵古墳의 主人公과 그 性格」, 『백제연구』 21.

구문회, 2000, 「담양 開仙寺 石燈記의 재검토」, 『실학사상연구』 15·16.

권덕영, 1994, 「唐武宗의 廢佛과 新羅求法僧의 動向」, 『정신문화연구』 54.

권덕영, 1996, 「新羅遣唐使의 羅唐間 往復行路에 대한 고찰」, 『역사학보』 149.

권덕영, 2012, 「신라 하대의 서해 무역」, 『신라의 바다 서해』, 일조각.

권영오, 2000, 「신라 하대 왕위계승 분쟁과 민애왕」, 『한국고대사연구』.

권오영, 2002, 「풍납토성 출토 외래유물에 대한 검토」, 『百濟硏究』 36, 충남대학교 백제연구소.

권오영, 2010, 「마한의 종족성과 공간적 분포에 대한 검토」, 『한국고대사연구』 60.

권오중, 1997, 「낙랑군을 통해 본 古代中國 內屬郡의 性格」, 서강대 박사학위논문.

김갑동, 1999, 「후백제 영역의 변천과 멸망 원인」, 『후백제 견훤정권과 전주』, 전북전통문화연구소.

김광수, 1985, 「장보고의 정치사적 위치」, 『장보고의신연구』, 완도문화원.

김광철, 2004, 「고려시대의 합포 지역사회」, 『한국중세사연구』 17.

김규정, 2006, 「호서·호남지역의 송국리형 주거지」, 『금강』, 호남·호서고고학회 합동학술 대회 발표요지.

김기섭 1995, 「近肖古王代 남해안 진출설에 대한 재검토」, 『백제문화』 24.

김낙중, 2000, 「5~6세기 영산강유역 정치체의 성격」, 『백제연구』 32.

김당택, 1987, 「최씨정권과 그 군사적 기반」, 『고려무인정권연구』, 새문사.

김대길, 1988, 「18~19세기 지방장시에 대한 일고찰-전라도 지방을 중심으로-」, 『우인김용덕박사정년기념사학논총』.

김두진, 1988, 「羅末麗初 桐裏山門의 成立과 그 思想」, 『동방학지』 57.

김두진, 1996, 「불교의 변화」, 『한국사』 11, 국사편찬위원회.

김두진, 1996, 「선종의 흥륭」, 『한국사』 11, 국사편찬위원회.

김두진, 1997, 「新羅下代 禪宗사상의 성립과 그 변화」, 『전남사학』 11.

김문경, 1966, 「會昌廢佛의 한 硏究」, 『사학회지』 4, 연세대 사학연구회.

김문경, 1967, 「赤山 法華院의 佛敎儀式」, 『史學志』 1, 단국대 사학회.

김문경, 1992, 「장보고 해상왕국의 사람들」, 『청해진장보고대사해양경영사연구』, 중앙대동북아연구소.

김미숙, 2013, 「高麗 八關會의 儀禮文化 硏究」, 원광대 대학원 박사학위논문.

김범철, 2006, 「충남지역 송국리문화의 생계경제와 정치경제」, 『금강』 호남·호서고고학회 합동학술대회 발표요지.

김병남, 2001, 「백제 영토변천사 연구」, 전북대 대학원 박사학위논문.

김복순, 2005, 「9~10세기 신라 유학생들의 중국 유학과 활동 반경」, 『역사와 현실』 56.

김상기, 1948, 「삼별초와 그 亂에 就하여」, 『東方文化交流史論攷』, 을유문화사.

김상기, 1960, 「라말 지방군웅의 對中通交」, 『황의돈선생고의기념사학논총』.

김상기, 1966, 「甄萱의 家鄕에 대하여」, 『李秉岐博士頌壽紀念論文集』.

김상영, 2010, 「고려시대 迦智山門의 전개 양상과 불교사적 위상」, 『불교연구』 32.

김상현, 1991, 「新羅 華嚴宗의 僧侶 및 그 寺院」, 『新羅華嚴思想史硏究』, 民族社.

김석근, 2004, 「훈요십조와 시무28조」, 『아세아연구』 제42권 제1호.

김성훈, 1992, 「장보고 해양 경영사 연구의 의의」, 『청해진 장보고대사 해양경영사 연구』, 중앙대 동북아연구소·전라남도.

김성훈, 1996, 「미래사 시각에서 본 장보고 해양경경」, 『장보고와 청해진』, 혜안.

김수태, 1991, 「신라 중대 전제왕권과 진골귀족」, 서강대 박사학위논문.

김수태, 1998, 「3세기 중·후반 백제의 발전과 馬韓」, 『마한사연구』 백제연구논총6, 충남대학교 백제연구소.

김수태, 1999, 「全州 遷都期 甄萱政權의 變化」, 『한국고대사연구』 15.

김수태, 1999, 「후백제 견훤정권의 성립과 농민」, 『백제연구』 29.

김수태, 2001, 「전주 천도기 견훤정권의 변화」, 『후백제 견훤정권과 전주』, 주류성.

김영미, 1985, 「통일신라시대 아미타신앙의 역사적 성격」, 『한국사연구』 50·51합.

김영심, 1990, 「5~6세기 백제의 지방통치체제」, 『한국사론』 22.

김영찬, 1919, 「新羅國 武州 迦智山 寶林寺諡普照禪師靈塔碑」, 『朝鮮金石總覽』 上.

김영찬, 1919, 「長興 寶林寺 普照禪師彰聖塔碑」, 『朝鮮金石總覽』 上.

김윤곤, 1978, 「강화천도의 배경에 대해서」, 『대구사학』 15·16.

김윤곤, 1979, 「항몽전에 참여한 초적에 대하여」, 『동양문화』 19.

김윤곤, 1981, 「삼별초의 대몽항전과 지방군현민」, 『동양문화』 20·21.

김윤곤, 2004, 「삼별초정부의 대몽항전과 국내외 정세변화」, 『한국중세사연구』 17.

김은숙, 1991, 「8세기의 신라와 일본의 관계」, 『국사관논총』 29, 국사편찬위원회.

김은택, 1986, 「고려시기의 역참의 분포」, 『력사과학』.

김장석, 2001, 「흔암리유형 재고 : 기원과 연대」, 『영남고고학』 28.

김정배, 1968, 「三韓位置에 對한 從來說과 文化性格의 檢討」, 『史學研究』 20.

김정호, 1986, 「史料 따라 가보는 後百濟紀行」, 『藝響』 9·10·12월호.

김정호, 1987, 「진도의 연혁」, 『진도군의 문화유적』, 목포대박물관.

김정호, 1992, 「완도 청해진의 자연과 인문」, 『청해진 장보고대사 해양경영사 연구』, 중앙대동북아연구소.

김주성, 1983, 「新羅下代의 地方官司와 村主」, 『한국사연구』 41.

김주성, 1993, 「백제지방 통치조직의 변화와 지방사회의 재편」, 『국사관논총』 35.

김주성, 1996, 「백제 사비시대 정치사 연구」, 전남대학교 대학원 박사학위논문.

김주성, 1997, 「장보고세력의 흥망과 그 배경」, 『한국상고사학보』 24,

김태식, 1984, 「廣開土王陵碑文의 任那加羅와 '安羅人戍兵'」, 『한국고대사논총』 6.

김혜숙, 1999, 「고려 팔관회의 내용과 기능」, 『역사민속학』 9

나건주, 2006, 「전·중기 무문토기 문화의 변천과정에 대한 고찰」, 충남대학교 석사학위논문.

나종우, 1986, 「고려 무인정권의 몰락과 삼별초의 遷都抗蒙」, 『원광사학』 4.

나종우, 1996, 「麗·日 兩國의 通商關係」, 『韓國中世對日交涉史研究』, 원광대

출판국.

나희라, 1995, 「고대국가의 지배 이데올로기」, 『역사비평』 30.

나희라, 1996, 「한국 고대의 신관념과 왕권」, 『국사관논총』 69.

남도문화재연구원, 2004, 「영산강 고선박(나주선) 긴급정밀장비(탐사)보고」.

남인국, 1982, 「최씨정권하 무신지위의 변화」, 『대구사학』 22.

남풍현, 1998, 「순천 성황당 현판의 판독과 해제」, 『성황당과 성황제』, 민속원.

노중국, 1978, 「백제 왕실의 남천과 지배세력의 변천」, 『한국사론』 4.

노중국, 1988, 「마한의 성립과 변천」, 『마한·백제문화』 10.

노중국, 1990, 「목지국에 대한 일고찰」, 『백제논총』 2.

노중국, 1991, 「한성시대 백제의 담로제 실시와 편제기준」, 『계명사학』 2.

노중국, 2003, 「마한과 낙랑·대방군과의 군사충돌과 목지국의 쇠퇴」, 『대구사
    학』 71.

노중국, 2011, 「문헌 기록 속의 영산강 유역」, 『백제학보』 6.

노태돈, 1978, 「羅代의門客」, 『한국사연구』 21·22합.

도광순, 1995, 「팔관회와 풍류도」, 『한국학보』 79.

류선영, 2011, 「高麗太祖妃莊和王后」, 『해양문화연구』 1, 전남대이순신해양문
    화연구소.

문경현, 1986, 「고려 태조의 후삼국 통일 연구」, 영남대대학원 박사학위논문.

문동석, 1996, 「한강유역에서 백제의 국가형성」, 『역사와 현실』 21.

문명대, 1977, 「新羅 下代 佛教 彫刻의 研究(Ⅰ)」, 『歷史學報』 73.

문안식 2002, 「百濟의 方郡城制의 實施와 全南地域 土着社會의 變化」, 『전남사
    학』 19.

문안식, 2002, 「榮山江流域 土着社會의 成長과 聯盟體 形成」, 『史學研究』 68.

문안식, 2003, 「王仁의 渡倭와 상대포의 해양교류사적 위상」, 『한국고대사연구』 32.

문안식, 2005, 「개로왕의 왕권강화와 국정운영의 변화에 대하여」, 『史學研究』 78.

문안식, 2006, 「백제의 王·侯制施行과 地方統治方式의 變化」, 『역사학연구』 27.

문안식 2007, 「백제의 광양 마로산성 축조와 활용」, 『신라문화』 29.

문안식, 2013, 「고대 강진과 그 주변지역 토착세력의 활동과 추이」, 『역사학연
    구』 52.

문안식, 2014, 「백제의 해상활동과 신의도 상서고분의 축조 배경」, 『백제문화』
    51, 공주대 백제문화연구소.

문안식, 2014, 「백제의 전남지역 마한 제국 편입 과정 - 서남해지역 및 연안도서

를 중심으로—」,『백제학보』11.

문안식, 2015,「서남해지역 마한사회의 발전과 연맹체 형성」,『동국사학』85.

문안식, 2015,「백제의 동아시아 해상교통로와 기항지」,『사학연구』119.

문창로, 2005,「마한의 세력 범위와 백제」,『한성백제총서』.

민현구, 2005,「한국 조계종의 성립과 호남지방」,『한국중세사산책』, 일지사.

박경자, 1982,「甄萱의 勢力과 對王建關係」,『淑大史論』11·12合.

박병훈 외, 2009,「철마산성조사보고서」,『진도군향토유적지정 자료조사 보고
    서(Ⅱ)』.

박보현, 1997,「금동관으로 본 나주 신촌리9호분 을관의 연대문제」제30회
    백제연구회 공개 강좌, 충남대학교백제연구소.

박순발 1993,「우리나라 초기 철기문화의 전개과정에 대한 약간의 고찰」,
    『고고미술사론』3.

박순발 1998,「전기마한의 시공간적 위치에 대하여」,『마한사연구』, 충남대학
    교 출판부.

박순발, 1999,「한성백제의 지방과 중앙」,『백제의 중앙과 지방』, 충남대학교
    백제문화연구소.

박순발, 1999,「흔암리유형 형성과정 재검토」,『호서고고학』1, 호서고고학회.

박순발, 2003,「渼沙里類型 形成考」,『湖西考古學』9.

박정주, 1984,「신라말·고려초 獅子山門과 政治勢力」,『眞檀學報』77.

박종기, 1988,「高麗太祖 23년 郡縣改編에 관한 연구」,『한국사론』19.

박찬규, 1995,「백제의 마한정복과정 연구」, 단국대 대학원 박사학위논문.

박찬규, 2013,「문헌자료로 본 전남지역 馬韓小國의 위치」,『百濟學報』9.

박천수, 1996,「대가야의 고대국가 형성」,『碩晤尹容鎭教授 停年退任紀念論叢』.

박한설, 1993,「고려의 건국과 호족」,『한국사』12, 국사편찬위원회.

박한설, 1998,「羅州道大行臺考」,『江原史學』1.

박헌영, 2008,「도선국사의 풍수지리사상 연구」, 원광대 대학원 박사학위논문.

박호원, 1998,「조선 城隍祭의 祀典 化와 民俗化」,『성황당과 성황제』, 민속원.

배상현, 2005,「삼별초의 남해 항쟁」,『역사와 경계』57.

배재훈, 2012,「한국 고대사회와 나주 공산면」,『나말려초 나주의 역사문화
    전개와 공산지역』.

배종무, 1989,「강진군의 관방유적」,『강진군의 문화유적』, 목포대학교박물관.

백승호, 2006,「高麗와 宋의 貿易 硏究」, 전남대 대학원 박사학위논문.

변동명, 2000, 「甄萱의 出身地 再論」, 『震檀學報』 90.

변동명, 2002, 「고려시기 순천의 山神·城隍神」, 『歷史學報』 174.

변동명, 2009, 「신라말·고려시기의和順雙峰寺」 『역사학연구』 37.

변동명, 2010, 「고려 팔관회에서의 外國人朝賀와 국제교류」, 『해양문화연구』 5, 전남대 이순신해양문화연구소.

변동명, 2013, 「錦城山信仰과 나주」, 『한국 전통시기의 산신·성황신과 지역 사회』, 전남대 출판부.

변동명, 2014 「9세기 전반 서남해지역의 해상세력」, 『전남 서남해지역의 해상 교류와 고대문화』, 전남문화재연구소 개소기념 국제학술대회.

변태섭, 1968, 「고려전기의 외관제」, 『한국사연구』 2.

변태섭, 1976, 「고려의 中樞院」, 『진단학보』 41.

서길수, 2014, 「6세기 인도의 천하관(天竺=中國)과 高(句)麗의 위상에 관한 연구」, 『백산학보』 100.

서길수, 2014, 「高句麗·高麗의 나라이름(國名)에 관한 연구(1)」, 『고구려발해연 구』 50.

서륜희, 2001, 「청해진대사 장보고에 관한 연구」, 『震檀學報』 92.

서성훈·성낙준, 1990, 「대곡리 도롱·한실 주거지」, 『昇州 大谷里 집자리』, 국립광주박물관.

서영교, 2002, 「張保皐의 騎兵과 西南海岸의 牧場」, 『震檀學報』 94.

서윤길, 1975, 「道詵과 그의 裨補思想」, 『한국불교학』 1.

서현주, 2000, 「호남지역 원삼국시대 패총의 현황과 형성배경」, 『호남고고학보』 11.

서현주, 2005, 「웅진·사비기의 백제와 영산강유역」, 『백제의 邊境』 2005년도 백제연구국내 학술회의.

성낙준 1983, 「영산강유역의 옹관묘 연구」, 『百濟文化』 15.

성낙준 1997, 「백제의 지방통치와 전남지방 고분의 상관성」, 『백제의 중앙과 지방』, 충남대 백제문화연구소.

성낙준, 1993, 「원삼국시대」, 『전라남도지』 2.

성낙준, 1993, 「해남 부길리 甕棺遺構」, 『호남고고학보』 1.

성정용, 1994, 「홍성 神衿城址 출토 백제토기에 대한 고찰」, 『한국상고사학보』 15.

성정용, 2000, 「後百濟都城과 防禦體系」, 『후백제와 견훤』, 서경문화사.

성주탁, 2002, 「백제 웅진성」, 『百濟城址研究』, 서경문화사.

송은숙, 1993, 「신석기시대의 사회와 문화」, 『전라남도지』 2.

송태갑, 1999, 『해남반도의 고대사회와 대외관계』, 목포대학교 대학원 석사학
위논문.

신숙정, 1992, 「우리나라 신석기시대의 자연환경」, 『한국상고사학보』 10.

신숙정, 1984, 「상노대도 조갯더미 유적의 토기 연구」, 『백산학보』 28.

신안식, 2002, 「고려 원종 11년(1270) 삼별초항쟁의 배경」, 『명지사론』 13.

신용민, 2000, 「중국 西漢代의 銅鏡, 銅錢 연구」, 『科技考古研究』 6, 아주대학교
박물관.

신형식, 1990, 「통일신라 전제왕권의 성격」, 『통일신라사연구』, 삼지원.

안계현, 1956, 「팔관회고」, 『동국사학』 4.

안승주, 1983, 「백제 옹관묘에 관한 연구」, 『百濟文化』 15.

안재호, 2000, 「한국농경사회의 성립」, 『한국고고학보』 43.

안지원, 1997, 「신라 진평왕대 제석신앙과 왕권」, 『역사교육』 63.

안지원, 1999, 「고려시대 국가 불교의례－연등·팔관회와 제석도장을 중심으로」,
서울대 대학원 박사학위논문.

안지원, 2005, 「제석도량의 설행 실태와 사회적 성격」, 『고려의 불교의례와
문화』, 서울대학교출판문화원.

안지원, 2005, 「팔관회의 의례 내용과 사회적 성격」, 『고려의 불교의례와 문화』,
서울대학교출판문화원.

양기석, 1981, 「三國時代 人質의 性格에 대하여」, 『史學志』 15.

양기석, 1984, 「五世紀 百濟의 王·侯·太守制에 대하여」, 『사학연구』 38.

양기석, 1990, 「百濟專制王權成立過程研究」, 단국대 대학원 박사학위논문.

양기석, 2012, 「전남지역 마한 사회와 백제」, 『전남지역 마한 소국과 백제』,
백제학회 국제학술회의.

양기석, 2012, 「홍성지역의 고대사회」, 『백제문화』 47.

양정석, 2012, 「九山禪門 伽藍認識에 대한 考察」, 『신라문화』 40, 동국대학교
신라문화연구소.

오동선, 2008, 「湖南地域 甕棺墓의 變遷」, 『호남고고학보』 30.

유영철, 1994, 「고려첩장 불심조조의 재검토」, 『한국중세사연구』.

유원재, 1994, 「晉書의 馬韓과 百濟」, 『한국상고사학보』 17.

유원재, 1999, 「백제의 마한정복과 지배방법」, 『영산강유역의 고대사회』, 학연
문화사.

윤경진, 2008, 「고려 말 조선 초 서해·남해안 僑軍 사례의 분석」, 『한국사

학보』31, 고려사학회.

윤명철, 1993, 「고구려 해양교섭사 연구」, 성균관대 박사학위논문.

윤명철, 1998, 「서해안일대의 환경에 대한 검토」, 『부안 죽막동 제사유적 연구』, 국립전주박물관.

윤명철, 2000, 「고대 동아지중해의 해양교류와 영산강유역」, 『지방사와 지방문화』 3-1.

윤명철, 2001, 「후백제의 해양활동과 대외교류」, 『후백제 견훤정권과 전주』, 주류성.

윤무병, 1975, 「無文土器 形式分類試攷」, 『震檀學報』 3.

윤무병, 1992, 「김제 벽골제 발굴보고」, 『백제고고학연구』, 학연문화사.

윤병희, 1982, 「新羅 下代 均貞系의 王位繼承과 金陽」, 『歷史學報』 96.

윤희면, 1982, 「신라하대의 성주·장군」, 『한국사연구』 39.

이강승, 2007, 「마한사회의 형성과 문화기반」, 『백제의 기원과 건국』, 충청남도 역사문화연구원.

이건무, 1992, 「한국 청동의기의 연구」, 『한국고고학보』 23.

이경화, 2006, 「9세기 보성지역과 유신리 마애불의 조성」, 『역사와경계』 58.

이계표, 1993, 「신라 하대의 가지산문」, 『전남사학』 7.

이근우, 1997, 「웅진시대 백제의 남방경역에 대하여」, 『백제연구』 27.

이근우, 1994, 「『日本書紀』에 引用된 百濟三書에 관한 硏究」, 한국정신문화연구원 박사학위논문.

이기길, 1996, 「전남의 신석기문화」, 『선사와 고대』 7.

이기동, 1978, 「羅末麗初 近侍機構와 文翰機構의 擴張」, 『역사학보』 77.

이기동, 1979, 「고대국가의 역사인식」, 『한국사론』 6.

이기동, 1985, 「張保皐와 그의 海上王國」, 『張保皐의新硏究』, 완도문화원.

이기동, 1987, 「마한영역에서의 백제의 성장」, 『마한·백제문화』 10.

이기동, 1990, 「百濟國의 成長과 馬韓併合」, 『百濟論叢』 2.

이기동, 1990, 「백제의 발흥과 對倭國關係의 성립」, 『고대 한일문화교류 연구』, 한국정신문화연구원.

이기동, 1994, 「백제사회의 지역공동체와 국가권력」, 『百濟社會의 諸問題』 제7회 백제연구 국제학술회의, 충남대학교 백제연구소.

이기동, 1996, 「귀족사회의 분열과 왕위쟁탈전」, 『한국사11-신라의 쇠퇴와 후삼국』, 국사편찬위원회.

이기동, 1996, 「백제사회의 지역공동체와 국가권력」, 『백제연구』 26.

이기동, 1997, 「9~10세기, 황해를 무대로 한 韓中日 삼국의 해상활동」, 『한중문화 교류와 남방해로』, 집문당

이기동, 1997, 「新羅 興德王代의 정치와 사회」, 『新羅社會史硏究』.

이기동, 2005, 「9세기 신라사 이해의 기본과제」, 『新羅文化』 26.

이기백, 1972, 「新羅五岳의 成立과 그 意義」, 『진단학보』 33.

이기백, 1973, 「백제사상의 무녕왕」, 『무녕왕릉』, 문화재관리국.

이기백, 1974, 「新羅私兵考」, 『新羅政治社會史硏究』.

이기백, 1977, 「사비시대 백제의 지방제도」, 『백제사상 익산의 위치』 제4회 마한·백제문화 학술회의 발표요지문.

이기백, 1990, 「태조왕건과 그의 호족연합 정치」, 『고려 귀족사회의 형성』, 일조각.

이남석, 1995, 「고분출토 冠飾의 정치사적 의미」, 『百濟石室墳硏究』, 학연문화사.

이도학, 1990, 「한성 후기의 백제 왕권과 지배체제의 정비」, 『백제논총』 2.

이도학, 2001, 「진훤의 출생지와 그 초기 세력기반」, 『후백제 견훤정권과 전주』, 주류성.

이도학, 2006, 「신라말 견훤의 세력 형성과 교역」, 『신라문화』 28.

이동주, 1996, 「한국 선사시대 남해안 유문토기 연구」, 동아대 대학원 박사학위 논문.

이동희, 2006, 「전남 동부지역 복합사회 형성과정의 고고학적 연구」, 성균관대 대학원 박사학위논문.

이문기, 1998, 「신라 육부의 지배기구와 그 변화」, 『대구사학』 55.

이문기, 2000, 「견훤정권의 군사적 기반」, 『후백제와 견훤』, 서경문화사.

이범기, 2015, 「영산강유역 고분 출토 철기연구」, 목포대학교 대학원 박사학위 논문.

이병도, 1936, 「三韓問題의 新考察」, 『震檀學報』 6.

이병도, 1959, 『韓國史(古代篇)』, 진단학회.

이병도, 1962, 「首露王考」, 『歷史學報』 17·18합.

이병도, 1976, 「'蓋國'과 '辰國'問題」, 『韓國古代史硏究』, 박영사.

이병돈, 2009, 「한국불교와 풍수의 비보에 관한 연구」, 동방대학교 대학원 박사학위논문.

이상균, 1997, 「섬진강유역의 문화유적」, 『섬진강유역사연구』, 한국향토사연

구전국협의회.

이영문, 1984, 「전남지방 백제고분연구」, 『향토문화유적조사』 4.

이영문, 1993, 「全南地方 支石墓社會의 研究」, 한국교원대학교 대학원 박사학위
　　　논문.

이영문, 1993, 「전남지방 지석묘사회의 구조와 영역권문제」, 『한국 선사고고학
　　　의 제문제』, 한국고대학회 제4회 학술발표요지.

이영식, 1995, 「백제의 가야진출과정」, 『한국고대사논총』 7.

이영철, 2004, 「옹관고분사회 지역정치체의 구조와 변화」, 『호남고고학보』 20.

이영택, 1979, 「張保皐 海上勢力에 관한 考察」, 『한국해양대학논문집』.

이정호, 1996, 「영산강유역 옹관고분의 분류와 변천과정」, 『한국상고사학보』 22.

이존희, 1981, 「조선 초 지방통치체제의 정비와 계수관」, 『동국사학』 15·16.

이지관, 1993, 「장흥보림사보조선사창성탑비」, 『교감역주역대고승비문 — 신
　　　라편』.

이진민, 2004, 「중부지역 역삼동유형과 송국리유형의 관계에 대한 일고찰」,
　　　『한국고고학보』 54.

이진영, 2009, 「왕건과 견훤의 복사초리 공방전」, 『榮山江』 7호, 재광나주향우
　　　회.

이청규, 1982, 「세형동검의 형식분류 및 그 변천과정에 대하여」, 『한국고고학보』
　　　13.

이청규, 1990, 「영산강 유역의 청동기」, 『전남문화재』 3, 전라남도.

이청규, 1997, 「성립단계의 마한의 모습」, 『삼한의 역사와 문화』, 자유지성사.

이현혜, 1981, 「馬韓 小國의 形成에 대하여」, 『歷史學報』 92.

이현혜, 1988, 「4세기 가야사회의 교역체계의 변천」, 『한국고대사연구』 1.

이현혜, 1997, 「馬韓地域 諸小國의 形成」, 『삼한의 역사와 문화』, 자유지성사.

이현혜, 1997, 「삼한의 정치와 사회」, 『한국사』 4, 국사편찬위원회.

이현혜, 2000, 「4~5세기 영산강유역 토착세력의 성격」, 『역사학보』 166.

이형원, 2002, 「한국 청동기시대 전기 중부지역 무문토기 편년연구」, 충남대학
　　　교 석사학위논문.

이형원, 2005, 「송국리유형과 수석리유형의 접촉 양상」, 『호서고고학』 12.

이홍종, 2006, 「송국리문화의 전개과정과 실년대」, 『금강 : 송국리형 문화의
　　　형성과 발전』, 호남·호서고고학회 합동학술대회 발표요지.

이희관, 2000, 「견훤의 후백제 건국과정 상의 몇 가지 문제」, 『후백제와 견훤』,

서경문화사.

이희권, 1986, 「고려의 군현제도와 지방통치정책」, 『고려사의 제문제』.

임병태, 1986, 「韓國 無文土器의 研究」, 『韓國史學』 7.

임영진, 1991, 「영산강유역 횡혈식석실분의 수용과정」, 『전남문화재』 3.

임영진 외, 1995, 「광주 누문동 통일신라 건물지 수습조사 보고」, 『호남고고학보』 2.

임영진, 1995, 「馬韓의 形成과 變遷에 대한 考古學的 考察」, 『三韓의 社會와 文化』, 신서원.

임영진, 1996, 「咸平 禮德里 萬家村古墳과 榮山江流域 古墳의 周溝」 제39회 전국역사학대회 발표요지.

임영진, 1997, 「전남지역 석실봉토분의 백제계통론 재고」, 『호남고고학보』 6.

임영진, 1997, 「전남지역 석실분의 立地와 石室構造」, 『제5회 호남고고학회 학술대회 발표 요지』.

임영진, 1997, 「호남지역 석실분과 백제의 관계」, 『호남고고학의 제문제』 21회 한국고고학 전국대회.

임영진, 1998, 「죽막동 토기와 영산강유역 토기의 비교고찰」, 『부안 죽막동 제사유적연구』, 국립전주박물관.

임영진, 2003, 「백제의 성장과 마한세력, 그리고 倭」, 『古代の河内と百濟』, 枚方 歷史フォー ラム實行委員會.

임영진, 2006, 「마한·백제 고고학의 최근 연구 성과와 과제」, 『한국 선사고고학 보』 12.

임영진, 2010, 「침미다례의 위치에 대한 고고학적 고찰」, 『백제문화』 43.

임 형, 1996, 「錦城山祭에 對한 一考察」, 『향토문화』 15, 향토문화개발협의회.

임효택, 1985, 「副葬鐵鋌考」, 『동의사학』 2.

장미란, 2010, 「唐末五代變革期 선종의 흥기 배경」, 『한국선학』 26, 한국선학회.

장보웅, 1997, 「영산강유역의 자연지리적 환경」, 『영산강유역사연구』, 한국 향토사연구전국협의회.

전영래, 1976, 「완주 상림리 출토 中國式銅劍」, 『전북유적조사보고』 5.

전영래, 1977, 「한국 청동기문화의 계보와 편년」, 『전북유적조사보고』 7.

전영래, 1985, 「백제 남방경역의 변천」, 『천관우선생 환력기념한국사학논총』.

전영래, 1988, 「百濟地方制度와 城郭」, 『백제연구』 19.

전영래, 2001, 「후백제와 전주」, 『후백제 견훤정권과 전주』, 주류성.

368

정병삼, 1996, 「9세기 신라 佛教結社」, 『한국학보』 85.

정선여, 1997, 「新羅 中代末·下代初 北宗禪의 受容」, 『韓國古代史研究』 12.

정승원, 1991, 「紫微山城考」, 『전남문화』 4.

정일·최미숙, 2013, 「강진 양유동 취락의 특징과 고대사적 의미」, 『호남고고학보』 45.

정재윤, 1992, 「웅진·사비시대 백제의 지방통치제」, 『한국상고사학보』 10.

정재윤, 1999, 「웅진시대 백제 정치사의 전개와 그 특성」, 서강대 대학원 박사학위논문.

정청주, 1986, 「궁예와 호족세력」, 『全北史學』 10.

정청주, 1991, 「신라말·고려초의 나주호족」, 『전북사학』 14.

정청주, 2002, 「견훤의 豪族政策」, 『全南史學』 19.

정홍일, 2012, 「고려시대 전라도지방 조창연구」, 목포대 대학원 석사학위논문.

조근우 1996, 「전남지방의 석실분 연구」, 『한국상고사학보』 21, 한국상고사학회.

조범환, 2004, 「신라 하대 무진주지역 불교계의 동향과 쌍봉사」, 『신라사학보』 2.

조범환, 2005, 「신라 하대 서남지역 선종산문 형성과 발전」, 『진단학보』 100.

조범환, 2005, 「신라 하대 선승과 왕실」, 『신라문화』 26.

조범환, 2005, 「新羅下代 體澄禪師와 迦智山門의 開倉」, 『정신문화연구』 28권 3호.

조범환, 2006, 「신라하대 洪陟선사의 實相山門 개창과 鐵佛 조성」, 『신라사학보』 6.

조범환, 2008, 「신라 하대 체징선사와 가지산문의 개창」, 『나말여초선종산문개창연구』, 경인문화사.

조영록, 2011, 「도의의 재당구법행정에 관한 연구」, 『동아시아불교교류사연구』, 동국대출판부.

조용헌, 1994, 「진표율사 미륵사상의 특징」, 『한국사상사학』 6.

조유전, 1984, 「전남 화순 靑銅遺物一括出土遺蹟」, 『尹武炳博士華甲紀念論叢』.

조인성, 1996, 「미륵신앙과 신라사회」, 『진단학보』 82.

주보돈, 1996, 「6세기 新羅의 村落支配強化過程」, 『경북사학』 19.

주보돈, 1999, 「백제의 영산강유역 지배방식과 前方後圓墳 피장자의 성격」, 『한국의 전방후원분』, 충남대학교 백제연구소.

지건길, 1990, 「南海岸地方 漢代貨幣」, 『창산김정기박사화갑기념논총』.

지건길, 1997, 「湖南地方 支石墓의 特徵과 그 文化」, 『三韓의 歷史와 文化』, 자유지성사.

차광호, 2011, 「해상 실크로드를 통한 한중 해상교류」, 『문명교류연구』 2.

채수환, 1998, 「羅末麗初 禪宗과 豪族의 結合」, 『동서사학』 4, 한국동서사학회.

채인환, 1995, 「신라 화엄종 北岳祖師 希朗」, 『伽山學報』 4.

천관우, 1958, 「閑人考」, 『社會科學』 2.

천관우, 1976, 「三韓의 國家形成(上·下)」, 『韓國學報』 2·3合輯.

천관우, 1979, 「馬韓諸國의 位置試論」, 『東洋學』 9.

최몽룡, 1985, 「한성시대 백제의 도읍지와 영역」, 『진단학보』 60.

최몽룡, 1997, 「철기문화」, 『한국사』 3, 국사편찬위원회.

최병헌, 1972, 「신라 하대 선종 구산파의 성립」, 『한국사연구』 7.

최병헌, 1975, 「도선의 생애와 나말여초의 풍수지리설」, 『한국사연구』 11.

최병헌, 1978, 「신라말 김해지방의 호족세력과 선종」, 『한국사론』 4.

최병현, 1990, 「신라고분의 연구」 숭전대 박사학위논문.

최성락, 1987, 「서해안 도서지방의 선사문화」, 『도서문화』 7.

최성락·박철원, 1994, 「구례군의 선사유적·고분」, 『구례군의 문화유적』.

최성락·이정호, 1993, 「함평군의 선사유적·고분」, 『함평군의 문화유적』.

최성락·이해준, 1986, 「해남지방의 문화적 배경」, 『해남군의 문화유적』.

최성은, 2006, 「전환기의 불교조각」, 『이화사학연구』 33.

최연식, 2008, 「獅子山禪門의 성립과정에 대한 재검토」, 『불교학연구』 21.

최완기, 1994, 「교통·통신·운수」, 『한국사』 24

최완수, 1994, 「雙峯寺」, 『名刹巡禮』 3, 대원사.

최완수, 2001, 「신라 선종과 비로자나불의 출현」, 『新東亞』 6월호.

최원식, 1985, 「新羅下代의 海印寺와 華嚴宗」, 『韓國史硏究』 49.

최인선, 2002, 「전남 동부지역의 백제산성 연구」, 『文化史學』 18.

최인표, 2006, 「후삼국시기 선승의 동향과 호족」, 『국학연구』 9, 한국국학진흥원.

최재석, 1992, 「9세기 신라의 서부일본진출」, 『韓國學報』 69.

추만호, 1986, 「나말 선사들과 사회제세력과의 관계」, 『사총』 30.

추만호, 1991, 「심원사 수철화상 능가보월탑비의 금석학적 분석」, 『역사민속학』 1.

하승철, 2014, 「전남 서남해지역과 가야지역의 교류양상」, 『전남 서남해지역의 해상교류와 고대문화』, 전남문화재연구소 개소기념 국제학술대회.

하현강, 1962, 「고려 지방제도의 一研究」, 『史學研究』 13.

하현강, 1974, 「고려왕조의 성립과 호족연합정권」, 『한국사』 4.

하현강, 1993, 「지방의 통치조직」, 『한국사』 13.

한기문, 2001, 「新羅末 禪宗寺院의 形成과 構造」, 『韓國禪學』 2.

한영희 외, 1992, 「부안 죽막동 제사유적 발굴조사 진전보고」, 『고고학지』 4.

한정수, 2014, 「고려 태조대 팔관회 설행과 그 의미」, 『대동문화연구』 86.

한태일, 2007, 「도선의 생애와 유심론적 선사상」, 『한국학논총』 30, 국민대
　　　한국학연구소..

허만성, 1989, 「일본서기 계체 6년조의 임나 4현 할양기사에 대한 일고찰」,
　　　『성심외국어전문대학논문집』.

허흥식, 1982, 「1262년 尙書都官貼의 분석(상)」, 『한국학보』 27.

홍보식, 2006, 「한반도 남부지역의 왜계 요소」, 『한국고대사연구』 44.

홍순만, 1992, 「徐福集團의 濟州道來說」, 『제주도사연구』 2.

황선영, 2002, 「신라하대의 府」, 『나말여초 정치제도사 연구』, 국학자료원.

大山誠一, 1980, 「所謂‘任那日本部’の成立について(下)」, 『古代文化』 32-11.

武田幸男, 1994, 「魏志東夷傳における馬韓」, 『文山金三龍博士古稀紀念論叢』.

武田幸男, 1980, 「6世紀における朝鮮三國の國家體制」, 『東アジア世界における日本
　　　古代史講座』 4.

西谷正, 1969, 「朝鮮半島における初期稻作」, 『考古學研究』 16-2.

石上英一, 1984, 「古代國家と對外關係」, 『講座日本歷史』東京大學出版會.

鮎貝房之進, 1937, 「日本書紀 朝鮮關係 地名攷」, 『雜攷』 7.

池內宏, 1951, 「公孫氏の帶方郡設置と曹魏の樂浪・帶方2郡」, 『滿鮮史研究』上世
　　　第一篇.

津田左右吉, 1921, 「百濟における日本書紀記錄」, 『滿鮮地理歷史研究報告』 8.

坂元義種, 1968, 「5世紀の百濟大王とその王・侯」, 『朝鮮史研究會論文集』 4.

蒲生京子, 1979, 「新羅末期張保皐擡頭と叛亂」, 『朝鮮史研究會論文集』 16.

護雅夫, 1971, 「北アジア・古代遊牧國家の構造」, 『岩波講座世界歷史』 6, 岩波書店.

찾아보기

ㄱ

가거도(소흑산도) 패총 47
가락동·역삼동유형 53
가샤(Gasya) 36
가지산문 299, 300, 302
간석지(干潟地) 188
갈초도 341
감의군사(感義軍使) 270
갑성군 219
강진읍성 213
개산자(開山者) 285
개선사지 석등 309
개조(開祖) 285
거점취락 190
거칠마토성 126
건모라(健牟羅) 140
검단리 유적 61
검은모루 동굴 21, 24
견당매물사(遣唐賣物使) 262
견당사(遣唐使) 169
겸익(謙益) 164
경보(慶甫) 314, 322
경유(慶猷) 299, 306
경항대운하(京杭大運河) 251
계화도 패총 43
고미현(古彌縣) 218
고산리 36
고서이현(古西伊縣) 90
고시이현(古尸伊縣) 219
고이도성(皐夷島城) 331

고진도성(古珍島城) 330
곤륜(崑崙) 176
공귀리형토기문화 53
공열문토기문화 53
교관선(交關船) 262
구강포(九江浦) 109
구당신라소(句當新羅所) 253
구사진혜현(丘斯珍兮縣) 219
9산 선문 285
구지하성(久知下城) 222
구해국(狗奚國) 108
국반(國飯) 279
국토재구성안(國土再構成案) 311
군곡리패총 76
군령포(軍令浦) 109
규두대도(圭頭大刀) 212
근해항해 119
금동용봉대향로 165
금산군(錦山郡) 322
금성산성 213, 321, 343
금제관식(金製冠飾) 212
금평 유적 88
기양현(祁陽縣) 227
김경신 241
김수종 300
김양 267, 268
김양상 238, 241
김언(金言) 329
김언승 266
김우징 267
김주원(金周元) 240

김헌창(金憲昌) 242

_ㄴ

나주도대행대(羅州道大行臺) 350
나주 목간 216
나주성 321
나주 오씨(吳氏) 347
나주읍성 213, 321
남만(南蠻) 95
남송고분 148
남양항로(南洋航路) 262
남종선(南宗禪) 297, 306
남중국항로(東支那海斜斷航路) 263
남포(南浦) 109
남해만(南海灣) 186
남해 사단항로 129
남해안식 석실분 135
남해 횡단항로 137
내동포(內洞浦) 109
내증외화(內証外化) 310
네안데르탈인 27
노당(弩幢) 225
노산(嶗山) 252
노철산수도(老鐵山水道) 156
농암고분군 148
뇌산군(牢山郡) 330
능창(能昌) 316, 319, 339

_ㄷ

다기현(多岐縣) 231
다사성(多沙城) 111
다지현(多只縣) 231
당전(唐前) 264
당포(唐浦) 265
대곡리 72
대성산성 152
대안리고분군 194
대포(大浦) 109
덕산리고분군 195

도담리 금굴 21
도담 유적 25
도도로끼(轟)식 토기 45
도무치(큰바위) 332
도사마국(都斯麻國) 169
도선(道詵) 311, 322
도시포 197
도씨검(桃氏劍) 67
도윤(道允) 288, 290, 304, 306
도의(道義) 283
도제현(道際縣) 231
도흔(道欣) 168
독수리봉고분 123
돈바위 332
동륜(銅輪) 279
동리산문 296, 298, 312, 313
동림사(桐林寺) 307
동삼동 44
동음현(冬音縣) 90
동이교위(東夷校尉) 86
두루봉 동굴 24
두힐현(豆肹縣) 210, 213
드리오피테쿠스 18
등주(登州) 252

_ㄹ

라마피테쿠스 18
리스빙하기 23

_ㅁ

마야부인(摩耶夫人) 279
만가촌고분군 185, 207
만다라(曼多羅) 312
만달리 35
만보당(萬步幢) 225
만의총 1호분 181
매물사(賣物使) 273
메리 리키(Mary Leakey) 19
모시박사(毛詩博士) 163

모평현(牟平縣)   231
몽탄강(夢灘江)   337
무루(無漏)   290
무불습합(巫佛習合)   280
무염(無染)   288, 290
무진고성   226
무진주(武珍州)   220
문성왕   270
물아혜군(勿阿兮郡)   210
미누신스크문화   48
미무(彌武)   171
미토콘드리아 이브   27
민델빙하기   23

_ ㅂ

박영규(朴英規)   319
반나부리현(半奈夫里縣)   218
반남군(潘南郡)   322
반남포   196
반량전(半兩錢)   74
반정(磐井)의 난(亂)   127
발라군(發羅郡)   210
발라주(發羅州)   225
방산리 신방석실분   123
방산리장고분   124
배널리 3호분   116
배시게   332
배청(裵淸)   169
백금포(白金浦)   109
백반(伯飯)   279
백방산성   104
백암리   72
번예(樊濊)   82
범문(梵文)   242
범일(梵日)   288, 290
법거량(法擧量)   284
법당(法幢)   225
법화원(法華院)   253
보림사(寶林寺)   301, 303
보인탑비(寶印塔碑)   307

보조선사탑비(普照禪師塔碑)   300
복골(卜骨)   76
복암리고분군   201
복암리 3호분   181
복정 동굴(福井洞窟)   37
부길리 옹관유적   148
부여산(婦餘山) 유적   38
부인사(符仁寺)   314
뷔름빙기   23

_ ㅅ

사굴산문(闍崛山門)   290
사다리꼴고분   185
사라향(沙羅鄉)   148
사륜(舍輪)   279
사위(舍衛)   177
사자금당(獅子衿幢)   225
사자산문(獅子山門)   290, 306, 322
사주(泗州)   252
살해(殺奚)   82
삼성각(三聖閣)   280
삼열리 성지(三烈里 城址)   146
삼진포   173
상몽탄(上夢灘)   337
상흑암암음(上黑岩岩陰)   37
색금현(塞琴縣)   90
서당진식(西唐津式) 토기   47
서수형토기(瑞獸形土器)   198
서해 남부 사단항로   155
서해 북부 연안항로   155
서해 중부 횡단항로   155
석실토돈묘(石室土墩墓)   135
석해포   197
선우사(鮮于嗣)   83
선회식 수상경(旋回式 獸像鏡)   198
성마산성   149
성묘산성   217
성안산(椵岸山)   176
성주산문(聖住山門)   290, 310
성틀봉토성   191

소비혜현(所非兮縣) 219
소야매자(小野妹子) 169
송국리형 청동문화 58
송학동고분 133
수가리 유적 40, 44
수문패총 186
수안산(須岸山) 174
수천현 213
수철(秀澈) 296
수청봉토성 125
숙성촌(宿城村) 252
스키타이문화 48
승리산 동굴 24
승만(勝鬘) 279
승철(僧哲) 164
시박사(市舶司) 259
시유도기(施釉陶器) 91
신금고분 148
신금유적 112
신기고분 116
신라방(新羅坊) 253
신무왕 270
신북 유적 28
신월리 거칠마고분군 124
신월리고분 112, 121
신월리유적 112
신월리토성 149
신촌리고분군 194
신촌리 9호분 181
실상산문 296
실어산현 213
쌍봉사 299, 304, 306

_ㅇ

아로곡현(阿老谷縣) 218
아리야발마(阿離耶跋摩) 164
아슐리안 석기 20
아웃 오브 아프리카 27
아프리카 이브 27
악포(鰐浦) 109

안동고분 116
앨런 월슨(Alan Wilson) 27
야막고분 116
양무군(陽武郡) 322
양원(揚圓) 274
양주(揚州) 253
『양직공도(梁職貢圖)』 143
여갑당(餘甲幢) 225
여엄(麗嚴) 289
역기(礫器) 21
연대도패총 32
연수향(漣水鄉) 252
연안항해 118
연운항(連雲港) 252
염거(廉居) 299
염라국(聃羅國) 169
염사치(廉斯鑡) 77
영광 전씨(田氏) 348
영동리고분군 201
영동리 3호분 181
영산강식 석실분 132
영산내해(榮山內海) 316
영산포 197
영암 최씨(崔氏) 348
영풍향(永豊鄉) 230
오다련 319
오다린(吳多憐) 316
오림동 고인돌 61
오스트랄로피테쿠스 아파렌시스(루시) 18
오왕시대(五王時代) 114
오퍼 바 요세프(Ofer Bar-Yosef) 26
옥녀봉토성 97
옥룡사 313
올도완 석기 19
Y염색체 27
완사천(浣紗泉) 338
왕산(王山) 331
왕즉불(王卽佛) 사상 276
왕지흥(王智興) 250
외도고분 121
외여갑당(外餘甲幢) 225

용곡동굴 22
용곡사람 22
용산현(龍山縣) 227
용일리 용운고분군 124
웅천주(熊川州) 220
원문토성 148
원저광구소호(圓低廣口小壺) 92
원포(垣浦) 109
원표(元表) 303
월나군(月那郡) 210
월송리 조산고분 133
위만(衛滿) 62
유산포(乳山浦) 252
유식론(唯識論) 311
유심론(唯心論) 311
유주자사부(幽州刺史府) 84
유흔(劉昕) 83
윤다(允多) 322
율포(栗浦) 109
은강선원(銀江禪院) 307
은제화형관식(銀製花形冠飾) 211
읍군(邑君) 84
읍장(邑長) 84
읍차(邑借) 82
의정(義淨) 164
이사도(李師道) 251
이소정(李少貞) 273
이엄(利嚴) 289, 299
이음돌 낚시 45
이정기(李正己) 250
이집트 원인 18
이창진(李昌珍) 273
이충(李忠) 273
이타쯔케(板付) 유적 55
이희옥(李懷玉) 250
인류의 모세 21
인문도(印文陶) 88
일평리성 99
임불리 35
『입당구법순례행기』 160

_ㅈ

장보고(張保皐, 弓福, 弓巴) 248, 249
장산토성(長山土城) 152
장포(長浦) 109
장화전(張華傳) 89
적산촌(赤山村) 260
적석목관묘(積石木棺墓) 72
전기 석실분 132
전문도기(錢文陶器) 91
절중(澄曉大師 折中) 306, 308, 322
정년(鄭年) 248
정중 무상(淨衆 無相) 289
정촌고분 181, 201
제창포 197
조사돈오선(祖師頓悟禪) 283
조사선(祖師禪) 310
좀돌날몸돌(細石刃) 32
종회(宗會) 349
종희(宗希) 329
주먹도끼문화 20
죽금성(竹禁城) 99
죽내리 유적 25
죽도(竹島) 169
지미(止迷) 144
Gm유전자 분석 31
지장(地藏) 290
지훤(池萱) 319
진도현(珍島縣) 330
진원산성 213, 222
진종설(眞宗說) 279
진해장군(鎭海將軍) 270
찍개문화 20

_ㅊ

창리장고분 148
처적(處寂) 290
천복사(天福寺) 37
천손족(天孫族) 279
철야현 268

첨탐현(瞻探縣) 330
청해진대사(靑海鎭大使) 265
체징(普照禪師 體澄) 299, 302, 303
초분골고분 186
초포리 72
최언위(崔彦撝) 299, 347
최지몽(崔知夢) 349
최훈(崔暈) 273
침모라(枕牟羅) 140
침미다례(忱彌多禮) 94

_ㅋ

카라스크문화 48
칸노키 유적 29
클락톤 유적 23

_ㅌ

탐모라(耽牟羅) 138
태재부(太宰府) 260
테라 아마타(Tera Amata) 24
토화라국(吐火羅國) 177

_ㅍ

파군교(破軍橋) 336, 337
패강진 255
팽이형문화, 53
편운(片雲) 312
풍수지리 310
풍수지리설 311
풍포(豊浦) 109
피리카 유적 29

_ㅎ

하몽탄(下夢灘) 337

하변신마려(河邊臣麻呂) 171
하침라(下枕羅) 140, 144
한다사군(韓多沙郡) 111
한화정책(漢化政策) 232
함풍현(咸豊縣) 230
해구(解仇) 127
해륙세력(海陸勢力) 190
해방체제(海防體制) 255
해북도중(海北道中) 109
해제현(海際縣) 231
험측(險側) 82
현산고성 103
현욱 289
현웅현(玄雄縣) 227
현유(玄遊) 164
형미(先覺大師 逈微) 289, 346
혜미(惠彌) 168
혜철(慧哲) 285, 296
호모 사피엔스 사피엔스 26
호모 에렉투스 21
호모 하빌리스 21
호시무역(互市貿易) 260
홍척(洪陟) 285, 292
화순현 232
화천(貨泉) 76
화화계리 유적 35
황석리 고인돌 56
황술현(黃述縣) 90
회사품(廻賜品) 259
회역사(廻易使) 262, 273
회진토성 334
후동골 345
후희일(侯希逸) 250
훈종 장로(訓宗長老) 306
흔암리유형 53
흥녕선원 307
흥룡동(興龍洞) 338